Língua e literatura latina
e sua derivação portuguesa

Dados Internacionais de Catalogação na Publicação (CIP)
(Câmara Brasileira do Livro, SP, Brasil)

Furlan, Oswaldo Antônio
　　Língua e literatura latina e sua derivação portuguesa / Oswaldo Antônio Furlan. 2. ed. – Petrópolis, RJ : Vozes, 2011.

　　ISBN 978-85-326-3191-6

　　Bibliografia.

　　1. Latim – Estudo e ensino 2. Latim – Gramática 3. Lingüística histórica 4. Literatura latina – Estudo e ensino 5. Português – História I. Título.

05-4192　　　　　　　　　　　　　　　　　　　CDD-472

Índices para catálogo sistemático:

1. Derivação portuguesa : Língua e literatura latina : Lingüística　　472

2. Língua e literatura latina : Derivação portuguesa : Lingüística　　472

Oswaldo Antônio Furlan

Língua e literatura latina e sua derivação portuguesa

EDITORA VOZES

Petrópolis

© 2006, Editora Vozes Ltda.
Rua Frei Luís, 100
25689-900 Petrópolis, RJ
Internet: http://www.vozes.com.br
Brasil

Todos os direitos reservados. Nenhuma parte desta obra poderá ser reproduzida ou transmitida por qualquer forma e/ou quaisquer meios (eletrônico ou mecânico, incluindo fotocópia e gravação) ou arquivada em qualquer sistema ou banco de dados sem permissão escrita da Editora.

Editoração: Maria da Conceição Borba de Sousa
Projeto gráfico e capa: AG.SR Desenv. Gráfico

ISBN 978-85-326-3191-6

Este livro foi composto e impresso pela Editora Vozes Ltda.
Rua Frei Luís, 100 – Petrópolis, RJ – Brasil – CEP 25689-900
Caixa Postal 90023 – Tel.: (24) 2233-9000
Fax: (24) 2231-4676.

■ "Última flor do Lácio, inculta e bela", Bilac, 1964, p. 262, **a língua portuguesa** "é o próprio latim modificado." Coutinho, 1974, p. 46. – Sempre que [Vênus nela] "imagina, / com pouca corrupção crê que é a latina". Camões, Os Lusíadas, I, 33.

Por isso, "no 2º grau, na própria disciplina de Língua Portuguesa, deve haver um número de **aulas dedicadas ao estudo das estruturas do Latim**, com vista à compreensão mais lúcida da própria língua portuguesa, em sua história interna e seus recursos mórficos e semânticos... na hipótese de se desdobrar o 2º grau em científico e clássico, neste deverá ser reintroduzido o Latim. No ensino superior, o Latim deve ser reabilitado em sua qualidade de matéria plena." Brasil, MEC, 1986, p. 31.

■ "Com o Renascimento, **a descoberta da cultura greco-latina** originou surto extraordinário de estudos teóricos e crítico-literários...". Moisés, 1974, p. 116. – "Impulsionados pelas teorias estéticas defendidas pelos Antigos (*Poética*, de Aristóteles, *Arte Poética*, de Horácio, *Institutiones Oratoriae*, de Quintiliano, etc.), os partidários do Classicismo [moderno] entendiam que a obra literária deveria obedecer aos cânones implícitos e explícitos nos textos greco-latinos". Moisés, 1974, p. 82-83.

■ "**A Lingüística**, como qualquer outra ciência, constrói sobre o passado: não só desafiando e refutando doutrinas tradicionais, mas também desenvolvendo-as e reformulando-as". Lyons, John, 1979, p. 3. – **A gramática** de Dionísio da Trácia serviu de base para as gramáticas de Donato e de Prisciano, que farão sucesso nas escolas até ao século XVII. Enc. Mir., 1994, v. lingüística. – "Durante séculos, a obra dos gregos seria o modelo que, copiado pelos gramáticos latinos, atravessaria a Idade Média, atingindo os tempos modernos". Enc. Mir., 1994, v. gramática. – "Do conjunto das pesquisas helênicas [assimiladas pelos latinos] resultaram conquistas ainda úteis à lingüística moderna: noções de frase, sujeito, objeto, partes do discurso, relações de parentesco entre as línguas, etc." Dubois, 1978: lingüística.

Sumário

Convenções e abreviaturas, 9

Apresentação, 11

Prefácio, 15

0 CULTURA LATINA, 21

1 GRAMÁTICA DO LATIM, 49

> 1.1 Sistema fônico e sistema ortográfico; 1.2 As palavras na frase; 1.3 Flexão dos nomes substantivos e adjetivos; 1.4 Flexões de caso dos nomes das cinco declinações; 1.5 Adjetivos: classes, concordância, graus e substantivação; 1.6 Numerais: classes, declinação e concordância; 1.7 Pronomes, pessoas do discurso; 1.8 Verbos, palavras conjugáveis, núcleos da frase; 1.9 Advérbios, adjuntos modificativos; 1.10 Preposições, conectivos entre termos frasais; 1.11 Conjunções – Período composto; 1.12 Modos e tempos verbais na frase; 1.13 Funções sintáticas dos casos; 1.14 Lexicologia: composição e derivação de palavras

2 LÍNGUA LATINA, 155

> 2.1 Verbos: radicais, derivação dos tempos, desinências, conjugação; 2.2 Substantivos e adjetivos da 1ª declinação: genitivo -ae; 2.3 Substantivos e adjetivos da 2ª declinação: genitivo -i; 2.4 Substantivos e adjetivos da 3ª declinação: genitivo -is; 2.5 Substantivos da 4ª e 5ª declinação: genitivo –ūs e -ei; 2.6 Adjetivos da 3ª declinação (2ª classe): genitivo -is – Concordância; 2.7 Pronomes, pessoas do

discurso; 2.8 Formas nominais do verbo – Concordância; 2.9 Orações subordinadas: composição

3 LITERATURA E ESTUDOS LINGÜÍSTICO-LITERÁRIOS, 199

3.1 Historiografia do Império e das artes; 3.2 Lingüística: gramática, etimologia e semântica; 3.3 Literatura: teoria, crítica, retórica e mito; 3.4 Literatura como criação artística; 3.5 Literatura latina cristã

4 DO LATIM AO PORTUGUÊS E VICE-VERSA, 295

4.1 Do latim vulgar ao galego-português; 4.2 Sistema fônico: sinopse; 4.3 Sistema nominal: morfologia e sintaxe; 4.4 Sistema verbal: preservação com alterações; 4.5 Outras classes gramaticais; 4.6 Elementos latinos no léxico português; 4.7 Ortografia: da latina à portuguesa atual

5 GLOSSÁRIO LEXICOLÓGICO, 339

Bibliografia, 371

Lista das ilustrações, 377

Índice, 379

Convenções e abreviaturas

Convenções

˘**braquia,** duração breve da vogal e sílaba assinalada
¯**mácron,** duração longa da vogal e sílaba assinalada
sublinhado, elementos em estudo
sobrescrito, autoria, bibliografia, datação, remissão
> derivação para; em maior quantidade
< derivação de; em menor quantidade
- **hífen,** separação de componentes vocabulares

* **asterisco,** informações lexicais; hipótese
ø **morfema zero,** mas integrante do sistema
( ) elementos subentendidos ou alternativos
[ ] termos correspondentes ou supletivos
{ } demarcação de sintagmas (locuções)
• divisão textual dentro de parágrafos
/ delimita versos ou elementos correlatos

Abreviaturas

aC antes de Cristo
adj. / adjet. adjetivo
Agost. Santo Agostinho
AJ aforismo ou termo jurídico
ant. antônimo
AP *Arte Poética* (Horácio)
BG *Comentários à Guerra Gaulesa*
c. consonantal; cerca de
carm. *carmĭna,* "poemas, odes"
c. / cons. cosoante, consonantal
cf. conforme, confira
CF Constituição Federal de 1988
Cic. Marcos Túlio Cícero
conj. / conjug. conjunção
dC depois de Cristo
d. / decl. declinação
d. / dep. verbo depoente
Enc. Mir. Enciclopédia Mirador
epíst. epístola, carta
ex. exemplo
f. / fem. feminino
gr. grego
hexâm. verso hexâmetro

Hor. Quinto Horácio Flaco
il. ilustração
irr. irregular
Jerôn. São Jerônimo
lat. latim
lit. literalmente
m conjugação mista (3ª com a 4^a)
m. / masc. masculino
n. / neut. neutro
NGB Nomenclatura Gramatical Brasileira, MEC/1959
pl. plural
prep. preposição
pron. pronome
prov. provérbio
pt./ port. português
séc. século(s)
sg. / sing. singular
sin. sinônimo
s. / subst. substantivo
v. ver, verbo, verbete, volume
Virg. Públio Virgílio Marão
Vulg. Bíblia Vulgata

Apresentação

Começamos por agradecer ao Professor Doutor Oswaldo Antônio Furlan o convite para apresentar seu compêndio *Língua e literatura latina e sua derivação portuguesa* e por dizer que consideramos sua proposta como sendo oportuna, inovadora e de relevante importância.

Com efeito, **o latim,** uma das línguas de cultura mais influentes e mais estudadas na história humana, sobrevive na "última flor do Lácio, inculta e bela", que "é latim um pouco modificado"; na seiva dos ideais e modelos greco-latinos é que a literatura clássica dos séculos XVI a XVIII floresceu; as teorias lingüístico-literárias produzidas pelos gregos e latinos têm sido ponto de partida e de referência para as respectivas teorias modernas; a arte literária latina preserva valores quando se lê na versão original. Por isso, o conhecimento da língua e literatura latina e sua derivação portuguesa é de capital importância para todos os profissionais das Letras Clássicas e Vernáculas ou nelas interessados. Segundo os especialistas, tal conhecimento é crucial para o professor ou estudioso das Letras Vernáculas alcançar êxito ou tropeçar, a cada passo, no exercício do seu ministério.

Paradoxalmente, na tradição brasileira, **o ensino das Letras Latinas** tem padecido do despreparo de professores, indefinição dos objetivos, inadequação de textos e deficiência no aproveitamento do espaço curricular. Além disso, a Lei n. 4.024/61, reduzindo a poucas dezenas de aulas o espaço das Letras Latinas no Curso de Letras Vernáculas, agravou a problemática e estagnou a edição de textos didáticos. Com razão, o MEC, em "Diretrizes para o Aperfeiçoamento do Ensino/Aprendizagem da Língua Portuguesa", de 1986, preconiza a reintrodução "do estudo das estruturas do Latim, com vista à compreensão mais lúcida da própria língua portuguesa, em sua história interna e seus recursos mórficos e semânticos" e a reabilitação dele na qualidade de matéria plena no ensino superior. De outro lado, **o dinamismo da tecnologia moderna** exige, do processo ensino/aprendizagem, otimização da eficiência, minimização do dispêndio de tempo e esforço e aplicabilidade imediata, compensatória do investimento feito.

Este compêndio **propõe-se** satisfazer a esses requisitos. Em cinco seções, introduz o usuário no conhecimento da língua e literatura latina, bem como nos estudos lingüístico-literários produzidos pelos romanos à luz dos estudos gregos. Investe no sentido de habilitar o leitor a exercer, com mestria, suas atividades de profissional ou de simples interessado nas Letras clássicas antigas e modernas, em especial "com vista à compreensão mais lúcida da própria língua portuguesa" e das disciplinas correlatas a ela.

Matéria das cinco seções: a) *gramática do latim*; b) *língua latina,* através de antologia de quase mil frases (provérbios, axiomas e princípios jurídicos), ordenadas por tópicos gramaticais, com exercícios transformacionais; c) *literatura e estudos lingüístico-literários,* através de antologia de 80 textos, introduzidos e interpretados; d) derivação *do latim ao português e vice-versa*, através de uma dezena de textos que visam surpreender-lhe o processo até ao surgimento dos primeiros textos escritos em português, no início do século XIII.

A proposta é inovadora e funcional: a) atende à carência de textos didáticos e se dirige sobretudo aos cursos de Letras clássicas e neolatinas, em especial as vernáculas; b) salienta aqueles autores, temas e teorias que mais influência exerceram; c) seleciona os textos pelos critérios de maior representatividade, adequação aos objetivos e simplicidade; d) aplica e incute o princípio da globalização no estudo dos componentes dos paradigmas, valendo-se, inclusive, de amplo uso de correlações e remissões; e) faz introdução à obra e a cada seção; f) atendendo às diretrizes do MEC/1968, salienta, já na própria língua-mãe da portuguesa, as relações paradigmáticas (fonemas e morfemas), sintagmáticas (concordância, regência e colocação) e lexicossemânticas (étimo e formação dos vocábulos, família de cognatos e derivação portuguesa); g) reúne, num só volume, as matérias das áreas mais importantes dos cursos de Letras Latinas e Vernáculas; h) na busca de proficiência e economia, dá tradução paralela a quase todos os textos.

Recursos didáticos: sistematicidade, clareza, economia de signos e regras, aproveitamento dos avanços da Lingüística moderna, orientações para êxito do ensino/aprendizagem, a par de valiosos subsídios (quadros, introduções e tradução paralela). Investe no êxito da proposta, tanto que dá sentido inverso ao rançoso mito de que o estudo das Letras Latinas é algo inútil ou inacessível, mito que medrou nas deficiências acima referidas.

Destina-se aos cursos de Letras Clássicas e Vernáculas, nos programas de graduação e pós-graduação, em cujas disciplinas principais se propõe introduzir os alunos, no que lhes oferece programa auto-suficiente para um ou vários cursos, a serem cumpridos em prazo mais ou menos curto, dependendo do seu interesse e capacidade. Mas ele se presta igualmente a outros cursos (Direito, Filosofia, Teologia) e a quaisquer interessados no estudo das Letras latinas e neolatinas.

Enfim, a obra atende à carência de textos introdutórios ao ensino/aprendizagem das Letras Clássicas e Vernáculas, pelo que deve ser saudada como contribuição oportuna e de relevante importância.

Paulino Vandresen – Lingüística, UFSC
Lauro Junkes – Teoria e Crítica Literária, UFSC
Ivo Zimmermann – Letras, UFSC e UNISUL
Ney Brasil Pereira – Estudos Bíblicos, Instituto Teológico de SC
Antônio Alves de Castro – Letras, UFPR
Elmar Joenck – Letras, PUC/PR e UNIAndrade/PR

Prefácio

Conforme os textos transcritos na epígrafe, **o latim é** das mais importantes línguas de cultura do mundo indo-europeu, se não do mundo inteiro. "Dentre as línguas de cultura, antigas ou modernas, nenhuma tem sido mais estudada que o latim. A extraordinária difusão dos estudos latinos continua hoje a despertar vivo interesse em todo o mundo civilizado." [Enc. Mir., 1994, v. 12, latim.] Tais afirmações valem também para a literatura e os estudos lingüístico-literários que os latinos produziram na trilha dos gregos.

Com efeito, **os gregos e os latinos** produziram obras de arte e estudos lingüístico-literários que não só foram difundidos e cultivados no mundo latino, mas que ainda são objeto de estudo, porque embasaram a arte clássica e as teorias lingüístico-literárias modernas, quando não lhes anteciparam conceitos e princípios fundamentais. O próprio latim, veículo, resumo e produto da cultura latina, sobrevive na dezena de línguas neolatinas, em particular na celebrada como "última flor do Lácio, inculta e bela", [O. Bilac], que, afinal, "é o próprio latim modificado". [Coutinho, 1974, p. 46.] Esta é a língua oficial de Portugal (incluídos os Açores e a Madeira), Brasil, Guiné Bissau, São Tomé e Príncipe, Cabo Verde, Angola e Moçambique; é a sexta língua materna em nível mundial, depois do chinês, espanhol, inglês, bengali e hindi; é a terceira língua européia mais falada no mundo (depois do inglês e do espanhol) e o veículo atual de comunicação de mais de 220.000.000 de falantes. A variante culta do latim, mercê da precisão e concisão próprias das línguas sintéticas, subsiste em centenas de expressões latinas, sobretudo no Direito, sem esquecer que ela tem sido a língua oficial da Igreja Católica durante dois mil anos.

Apesar disso, na tradição brasileira, **o ensino/aprendizagem das Letras Latinas** tem falhado por despreparo e míngua de docentes, deficiências de livros didáticos, indefinição dos objetivos e métodos, e fraco aproveitamento do espaço curricular. Talvez por isso, a Lei de Diretrizes e Bases da Educação n. 4.024, de 1961, sancionada na década em que a Lingüística como ciência tomava impulso no mundo ocidental, ao invés de corrigir tais distorções, reduziu a quase nada o referido espaço. Com isso ela agravou esses problemas, estancou a produção e edição de obras didáticas e direcionou o ensino na contramão dos países de cultura latina da Europa (Portugal, Espanha, França, Itália, Romênia, etc.) e dos próprios países anglo-saxônicos (Alemanha, Inglaterra, USA, Canadá), que ainda reservam amplo espaço ao estudo das Letras Latinas.

Com acerto e em boa hora, **o MEC** (Ministério da Educação e Cultura), através do *Relatório* da Comissão Nacional para o Aperfeiçoamento do Ensino/Aprendizagem da Língua Materna, de 1986, posiciona-se pela **reintrodução do Latim** no 2º grau, "com vista à compreensão mais lúcida da própria língua portuguesa", a reabilitação dele na hipótese de se dividir o 2º grau em científico e clássico, e, como "matéria plena", no 3º grau. Brasil, MEC, 1986, p. 31. De outro lado, **a tecnologia moderna exige** que o processo ensino/aprendizagem se faça: a) com otimização da proficiência e minimização do dispêndio de tempo e esforço; b) com aplicabilidade imediata da aprendizagem, que compense tal investimento.

Este compêndio **propõe-se** atender a essas "diretrizes" e exigências. Sua proposta é inovadora, na medida em que: a) ensina aos alunos de Letras Clássicas e Vernáculas as Letras latinas salientando os aspectos lingüístico-literários que derivaram para as línguas neolatinas e nelas subsistem; b) seleciona os tópicos na literatura enquanto criação artística e nos textos lingüístico-literários dos gregos e latinos, base da escalada da Lingüística e da Teoria Literária modernas. A explanação está direcionada no sentido de que os alunos, estudando a língua e a literatura latina, o façam "com vista à compreensão mais lúcida da própria língua portuguesa", da sua literatura e estudos lingüístico-literários.

Temas: a) língua latina (gramática e interpretação de textos) e sua literatura (estilos, gêneros, autores e obras); b) contribuição lingüística (gramatical, etimológica, semântica) e literária (teórica e crítica) produzidas pelos romanos nas pegadas dos gregos. Após introduzir o leitor no universo cultural latino (conceitos operacionais, língua e literatura), desenvolve a matéria em **cinco seções**: 1, *gramática do latim*; 2, *língua latina*: antologia de quase mil frases (provérbios, máximas e princípios jurídicos), ordenadas por tópicos gramaticais, com exercícios transformacionais; 3, *literatura e estudos lingüístico-literários*, com 80 textos; 4, derivação *do latim ao português e vice-versa*, com dez quadros (ora lexicais, ora textuais), que visam surpreender a evolução do processo até ao aparecimento dos primeiros textos vazados em português, no início do século XIII; 5, *glossário lexicológico*, que focaliza elementos de morfologia, semântica, étimo, cognatos e derivação portuguesa.

Recursos didáticos – a) sistematicidade, clareza, coerência e transparência da linguagem; b) globalização no estudo dos paradigmas e sintagmas; c) seleção e ordenação dos textos latinos em função dos objetivos; d) tradução paralela de 90% deles; e) introdução à obra e a cada seção, com orientações para o êxito no ensino/aprendizagem. ■ **Destinatários** – 1º, os cursos de Letras latinas e neolatinas, em especial as vernáculas, nos programas de graduação e pós-graduação, bem como de Direito, Teologia e Filosofia; 2º, quaisquer pessoas interessadas na língua e literatura latina e nas teorias lingüístico-literárias elaboradas pelos latinos à luz dos modelos gregos. ■ **Uso do compêndio** – Na leitura dos textos, convém seguir esta ordem: 0, Cultura latina: língua, literatura e estudos correlatos; 4, Do latim ao português e vice-versa; 2, Língua latina; 3, Literatura e estudos lingüístico-literários. A Gramática e o Glossário destinam-se à consulta ou, mesmo, à leitura fluente. Os poucos textos sem tradução paralela encontram-se em 3.1.1 e 3.1.2 (história do Império e da literatura); 3.4.6.1 (duas fábulas); e de 3.5.3 até 3.5.7 (textos bíblicos).

Agradecimentos – Entre 1984 e 1998, dois professores da UFSC (Raulino Busarello e este autor) somaram esforços no sentido de criar textos didáticos destinados a otimizar o ensino/aprendizagem das Letras Latinas, do que resultou a edição de cinco obras (ver bibliografia). Desta feita, onze professores, consultados no âmbito de sua especialização, deram sugestões valiosas para aprimoramento do texto. A eles ergue-se, aqui, monumento de gratidão, a saber: a) sete da UFSC: Paulino Vandresen e Hilda Gomes Vieira, doutores em Lingüística; Lauro Junkes, doutor em Teoria Literária; Raulino Busarello e Ivo Zimmermann, mestres em Lingüística e professores de Latim por várias décadas; José Ernesto de Vargas, mestrando em Letras Latinas e Vernáculas, e João Inácio Müller, Coordenador de Informática do CCE/UFSC; b) o Pe. Ney Brasil Pereira, do Instituto Teológico de Santa Catarina; c) três latinistas de várias universidades de Curitiba: Elmar Joenck, Joarez Virgolino Aires e, em especial, Antônio Alves de Castro, que revisou o texto integral. Homenagem cordial à esposa do autor, Bernarda Pavlack, por tê-lo sempre incentivado no ensino e pesquisa, bem como aos colégios dos Franciscanos, por terem entusiasmado no estudo/ensino das Letras Clássicas e Vernáculas um neto de italianos criado na faina da roça catarinense.

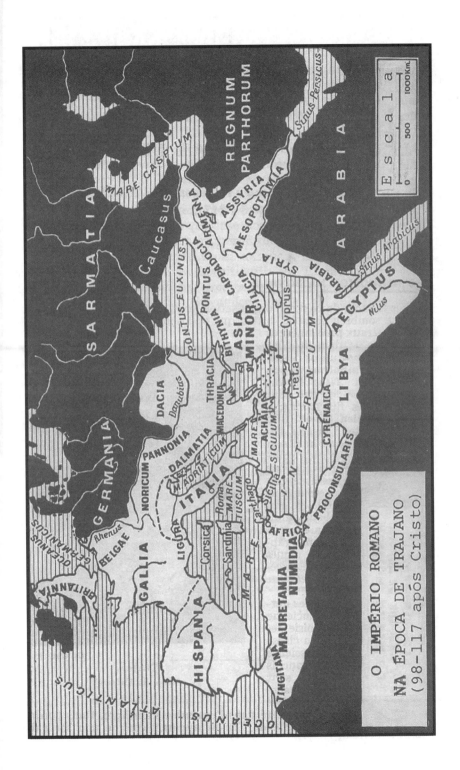

1. Império Romano na época de Trajano, 98-117 depois de Cristo (Morisset, p. 992).

2. Itália e Sicilia à morte de Augusto, 14 dC (Grant, p. 344: 2)

0 Cultura Latina

Esta introdução quer apresentar, embora de modo sucinto e sem deixar de recomendar consulta a obras especializadas, alguns conceitos operacionais básicos, bem como um quadro panorâmico da história e influência da língua latina e da literatura por ela expressa, que podem considerar-se úteis ou necessários à compreensão de cada uma das cinco seções, à frente a 3, "Literatura e estudos lingüístico-literários".

0.1 Conceitos operacionais

1. Linguagem, sistema de signos – "Linguagem é a capacidade específica à espécie humana de comunicar-se por meio de um sistema de *signos* vocais ou *língua*". Dubois, 1978, linguagem.

2. Signo – O termo *signum* já foi usado pelos gregos e latinos, a exemplo de Santo Agostinho, *De magistro*, [3.2.3], para designar a associação entre um significante e um significado, mas foi com Ferdinand de Saussure, [1857-1913], que ele fez fortuna, por tê-lo usado como termo essencial à conceituação de língua em seu *Curso de Lingüística Geral*, 1916. A relação entre esses dois constituintes do signo caracteriza-se por ser *arbitrária*, isto é, convencionada pela comunidade falante, *linear*, isto é, seus componentes só podem aparecer uns após outros, e *diferencial*, isto é, a existência dos componentes é condicionada pela dos outros signos do mesmo sistema com os quais um signo mantém relação de interdependência. O que põe em evidência a especificidade do signo e lhe justifica a existência são as relações de contraste que ele mantém com os signos homogêneos no *eixo sintagmático*, isto é, no eixo horizontal de relações em que entram unidades da cadeia falada (ex.: *re-ver, por todos, a vida humana, o sinal dos tempos*, etc.) e as relações de oposição com os signos que podem comutar com ele no *eixo paradigmático*, isto é, no eixo vertical das relações virtuais em que entram as unidades suscetíveis de comutação (ex.: *am-o, am-a-s, am-a, am-a-mos, am-a-is, am-a-m; am-a-va, am-a-va-s*). Luft, 1971; Dubois, 1978; Crystal, 1988; Coste, 1983, signo; Lyons, 1979, p. 428; cf. 3.2.3.

3. Língua – É um sistema de signos verbais articulados entre si (sons, formas, frases...) que é utilizado pelos membros de uma comunidade para expressarem suas mensagens e que funciona mediante regras e coerções. Ela consta, pois, de: a) um sistema de *sons* vocais, composto de unidades mínimas capazes de distinguir palavras de sentido diferente, isto é, de *fonemas* (ex.: *lã – rã; fez – vez; gato – pato*); b) um sistema de *formas*, composto de unidades mínimas portadoras de significação gramatical ou interna nos vocábulos e nas frases, isto é, de *morfemas* (ex.: *am-á-va-mos, moç-o-s, moc-inh-a-s*); c) um sistema de padrões frasais, composto de *sintagmas* (conjuntos ou locuções capazes de desempenhar funções sintáticas, como as de sujeito, predicado, complementos, adjuntos etc.), isto é, de *frases*. *Fonologia, morfologia* e *sintaxe* são, pois, os três planos desse sistema, que é composto por subsistemas e que integra o aparelho ideológico, comunicativo e estético da sociedade que a própria língua define e individualiza. Luft, 1967, língua; Dubois, 1978, língua.

As línguas são sistemas dinâmicos e variáveis como as culturas que as produzem, tudo isso na medida em que os falantes passam das regras mais gerais e profundas para as mais particulares e superficiais. Elas assumem variantes: na evolução do tempo, *diacrônicas* (ex.: latim arcaico, clássico, tardio...); no espaço, *diatópicas* (latim itálico, hispânico, lusitânico...); no estrato sociocultural, *diastráticas* (latim erudito ou culto, latim popular ou vulgar...). Dubois, 1978, língua. Buescu, 2004. Sobre elas, em especial sobre conceitos de *latim vulgar*, ver 0.2. As línguas nascem, evoluem e se transformam em outras. No caso de genealogias ou famílias de línguas, chama-se *língua-mãe* aquela da qual derivaram outras, como a latina em relação às neolatinas ou românicas, que, por isso, se dizem *línguas-irmãs*.

4. Lingüística – É o estudo científico da linguagem manifestada como língua, feito, pois, à base de observações controladas e verificáveis empiricamente e com referência a uma teoria geral da estrutura dela. O estatuto de lingüística como estudo científico da linguagem foi-lhe assegurado pela citada obra de Saussure. Mas, desde a Antigüidade, os estudiosos da linguagem reuniram significativo volume de obras que a estudam sob o aspecto ora filosófico e ora lingüístico, obras que são de importância fulcral para a Lingüística moderna, tanto que esta, "como qualquer outra ciência, <u>constrói</u> <u>sobre</u> <u>o</u> <u>passado</u>; e assim o faz não só desafiando e refutando doutrinas tradicionais, mas também <u>desenvolvendo-as</u> e <u>reformulando-as</u>". [Lyons, John, 1979, p. 3.] Como disciplina acadêmica, seu desenvolvimento, deflagrado desde 1960, fez-se com muita rapidez, o que reflete o interesse que pela linguagem têm várias áreas de estudos (antropologia, teologia, filosofia, informática, crítica literária, etc.) e a constatação da necessidade de uma ciência para esclarecer a variedade e a complexidade dos fenômenos lingüísticos e para aprender línguas com economia de tempo e esforço. [3.2]

A Lingüística ramifica-se, pela especificidade dos fenômenos que estuda, em: a) *especial*, de uma língua (latina, grega, portuguesa); b) *descritiva*, do funcionamento do seu sistema; c) *comparativa*, entre duas ou mais línguas ou famílias de línguas (indo-européia, românica, germânica, eslava); d) *geral* ou *teórica*, das línguas e fenômenos em geral, estabelecendo-lhes os princípios gerais. Ela estuda, pois, uma língua ou grupo de línguas em toda a sua amplitude, donde estas ramificações principais: a) *histórica* ou *diacrônica*, que lhe estuda a evolução no tempo, e *sincrônica*, que a estuda em certo momento da sua história; b) *dialetológica*, que estuda as variantes, sobretudo as regionais; c) *sociolingüística*, que a estuda nas relações entre língua e estratos sociais; d) *aplicada*, que estuda a aplicação das teorias e princípios lingüísticos na elucidação dos problemas de língua, em especial no ensino e aprendizado das línguas estrangeiras.

Enquanto a **Lingüística** estuda o fenômeno lingüístico como meio de comunicação social, valendo-se, inclusive, de inquéritos com informantes, a **Filologia** estuda uma língua literária documentada em obras clássicas, especialmente as arcaicas, e visa sobretudo verificar a autenticidade dos textos, restituí-los à sua forma mais próxima da intenção do autor, estudar-lhe as peculiaridades lingüísticas e literárias e contribuir para o conhecimento da língua e cultura do povo respectivo. [Luft, 1971 e Crystal, 1988: lingüística e filologia. 3.2]

5. Gramática – O termo *gramática* tem várias acepções, conforme as teorias lingüísticas. [Dubois, 1978, gramática. 3.2] Em sentido amplo, a gramática descreve uma língua como "sistema de meios de expressão", [Saussure, 1922, p. 1855], conceito que inclui o componente léxico-semântico. Mas, em sentido estrito, a função da gramática limita-se a descrever estes sistemas fechados: a) o dos sons enquanto *fonemas* e sua combinação; b) o das formas enquanto *morfemas* e sua estruturação no vocábulo (sintagma lexical); c) o dos sintagmas ou locuções dos vocábulos na frase ou *sintaxe*. "Daí as suas três partes gerais, respectivamente: *Fonologia, Morfologia e Sintaxe*".[Camara Jr., 1977, gramática.] – O vocabulário, constituído dos substantivos, verbos, adjetivos e numerais, enquanto portador de significação externa à gramática, compõe a *Lexicologia* e a *Semântica* e se opõe à gramática, porque ele é formado por um número aberto de semantemas da língua, vistos através de sua integração em palavras. [Idem, ibidem, léxico.] Enquanto a gramática descreve o sistema funcional da língua, o dicionário se ocupa do seu vocabulário.

Diferentes conceitos de língua originaram diferentes conceitos de gramática: *tradicional, descritiva, estrutural, gerativa,* etc. A lingüística aplicada tem estabelecido oposição entre o conceito de gramática *descritiva* e o de gramática *prescritiva* ou *normativa*, que se originou dos conceitos gramaticais gregos e latinos. [3.2] ■ a) O termo **descritiva** tem sido usado pela Lingüística moderna para designar a gramática que se propõe descrever a língua como um todo, sem excluir suas variantes (de espaço, tempo e estrato social), nem atribuir-lhes estatutos diferentes. Cabe aos lingüistas descrevê-las com rigor científico, definindo objeto e métodos, bem como classificando e analisando os fatos observados. ■ **b)** O termo **prescritiva** ou **normativa**, em suma, **tradicional**, tem sido usado para designar aquele tipo de gramática que conceitua a língua como sendo apenas a variante dos textos de literatos consagrados e considera as variantes da língua falada como sendo deturpações, vícios e degradações. Tal conceito verte dos alexandrinos, [desde o II séc. aC], em especial de Dionísio da Trácia, cujos conceitos foram assimilados pelos gregos e latinos, aos quais os gramáticos renascentistas deram continuidade servil, integrando corrente que subsiste ainda hoje. [Ver 3.2.2 e 3.3.3] Enquanto a *descritiva* tem sido vista como moderna, científica e objetiva, a *tradicional(ista)* tem sido vista como não científica, inexata, esmiuçadora e limitada aos textos escritos, "ainda que muitos antecedentes da lingüística moderna tenham sido tirados das primeiras gramáticas". [Crystal, 1988; Coste, 1983; Luft, 1971; Dubois, 1978, gramática.] ■ Em suma, para a Lingüística moderna: a) As variantes de uma língua são fenômenos naturais, não "vícios" de linguagem. b) A função da gramática consiste em <u>descrever</u> a língua como sistema de meios de expressão, incluindo suas variantes (regionais, sociais e estilísticas) e dar-lhes explicação científica, não em <u>prescrever</u> <u>normas</u>, sobretudo não as baseadas em textos arcaicos e/ou elaborados para fins estéticos e preocupados mais em subverter o sistema do que em servir-se dele como meio habitual de comunicação. c) As gramáticas de cunho tradicional têm incorrido nos seguintes defeitos: "falta de coerência teórica, falta de adequação à realidade da língua e normativismo sem controle". [Perini, 1996, p. 14 e 21; Luft, 1971, gramática.]

6.1. Articulações do enunciado – 1) Eixos de relações que compõem os sistemas das línguas: a) relações entre os componentes ou combinações presentes na cadeia da frase, em gr. *sintagmáticas*: [{Amigo certo} {é ave rara}]; b) relações associativas de cada componente com outros elementos, presentes ou ausentes na frase, em gr. *paradigmáticas*: *ele* => *ela, eles, alguém, este*, etc.; chega => *chego, chegas..., chegará, chegou.* ■ **2) Dupla articulação** – Todo enunciado se articula em dois níveis ou **duas articulações**: [Martinet.] **a) a 1ª articulação** é constituída dos elementos mínimos <u>portadores</u> <u>de</u> <u>significação</u> <u>interna</u> <u>ou</u> <u>gramatical</u>: i) <u>nos</u>

vocábulos, eles são os afixos (prefixos, infixos, sufixos), que são morfemas presos ao radical: *re-mov-e-rē-mus*, "re-mov-e-ría-mos"; ii) nas frases, eles são os vocábulos relacionais (pronomes, preposições e conjunções), que, por terem formas independentes, se dizem "morfemas livres": *ego, tu*; *ad, in, per*; *et, quia, si*. **b) a 2ª articulação** é constituída de componentes desprovidos de sentido, mas capazes de distinguir palavras de sentido diferente, ou seja, é constituída de *fonemas*, "as menores unidades destituídas de sentido, passíveis de delimitação na cadeia da fala": *mens – dens*; *sana – lana*; *peto – veto*. [Dubois, 1978, articulação.] A parte da gramática que se ocupa dos morfemas é a *morfologia*; esta se opõe à *fonologia* (tratado dos fonemas) e à *sintaxe* (tratado da frase). [Luft, 1971 e Dubois, 1978. 3.2.1:3.]

6.2. Morfologia: **conceitos de particípio e gerúndio** – Na derivação do latim ao português, os sistemas de algumas formas nominais do verbo, como o do particípio e do gerúndio, deixaram de ser produtivos. Por efeito disso, as lacunas deixadas geraram diferenças nos termos e conceitos de *particípio* e *gerúndio* existentes hoje entre a gramática latina e a portuguesa, do que se trata em 1.8.4 e 4.4.3.

7. Literatura – O que é literatura? – a) Em sentido amplo ou *lato sensu*, o conceito de *literatura* inclui textos puramente técnicos, destituídos, pois, de preocupações artísticas, como os de 3.1 a 3.3. Estes são tanto mais técnicos quanto mais eles apresentam conteúdos objetivos e suas palavras devem interpretar-se em sentido próprio, comum a todos os falantes da língua. b) Em sentido estrito ou *stricto sensu*, o conceito de *literatura* limita-se a designar os textos escritos com finalidade artística, como são os de 3.4. Estes caracterizam-se por apresentar conteúdos imaginários, fictícios, uma supra-realidade de fantasia como se ela fosse real e o faz através de signos plurissignificativos ou metafóricos. Quanto maior o número de possíveis interpretações a que o texto se abre (donde o conceito de *obra aberta*), tanto mais ele preenche a função artística. [Silva, 1973, p. 21-25; Pino, 1972, p. 19-20; Eco, 1971, p. 93-130.]

8. Gêneros literários – Como os seres se classificam em gêneros e espécies, assim também as obras de arte e os movimentos artísticos se classificam segundo o estilo da época, a natureza ou a técnica, o que permite falar em *gêneros literários*, *musicais*, *pictóricos*, etc. Dos gêneros literários, na Antigüidade Clássica vigorou a seguinte conceituação de Aristóteles, que foi significativamente modificada pela conceituação contemporânea. ^{Coelho, 1974, p. 44-45.} Coelho, 1974, p. 44-45.

Gêneros literários segundo Aristóteles, ocorrentes na Antigüidade grega e latina				
Gênero	**Formas**	**Tipos de imitação**	**Objeto da imitação**	**Reação do leitor**
lírico	ditirambo, elegia, hino, canção	cantada; versos pentâmetros ou elegíacos, sáficos, alcaicos, etc.	o "eu" do poeta ante suas emoções e os enigmas da vida	concentra-se, analisa, surpreende-se
épico	epopéia	recitação; verso heróico, i.é, hexâmetro (6 dáctilos)	o "exterior" ao poeta: façanhas dos heróis	admira as virtudes e proezas dos heróis
dramático	tragédia	encenação; verso trímetro jâmbico ou hexâmetro	conflitos dos heróis vencidos / vencedores	sente espanto, dor, compaixão
	comédia	encenação; mescla de tipos de versos	(rel)ações sociais torpes e mesquinhas	ri e zomba

9. Teoria e crítica literária – Em qualquer época, os estudos literários estão intimamente correlacionados com as correntes estéticas e com a produção literária do seu tempo. Teoria e crítica são atividades correlatas. A produção de todas as obras foi pautada por um sistema de princípios teóricos explícitos ou implícitos. **Teoria** (do gr. *theoría*, visão, conceito) é um conjunto de princípios fundamentais duma arte ou duma ciência, bem como uma doutrina ou sistema fundado nesses princípios. "Teoria da literatura é conhecimento sistematicamente organizado aplicado à obra literária; análise ou explicação da natureza dela". ^{Ferreira, 1999, teoria.} À produção segue-se a **crítica** (do gr. *krínein*, pela forma feminina do latim *críticum*), ato ou efeito de julgar, de conferir valor. Ela surgiu tempos depois que se elaboraram, na Grécia, os primeiros poemas e peças de teatro. Teoria e crítica remontam aos gregos (Platão, Aristóteles,

Longino) e latinos (Horácio, Plotino, Agostinho) e renasceram no Classicismo moderno com Boileau e outros, embora a origem dos modernos estudos de história e de crítica literária se situe nos primórdios do séc. XIX, ligados ao Romantismo. Moisés, 1974, crítica; Silva, 1973, p. 487.

0.2 Latim e línguas neolatinas

---

1. Latim, língua derivada do indo-europeu – Entre as cerca de cinco mil línguas hoje conhecidas, sobressai, pela importância, literatura produzida e grau de conhecimento, aquele grupo que a Lingüística Comparativa denominou de *indo-europeu*. Desse antigo tronco comum derivou a maior parte das línguas atualmente faladas na Europa e grande parte das línguas faladas na Ásia, representadas hoje em todos os continentes. Desse tronco derivaram, na Europa, as línguas dos grupos helênico, itálico, celta, germânico, báltico e eslavo. Ferreira, 1999, p. XXXI. Houaiss, 2001. Dubois, 1978, família de línguas.

Muitas tribos nômades do leste da Europa, que, três ou mais milênios aC, falavam o primitivo *indo-europeu*, migraram para oeste e sul daquele continente. Entre cerca de 1400 e 1000 aC, uma fração delas migrou para o centro da Itália, onde passou a falar o *itálico*, que se ramificou em osco, úmbrio, falisco e *latim*. Este se desenvolveu no Lácio, região central da Itália, dentro de cujo território se fundou, em 753 aC, a cidade de Roma (de étimo ainda controvertido) e deixou como documento mais antigo uma inscrição gravada em fivela, datada de cerca de 600 aC.[Il. 1-5, 9, 11, 14-22.]

2. Difusão do latim no Império – O latim, veículo de comunicação e domínio de um povo de instinto guerreiro e grande tino político, se impôs às populações nativas do Império Romano ao ritmo dos avanços expansionistas do poderio militar e cultural de Roma. De 326 a 272, ela subjugou o centro e o sul da Itália. Depois a Sicília, Sardenha, Península Ibérica, Gálias, Cartago, África, Macedônia, Grécia, Bretanha, Dácia e Mesopotâmia, alcançando Europa, África e Ásia.[Il. 1 e 2]. Atingiu o apogeu de sua expansão no início da Era Cristã, nos dias de Trajano, 98-117.

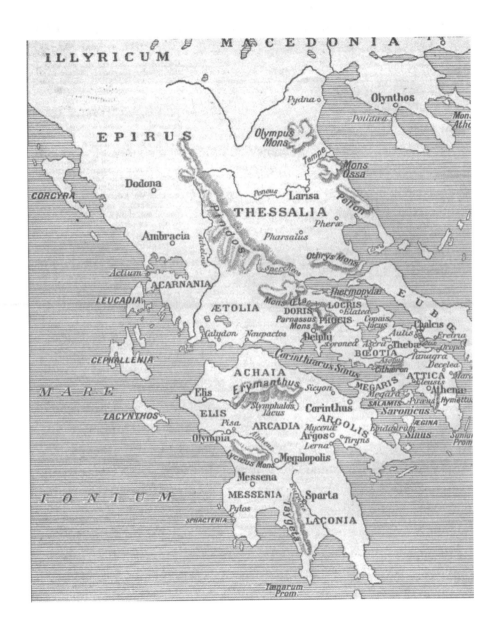

3. **Grécia**: pioneira e mestra das artes e estudos lingüístico-literários, subjugada por Roma, 146 aC, helenizou-lhe a cultura e inspirou os clássicos dos séc. XVI a XVIII (Gaffiot, p. 720.

[4.1] Graças à superioridade cultural dos romanos, o latim suplantou as línguas indígenas das províncias, com exceção do grego, a principal língua de civilização do mundo antigo, do basco ou vasconço e das línguas de algumas regiões do leste europeu e do norte da África. Difundido, em seu viés popular ou "vulgar", pelo colossal Império (c. 200 aC-300 dC), subsistiu em grande área dele. No oeste, alcançou, pelos normandos do século XI, a Grã-Bretanha, cuja língua e cultura romanizou, conforme atesta seu vocabulário técnico. Enraizou-se no norte da África, na Gália, Itália, Romênia e, em especial, na Península Ibérica, cuja conquista se protraiu desde a 2ª Guerra Púnica, em 218, até 19 aC. Entre as últimas regiões nela conquistadas estiveram a *Lusitania* e a *Gallaecia*, hoje Galiza, no seu extremo noroeste, que vieram a constituir-se em berço da "última flor do Lácio, inculta e bela". [O. Bilac. Ver 3.1.4 e 4.1]

3. Latim vulgar, origem das línguas neolatinas – O latim começou como língua falada na região do Lácio, ao redor de Roma, fundada em 753 aC. Com a expansão do Império, ele foi sendo difundido nas províncias pelos soldados, colonos, funcionários, comerciantes e migrantes, como instrumento da civilização romana e com prejuízo das línguas regionais. Em forma escrita, ele despontou como instrumento utilitário por volta de 600 aC. O latim nasceu na boca de gente prática e utilitarista, menos inclinada a devaneios poéticos do que à administração e à elaboração de conceitos, normas e princípios legais. Como as demais línguas, ele evoluiu séculos afora, tanto que os contemporâneos de Cícero, 106-43 aC, diziam já não entenderem os textos arcaicos, e originou variantes. Como? A organização social de Roma compreendia uma classe aristocrática (os patrícios), elite conservadora caracterizada pela educação e por costumes refinados, falante do latim *urbanus* ou *perpolitus*. Essa classe separava-se da dos plebeus, integrada pela população rural, pelos estrangeiros e por escravos libertos, classe social bem diversificada da anterior, que se expressava numa linguagem que chegou sob diversas denominações: *sermo quotidianus, urbanus, plebeius, militaris, rusticus...*

Em toda a Romênia, salvo, talvez, na Dácia, o latim foi transplantado sob dupla variante: o falar *urbanus* ou *perpolitus*, ensinado nas esco-

30

las, e o falar corrente, o *sermo popularis*, *vulgaris*, *cottidianus* ou *rusticus* dos soldados, mercadores ou colonos, que se tornou meio de comunicação para o conjunto das populações conquistadas. O latim vulgar teve, em todas as províncias, poderoso apoio dos escritores cristãos, que, embora de grande cultura, passaram a empregar vocábulos populares nos seus escritos e pregações, em virtude de estarem se dirigindo às massas populares na propagação da nova crença. Segundo especialistas, o latim vulgar subsistiu até quase 600 dC, quando entrou na fase dos falares regionais românicos, chamados *romances* ou *romanços*. Fonseca, 1985, p. 34 e 40, e Cunha, 1982, p. 15.

Latim vulgar é, pois, aquela variante que foi correntemente falada pelo povo romano no Império e que, tendo evoluído de modos diferentes nas diversas províncias, com influência do substrato étnico-lingüístico nelas encontrado pelos conquistadores, deu origem, desde o fim do século V dC, aos falares neolatinos regionais, chamados **romances* ou *romanços*, dos quais derivaram, até o final do 1º milênio, as atuais línguas neolatinas ou românicas. É latim corrente, sem conotação pejorativa, o latim falado em situações informais pela população romana (incluindo a aristocracia), uma variante popular, a do *vulgus*, "povo". Entendê-lo no sentido depreciativo de vulgarismo, de uso lingüístico condenável, implicaria equívoco resultante de visão lingüística superada: a) de mudança, que se apóia no princípio de deterioração lingüística, como se o latim vulgar tivesse resultado de corrupção do latim clássico; b) de língua morta, como se o latim não sobrevivesse hoje nas línguas românicas; c) de evolução cronológica, como se o latim vulgar tivesse sucedido ao latim clássico. "É justo dizer que as línguas românicas provêm do latim vulgar, no sentido relativo de que resultaram de um latim dinâmico, essencialmente de língua oral, em processo de perene evolução". Camara, 1979, p. 19-21; Buescu, 2004. – Sobre fatores das variantes sociolingüísticas, fontes de estudo do latim vulgar e influência dele, ver 4.1.1.

4. Latim erudito, literário e clássico – No processo de expansão do Império, os romanos receberam influência dos povos conquistados, principalmente os gregos, que já se encontravam em estágio muito adiantado de elaboração cultural e artística. [3.1.3] No caso específico do latim escrito, foi grande a influência grega, tanto no padrão gramatical quanto e sobretudo nos gêneros literários. Como expressão de obras de arte, o latim começou a ser cultivado só em 240 aC, com a helenização da sua literatura. A helenização processou-se por várias vias, entre as quais a das colônias helênicas da Magna-Grécia no sul da Itália. Tal contato poliu o latim, gramaticalizou-o e elevou-o à categoria de língua literária, mas sem tirar-lhe as características originais. [Magne, 1946, p. 292. 0.3.1] O latim clássico é o da língua literária e da língua escrita em situação formal, com preocupações estéticas ou didáticas pelos escritores do período áureo da literatura latina (c. 100 aC a 100 dC). Resultou de cuidadosa elaboração estilística, seguiu a rigor princípios gramaticais greco-latinos e os modelos clássicos e, como tal, esteve longe do padrão da língua falada pelo povo (inclusive pela elite romana), que apresentava muitas variantes, por efeito da diversidade de etnias e de culturas que compunham o Império. [0.3.2]

O latim literário, *sermo litterarius*, a par da variante culta ou erudita, *sermo urbanus*, *eruditus* e *perpolitus*, falada pela elite cultural, foi conhecida também nas escolas de várias províncias do Império, como as da Itália, Gália, Romênia, Norte da África, a par da Hispânia, onde surgiram célebres escritores como Sêneca, Marcial, [4 aC-65 dC], Lucano, [39-65], Quintiliano, [c. 30-100], Orósio, [c. 400-460], e Santo Isidoro de Sevilha. [c. 560-636] A tradição desse latim erudito foi preservada, junto com obras clássicas gregas e latinas, nas escolas dos conventos e mosteiros da Idade Média.

Sobretudo para as variantes erudita e clássica é que vale a afirmação de que o latim é língua vigorosa e sintética, isto é, que flexiona os nomes tanto quanto os verbos, e cuja frase, destituída de artigos e de outros elementos de conexão comuns à sintaxe grega, reduz sua informação ao essencial, o que lhe permite dar muitas e precisas informações com poucas palavras. "Essa é a razão pela qual o latim foi considerado a língua por excelência do Direito e das inscrições. Através dela é possível traçar as características mais salientes do povo romano, cuja faculdade suprema era a vontade. Por isso mesmo, a literatura latina não pode ser entendida nos termos de puro produto da intelecção, como o foi a dos gregos, e sim como fruto da energia, da posse de si própria e da ambição de impor-se aos demais, elementos esses que informaram toda a concepção de vida do mundo romano." [Enc. Mir., 1994, v. 18, p. 1001, Roma.]

5. Outras variantes do latim – Entre as denotações das denominações destas variantes, registradas inclusive em dicionários da língua, [Ferreira, 1999, Houaiss, 2001], sobressaem as de tempo e de usuários: a) latim arcaico, aquele que se documenta desde cerca de 600 aC até cerca de 100 aC; b) latim imperial, aquele que foi escrito nos dois primeiros séculos da era cristã, já não clássico mas ainda de ótima qualidade, como o de Tácito, Sêneca, Plínio o Jovem, Juvenal e Quintiliano; c) latim cristão, o empregado pelos escritores cristãos após o século II dC para anunciar ao povo a boa-nova de Cristo; d) latim tardio ou baixo-latim, o dos séc. III a VII, usado pelos monges, pautado na tradição gramatical do latim literário; e) latim escolástico, aquele que foi escrito pelos teólogos da Escolástica dos séc. XII e XIII; f) latim bárbaro, "conjunto de fórmulas latinas mais ou menos corretas, de mistura com vocábulos de outras línguas [como a galaico-portuguesa] sob forma alatinada ou não, que foi legado à posteridade nos documentos notariais da Idade Média". [Fonseca, 1985, p. 31-49. 4.1.3]

6. Derivação do latim às línguas neolatinas – O latim vulgar, falado nas diferentes regiões do Império, chegou a tornar-se tão diversificado, que, no século III da Era Cristã, a unidade lingüística do Império já não existia. Essa imensa diferenciação dialectal é uma das principais causas da derivação do latim às línguas românicas. Àquelas causas somam-se estas: a diferença de época de romanização, que levou o latim em diversos momentos de sua evolução; a diversidade dos substratos culturais e lingüísticos dos povos conquistados; a concessão do direito de cidadania aos indivíduos livres do Império, por força do edito de Caracala (212 dC), do que resultou perda de privilégios para Roma; a descentralização política e administrativa do Império, que ocasionou a criação de doze divisões administrativas (em gr. *dioceses*) dioceses e levou Roma a perder o privilégio de ditar moda lingüístico-literária; a mudança da sede do Império para Bizâncio (330); a divisão do Império Romano, provocada pela morte de Teodósio (395), em Império do Oriente e Império do Ocidente. [4.1]

Essas forças desagregadoras, associadas à invasão dos bárbaros, fizeram que, em fins do século V, os falares regionais já estivessem mais próximos dos idiomas neolatinos do que do próprio latim. Começou então o período do _romance_ ou _romanço_ (de _románice loqui, parabolare_ ou _fabulare,_ "falar à maneira romana"), denominação que, por oposição ao latim, a Lingüística Comparativa deu a cada um dos falares regionais dessa fase de transição, que terminou com o aparecimento de textos redigidos em cada uma das línguas românicas ou neolatinas nos seguintes séculos: francês, IX; espanhol, X; italiano, X; sardo, XI; provençal, XII; rético, XII; catalão, XII ou XIII; **português, início do século XIII**; franco-provençal, XIII; dálmata, XIV; e romeno, XVI. Mas a forma erudita da língua latina sobreviveu, até o fim do séc. XIX, a par das línguas românicas, como língua de comunicação da Igreja, dos letrados e dos sábios. [Cunha, 1982, p. 15.]

7. Renascimento das letras clássicas greco-latinas nos séculos XVI a XVIII – Por efeito do Renascimento, iniciado já no século XIV, o Classicismo Quinhentista e o Arcadismo adotaram os ideais estéticos da literatura grega e latina e propuseram-se imitar os modelos clássicos dela, tendo produzido obras de primeira grandeza. Ela expressou poemas de Dante, Petrarca e Bocácio (séc. XIV), a multieditada _Imitação de Cristo_, atribuída ao alemão Tomás de Kempen (_lat._ Kémpis), [1380-1471], assim como da filosofia e pesquisa de Pico della Mirândola (séc. XV), Sannazaro, Erasmo, Tomás Mórus (séc. XVI) e Descartes (_Cartésius_), Newton, Leibniz, Spinoza e outros (séc. XVII-XVIII). No século XVI, a língua do Lácio foi elevada "à categoria de língua da ciência, uma espécie, pois, de língua franca entre os eruditos de várias nacionalidades". [Silva Neto, 1970, p. 445.]

8. Cultivo das letras clássicas em Portugal e no Brasil – a) No Portugal dos séculos XVI a XVIII, o latim exprimiu, além de obras de André de Resende, 1573, Aquiles Estaço, 1581, e dos Gouveias, tam-

34

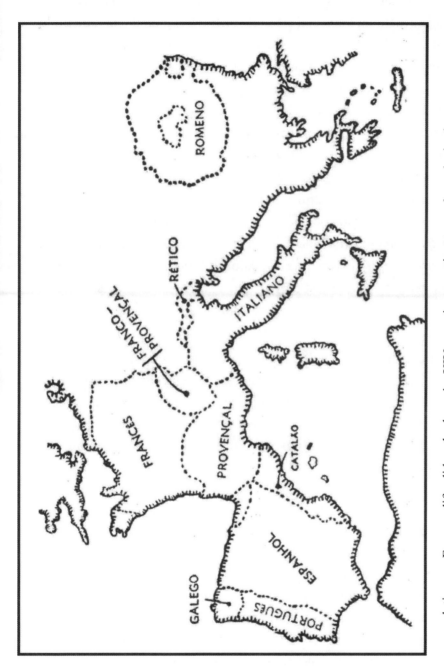

4. Línguas neolatinas na Europa, difundidas, desde o séc. XIV, aos cinco continentes, pelos colonizadores. (Souza da Silveira, p. 18).

bém várias gramáticas, como as de Estêvão Cavaleiro, Máximo de Sousa e Pe. Manuel Álvares, 1572, cuja *De institutione grammatica*, "Da instituição (método, doutrina, sistema, instrução) gramatical", de título idêntico à de Prisciano, já impressa mais de 400 vezes, foi traduzida para as principais línguas européias e serviu de manual para toda a Europa aprender latim até ao século XVIII. Foi português-latino o primeiro dicionário da língua portuguesa, "Dicionário português-latino, de Jerônimo Cardoso, de Lamego", *Hieronymi Cardosi Lamacensis dictionarium ex Lusitanico in Latinum sermonem.* Lisboa, 1562, 106, p. 4.6. – **b) Também no Brasil**, os ideais renascentistas vicejaram, por efeito de transplante dos estilos europeus. Foi em latim clássico que o Padre José de Anchieta vazou seus dois principais poemas: *De Beata Vírgine Dei Matre Maria* e *De Gestis Mendi de Saa*. Nele as mais de 40 academias do século XVII expressaram dezenas de poemas laudatórios (panegíricos). Dele subsistiu forte presença em textos do Parnasianismo e do Simbolismo. Nele foram lavrados os primeiros livros de Botânica. Furlan, 1984, p. 169-217.

9. Projeção do latim no tempo e no espaço – Segundo especialistas, "entre as línguas de cultura, antigas ou modernas, nenhuma foi ou tem sido mais estudada do que o latim e, conseqüentemente, nenhuma oferece tão larga bibliografia (lingüística, filológica, epigráfica, paleográfica, ecdótica e literária), sendo tais estudos instrumento auxiliar da história, do Direito e das instituições romanas. A extraordinária difusão dos estudos latinos – que remontam a Cícero, Varrão, Floro, Quintiliano – continua hoje a despertar vivo interesse em todo o mundo civilizado. O latim, língua oficial da Igreja Católica, foi aceito como veículo da cultura ocidental até os confins orientais da Europa, durante quase dois milênios, séc. XIX adentro, continuando a exercer poderosa influência no enriquecimento vocabular de todas as línguas de cultura modernas, em concurso com elementos lexicais gregos, por via de regra previamente latinizados. A França, a Itália, a Alemanha, a Inglaterra e, no passado relativamente recente, Portugal, Espanha, Polônia e Hungria disputaram a primazia no estudo dele. São muitas as instituições ou publicações periódicas que nesses países foram ou continuam sendo dedicadas especificamente ao cultivo do latim, que se estendeu aos países escandinavos, às nações eslavas, ao continente americano, ao Brasil inclusive". Enc. Mir., v. 12, 1994, latim. Figueiredo, 1973, p. 298-311. Em suma, o latim tem sido, por si mesmo e pelas línguas que originou, uma das mais importantes línguas de cultura do mundo indo-europeu, se não do mundo inteiro.

0.3 Literatura latina e sua influência

0.3.1 Características principais da literatura latina

a) **Traduz o temperamento de um povo que desempenhou papel decisivo na história do Ocidente**. Os romanos, originários de agricultores e soldados, favorecidos por condições geográficas privilegiadas, voltaram-se mais para atividades utilitárias, político-administrativas, jurídicas e moralizadoras do que para as meramente especulativas. Por isso, é um espírito positivo e realista que nela traduziram. Cultivaram menos a poesia do que a prosa: sobretudo o lirismo é raro e pouco espontâneo; o gênero didático é o que recebeu as preferências deles. Em prosa, os gêneros em voga são os que se referem à vida prática e à ação: a eloqüência, a história, a política e a moral. Em outras palavras, a história da literatura latina está ligada ao que seus autores denominaram "a missão de Roma", que era a de unir e governar os povos. [3.1.3]

b) Por isso, **a literatura latina enquanto criação estética desenvolveu-se tardiamente**, a saber, não foi cultivada senão cinco séculos após a fundação de Roma, [em 753 aC], ou seja, desde meados do III século aC, no momento em que os romanos já tinham conquistado e organizado o mundo antigo, agrupado na bacia mediterrânea.

c) **Originou-se da literatura grega** no momento em que Roma, sentindo-se a primeira nação do mundo, percebeu a importância da literatura como arte. Então, após período de resistência, liderada por Cornélio Cipião, [235-183 aC], passou a acolher a literatura grega e a abrir-se à influência dela. Por isso, os gêneros e as formas não se desenvolveram, em Roma, segundo evolução natural, do que a Grécia constitui exemplo

37

perfeito. Ao invés de derivarem uns dos outros, os gêneros da poesia – épica, lírica e dramática – apareceram ao mesmo tempo, e, pouco depois, a historiografia e a eloqüência. [3.1.3]

d) É nacional, apesar da perene influência grega. No modelo dos gêneros e dos assuntos gregos, é o pensamento romano que nela se exprime. É um ideal inteiramente romano que os heróis das suas tragédias e epopéias, quer romanos, quer gregos, representam. No mais, da literatura grega o romano não reteve senão aquilo que convinha ao seu temperamento literário: homem de ação acima de tudo, cultivou pouco o lirismo, ao passo que desenvolveu, com paixão, a eloqüência, a história, a filosofia moral, o Direito e, no período da decadência, a prosa de ficção. E lá onde a Grécia não lhe oferecia modelos, como na sátira – *Satira tota nostra est*, "A sátira é toda nossa", [Quintiliano, Institutiones Oratoriae, X, 103] – soube criá-los. Seu senso de ordem desenvolveu o Direito, que subsiste, "um pouco modificado", no código civil dos países neolatinos, em especial o brasileiro.

O latim, apesar de não ter alcançado a elegância, a riqueza e a maleabilidade que os poetas e prosadores da Hélade imprimiram ao grego, veio a traduzir "imensa e inestimável produção literária", "revelando ao mundo uma infinita constelação de poetas, prosadores, dramaturgos e pensadores da mais alta categoria. O fato de os gêneros literários latinos deverem muito aos da literatura de língua grega não chega a comprometer a pujança criativa dos grandes autores de Roma, que souberam também inventar manifestações tipicamente genuínas, como a moral, o direito, a história ou a sátira". [Enc. Mir., 1994, Roma.]

e) Tem alcance universal. Roma deu ao mundo o primeiro modelo de um estado poderosamente organizado. Associada à sorte dele, a literatura latina conquistou todo o mundo civilizado. Os escritores latinos originaram-se não só da Itália, mas também, sobretudo desde a fase argêntea, da Gália, Espanha e África[II. 1 e 5]. É aos leitores de todos os países que eles se dirigem; é aos sentimentos mais generosos da humanidade que fazem apelo. Esse caráter de universalidade da literatura latina explica seu interesse sempre atual e a poderosa influência que ela, a par da

38

grega, veio a exercer nas literaturas modernas, em especial na dos séculos XVI a XVIII da Europa e, por efeito de transplante, nas colônias dela. ^{Humbert, 1948, p. 78; Bayet, 1996, p. 38-41; Figueiredo, 1973, p. 198-311.}

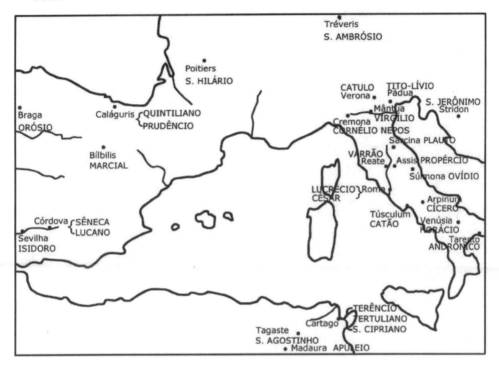

5. Mapa dos literatos latinos da Romănia Ocidental.

0.3.2 Períodos e estilos de época

Várias das propostas periodológicas da literatura latina apresentam o inconveniente de privilegiarem traços cronológicos e políticos em detrimento dos estéticos. Esta, a partir do cotejo de várias propostas, pretende conciliar os estéticos e os cronológicos, ^{Figueiredo, 1973, p. 281-297; Magne,} 1946, p. 202-238; Azevedo, s.d., p. 15-19; Spalding, 1968, p. 71-72; Ravizza, 1956, p. 462.

1. Contexto geral dos períodos

1) **Latinidade arcaica ou pré-clássica**, 753-81 aC, 1º discurso de Cícero: a) origens, 753-240; b) iniciação helênica, 240-81 aC. É de gran-

de atividade política e esterilidade literária, tendo subsistido apenas fragmentos de obras. À medida que os romanos foram tomando consciência de que Roma se havia tornado *caput mundi*, "capital do mundo", e que, por isso, precisavam cantar seus feitos "em verso e prosa", condições favoráveis fizeram surgir uma florada de vigorosos escritores, com apogeu no mecenato (< *Maecenas*) do Imperador Augusto, [3.1.2 e 3.1.3], cujas obras compuseram o período áureo da literatura latina, relicário do pensamento de Roma e de sua brilhante civilização.

2) Latinidade clássica ou áurea, 81aC-14 dC, morte de Augusto: a) período de Cícero, 81-43 aC, apogeu da prosa; b) período de Augusto, 43 aC-14 dC, apogeu da poesia. – Teve dois momentos contrastivos: o de Cícero foi de grande agitação política e social (César, Crasso, Pompeu); o de Augusto, de paz em todo o Império. Tais fatos marcam a literatura, que os reflete amplamente. A latinidade áurea leva ao apogeu a assimilação da influência helênica, sobretudo a alexandrina, que caracteriza aqueles poetas que Cícero chama de *poetae novi*.

3) Latinidade pós-clássica, 14 dC-fim do séc. V: a) latinidade argêntea, 14 dC-117, morte de Trajano; b) fim da literatura pagã e início da literatura cristã, 117-fim do séc. V. – Despreocupa-se da vida pública e dos ideais romanos para rastejar na adulação, afetação e retórica. Os melhores autores são espanhóis e africanos. A língua latina acelera sua evolução e afasta-se da pureza clássica.

2 Gêneros e autores

1) Latinidade arcaica ou pré-clássica: 753 aC-81 aC

a) Período das origens, **753-240**: embora destituído de preocupações estéticas, cultivou estes gêneros: a) poesia: religiosa (*cármina*, odes), didática (oráculos e predições), épica (nênias, *cármina conviválfor*, "poemas para refeições", epitáfios), satírica (cantos triunfais e fesceninos ou de *Faescénnia*, vila da Etrúria, que eram grosseiros e licenciosos), dramática (sátiras e atelanas); b) prosa: jurídica (Lei das XII Tábuas, [ano 451]), histórica (anais) e oratória (discursos).

b) Período de iniciação helênica, 240-81: a) poesia: – epopéia: Lívio Andronico, tradutor de poemas gregos, Névio (*Bellum Púnicum*), Ênio (*Annales*); – comédia: Plauto e Terêncio; [3.4.3] – sátira: Lucílio, criador desse gênero; b) prosa: Catão (*Annales* e *Orígines*).

2) Latinidade clássica ou áurea: 81 aC-14 dC

a) Período de Cícero, 81-43 aC: – apogeu da prosa: a) prosa: – história: César, Salústio, Cornélio Nepos; [3.1.1] – oratória: Cícero, [3.3.2] César; – didática e epistolografia: Cícero; – lingüística: [3.2.2] Varrão, César; b) poesia: Catulo, [3.4.4], Lucrécio.[3.4.6.4]

b) Período de Augusto, 43 aC-4 dC: – apogeu da poesia, da própria literatura e do helenismo: a) poesia: – epopéia: Virgílio; [3.4.5] – lírica: [3.4.4] Horácio; lírica elegíaca: [3.4.4.3] Ovídio, Tibulo, Propércio; – didática: [3.4.6] Virgílio, Horácio, Ovídio; – bucólica ou égloga: Virgílio; b) prosa: [3.1.1] Tito Lívio.

3) Latinidade pós-clássica: 14-fim do séc. V

a) Período da latinidade argêntea, 14-117: a) poesia: – epopéia: Lucano (*Farsália*); – drama trágico: Sêneca; [3.4.3] – sátira:[3.4.2] Marcial e Juvenal; – fábula: [3.4.6.1] Fedro; b) prosa: – história: [3.1.1] Tácito, [3.5.2] Suetônio; – didática: Quintiliano, [3.3.3] Sêneca, Plínio o Naturalista; – epistolografia: Plínio o Segundo ou o Jovem; – prosa de ficção (romance): [3.4.7] Petrônio (*Satíricon*).

b) Período final da literatura pagã e inicial da cristã, 117-séc. V: – **a) textos não cristãos**: – prosa de ficção: [3.4.7] Apuleio, [†190] (*Asno de Ouro*); – história: Eutrópio, [3.1.1] séc. IV; – codificação do direito romano: Gaio, Marciano, Ulpiano; – lingüística e gramática: [3.2.4; 3.2.5] Donato, [séc. IV]; Prisciano, [491-518]; **b) textos cristãos**: – poesia: Prudêncio; [séc. IV-V] – prosa: – apologia: Minúcio Félix, Tertuliano, São Cipriano, Arnóbio, Lactâncio; – apologia e didática: Tertuliano, Boécio, Prudêncio, Lactâncio, Arnóbio; – filosofia e teologia: santos Cipriano, [†258], Hilário, [†366] Ambrósio, [†397] Jerônimo, [†420; 3.2.3; 3.2.3 e 3.5.4] Agostinho; [354-439; 3.2.3] – lingüística: Santo Isidoro de Sevilha, [570- 636; 3.2.6], que aqui se inclui por apresentar interesse lingüístico, emparelhado com o de Varrão, Donato e Prisciano.

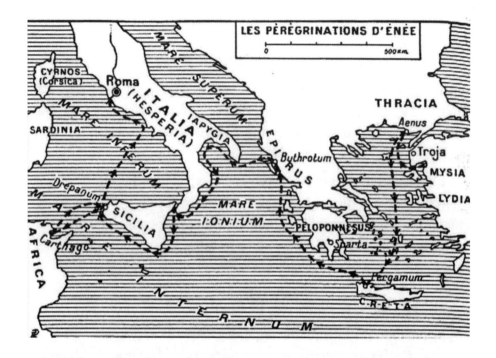

6. Rota das peripécias de Enéias, de *Ílion* (Tróia) para o *Látium* (Morisset, p. 505). Ver ilustração 7.

0.3.3 Literatura latina medieval e renascentista

A língua e a literatura latina não poderiam ter-se apagado bruscamente, apesar dos individualismos introduzidos pela divisão do Império com a morte de Teodósio, [395], e com a invasão dos bárbaros, que culminou com o saque de Roma em 476 dC. Ao contrário, por efeito dos méritos da cultura latina e do peso da tradição, o latim clássico tem sido utilizado, até aos dias de hoje, para expressar novas formas de cultura entre os povos neolatinos.

1. **Até ao século VII**, as províncias ocidentais, como a Hispânia e a Gália, produziram escritores de renome. [0.2; 3.1.4 e 4.1.1] O império oriental, por ordem de Justiniano, compilou e publicou, entre 528 e 534, num

corpus oficial, as leis imperiais e as prescrições dos juristas, composto de *Instituta*, "instruções, ensino", um manual de estudo, *Codex Iustinianus*, 12 livros, e *Digesto*, "ordenado, distribuído", uma coleção de 50 livros dos textos dos antigos jurisconsultos, [Bayet, 1996, p. 487-490.] Porque o Direito dos povos neolatinos tem germinado a partir do romano, nos sintéticos e precisos textos latinos originais é que os juristas, ainda hoje, buscam o saber. Trata-se de um dos mais completos, sistêmicos e penetrantes legados da Antigüidade, que foi estudado em toda a Europa desde o século XII e que se refletiu na redação dos códigos civis modernos, como o francês, 1804, o alemão, 1900, o luso e o brasileiro, 1916.

2. A partir do século VIII, o latim desapareceu como língua literária, mas se manteve e até se desenvolveu como língua dos eruditos e oradores sacros, sempre inspirados na linguagem de Cícero. A seguir veio o movimento cultural da Escolástica, "um conjunto de doutrinas teológico-filosóficas dos séculos IX a XVII, caracterizadas sobretudo pelo problema da relação entre a fé e a razão, problema que se resolve pela dependência do pensamento filosófico, representado pela filosofia greco-romana, da teologia cristã", tendo-se desenvolvido nela inúmeros sistemas conforme a posição adotada quanto ao problema dos universais, entre os quais se destacam os sistemas dos santos Bernardo, [†1153], Anselmo, [1033-1109], Boaventura [1221-1274] e Tomás de Aquino, [1225-1274], bem como de Duns Scótus [†1308] e Guilherme de Ockham, cujas obras perfazem bibliografia monumental. [Ferreira, 1999, escolástica.] A Igreja Católica como instituição fez do latim sua língua oficial para, durante já 20 séculos, expressar seu código disciplinar, doutrinas teológicas e vida litúrgica, cujos textos inspiraram obras imortais dos maiores artistas do Ocidente: arquitetos, pintores, músicos, etc. [3.5.7] ■ **Depois** brilharam os nomes de Rogério Bacon, no séc. XVI; de Descartes, Spinoza e Leibniz ainda no séc. XVII. Inclusive a história como ciência cresceu durante muito tempo em língua latina. As escolas dos países desenvolvidos, como os da Europa e América do Norte, ainda hoje dedicam ao estudo das letras latinas amplo espaço do currículo acadêmico. Até à invenção de Gutenberg, [1448], os mosteiros é que conservaram e multiplicaram as cópias de obras latinas. Os manuscritos carolíngios dos séc. IX a XI serviram de base à maior parte dos textos depois editados. Coerentemente, os textos litúrgicos latinos da Igreja constituíram objeto e motivo para grande volume de obras de valor perene para artistas de todos os gêneros. [3.5.7]

3. No Renascimento dos séc. XVI a XVIII, os clássicos e os árcades assumiram para si os ideais lingüísticos e estético-literários dos gregos e latinos, tomando-lhes as obras como modelos a seguir: os prosadores imitaram sobretudo Cícero; [106-43 aC], enquanto mestre da língua, e os poetas, sobretudo Homero, [c. 850 aC], autor presumido da *Ilíada* e *Odisséia*, Virgílio, [70-19 aC], autor da *Eneida*, *Geórgicas* e *Églogas* ou *Bucólicas*, e Horácio, [65-8 aC], o das *Odes* e da *Arte Poética*. Esse estilo de época dominou em Portugal e, transplantado para o Brasil, nele produziu obras notáveis, sobressaindo, em latim clássico, os dois principais poemas do Pe. José de Anchieta, 1534-1597, *De beata vírgine Dei matre Maria* e *De gestis Mendi de Saa*, dezenas de poemas laudatórios das mais de 40 academias dos séc. XVII e XVIII e os primeiros livros de Botânica. O latim deixou fortes resíduos em textos do Parnasianismo e do Simbolismo. [Furlan, 1984, p. 169-221.] "A influência notável dos clássicos, revelam-na traduções, imitações paráfrases, que só à luz do mesmo Classicismo podem ser totalmente compreendidas e avaliadas". [Figueiredo, 1973, p. 298.]

4. Retomada dos ideais e modelos greco-latinos nos estilos de época – Essa retomada alimentou vários estilos de época, o que traduz, de um lado, a pujança deles e, de outro, a falta de criação de alternativas inéditas para a arte. Nesse sentido devem interpretar-se os movimentos clássicos modernos: o Classicismo Quinhentista e o Arcadismo Oitocentista. Tanto é assim, que o termo *clássico* significa: a) autor grego ou latino, da Antigüidade, de primeira classe ou superior, digno de apreciar-se nas classes escolares; b) autor que imita os clássicos greco-latinos. [Moisés, 1974, classicismo.] No sentido de evolução, não de isolamento hermético nem de estagnação, é que devem interpretar-se os seguintes estilos de época até ao século XIX: 1. <u>Classicismo</u> <u>greco-latino</u> ou <u>Antigüidade Clássica</u>, séc. IX aC a I dC, movido pelos ideais estéticos compilados por Aristóteles e Horácio e centrado no humanismo e mitologia pagãos;

=> **2**. Medievalidade, séculos XII a XV, que se empenhou por adaptar a filosofia grega à teologia cristã, numa sociedade que centralizou suas preocupações em Deus, manifestado em Cristo. => **3**. Renascimento, século XVI, que retomou os ideais e modelos greco-latinos, na busca de equilíbrio humano; => **4**. Barroco, século XVII, evolução dos ideais e regras do Renascimento (homem em conflito); => **5**. Neoclassicismo, séc. XVIII, restauração mais rigorosa da preceptiva clássica (homem em equilíbrio: rigidez); => **6**. Romantismo, séc. XIX (liberdade criadora egocêntrica, oposta à preceptiva do Classicismo). Proença Filho, 1972, p. 89.

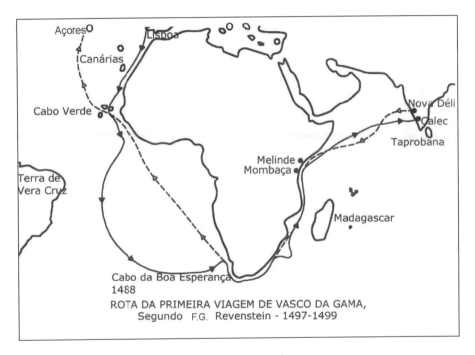

7. **Rota das peripécias dos lusos**, de Lisboa às Índias, segundo *Os Lusíadas*, de Luís Vaz de Camões (1532), que se inspirou nas epopéias de Virgílio e Homero e cujo protagonista é Vasco da Gama (F.G. Revenstein, 1497-1499). Ver il. 6.

5. Literatura clássica em Portugal – A literatura de Portugal, enquanto é *portuguesa*, contém obras que "traduzem, imitam, parafraseiam os clássicos, a eles aludem ou neles se inspiram"; enquanto é *moderna*, "participa, com as suas irmãs estrangeiras, numa herança de que fazem parte processos estilísticos e literários, ainda hoje empregados, ou pensamentos e sentimentos, juízos e interesses que conservam sua actualidade". Foi ampla e profunda a "influência dos principais escritores latinos na literatura portuguesa" desde a Idade Média até ao advento do Romantismo. Figueiredo, [1973, p. 298-311], a descreve a partir de cada autor latino nos correspondentes lusitanos, discriminando os influentes (autores, obras, temas, etc.) e os influenciados, com destaque para o grande volume de obras traduzidas: Plauto e Terêncio, Catulo, Cícero, Salústio, Virgílio, Horácio, Tito Lívio, Ovídio, Tácito, Sêneca e outros "autores de menor importância". Tal influência da literatura, bem como as teorias lingüísticas e literárias greco-latinas, serão referidas em 3.

0.3.4 Versificação: métrica latina

Versificação ou metrificação é o conjunto de regras que presidem à medida e à organização dos versos, estrofes e poemas. Nas línguas neolatinas modernas, ela se processa pelo princípio da **tonicidade** das sílabas, consideradas como unidade rítmica e melódica do verso, com base na tonicidade e qualidade das vogais e sílabas. Mas, nas línguas clássicas (grega e latina), a natureza do verso é determinada pela quantidade durativa de tempo gasto na enunciação das vogais e, portanto, das sílabas, dispostas em unidades métricas mínimas chamadas *pés métricos*. A métrica processa-se, pois, mediante unidades seqüenciais de sílabas longas e breves. [1.1.3 e 1.1.4]

1. Particularidades – a) Duas sílabas breves consecutivas podem ser supridas por uma só sílaba longa; b) os pés podem ultrapassar os limites das palavras; c) a última sílaba do verso ora é longa, ora é breve; d) palavra terminada em vogal ou **m** e seguida de vogal ou **h** na palavra seguinte sofre elisão da vogal final ou da vogal subseqüente ao **m**, segundo tendência universal a evitar hiatos: *cura ingens* (*cur'ingens*); *corda hominum* (*cord'hominum*), *orandum est* (*orandum'st*).

Há 28 tipos de pés métricos: 4 de 2 sílabas; 8 de 3; 16 de 4. Os mais recorrentes são estes: jambo (*rŏsās*), troqueu (*nōstră*), espondeu (*sērvōs*), dáctilo (*tēmpŏră*), anapesto (*dŏmĭnīs*). Uma incisão ou corte que ocorre no final de uma palavra e que reparte o pé entre duas ou mais palavras chama-se *cesura*, que geralmente é indicada por barras inclinadas //.

2. Espécies de versos – As espécies de versos são tratadas até em dicionários. [Ferreira, 1999, verso] Nos dos poemas épicos, didáticos, satíricos e epistolares constam de seis medidas ou pés métricos (no caso, *dáctilos*, em gr. "dedos"), pelo que se chamam hexâmetros ou, por causa das proezas ou gestas que tais versos decantam, heróicos, – como se pode constatar abaixo, nos versos de Virgílio, *Eneida*,[3.4.5], *Geórgicas*[3.4.6.2], de Horácio, *Arte Poética*[3.3.1] e de Lucrécio, *Da natureza das coisas*.[3.4.6.4] Seus primeiros quatro pés podem ser dáctilos ou espondeus; o 5º é sempre dáctilo; o 6º é espondeu ou troqueu.

Nos exemplos apresentados abaixo, sublinham-se os acentos dos versos e limitam-se por barras os pés e o hemistíquio. Eis lapidar hexâmetro de Ênio: [229-169 aC] *Mō-rĭ-bŭs / ān-tī-/quīs // rēs / stāt rō-/mā-nă vĭ/-/rīs-quĕ*, "Nos costumes antigos e em suas virtudes é que se sustentam as instituições romanas".

3. Na poesia elegíaca empregam-se pares de versos, hexâmetros e pentâmetros, chamados *dísticos*, "versos duplos", ambos compostos de dáctilos. O pentâmetro compõe-se de cinco pés (2 vezes 2 pés e meio), a saber: 2 dáctilos ou espondeus + 1 sílaba longa e 2 dáctilos + 1 sílaba longa ou breve, a exemplo dos versos pares das *Metamorfoses* de Ovídio. [3.4.6.3] Empregam-no Catulo e os poetas elegíacos Ovídio, Tibulo e Propércio. Ex.: *Prīn-cĭ-pĭ-/īs ōbs-/tā, // sē-/rō mĕ-dĭ/cī-nă pă-/rā-tŭr /// cūm mă-lă / pēr lōn-/gās // cōn-vă-lŭ-/ĕrĕ mŏr-/ās*. "Resiste aos princípios: tarde se prepara remédio / quando os males se fortaleceram por longas demoras."[Ovídio, Remedia amoris, 91-92.]

4. A poesia lírica latina, de acervo minúsculo, mas de grande pujança e mérito, a exemplo das odes (*cármina*) de Catulo e de Horácio, foi expressa em várias espécies de versos e estrofes. Por isso, seu estudo fica limitado, aqui, à escansão de algumas das espécies mais ocorrentes de versos e a temas que se tornaram comuns na literatura clássica dos séculos XVI a XVIII, podendo-se verificar outras espécies nas odes transcritas em 3.4.4. [Ferreira, 1999, verso; Berge, 1963, p. 334-342; Freire, 1983, p. 372-380.] **a) Alcai-**

co hendecassílabo: *Dūlcē et dĕcōrūm ēst // prō pătrĭā mŏrī*, "Doce e honroso é morrrer pela pátria",[Hor., Carm., II, 2,13.] b) **Falécio hendecassílabo**: *Vīvă/mūs, mĕă / Lēsbĭ(a), ātqu(e) ă/mēmŭs*, "Vivamos, minha Lésbia, e amemo-nos".[Catulo, 5,1.] c) **Asclepiadeu menor**: *Māecēnās ătăvīs // ēdĭtĕ rēgĭbūs*, "Ó Mecenas, descendente de antepassados régios".[Horátius, Cármina, I,1,1.] d) **Sáfico menor**: *Īntĕ/gēr vĭt/āe // scĕlĕ/rīsquĕ / pūrŭs...*, "O homem íntegro em (sua) vida e livre de crimes..."[Horátius, Cármina, I, XXII,1.]

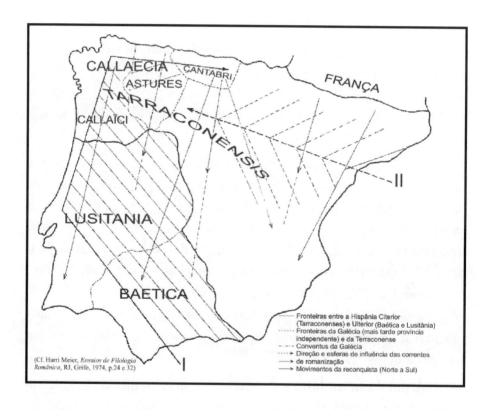

8. Península Ibérica: movimentos de romanização (264-19 aC) e de reconquista aos mouros (711-1492)

1 Gramática
do latim

1. Descrição de um sistema lingüístico – Na medida em que o estudante de uma língua interpreta textos, vai assimilando os vocábulos dela (seu *léxico*) e o significado deles (sua *semântica*), bem como as regras capazes de gerar todas as frases dessa língua (sua *gramática*), em nível de sons (*fonemas*), formas (*morfemas*) e combinação entre os vocábulos e sintagmas (*sintaxe*). Nesse sentido, as palavras de uma língua se dividem em duas classes: **a)** as lexicais (*lexemas*), portadoras de significado externo a elas (*semantema*) e denotativas dos seres externos ao sistema lingüístico, representadas pelos substantivos, adjetivos e verbos; **b)** as gramaticais (*gramemas*), portadoras de significado interno, isto é, aquelas cuja função é assinalar as relações existentes entre os componentes do sistema gramatical.

Os gramemas, que são morfemas gramaticais (em oposição aos *lexemas*), dividem-se em dependentes, que são os afixos (prefixos e sufixos, vogais temáticas e desinências), e independentes, que são os artigos, pronomes, certos advérbios, preposições e conjunções. **O acervo lexical** de uma língua é constituído, pois, de seu conjunto de lexemas, que é de número aberto a acréscimos e/ou a perdas e alterações, conforme a evolução da cultura, e de um conjunto de morfemas gramaticais ou gramemas, que formam um sistema fechado e mais resistente a alterações. [0.1; 5.] O fato de os conceitos e termos técnicos gramaticais das línguas neolatinas estarem dando continuidade aos da gramática grega, sobretudo a de Dionísio da Trácia, que foram assimilados e acrescidos de outros termos pelos latinos, revela quem os criou, quem os transmitiu e quem lhes está dando continuidade hoje.

49

2. Utilidade do conhecimento de uma gramática do latim – O conhecedor da língua portuguesa (como de qualquer outra língua neolatina), na medida em que, ao interpretar textos, lê uma descrição gramatical do latim, vai descobrindo nela não só o funcionamento do sistema desse idioma enquanto mãe da língua portuguesa, em seus níveis ortográfico, fonológico, morfossintático e lexicossemântico, mas também a derivação dos conceitos e termos técnicos da gramática grega e da latina para a portuguesa, ao menos a de cunho tradicional. Com isso, ele estará aprofundando o conhecimento da língua e da gramática portuguesa em sua derivação diacrônica interna. Afinal, estará descobrindo as razões pelas quais a "última flor do Lácio, inculta e bela" [Bilac, 1964, p. 262], pode considerar-se, com razão, "o próprio latim modificado". [Coutinho, 1974, p. 46.]

3. Do português ao latim e às línguas neolatinas – A derivação das línguas neolatinas a partir da latina compreende todos os seus níveis componentes (ortográfico, fonêmico, morfossintático e lexicossemântico). [4] O fato de essas línguas constituírem uma família (a latina) evidencia, de um lado, a importância de o integrante da etnia latina conhecer a língua e a gramática latina e, de outro, a facilidade que esse parentesco representa para ele aprender qualquer língua dessa família (à frente a latina), ao contrário do que representa, para ele, o estudo de línguas de outras famílias lingüísticas, como a árabe e a chinesa por exemplo. Tal fato favorece o estudante das Letras Vernáculas, cujo currículo lhe impõe aprender, em poucas aulas (em geral 40 a 120), "as estruturas do latim, com vista à compreensão mais lúcida da própria língua portuguesa, em sua história interna e seus recursos mórficos e semânticos". [Brasil, MEC, 1986, p. 31.]

4. Estudo dos componentes sistêmicos da língua – Os componentes de qualquer (sub)sistema (fonologia, morfossintaxe, léxico) tomam sentido em função dos demais componentes homogêneos dele, quer presentes, quer ausentes. Por isso, no estudo deles, esta obra empenha-se por correlacioná-los e integrá-los entre si e incentiva o estudante e o professor a procederem de igual forma. Nesse sentido se correlacionam também uma *Gramática* [1] e uma seção de ensino da *Língua*: [2] uma descreve o sistema, a outra o faz funcionar. A presente descrição do latim desenvolve-se em 14 seções. Tanto ela quanto a seção 2, "Língua latina": antologia por tópicos gramaticais, com exercícios transformacionais", tratam conjuntamente da morfologia e da sintaxe, dois subsistemas correlatos e coerentes entre si.

5. Do analítico português ao sintético latim – O latim, como outras línguas – grego, alemão, polonês e russo –, para expressar as funções sintáticas que os nomes (substantivos, adjetivos) e pronomes exercem na cadeia da frase mediante suas correlações sintagmáticas, vale-se de flexões (sufixos e desinências), isto é, declina os nomes em seis casos, assim como *conjuga* os verbos em quatro conjugações, o que o enquadra entre as *línguas sintéticas*, isto é, as que tendem a reunir, numa só palavra, vários morfemas. Esse caráter sintético confere ao latim poder de concisão e precisão bem maior do que o das línguas *analíticas*, razão de sua preferência nas ciências humanas que as requerem, como Direito e Teologia. Porque a flexão dos nomes latinos se constitui na maior diferença entre o sintético latim e o analítico português, esta gramática trata da flexão deles com especial clareza e vagar, assim como a 2ª seção trata da conjugação dos verbos antes da declinação dos nomes.

6. Componentes a aprender cedo e bem – **1) Dos verbos: a)** seus três tempos primitivos, portadores dos três radicais que, mediante desinências, derivam as formas de todos os tempos e modos, a saber: i) o *infectum*, base para formar os tempos imperfectivos, os de ação inacabada; ii) o *perfectum*, base para formar os tempos perfectivos, os de ação acabada; iii) e o *supino*, do qual derivam algumas formas nominais do verbo, como o particípio passado, elemento integrante das locuções dos tempos de ação acabada da voz passiva; **b)** e o quadro dos sufixos modo-temporais e desinências número-pessoais[1.82; 1.8.3]. **2) Dos nomes** (substantivos, adjetivos e numerais), as duas formas pelas quais os dicionários os citam: i) a do nominativo singular, que denomina os seres; ii) e a do genitivo singular, que gera o radical, apto a receber as desinências e os sufixos.[1.3] **3) Da frase**: a correspondência entre as funções sintáticas e as desinências dos seis casos que as exprimem, uma no singular, outra no plural. Para operacionalizar o entendimento e a memorização de tantos morfemas, o recurso a quadros ou tabelas deles na interpretação de textos pode ser de grande valia.[1.3.3; 1.4.1; 1.8.3; 1.8.5.]

7. Ordem a seguir na leitura dos textos – a) 0, "Cultura Latina", língua e literatura, em especial 0.1, "Conceitos operacionais"; b) 4, "Do latim ao português e vice-versa"; c) 2, "Língua latina"; 3, "Literatura e estudos lingüístico-literários". A *Gramática* e o *Glossário Lexicológico* devem consultar-se sempre que subsistirem dúvidas.

1.1 Sistema fônico e sistema ortográfico

1.1.1 Língua: unidades distintivas mínimas ou fonemas

Os menores segmentos do sistema sonoro destituídos de sentido mas capazes de distinguir palavras de sentido diferente na cadeia da fala, cujo número varia entre 20 e 50, conforme o idioma, constituem seus fonemas, que compõem, no latim, três grupos: vogais, semivogais e consoantes. 0.1: 1-5

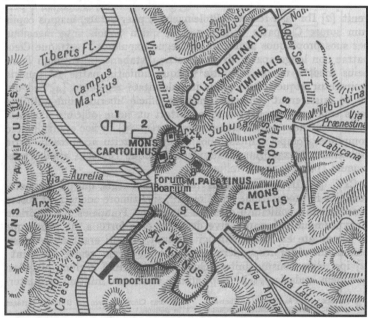

9. Roma em 27 aC, fundada entre sete colinas em 753 aC, junto ao rio Rumus, antigo nome do Tibre e talvez étimo de Roma, depois capital do Lácio, da Itália e do Império. (Morisset, 380). ▶1. Theatrum Pompei. 2. Circus Flamínius. 3. Templum Iovis Capitolini. 4. Cúria. 5. Comítium. 6. Fórum. 7 Via Sacra. 8. Templum Iovis Statóris. 9. Circus Máximus.

1. Vogais – Aqueles fonemas em cuja produção a corrente de ar passa livremente na cavidade bucal, diferenciam-se entre si não só pelo grau de sua <u>altura prosódica</u> (altas, médias, baixas), pelo seu <u>ponto de articulação</u> no aparelho fonador (anteriores, médias e posteriores), pela <u>configuração dos lábios</u> (abertas, fechadas), mas também – diferentemente do português – pela duração do tempo a ser despendido em sua pronúncia, ou seja, por sua <u>quantidade durativa,</u> que pode ser breve ou longa, conforme a pronúncia deles requeira uma ou duas unidades de tempo, quer na sua posição tônica, quer na átona. Com isso, o triângulo das vogais consta de cinco longas e cinco breves, todas orais, conforme quadro abaixo.

Registro gráfico da sua duração e tonicidade – Os latinos não dispunham de grafemas indicativos da duração e da tonicidade das vogais e sílabas. Isso levou os livros didáticos a indicarem, desde o séc. VIII dC, a duração e a tonicidade mediante dois grafemas a registrar sobre as vogais: para as longas, o <u>mácron</u> (¯), em grego "extenso, grande"; para as breves, a <u>braquia</u> (˘), "breve". Adota-se, aqui, esse mesmo uso, salvo, por razões mecanográficas, em casos isolados, nos quais se indica a tônica por acento agudo.

Fonemas vocálicos: cinco breves e cinco longos, em pares distintivos						
		/ ĭ /	incĭdit	*incide*	/ ŭ / domŭs	*a casa (Nom.)*
/ ĭ / / ī /	/ ŭ / / ū /	/ ī /	incīdit	*corta*	/ ū / domūs	*da casa (Gen.)*
/ ē /	/ ō /	/ ē /	lēgit	*leu*	/ ō / ōs	*a boca*
/ ĕ /	/ ŏ /	/ ĕ /	lĕgit	*lê*	/ ŏ / ŏs	*o osso*
/ ă /	/ ā /	/ ă /	terră	*a terra (Nom.)*	/ ā / in terrā	*em terra (Abl.)*

2. Consoantes – No início da língua latina eram doze: / **p, b, t, d, k, g, f, s, l, r, m, n** /. Depois, a geminação de algumas delas aumentou o número de pares opositivos mínimos e, portanto, de fonemas, como querem ilustrar os das colunas e linhas abaixo.

Fonemas consonantais, em pares distintivos mínimos					
Modo de articulação			Ponto de articulação		
		cordas vocais	bilabiais	labio-dentais	dento-alveolares	velares
Oclusivas	Orais	surdas	p pono *ponho*		t tonat, *troveja*	k (c,q,k) acer, *acre, azedo*
		sonoras	b bono *pelo bem*	v vides, *vês*	d donat, *doa, dá*	g ager, *agro-, agri-*
	Nasais	sonoras	m modus *modo*		n nodus, *nó* / anus, *anel* nn, annus, *ano*	
Constritivas	Fricativas	surdas		f fides, *fé*	s sana, *sã* / fisum, *fiado*	x fixum, *fixo*
	Vibrantes	sonoras			r rana, *rã* / curo, *cuido* rr curro, *corro*	
	Laterais	sonoras			l lana, *lã* / celas, *escondes* ll cellas, *células*	

3. Ditongos ▪ a) Classes – *Crescentes* (semivogal + vogal): *iam* > já, *quam, quem, ius-tus, cu-ius*. – *Decrescentes* (vogal + semivogal): *au-rum, pae-ne, poe-na, eu-rus, ei, cui*. ▪ **b) Semivogais** – O sistema ortográfico latino não incluía os grafemas **v** e **j**, que hoje integram o sistema ortográfico e fonêmico do português. Para grafar o **i** vogal (*i-ra*) e o **i** semivogal (*ius-tus*), ele usava a mesma letra: **I** maiúsculo (*I-talia, Iu-no*) e **i** minúsculo (*i-ra, ius-tus*). Da mesma forma, para grafar o **u** vogal (*murus*) e o **u** semivogal (*ui-ta* > vida), usava a mesma letra: **U** maiúsculo (*U-ranus, Ue-nus*) e **u** minúsculo (*u-sus, ui-ta*). ▪ Desde o Renascimento, [séc. XVI], os livros didáticos passaram a grafar o **u** semivogal como **V** ou **v** (*Ve-nus, vi-ta*) e o **i** semivogal como **J** ou **j** (*Ju-no, jus-tus*). Esse procedimento renascentista, de um lado facilita a leitura, mas, de outro, dissimula a pronúncia latina. Por isso, muitos textos didáticos pós-renascentistas voltaram a grafar **i** em lugar de **j** (uso que se adota aqui), e **u** em lugar de **v**.

1.1.2 Ortografia

1. Alfabeto – O alfabeto latino derivou do estrusco, como este tinha derivado do grego, que se havia originado do fenício, que tinha sido inventado em fins do 2º milênio aC. Ele constava apenas de letras maiúsculas, a partir das quais os romanos desenvolveram, pelo final da República, no século I aC, as minúsculas. No período áureo da literatura (cerca de 100 aC até 100 dC), Cícero, [106-43 aC], se refere às 21 letras do alfabeto latino, que já então se apresentavam como *capitales* (maiúsculas) e *cursivae* (minúsculas), a saber: Aa, Bb, Cc, Dd, Ee, Ff, Gg, Hh, Ii, Kk, Ll, Mm, Nn, Oo, Pp, Qq, Rr, Ss, Tt, Vu, Xx. O **x** é consoante dupla, equivalente aos dígrafos *cs*, *gs*, *vs*, *ps*, *ts* (*dux*, cf. *duco*; *rex*, *rego*; *nix*, *nivis*; *próximus*, *prope*; *nixus*, *nitor*). Esse alfabeto subsistiu no português, acrescido apenas de **j** e **v**. Com o Cristianismo, entrou na escrita dos germanos. Hoje tem ampla difusão no mundo.

Transcrição de fonemas gregos – **a)** Os latinos, para translinearem os fonemas que os gregos grafavam υ (ípsilon) e ζ (dzeta), introduziram o **y** e o **z**, assim como, para transcreverem os fonemas fricativos χ, φ, θ e ρ (*qui*, *fi*, *teta* e *rô*), introduziram os dígrafos **ch**, **ph**, **th** e **rh**, cujo **h** exprime o traço fricativo ou constritivo com que eram pronunciados. Por efeito das tendências renascentistas dos séc. XVI-XVIII, o sistema ortográfico latino foi introduzido na própria ortografia portuguesa, da qual gerou o sistema e o período chamado *etimológico*, [séc. XVI-XX], que veio a substituir o sistema *fonético* dos séc. XIII a XVI e preceder ao sistema histórico-científico vigente. [4.7.1] **b)** No período clássico da literatura latina, o **k** era usado quase só em abreviaturas (*Kal.*, *Kalendae*) e, às vezes, comutava com **c** (*Karthago*, *Carthago*).

2. Iniciais maiúsculas – Modernamente, grafa-se maiúscula a letra inicial: a) da primeira palavra da frase e, geralmente, dos versos; b) dos nomes próprios (*Roma*, *Látium*, *Portu Cale*, [séc. V], *Brasília*) e, geralmente, dos adjetivos derivados deles (*Romanus*, *Latinus*, *Portucalensis*, *Brasiliensis*).

3. Translineação e divisão silábica – **a)** Forma sílaba aberta a vogal seguida de uma só consoante (*a-mi-ca*, *au-rum*, *ha-bĭ-tat*, *pro-no-men*) ou de outra vogal em hiato (*de-us, tu-us, ma-nŭ-um*). **b)** Nos casos de duas consoantes intervocálicas, a separação se faz entre elas, originando sílaba fechada ou travada: *men-sa, ar-ma, stel-la, cur-rus, lin-gua*. **c)** No caso de vogal seguida de três consoantes (ou de **x** + consoante), a separação se faz antes da última: *sanc-tus, promp-tus, mix-tus*. **d)** Oclusiva (**p/b, t/d, c/g**) e subseqüente líquida (**l** ou **r**) formam conjunto inseparável: *du-plum, ag-grĕ-go, in-fra; tem-plum, in-flo*. **e)** Nas palavras compostas, a separação se faz entre os componentes: *ac-cuso* (< *ad-causo*), *ad-ōro, de-spĕro, ex-ceptĭo, ex-spēcto, post-ĕa, sub-lĕvo trans-ĭtus, vel-ut*. [1.14]

1.1.3 Vogais e sílabas: duração prosódica e tonicidade

1. Duração – Enquanto as vogais e as sílabas da língua portuguesa se distinguem, pelo critério do acento, em tônicas ou átonas, as das línguas clássicas (grego e latim) se distinguem também pela quantidade (longa ou breve) de tempo a ser despendido na enunciação delas, traço que serve de base para a determinação da sílaba tônica e da metrificação. São breves aquelas vogais e sílabas cuja prolação requer uma só unidade de tempo; são longas aquelas cuja prolação requer duas unidades. A duração, que se pode descobrir pela própria métrica, é ministrada pelos livros didáticos, que a indicam, pelo menos, em tantas sílabas quantas se fazem necessárias para determinar a tônica. [0.3.4]

a) Sílaba longa por natureza é a que: a) contém ditongo (*ae-qŭ-us, quae-ro*) ou vogal derivada de ditongo: *in-ī-qu-us* < *in-ae-qŭ-us; in-quī-ro* < *in-quae-ro, in-cī-do* < *in-caedo*; b) contém vogal resultante de contração de duas vogais (*a-mō* < *a-mă–o; cō-go* < *co-ă-go*) ou vogal longa por natureza: *a-mā-re, vi-dē-re, au-dī -re; lē-git*, leu. ■ **Sílaba longa por posição** é a que tem duas consoantes após a vogal (*est, trans, fert, nunc, flens, ex*) ou que termina por consoante e vem seguida de outra consoante na sílaba seguinte (*stēl-la, an-nus, cur-ro; ar-ma, cis-ta, ip-se, il-le, ius-tus*) ou, mesmo, na palavra seguinte: *passūs dūm cōn-dĕ-rĕt ūr-bĕm,* Virgílio, Eneida, I, v. 5 , "sofreu enquanto fundava a cidade (de Roma)". Nas vogais seguidas de duas consoantes, seu caráter longo em geral não é indicado (por mácron), o que requer atenção do leitor.

b) Sílaba breve é a que não preenche essas condições: *ă-nĭ-mŭs, tĕ-nĕ-brō-sŭs, fă-cĕ-rĕ, gĕ-rĕ-rĕ.*

2. Incidência da tônica – Átonos são apenas alguns monossílabos (preposições, conjunções e partículas interrogativas [1.9.1]). Não há palavras oxítonas, exceto raras formas apocopadas: *istūc < istūce*, "para aí"; *illūc < illūce*, "para lá". **Polissílabos: a)** são paroxítonos aqueles cuja penúltima sílaba é longa por natureza (*a-mā-re, te-nē-re, au-dī-re; na-tū-ra*) ou por posição (*con-cūr-ro, ap-pēl-lo, re-mīt-to, re-mīs-sus, con--vēr-sus, fe-nēs-tra, per-vēr-sus, do-lēn-tem*); **b)** são proparoxítonos aqueles cuja penúltima sílaba é breve: *ca-thĕ-dra, ha-bĭ-tat, de-fĭ-cit, le-gi-tĭ-mus, po-pŭ-lus, col-lĭ-gĕ-re, in-i-qŭ-us.*

Particularidades – ■ 1) As sílabas tônicas ora são longas (*re-mīt-to, ap-pēl-lo, in-quī-ro*), ora são breves (*prŏ-fŭ-gus, ă-nĭ-ma, mĕ-mŏ-rō*), assim como as átonas ora são longas (*a-mō, ter-rās, in ter-rā*), ora são breves (*leg-ĕ-re, com-prĭ-mo, col-lĭ-go*). ■ 2) A duração (longa ou breve) das vogais e sílabas, os lexicógrafos a registram, ao menos naquelas sílabas que possibilitam identificar a tônica. Eles, ao registrarem como átona a sílaba inicial (*ă-go, lĕ-go, pŭ-to, prĕ-mo*), querem significar que a tônica incidirá sobre a sua antecedente se esta for antepenúltima: *ex-ĭ-go, col-lĭ-go, com-pŭ-to, com-prĭ-mo*. Em 1.14:3, "derivação por sufixação", indica-se a tônica das palavras derivadas. ■ 3) As palavras átonas, constituídas sobretudo de monossílabos (*per, ad, non, tam, et, dum, quem, quale, cur, sic*), formam conjunto com a tônica da palavra seguinte: *nŏn ēst, quălĕ sĭt, nŏn lăbōrat*. Há partículas átonas presas *-que* (conjunção aditiva), *-ne*, (partícula interrogativa) e *-met, -te, -se, -pte* (partículas enfáticas de pronomes) que se acrescentam a outras palavras e que formam, com elas, um composto paroxítono: *ubi – ubīque*, em toda parte; *vivit? – vivītne?*, vive?; *vŏbis – vobīscum*, convosco.

1.1.4 Pronúncias: a clássica reconstituída e as nacionalizadas

A pronúncia moderna do latim tem sido influenciada pela língua falada em cada país. No Brasil e em Portugal: a) pela pronúncia portuguesa: b) pela pronúncia romana moderna, adotada nas escolas católicas. Os comparativistas, com base em estudos realizados nos séculos XVI a XIX sobre transcrição latina de palavras gregas, em depoimentos de gramáticos antigos e na pronúncia do latim pelos antigos germanos, pretendem ter reconstituído as características daquela pronúncia que teria sido a da elite culta de Roma no apogeu de seu esplendor cultural, o período clássico da sua literatura, centralizado entre 100 aC e 100 dC. [0.3.2] Tal pronúncia, dita <u>restaurada</u> ou <u>reconstituída</u>, tem sido a mais adotada nas universidades estrangeiras e nacionais, por ser a mais autêntica. Como se pronunciam os fonemas latinos?

1. Pronúncia clássica reconstituída – Características principais: ■ <u>Vogais</u>: a) a duração (longa ou breve) das vogais é observada com rigor; b) ĕ, ŏ soam abertos (*lĕvis, pĕrītus, rŏta, nŏvus*), assim como ē, ō soam fechados (*rētem, amōrem, formōsum*); c) ā e ă soam sempre orais e abertas: *canto, terram*; d) **y** soa arredondado [y], como no francês *mur* e alemão *müde*: *hymnus, lyra*; e) **ae** soa [aj] de *pai: aequālis, servae*; **oe**, como [oj] de *coisa: foedus, poena*; f) **i** semivogal soa [j] de *fia-po: iam, iustus, iurare*; g) **u** semivogal soa [w] de *gua-po: uita, quinque, quem, distinguit*; ■ <u>Consoantes</u>: h) **c, q, k** soam [k] de *cá: caelum, accipĭo, scientia; quem, quinque; kalendae, Cicĕro*; i) **g** soa [g] de *gago: genus, gentes*; j) **s** soa fricativa surda [s], como em *nossa: rŏsa, formōsus*; k) **ti** soa [tj] de *Tia-go: oratĭo, scientĭa, mixtĭo*; l) **h** soa aspirado como em *hand* (inglês), *Hund* (alemão) e *hydor* (grego): *hoc, schola, rhetor*; m) **x** soa africado surdo [ks] de *léxico (lux, pax, dixi, nexus)*; n) **z** soa africado sonoro [dz] de *dze-ta: zelus, zephўrus*; o) **v** soa [w] de *qual: vado, veto, vinum*; p) fonemas duplos pronunciam-se distintamente: *cur-ro, stel-la, an-nus*.

2. Pronúncia aportuguesada – Características principais: a) o timbre de todas as vogais é um pouco aberto: *brĕvis, mŏdus; mētus, tōtus*; b) o ditongo **ae** soa [ε] de *pé (aetas, laedo)*; **oe** soa [e] de *ler (foedus, poena)*; c) a semivogal **i** soa [j] de *fia-po: iam, cu-ius, iustus*; d) a semivogal **u** soa [w] de *qual: quinque, quem, distinguit*; ■ e) **ti** seguido de vogal soa [sj] de *cien-te: o-ra-tĭo, scien-tĭa*; mas precedido de **s** ou **x** (cs), soa [tj] de *pá-tio: os-tĭum, mix-tĭo*; f) **x** soa [ks] de *léxico*, como na pronúncia restaurada: *lux, dixi, nexus*; g) **ch, ph, th, rh** soam respectivamente [k, f, t, r]: *brachĭum, philosŏphus, theātrum, rhetor*; h) **y** soa [i] de *ir*: *lyra, hymnus*; i) **z** soa [dz] de *dzeta*: *zelus, zephȳrus*.

3. Pronúncia romana moderna – Difere da pronúncia portuguesa atual por estes traços principais: ■ **a) ae** soa como é de *pé*: *paene, servae*; **oe** soa arredondado como em *peu* (francês) ou em *böse* (alemão): *poena*. ■ **b) c** seguido de **e, i, ae, oe** soa africada como em *tcheco*: *cedo, incīdo, caelum, Cicero, coena*; **ch** soa como **c** de *cabo*: *chorda*; **sc** ante **e, i, y, ae, oe**, soa palatal, como em *chifre*: *scire, scientia*; **g** ante **e, i, ae, oe, y** soa africada como em *gentle* (inglês): *gemma, gigno*; **gn** soa palatal como em *banha*: *lignum, stagnum*; **ph** soa oclusiva como em *fé*: *philosophiccus*; **th** soa oclusiva como em *teu*: *theatrum*; **x** soa africada: <u>sonora</u> [kz] quando precedida de **e** e seguida de vogal (*examen*); <u>surda</u> [ks] nos demais casos: *uxor, fixus*.

1.2 As palavras na frase

1.2.1 Classes das palavras

Os <u>substantivos, adjetivos</u> e <u>verbos</u> são portadores de significação externa a eles, pelo que formam sistema de número aberto a subtrações e acréscimos. Em contrapartida, <u>os pronomes, advérbios, preposições</u> e <u>conjunções</u> formam sistemas de significação interna a eles, isto é, cada componente toma função e sentido a partir da relação dele com os demais componentes do mesmo sistema ou paradigma gramatical, pelo que são de número fechado, isto é, não admitem acréscimos ou subtrações de unidades.

Os <u>radicais</u> dos nomes (substantivos e adjetivos) e dos verbos recebem afixos (prefixos, infixos e sufixos) que lhes dão aspecto gramatical: *Ex-cept<u>ĭo</u> con-<u>fĭrm</u>-a-t <u>regŭl</u>-a-m*, "A exceção confirma a regra". Essas formas (radical e afixos) ou *morfemas* são objeto de estudo da *morfologia*, que se opõe à *fonologia* (estudo dos fonemas) e à *sintaxe* (estudo dos componentes da frase).

O latim não dispõe de artigos. Na derivação dele para as línguas neolatinas, o numeral *unus, a, um* originou o indefinido, assim como o pronome demonstrativo *ille, illa* originou o definido. [4.5]

| Palavras latinas: classificação por critério de flexão ||
flexionáveis	*não flexionáveis*
1) nomes substantivos adjetivos numerais	**4) advérbios, partículas adjuntas** a) derivados de adjetivos: os de modo b) outros: de tempo, lugar, dúvida, quantidade, afirmação, negação, interrogação...
2) pronomes pessoais possessivos demonstrativos	**5) preposições, conectivos entre termos** que regem o acusativo que regem o ablativo que regem ora acusativo, ora ablativo
relativo interrogativos indefinidos	**6) conjunções, conectivos entre frases** **a) coordenativas:** aditivas, alternativas, adverstivas, comparativas, conclusivas, explicativas;
3) verbos de ligação; auxiliares ou principais regulares ou irregulares	**b) subordinativas:** causais, consecutivas, concessivas, condicionais, conformativas, finais, proporcionais, temporais
depoentes, defectivos, transitivos ou intransitivos	**7) interjeições, partículas avulsas** de alegria, dor, apelo, ordem, interpelação, admiração, indignação, surpresa, aprovação...

1.2.2 Categorias gramaticais

O latim dispõe de elementos formais ou *morfemas* (vogais temáticas, sufixos e desinências) das palavras ou dos sintagmas que são portadores de significação gramatical ou interna no enunciado e que são capazes de exprimir as seguintes categorias gramaticais:

1. Categorias nominais – a) três *gêneros*: masculino, feminino e, por oposição a eles, o neutro; b) dois *números*: singular e plural; c) dois *graus de significação* dos adjetivos e de alguns advérbios: comparativo e superlativo, com subdivisões; d) seis *casos* gramaticais, isto é, seis formas flexionais dos nomes (substantivos, adjetivos, numerais) e pronomes, capazes de indicar as funções sintáticas e as relações sintagmáticas deles na cadeia da frase: os <u>retos</u> ou independentes: *nominativo* e *vocativo*; os <u>oblíquos</u> ou dependentes de outro termo: *genitivo, acusativo, dativo* e *ablativo*, cuja função se explana em 1.3.3 e 1.13.

2. Categorias verbais – a) quatro *conjugações*, que derivaram para as três do português; [4.4.1] b) três *pessoas* (1ª, 2ª e 3ª) e dois *números* (singular e plural); c) duas *vozes*: ativa e passiva; d) três *modos* pessoais (indicativo, subjuntivo e imperativo); e) três *aspectos verbais*, que exprimem a idéia que o falante faz da duração, desenvolvimento ou acabamento do processo revelado pelo verbo; esses aspectos são expressos por três radicais diferentes: i) o do *infectum* (*amā-re*), gerador dos tempos verbais <u>imperfectivos</u> (os de ação inacabada) da voz ativa e passiva; ii) o radical do *perfectum* (*amāv-i*), gerador dos tempos <u>perfectivos</u> (os de ação acabada) da voz ativa; iii) o *supino*, (*amāt-um*), gerador de algumas formas nominais do verbo, entre as quais a do particípio passado, que integra o sintagma dos tempos perfectivos da voz passiva, como *amatus sum* (– *ero*, – *eram*...), "fui (serei, tinha sido) amado".

3. Categorias nominais do verbo ou verbo-nominais – O latim dispõe de formas nominais do verbo ou verbo-nominais, capazes de expressar simultaneamente categorias verbais e nominais. Elas participam da natureza do <u>verbo</u>, do qual representam o modo impessoal ou infinitivo, e do <u>nome</u>, por cujas desinências expressam as categorias de gênero, número, caso e concordância com os substantivos a que se referem. Tais formas, que recebem, na gramática latina, significado e nomes técnicos que diferem, em parte, dos da Nomenclatura Gramatical Brasileira de 1959,[1.8.4] são: a) *infinitivo* impessoal (do presente, pretérito e futuro); b) *particípio* (presente, passado e futuro); c) *gerúndio* (no genitivo, acusativo e ablativo); d) *gerundivo*; e) *supino*. [1.8.4.]

1.2.3 Categorias de gênero e número

1. Gênero – O latim (assim como o grego, o alemão e outras línguas) contrapõe ao masculino e feminino o gênero neutro, de *neutrum* (< *ne, uter*), "nenhum dos dois". Mas, enquanto, em outras línguas, o masculino e o feminino correspondem a seres sexuados e o neutro a seres assexuados, o latim segue esse critério apenas em parte. Ele indica o gênero de duas maneiras: a) mediante atribuição de gênero, pelos latinos, ao objeto designado pelo nome, <u>gênero</u> <u>natural</u>; b) mediante morfemas gramaticais dos adjuntos e predicativos, <u>gênero</u> <u>gramatical.</u>

2. Gênero natural – a) São **masculinos** os substantivos que designam seres do sexo masculino e ofícios que os latinos consideravam próprios do homem: *poeta, nauta, scriba, consul, Caesar*. Talvez por efeito de animização, também <u>são</u> <u>masculinos</u> <u>os</u> <u>nomes</u> <u>de</u> <u>povos, rios, ventos</u> <u>e</u> <u>meses</u>: *Persae, Tíbĕris, aquĭlo,*^{vento norte}, *Aprilis*. b) São **femininos** os substantivos que designam seres de sexo feminino, capazes de gestar (*Sílvia, Teréntia*), bem como – pelo mesmo processo de animização – <u>os</u> <u>nomes</u> <u>de</u> <u>árvores, cidades, ilhas</u> <u>e</u> <u>países</u>: *ficus,*^{figueira}, *Corinthus, Delos, Aegyptus*. c) São **neutros** os raros <u>nomes</u> <u>não</u> <u>flexionáveis</u> e os de muitos <u>seres</u> <u>inanimados</u>: *aurum, curriculum*; *genus, poema, caput, cornu*.

3. Número – Como no vernáculo, há substantivos que se usam só no singular, *singularĭa tantum* (*Roma, indŏles*) e nomes (geográficos, festivos, comuns) que se usam só no plural, *pluralĭa tantum* (*Athenae, Alpes*; *calendae*; *nuptĭae, arma, maiores* ^{os antepassados}, *supĕri* ^{os deuses}). Há os que têm dois significados: um no singular (*littĕra*, letra, alfabeto), outro no plural (*littĕrae*, carta, documento, literatura).

1.2.4 Radicais e desinências dos nomes e verbos

Mediante o acréscimo de afixos portadores de significado gramatical (*morfemas*), tais como *vogal temática, afixos* e *desinências*, é que os radicais dos vocábulos portadores de significação externa (substantivos, verbos, adjetivos) funcionam na cadeia da frase. Exemplos: a) <u>de no-</u> <u>mes</u>: *poet-a-s, mur-o-s, mulĭĕr-e-s, civ-ĭ-um, civīl-i-s, fruct-u-s, di-e-s*; b) <u>de</u> <u>verbos</u>: *ama-re, ama-ba-t, am-a-nt-es*; *amav-ĕra-t, amav-īsse-nt*; *amat-o-s*; *lĕgit, lēgit*; *currit, cu-currit*.

Num paradigma, a <u>ausência</u> <u>de</u> <u>um</u> <u>morfema</u> toma sentido na medida em que ela se opõe à presença de morfemas congêneres, pelo que os lingüistas o chamam de *morfema zero*, que registram pela convenção **ø**. Exemplo disso é a ausência de vogal temática nestes casos: a) no radical do tema do *infectum* dos verbos da 3ª conjugação (<u>leg</u>-(*ĕ*)-*re*, "ler", cujo *e* é vogal de ligação), dita, por isso, *consonantal*, relativamente à presença de vogal temática nas demais conjugações (1ª, <u>amā</u>-*re*; 2ª, <u>monē</u>-*re*; 4ª, <u>audī</u>-*re*); b) no radical dos nomes da 3ª declinação (*mulĭer*-**ø**, "mulher"),

62

dita, por issso, *consonantal*, relativamente à presença de vogal temática no radical dos nomes das outras quatro declinações (1ª, *nauta*; 2ª, *servu-s* < *servo-s*; 4ª, *fructu-s*; 5ª, *die-s*). Entre o radical e a desinência, intercala-se, em certos contextos (como em *leg-ĕ-re, leg-i-s, leg-u-nt*), [1.8.3], uma vogal de ligação, à semelhança do que ocorre em *gasômetro* (< *gás-o-metro*), vogal que, nos paradigmas verbais, será isolada por hífen. [1.8.5]

Na evolução diacrônica, os sons sofreram mudanças (*metaplasmos*), que alteraram ora a terminação do radical, ora a desinência, ora ambos. Ex.: a) absorção da vogal temática pela vogal inicial da desinência: *am-ă-o > amō*, "amo"; *serv-a-is > serv-īs*, "às servas"; b) na 2ª declinação, elevação de **o** para **u** (*serv-o-s > serv-u-s*) e elisão da desinência, como em *vir-o-s > vir*, "varão"; *puer-o-s > puer* "menino". Por causa disso, também a presente gramática irá tratar a vogal temática dos nomes e a sua desinência de caso como componentes de um só conjunto desinencial. Com isso os componentes nominais se reduzem a dois: radical + desinência: *ros-ă, ros-ae, ros-am, ros-ā* (< *ros-ad*); *ros-ārum, ros-īs* (< *ros-ais*); *puer- ø, puĕr-i; mulĭer- ø, mulĭer-is*. [Faria, 1958, p. 39-47 e 67-73].

10. Romanização de Portugal: ruínas do "templo de Diana", em Évora.

1.3 Flexão dos nomes substantivos e adjetivos

O verbo e o nome (substantivo, adjetivo e numeral) são vocábulos lexicais, isto é, portadores de significação externa à língua, enquanto o *pronome* e os conectivos (preposições e conjunções) são vocábulos gramaticais, isto é, expressivos de significação interna à língua. Por <u>nome</u>, compreendem-se as palavras que admitem as categorias de gênero, número, grau e caso: *fĭlĭ-a, fĭlĭ-us; magn-a, magn-us, maior; secund-a, secund-us.*

O processo de gerar e interpretar frases se faz por níveis hierárquicos, em conjuntos de formas (sintagmas), cada um dos quais se ramifica em conjuntos menores e os determina. Assim, o sintagma frasal desenvolve-se em sujeito e predicado; cada sujeito, em conjuntos nominais (nomes e seus determinantes); o predicado, em conjuntos verbais e conjuntos nominais (complementos), e assim por diante, até às menores formas (*morfemas*): {*Agnus timet lupum*} = {*Agnus*} {*timet lupum* } = {*Agnus*} {{*timet*} {*lupum*}}, "O cordeiro teme o lobo."

1.3.1 Sistema flexional dos nomes por casos gramaticais

Categoria de caso – Muitas línguas, como as neolatinas, para introduzirem os vocábulos (*os lexemas*) na frase e, com isso, expressarem as categorias referidas em 1.2.2, <u>conjugam os verbos</u>; mas, para indicarem a função sintática dos nomes na frase, não aplicam aos radicais deles desinências de caso, compensando-as por outros recursos, como os da ordem de entrada das palavras na frase e o amplo uso de preposições, pelo que se dizem *línguas analíticas.*

Outras línguas, porém, como o latim, grego, alemão, polonês e russo, ao contrário, para expressarem essas funções sintáticas, como <u>conjugam os verbos,</u> assim também <u>declinam os nomes</u>, o que fazem mediante <u>morfemas</u> <u>desinenciais</u> <u>de</u> **caso**, uma categoria gramatical que, mediante um sistema de desinências que se acrescentam ao radical, exprime, com elevado grau de concisão e precisão, a função sintática que um nome (substantivo, adjetivo e numeral) ou pronome ou um sintagma nominal exercem na cadeia da frase, pelo que se dizem *línguas sintéticas*.

Em latim, **as desinências dos casos**, por serem seis no singular e seis no plural, por expressarem com precisão e concisão as relações sintagmáticas dos nomes, tornam irrelevante a importância da ordem de entrada das palavras na cadeia da frase. Assim, uma frase como *Agnus lupum timet*, "o cordeiro teme o lobo", admite, diferentemente do português, todas as ordens possíveis dos termos, sem alterar-lhe o sentido nem dar margem a ambigüidades. Mediante o substantivo *musa*, o seguinte quadro quer ilustrar tanto a correspondência entre casos e funções sintáticas, quanto a variação das desinências em função deles. A forma que se acrescenta aqui entre colchetes representa o plural da precedente.

Funções sintáticas dos nomes e seus casos correspondentes	
Casos gramaticais	*Funções sintáticas*
1. Nominativo, *nominativus casus* Musa [musae] artes amat [amant]. **1a. Nominativo** Calliŏpe musa est. Calliŏpe et Polymnĭa musae sunt.	**1. Sujeito, pessoa do verbo** A[s] musa[s] gosta[m] das artes. **1a. Predicativo do sujeito** Calíope é musa. Calíope e Polímnia são musas.
2. Genitivo, *genitivus casus* Musae [musārum] inspiratĭo dulcis est.	**2. Adjunto adnominal de posse, especificação, etc.** A inspiração da[s] musa[s] é doce.
3. Acusativo, *accusativus casus* [1.10.1] Poeta ad musam [musas] venit et musam [musas] audit.	**3. Objeto direto; adjunto adverbial de movimento para** O poeta vem à musa [às musas] e ouve a musa [as musas].
4. Dativo, *dativus casus* Poeta musae [musis] placet et favet. **4a. Dativo:** *dativus commŏdi* Poeta est carus, amicus, propitĭus musae [musis]	**4. Objeto indireto** O poeta agrada e favorece à[s] musa[s]. **4a. Complemento nominal de adjetivos de interesse** O poeta é caro, amigo, propício à[s] musa[s].
5. Ablativo, *ablativus casus* [1.10.2] Poeta cum musa [musis] carmĭna inaudĭta creat.	**5. Adjuntos adverbiais** O poeta cria, com a[s] musa[s], poemas nunca ouvidos.
6. Vocativo, *vocativus casus* (O) musa [musae,], inspĭra [inspirāte] poetas!	**6. Vocativo, termo de interpelação** (Ó) musa[s], inspira[i] os poetas!

Portanto, como os verbos, para indicarem as categorias verbais, [1.2.2] se conjugam, assim os sintagmas nominais (nomes / pronomes + adjuntos), para indicarem as funções sintáticas que exercem na cadeia da frase, se declinam por um sistema de seis casos:

Funções sintáticas e seus casos correspondentes: sinopse			
	Funções sintáticas	singular	plural / significado
Nom.	Sujeito e seu predicativo	mus-ă	mus-ae as musas
Gen.	Adjunto adnominal de posse, especificação...	mus-ae	mus-ārum das musas
Ac.	Objeto direto; adjunto adverbial de direção para	mus-am	mus-as as musas
Dat.	Objeto indireto; compl. nominal de adjetivos	mus-ae	mus-is às musas
Abl.	Adjuntos adverb.: companhia, meio, lugar...	cum mus-ā	cum mus-is com musas
Voc.	Vocativo	o mus-ă	o mus-ae ó musas

1.3.2 Classificação dos nomes em cinco declinações

As três vogais temáticas dos nomes da língua portuguesa *(mus-a, lob-o, virtud-e)* estão dando continuidade à desinência do acusativo dos nomes das três primeiras entre cinco declinações latinas *(mus-am, lup-um, virtut-em),* cujo –**m** o latim vulgar apocopou. **Declinação é, pois,** o conjunto de formas que um nome, pronome ou sintagma assumem para expressarem, mediante morfemas desinenciais de caso, as funções sintáticas que eles expressam na cadeia das frases.

Pelo critério da presença ou ausência da vogal temática, como os verbos do latim clássico formam um sistema de quatro conjugações *(am-ā-re, mon-ē-re,reg-(ĕ)-re, aud-ī-re)*, assim os nomes substantivos e adjetivos formam um sistema de **cinco declinações:** 1ª, em **a,** *musa-;* 2ª, em **o,** *lupu-s < lupo-s;* 3ª em consonante, *muliĕr;* 3ª em **i,** *civi-s > cive-s;* 4ª, em **u,** *domu-s*; 5ª, em **e,** *die-s.*

Alterações fônicas diacrônicas atingiram desinências e, em certas formas, o radical: *serv-a-is > serv-is*; *puer-o-s > puer-s > puer-ø*. Mas **a forma do genitivo singular**, tendo resistido a elas, gera por completo o radical, em virtude do que ela se constitui em forma ideal para identificar a declinação pela qual cada nome se declina. Por isso, ela é ministrada pelos dicionários (ver *Glossário*) em seguida à forma do nominativo singular, formas que precisam ser memorizadas, assim como se memorizam os vocábulos de qualquer língua. **Os dicionários registram** essas duas formas dos nomes, geralmente reduzindo a do genitivo à sua desinência: 1ª, *filĭ-a, -ae*, s.f.; 2ª, *filĭ-us,-i*, s.m.; 3ª, em consoante, *mulĭer, mulĭer-is*, s.f., ou em **-i**, *civ-is, -is*, s.m.; 4ª, *man-ŭs, -ūs*, s.f.; 5ª, *di-es, -ēi*, s.f. Como qualquer verbo se conjuga pelo paradigma de uma só conjugação, assim também qualquer nome se declina por uma só declinação: a indicada pela desinência de genitivo singular **-ae**, **-i**, **-is**, **-ŭs**, **-ei** respectivamente.

Cinco declinações: características e amostra			
Declinação	*genit. sing.:* *desinência*	*vogal temát.*	*singular: nominativo/genitivo/gênero*
1ª	-ae	a	fili-a, -ae, sf; poet-a, -ae, sm
2ª	-i	o (> u)	filĭ-us, -i, sm; puer-, -i sm; vir-, vir-i, sm
3ª em cons.	-is	(cons.)	mulĭer-, mulĭer-is, sf; lex, leg-is, sf
3ª em *i*	-is	i	civ-is, -is, sm; urb-s, urb-is, sf
4ª	-ūs	u	dom-ŭs, ūs, sf; fruct-ŭs, -ūs, sm
5ª	-ĕi / -ēi	e	r-es, -ēi, sf; di-ĕs, -ēi, sf/sm

1.3.3 Funções sintáticas dos nomes e seus casos correspondentes

O próprio étimo dos **nomes dos casos** gramaticais denota algo de sua função morfossintática nuclear: a) o *nominativo* (< *nominare, nominatum*) denomina os seres; b) o *genitivo* (< *gignĕre, genĭtum*) gera o radical dos nomes; c) o *acusativo* (< *ad causare* > *accusare, accusatum*) acusa o efeito causado pelo verbo (transitivo direto) agente do processo; d) o *dativo* (< *dare, datum*) refere a pessoa ou coisa à qual se dá ou se destina algo; e) o *ablativo* (< *au-ferre, ab-lātum*, "tirar, levar, abstrair") exprime os adjuntos adverbiais de origem, procedência ou abstração, instrumento, matéria, etc.; f) o *vocativo* (< *voco, vocatum*) chama ou interpela o interlocutor [cf. 1.13 e 5]. Das funções sintáticas que os sintagmas nominais exercem na cadeia da frase e que os casos gramaticais exprimem – tema essencial para a interpretação de textos – apresentam-se aqui as nucleares, referindo-se, em 1.13, casos periféricos.

Nominativo – a) Sujeito: *Musa* [*musae*] *cantat* [*cantant*]. b) Predicativo do sujeito, com o qual se relaciona mediante verbo de ligação, *sum, fio*: *Thalia est musa*; [*Calliŏpe et Thalĭa sunt musae*].

Genitivo – a) Adjunto adnominal de posse (*templum musae*, "templo da musa") e de especificação (*curricŭlum vitae*, "carreira da vida"). b) Complemento nominal, isto é, o termo que integra a significação transitiva do substanitvo, adjetivo e advérbio, como *amor, timor, confirmatĭo, exaltatĭo, laudatio, promotio, remuneratio... poetae* [*poetarum*] "amor... (que alguém tem) "do poeta". Correspondentes aos verbos transitivos diretos *amo, timĕo, confirmo, exalto, laudo, promovĕo, remunĕro.* c) O partitivo, isto é, o todo, do qual se toma uma parte: *magna pars poetārum*, "grande parte dos poetas".

Acusativo – a) Objeto direto de verbos que em latim são transitivos diretos: *vocāre, amare, laudare, vidēre, docēre, plaudĕre, quaerĕre, audī re... poetam* [*poetas*], "chamar, gostar de, louvar, ver, ensinar, aplaudir, procurar, ouvir... o poeta". b) Adjunto adverbial (de movimento para, de tempo, de distância), geralmente preposicionado: [1.10.1] *venīre ad umbram*, "vir à (para a) sombra". c) Sujeito de oração infinitiva objetiva direta de verbos declarativo-cognitivo-perceptivos e seu predicativo: *Scio* {*vitam esse brevem*} "Sei {ser breve a vida}" ou "sei {que a vida é breve}".

Dativo – a) Objeto indireto: *obtemperāre, oboedīre, placēre, favēre... musae* [*musis*], "submeter-se, obedecer, agradar, favorecer... à musa". b) Complemento de nomes adjetivos de interesse: *aurora est amica, apta, benefĭ ca, cara, grata, opportuna, iucunda, salutāris, utĭlis, vicina... musae* [*musis*] "a aurora é amiga... para a musa]". c) Agente da voz passiva em frases integradas pelo gerundivo: *poetae* [*poetis*] *veneranda est musa*, "cabe ao poeta venerar a musa" ou "a musa deve ser venerada pelo poeta". d) Termo indicativo do possuidor: *templum musae est*, "o tempo pertence à musa" ou "é para a musa".

Ablativo – a) Adjunto adverbial de origem, meio, lugar, tempo, companhia, referência, ora preposicionado, ora não: [1.10.2] *Magistra sedet* [*in* *cathedrā et horā sexta] narrat [ex cathedrā] fabŭlas [de piratis]*, "a professora está sentada na cadeira e, à hora sexta, narra, da cadeira, fábulas sobre piratas". b) <u>Agente</u> da <u>voz</u> <u>passiva</u>, que é precedido de *a*, *ab*, *abs* quando ele é representado por um ser animado: *Fabŭla legĭtur a me, abs te et ab illis.* "A fábula (peça teatral) é lida por mim, por ti e por eles/elas." c) <u>Termo</u> de <u>comparação</u> dos comparativos: *Nihil est ratiōne divinĭus.* [Cícero] "Nada é mais divino do que a razão." d) Orações reduzidas de particípio com sujeito próprio, expressas na construção <u>ablativo</u> <u>absoluto</u>: [1.11.4] *{Finitā causā}, cessat effectus*, "finda a causa, cessa o efeito."

Vocativo – <u>Termo</u> de <u>interpelação</u>: *Inspira [inspirate] poetam, (o) musa [o musae!]*.

1.3.4 Concordância dos adjuntos, predicativos e aposto

Os adjuntos adnominais, os predicativos e o aposto, por serem determinantes de substantivos e por comporem com eles sintagmas (locuções) nominais, podem ocorrer, teoricamente, em cada um dos seis casos em que ocorrem os substantivos e <u>concordam</u> <u>com</u> <u>eles</u> <u>em</u> <u>gênero</u>, <u>número</u> e <u>caso</u>. Muitas vezes o substantivo e seus determinantes pertencem a declinações diferentes. Por isso, também os morfemas desinenciais são, comumente, diferentes, fenômeno que subsistiu no português, como revelam as vogais temáticas (*poeta verdadeiro, virtude rara*), fenômeno que será estudado em 1.5.3.

1. Adjuntos – O adjetivo (< *ad-iectivum*, "ajuntado") segue essa regra de concordância nominal, quer funcione como adjunto adnominal, quer funcione como predicativo do sujeito e do objeto: a) *{Amicus verus}* (nom. sing. masc., decl. 2ª) *est {avis rara}* (Nom. sing. fem., decl. 3ª + 1ª), "Amigo verdadeiro é ave rara". b) *Scimus {amicos veros}* (acus. pl. masc.) *esse {aves raras}* (Acus pl. fem.), "Sabemos que os amigos são aves raras."

2. Predicativos – O predicativo (< *prae-dicativum*, "que predica") refere um atributo qualificativo ao sujeito ou ao objeto direto, mediante um <u>verbo</u> de <u>ligação</u> (***sum***, "ser, estar, ficar..." ou ***fio***, "tornar-se"), que vem ora explícito (*Historia est magistra vitae*, [Cíc., De oratore, 2,9] "a história

69

é mestra da vida"), ora implícito (*Peccat ebrĭus, luat sobrĭus*, "Peca (estando) ébrio, pague (estando) sóbrio").

3. Aposto – O aposto (< *ad-posĭtum*, "posto ao lado") é um substantivo que, restringindo ou explicando o sentido de outro, obedece à regra de concordância, como em *regīna Iuno* "a rainha Juno," e *Iuno, regina caelestis*, "Juno, rainha celeste" (Nom. fem. sing.); *Iunōnem reginam* e *Iunonem, reginam caelestem* (Acus. fem. sing.).

1.3.5 Análise e interpretação de textos

1. Ordem dos termos na frase – Porque o latim é língua que flexiona ou declina os nomes assim como conjuga os verbos, a ordem dos termos na frase não lhes altera o sentido, mas a análise dos textos clássicos revela tendências como estas: ▪ **a)** Os termos enfatizados pelo autor aparecem ou no início da frase (*Caeca est invídia*, "cega é a inveja"), ou no fim dela (*Sequēmur in hac quaestione Stoicos*, [Cícero] "Os estóicos (é que) nesta questão haveremos de seguir"); ▪ **b)** O verbo aparece geralmente no fim da frase: *Popŭlus Romanus se erēxit*, "o povo romano rebelou-se". [Cícero] No início ocorre, as mais das vezes, **o sujeito**: *Homo propōnit, sed Deus disponit*, [Tomás de Kempis, †1471, Imitação de Cristo] "o homem propõe, mas Deus (é que) dispõe"; ▪ **c)** O termo determinante precede, em geral, o termo determinado: *Populōrum progressĭo*, "o progresso dos povos"; *Rerum novarum cupido*, "a cobiça de coisas novas"; *flumen transire coeperunt*, "começaram a atravessar o rio"; *ex auro factum*, "feito de ouro"; *in omni rerum abundantia*, "em toda a abundância de recursos"; ▪ **d)** Num mesmo sintagma nominal, a preposição vem freqüentemente intercalada entre o termo determinante e o determinado: *omni ex parte*, "de toda a parte"; *magno cum studio*, "com grande esforço"; *qua de causa*, "pela qual razão".

2. Roteiro para interpretação de textos – No processo de interpretar textos (sintagmas verbais e nominais, frases, parágrafos...), como proceder? – Princípios lingüísticos e didáticos permitem recomendar o seguinte roteiro: ▪ **a)** fazer uma ou mais leituras analíticas do texto integral, buscando descobrir o significado dos vocábulos e as relações paradigmáticas (desinências nominais e verbais) e sintagmáticas (relações de regência, concordância e colocação) dos termos lexicais na cadeia da frase; ■ **b)** para determinar essas relações, ter sempre presente (em tabelinhas ou na memória) os paradigmas gramaticais em estudo [1.4.1; 1.4.2 e 1.8.5] e a correspondência entre casos e funções sintáticas; [1.3.3 e 1.13;] ■ **c)** mediante recurso ao *Glossário* [seção 5a] ou a um dicionário, estudar e, em ideal, <u>reter</u> de <u>memória</u> <u>os</u> <u>vocábulos</u> <u>do</u> <u>texto</u>: os três tempos primitivos dos verbos (*ama-re, amav-i, amat-um*), bem como as formas do nominativo e genitivo singular dos nomes substantivos e adjetivos (*serv-a, serv-ae; filĭ-us, filĭ-i; homo, homĭn-is*); ■ **d)** <u>se</u> <u>há</u> <u>preposições</u> <u>e</u> <u>conjunções</u>, determinar-lhes o sentido, bem como os sintagmas regentes e os regidos; [1.10 e 1.11] ■ **e)** partindo sempre do verbo da frase principal, <u>aprofundar a análise de cada termo e sintagma da frase</u>, até que desponte o sentido e a coerência da frase no seu todo; ■ **f)** se dúvidas subsistirem, <u>aprofundar a análise de cada sintagma da frase</u>, mediante novas consultas à *Gramática* e ao *Glossário*. – A interpretação não pode considerar-se adequada e completa antes que desponte meridiana clareza de sentido e coerência dos termos entre si, senão com o próprio contexto da obra.

1. Caec<u>a</u>	es<u>t</u>	invid<u>ĭa</u>
Adjetivo: Nom. sing. fem.	*verbo de ligação – 3ª pesssoa do sing.*	*subst. – Nom. sing. fem.*
predicativo do sujeito	indic. presente, 3ª sing.	sujeito
"A inveja é cega".		

2. Magn<u>a</u> aqu<u>ĭla</u>	parv<u>am</u> praed<u>am</u>	ac<u>ūtis</u> ung<u>ŭlis</u>	ret<u>ĭnet</u>.
Nom. s.f.: sujeito	*Acus. s.f.: objeto direto*	*Abl. pl. f.: adjunto adv. de meio*	*pres. indic.*
A (uma) grande águia	a (uma) pequena presa	mediante unhas agudas	retém
A (uma) grande águia retém a (uma) pequena presa mediante unhas agudas.			

3. Bon<u>a</u> schol<u>ae</u> magist<u>ra</u>	discip<u>ŭlis</u>	pulchr<u>as</u> fab<u>ŭlas</u>	praeclar<u>ā</u> de reg<u>īna</u>	narr<u>at</u>.
Nom. e Gen. sg. f.: sujeito	*Dat. pl. f.: obj. ind.*	*Acus. pl. f.: obj. direto*	*Abl: adj. adv: referência*	*ind. pres.*
A bondosa professora da escola	às alunas	histórias bonitas	sobre uma famosa rainha	narra
A bondosa professora da escola narra às alunas histórias bonitas sobre uma rainha famosa.				

1.4 Fexões de caso dos nomes das cinco declinações

1.4.1 Sistema flexional em seu conjunto

Em latim, o sistema flexional dos nomes forma um quadro de **seis casos** gramaticais, dois números e **cinco declinações**, o que perfaz, em tese, 60 morfemas desinenciais. Cada morfema desinencial toma sua função e sentido a partir de sua relação com os demais, inclusive com aqueles que se manifestam como morfema zero, **ø**. Por isso, a maneira mais adequada e ágil de aprender e memorizar esse quadro de desinências é o de relacioná-las entre si. Nesse sentido, <u>passa-se</u> a <u>apresentar</u>: a) um quadro dos paradigmas e desinências das cinco declinações; b) uma análise comparativa das desinências; [1.4.2] c) uma amostra lexical ilustrativa de cada declinação; [1.4.3] d) um sumário do gênero gramatical dos nomes das cinco declinações. [1.4.4] ■ **Note-se**, desde o início: **a)** que a <u>forma</u> <u>do</u> <u>genitivo</u> <u>singular</u> é a que ministra, por completo, o <u>radical</u>, apto a receber as desinências, e que <u>a</u> <u>forma</u> <u>dos</u> <u>nomes</u> <u>de</u> <u>gênero</u> <u>neutro</u> é idêntica nos casos nominativo, acusativo e vocativo (pelo que será aqui grafada em itálico) e tem, no plural, a desinência -**a**, que vem precedida de **ĭ** (na 3ª declinação em **i**) e de **u** (nos poucos neutros da 4ª); **b)** e que, para interpretar textos, o conhecimento do quadro dos morfemas desinenciais dos nomes é tão importante quanto o dos morfemas desinenciais dos verbos.

	1. Paradigmas flexionais dos casos dos nomes								
	1ª decl.	**2ª declinação**		**3ª declinação**				**4ª decl.**	**5ª decl.**
				em consonante		em **i**			
	f > m	m > f	masc.	neutro	m / f	neutro	m / f	neutro	m > f	fem.
		s	*i*	*n*	*g*	*u*	*l*	*a*	*r*	
	serva	*servo*	*menino*	*palavra*	*rei*	*corpo*	*cidadão*	*mar*	*fruto*	*coisa*
Nom.	serv-ă	serv-us	puĕr	*verb-um*	rex	*corpus*	civ-is	*mar-e*	fruct-ŭs	r-es
Gen.	serv-**ae**	serv-i	puĕr-i	verb-i	reg-**is**	corpŏr-**is**	civ-is	mar-**is**	fruct-**ūs**	r-**ēi**
Ac.	servam	servum	puerum	*verbum*	regem	*corpus*	civem	*mare*	fructum	rem
Dat.	servae	servo	puero	verbo	regi	corpori	civi	mari	fructŭi	rei
Abl.	serv**ā**	servo	puero	verbo	rege	corpore	cive	mari	fructu	re
Voc.	serv**ă**	serv<u>e</u>	puer	*verbum*	rex	*corpus*	civis	*mare*	fructus	res

				p *l* *u* *r* *a* *l*					
Nom.	serv-ae	serv-i	puěr-i	*verb-a*	reg-es	*corpǒr-a*	civ-es	*mar-ia*	fruct-us	r-es
Gen.	serv-ārum	serv-ōrum	puer-ōrum	verb-ōrum	reg-um	corpǒr-um	civ-ium	mar-ium	fructu-um	rē-rum
Ac.	servas	servos	pueros	*verba*	reges	*corpor-a*	cives	*mar-ia*	fructus	res
Dat.	servis	servis	pueris	verbis	regǐbus	corpor-ǐbus	civǐbus	marǐbus	fructǐbus	rebus
Abl.	servis	servis	pueris	verbis	regǐbus	corpor-ǐbus	civibus	maribus	fructǐbus	rebus
Voc.	servae	servi	pueri	*verba*	reges	*corpora*	cives	*maria*	fructus	res

2. Desinências de caso das cinco declinações

Declinação	1ª		2ª			3ª				4ª	5ª
						em consoante		em i			
gênero	f > m	m > f	masc.	neutro		f / m	neutro	m > f	neutro	m > f	fem.
			s *i* *n* *g* *u* *l* *a* *r*								
	serv-a	serv-us	puěr-	verb-um		rex/reg-/ ǒr-is	corpus,	civ-is...	*mar-e...*	dom-us	r-es
Nom.	ă	us	–	*um*		várias	várias	várias	várias	ŭs	es
Gen.	**ae**	**i**	**i**	**i**		**is**	**is**	**is**	**is**	**ūs**	**ei**
Ac.	am	um	um	*um*		em	= nom.	em	= nom.	um	em
Dat.	ae	o	o	o		i	i	i	i	ui	ei
Abl.	ā	o	o	o		e	e	e	i	u	e
Voc.	ă	e	–	*um*		= nom	= nom.	is	= nom	us	es
			p *l* *u* *r* *a* *l*								
Nom.	ae	i	i	*a*		es	*a*	es	*ia*	ūs	es
Gen.	ārum	ōrum	ōrum	ōrum		um	um	ium	ium	ŭum	ērum
Ac.	as	os	os	*a*		es	= nom.	es	= nom	us	es
Dat.	is	is	is	is		ǐbus	ǐbus	ǐbus	ǐbus	ǐbus	ēbus
Abl.	is	is	is	is		ibus	ǐbus	ǐbus	ibus	ibus	ebus
Voc.	ae	i	i	*a*		es	= nom.	es	= nom	us	es

3. Desinências de caso das cinco declinações: sinopse													
Decl.	**1ª**		**2ª**			**3ª**				**4ª**		**5ª**	
gênero	f > m		m > f	neutro		m / f		neutro		m > f		fem.	
	serva, ae		servus, i / puĕr, i / vir, i	bellum, i / misĕrum, i		frater, tris / civis, is		carmen, ĭnis / mare, is		fructus, ūs		res, rei	
	sing.	*plur.*	*sing.*	*plur.*	*sing.*	*plur.*	*sing.*	*plur.*	*sing.*	*plur.*	*sing.*	*plur.*	*sing.*	*plur.*
Nom.	a	ae	us...	i	*um*	*a*	vár.	es	vár.	vár.	us	u s	es	es
Gên.	**ae**	ārum	**i**	ōrum	**i**	ōrum	**is**	um/ĭum	**is**	um/ĭum	**ūs**	ŭum	**ei**	ērum
Ac.	am	as	um	os	*um*	*a*	em	es	= n.	= n.	um	us	em	es
Dat.	ae	is	o	is	o	is	i	ĭbus	i	ĭbus	ui	ĭbus	ei	ēbus
Abl.	ā	is	o	is	o	is	e	ĭbus	e / i	ĭbus	u	ibus	e	ebus
Voc.	=N.	=N.	e	=N.	=N	=N.	=N.	=N.	=N.	=N.	=N.	=N.	=N.	=N.

1.4.2 Desinências de caso dos nomes das cinco declinações: correlações

1. **Desinências** – ■ **1)** <u>As</u> <u>do</u> <u>genitivo</u> <u>singular</u> é que indicam a declinação pela qual se declina qualquer nome: 1ª, **-ae**; 2ª, **-i** ; 3ª, **-is**; 4ª, **-ūs**; 5ª, **-ēi/ĕi**. ■ **2)** <u>Algumas</u> <u>servem</u> <u>a</u> <u>dois</u> <u>ou</u> <u>mais</u> <u>casos,</u> ora na mesma declinação, ora entre duas ou mais declinações: **-a, -ae, -o, -i, -is, -ĭbus, -ēbus**. ■ **3)** <u>No</u> <u>dativo</u> <u>e</u> <u>ablativo,</u> as do plural apresentam as seguintes coincidências: **-is** (1ª e 2ª); **-ĭbus** (3ª e 4ª), à qual é análoga **-ēbus** (5ª). ■ **4)** <u>Nos</u> <u>nomes</u> <u>de</u> <u>gênero</u> <u>neutro,</u> as formas do <u>acusativo</u> <u>e</u> <u>do</u> <u>vocativo</u> são idênticas às do <u>nominativo</u>. Nesses mesmos casos, a desinência do plural é: a) **-a** na 2ª declinação (que deixou resíduos no português: *lign-a, sign-a, ov-a, folĭ-a* > "lenha, senha, ova, folha") e na 3ª em consoante dos nomes terminados em **-us, -ur, -ma, -men, -t, -c** (*iura, robŏra, poemăta, carmĭna, capĭt-a, lacta* "direitos, forças, poemas, odes, cabeças, leites"); b) mas o **ă** vem precedido da vogal temática **i** (na 3ª em **i**: *mar-ĭa, animalĭa, exemplarĭa*) e **u** (nos poucos neutros da 4ª declinação: *gen-ŭa*). ■ **5)** Nas cinco declinações, <u>a</u> <u>forma</u> <u>do</u> <u>vocativo</u> é idêntica à do nominativo, quer no singular, quer no plural; mas os nomes em **-us** da 2ª declinação formam o singular em **-e** (*servus, serv-e*), assim como os em **-ĭus** perdem a desinência **-e**: Lucilĭus – Lucili; filĭus – fili.

74

2. Morfemas – Algumas formas apresentam: a) radical + desinências de caso (*serv-am*, *serv-as*); b) outras, radical + morfema desinencial zero (*puer-ø*; *mulĭer-ø*); c) outras ainda, sinais de alterações na sua evolução diacrônica, tais como: apócope na desinência de caso (*serv-ā* < *serv-a-d*); apagamento da vogal temática em favor do morfema de caso (*serv-ī* < *serv-ŏ-i*); apagamento da vogal temática e da desinência de caso (*puer* < *puĕr-o-s*); rotacização de **s** (*corpŏris* < *corpŏsis*).

3. Resíduos no português – As formas do acusativo dos nomes masculinos e femininos das três primeiras declinações originaram a forma dos nomes no português e espanhol, com apócope do -**m** do singular (*fili-am*, *fili-um*, *virtut-em* > filho, filha, virtude); e com preservação do -**s** do plural (*fili-as*, *fili-os*, *virtut-es*), razão pela qual se diz que o acusativo é o *caso lexicogênico* dos nomes do português. [4.3.1]

1.4.3 Amostra lexical de nomes das cinco declinações

Esta amostra quer elucidar as informações ministradas acima. Incluem-se nela adjetivos, cujo estudo se fará em 1.5, porque também eles, por serem nomes, integram a 1ª, a 2ª e a 3ª declinação. A convenção hífen visa indicar o limite entre o radical e a desinência.

Cinco declinações: amostra lexical	
1ª: genitivo singular -ae	*2ª: genitivo singular -i*
domĭn-a, ae, sf, *dona, senhora*	domĭn-us, i, sm, *dono, senhor*
discipŭl-a, ae, sf, *discípula, aluna*	discipŭl-us, i, sm, *discípulo, aluno*
magistr-a, ae, sf, *mestra, professora*	magister, tr-i, sm, *mestre, professor*
puell-a, ae, sf, *menina*	puer, puĕr-i, sm, *menino*
insŭl-a, ae, sf, *ilha*	vir, vir-i, sm, *homem, varão*
poet-a, ae, sm, *poeta*	verb-um, i, sn, *palavra; verbo*
agricŏl-a, ae, sm, *agricultor*	bell-um, i, sn, *guerra*
filĭ-a, ae, sf., *filha*	bon-us, i, adj.m, *bom, bondoso*
bon-a, ae, adj.f, *boa, bondosa*	bon-um, i, adj.n, *bom, bondoso*
mal-a, ae, adj.f, *má*	magn-us, i, adj.m, *grande, magno*
magn-a, ae, adj.f, *grande, magna*	magn-um, i, adj.n, *grande, magno*
pulchr-a, ae, adj.f, *bela, bonita*	pulcher, chr-i, adj.m, *bonito, belo*
misĕr-a, ae, adj.f, *miserável*	pulchr-um, chr-i, adj.n, *bonito, belo*

3ª: genitivo singular -is	
tema em consoante	**tema em _i_**
homo, homĭn-is, sm, _homem_ miles, milĭt-is, sm, _militar, soldado_ pater, patr-is, sm, _pai_ mater, matr-is, sf, _mãe_ corpus, corpŏr-is, <u>sn</u>, _corpo_ caput, capĭt-is, <u>sn</u>, _cabeça, cabeçalho_ poema, poemăt-is, <u>sn</u>, _poema_ carmen, carmĭin-is, <u>sn</u>, _ode, poema_	civ-is, civ-is, sm, _cidadão_ vulp-es, is, sf, _raposa_ mar-e, mar-is, <u>sn</u>, _mar_ celĕber, celĕbr-is, adj.m, _célebre_ brev-is, brev-is, adj.m/f, breve brev-e, brev-is, adj. <u>n</u>, _breve_ velox, velōc-is, adj.m/f/n, _veloz,_ omn-is, omn-is, adj.m/f, _todo, inteiro_ omn-e, omn-is, adj. <u>n</u>, _todo, inteiro_
4ª: genitivo singular -ūs	5ª: genitivo singular -ēi / -ĕi
fruct-ŭs, fruct-ūs, sm, _fruto_ exercĭt-ŭs, ūs, sm, _exército_ sens-us, us, sm, _sentido, senso_ dom-us, us, sf, _casa_ man-us, us, sf, _mão_ genu-, ūs, <u>sn</u>, _joelho_ cornu-, us, <u>sn</u>, _corno, chifre_	di-es, di-ēi, s.<u>m/f</u>, _dia_ r-es, r-ēi, sf, _coisa, realidade_ acĭ-es, aci-ēi, sf, _gume, fio, fileira_ specĭ-es, speci-ēi, sf, _aspecto, figura_ facĭ-es, faci-ēi, sf, _face, rosto_ sp-es, sp-ei, sf, _esperança_ fid-es, fid-ĕi, sf, _fé, fidelidade_

1.4.4 Gênero gramatical dos substantivos

1. Masculino e feminino – O gênero dos substantivos é indicado ora pelo sexo que os romanos atribuíam aos seres por eles designados (_gênero natural_), [1.2.3], ora pela concordância dos adjetivos com seus substantivos em gênero, número e caso (_gênero gramatical_). [1.4.4] O gênero dos <u>substantivos</u> <u>masculinos</u> <u>e</u> <u>femininos</u> latinos é, de modo geral, o mesmo que subsistiu no português. [4.3.2] Note-se, porém, que, na evolução do latim ao português, a maioria dos <u>substantivos de gênero neutro</u> assumiu o gênero masculino dos nomes em **-us** (_aurum, tempus, lignum, caput_, "ouro, tempo, lenho, cabo"); mas os poucos plurais da 2ª declinação assumiram o gênero feminino, por influência da sua desinência **-a**: _ligna_ > lenha, _signa_ > senha, _brachĭa_ > braça, _ova_ > ova, _folĭa_ > folha, _tempŏra_ > têmporas. [4.3.2]

2. Neutro – Os substantivos latinos de gênero neutro ocorrem só na 2ª, 3ª e 4ª declinação. <u>Importa</u> <u>conhecê-los</u> <u>bem,</u> porque: a) a forma do nominativo deles se repete no acusativo e vocativo, sendo **-a** a desinência do plural; b) os adjuntos e os predicativos concordam com eles em gênero, número e caso. Desconsideradas as particularidades, **os substantivos de gênero neutro são estes**:

1) **na 2ª declinação**, os de nominativo singular em **-um**: *verbum, templum, aurum*;

2) **na 3ª**, os de nominativo singular em: a) **-us** (genitivo *-ris*), **-ur, -ma, -men, -t, -c**: *ius, iuris*, justiça, direito; *corpus, -ŏris*, corpo; *robur, ŏris*, robustez; *poema, poemătis*, poema; *carmen, carmĭnis*, ode, poema; *caput, capĭtis*, cabeça; *lac, lactis*, leite; b) **-ar, -e, -al**: *exemplar, -āris*, exemplar; *mare, maris*, mar; *anĭmal, -ālis*, animal;

3) **na 4ª**, os em **-u**: *genu, genus*, joelho; *cornu, cornus*, corno, chifre.

1.4.5 Primeira e segunda declinação: genitivo -ae (1ª), -i (2ª)

1. Primeira declinação – De tema em **a** e genitivo em **-ae**, compreende: a) substantivos de gênero feminino, exceto pequeno número de nomes de pessoas de sexo masculino (*Galba, Agrippa*) e de profissões consideradas pelos latinos como próprias do homem (*agricŏla, poëta, nauta, scriba*), que são masculinos; b) muitos adjetivos de gênero feminino (*magna, bona, iusta*).

1ª declinação: paradigma				
Caso	*funções sintáticas*	*singular*	*plural*	*significado*
Nom.	sujeito e seu predicativo.	fili-ă	fili-ae	a(s) filha(s)
Gên.	adjunto de substant.: posse, especificação.	fili-ae	fili-ārum	da(s) filha(s)
Ac.	objeto direto; adjuntos adv.: direção, tempo...	fili-am	fili-as	a(s) filha(s)
Dat.	objeto ind.; compl. nominal de adjet.	fili-ae	fili-is	à(s) filha(s)
Abl.	adjuntos adv.: origem, meio, lugar.	cum fili-ā	cum fili-is	com filha(s)
Voc.	vocativo, termo de interpelação.	fili-ă	fili-ae	(ó) filha(s)

2. Segunda declinação – De tema em **o** e genitivo em **i**, compreende substantivos cuja forma de nominativo singular termina em **-us, -er, -ir, -um**, bem como adjetivos de nominativo em **-us, -er, -um**. [1.5.1]

a) Gênero – São <u>masculinos</u> os nomes substantivos e adjetivos em -**er** (*liber, -bri*, livro; *tener, -ĕri*, tenro), em -**ir** (*vir, viri*, varão) e em -**us** (*reus, rei*, réu; *iustus, iusti*, justo). São <u>femininos</u> os nomes de árvores (*malus, i*, macieira, *ficus, i*, figueira), cidades, ilhas e países. [1.2.3] São <u>neutros</u> todos os substantivos e adjetivos de nominativo em -**um** (*aurum, i*, ouro; *rubrum, i*, ruivo), bem como estes substantivos: *virus, i*, veneno, *vulgus, i*, vulgo, *pelăgus, i*, alto-mar. [1.4.4]

Há pares de nomes (substantivos e adjetivos) cujo radical é comum à 1ª e 2ª declinação, variando apenas suas desinências: *fili-a – fili-us*; *amic-a – amic-us*; *magistr-a – magister-ø, misĕra – miser-ø*. [1.4.3]

b) Flexão – **a)** Nas cinco declinações, <u>as</u> <u>formas</u> <u>do</u> <u>vocativo</u> são idênticas às do nominativo. Mas os nomes da 2ª em -**us** o formam em -**e** (*amicus – amice*), assim como os de radical terminado em **i** átono elidiram a desinência (*Horăti-us – Horati, filĭ-us – fili*); particularidades: *meus > mi* e *Deus = Deus*: *mi Deus, mi fili*. **b)** A falta de desinência (*morfema zero, ø*) dos poucos nomes terminados em -**er** e em -**ir** resulta de apagamento do morfema desinencial na evolução diacrônica: *puer < puers < puĕr-os*, menino; *vir < virs < vir-os*, varão.

	2ª declinação: paradigmas							
	servus, i. *s. m.*		**puer, i.** *s. m.*		**vir, i.** *s. m.*		**verbum, i.** *s. n.*	
	singular	*plural*	*singular*	*plural*	*singular*	*plural*	*singular*	*plural*
	servo	*servos*	*menino*	*meninos*	*varão*	*varões*	*palavra*	*palavras*
Nom.	serv-us	serv-i	puer	puĕr-i	vir	vir-i	*verb-um*	*verb-a*
Gên.	serv-i	serv-ōrum	puĕr-i	puer-ōrum	vir-i	vir-ōrum	verb-i	verb-ōrum
Ac.	serv-um	serv-os	puer-um	puĕr-os	vir-um	vir-os	*verb-um*	*verb-a*
Dat.	serv-o	serv-is	puer-o	puer-is	vir-o	vir-is	verb-o	verb-is
Abl.	serv-o	serv-is	puer-o	puer-is	vir-o	vir-is	verb-o	verb-is
Voc.	serv-<u>e</u>	serv-i	puer	puer-i	vir	vir-i	*verb-um*	*verb-a*

1.4.6 Terceira declinação: genitivo -is

A 3ª declinação, de <u>tema</u> <u>ora</u> <u>em</u> <u>consoante,</u> <u>ora</u> <u>em</u> <u>i</u>, mais numerosa do que as outras, compreende substantivos e adjetivos masculinos, femininos e neutros. Para o <u>gênero</u> deles, ver 1.4.4 e 1.2.3. <u>As</u> <u>terminações</u>

78

do <u>nominativo</u> <u>singular</u> são várias e, como tais, recorrem no vocativo, a exemplo destas: a) masculinos: *miles, -ĭtis, dux, ducis*; b) femininos: *nubes, -is, regĭo, -ōnis; voluntas, -ātis; virtus, -ūtis; multitūdo, -dĭnis*; c) neutros: *exemplar, -āris; mare, -ris; anĭmal, -ālis; vulnus, -ĕris; robur, -ŏris; pŏēma, -ătis; nomen, -ĭnis, caput, -ĭtis; lac, lactis*.Ver outras em 1.14.3 e em 5. Em muitos nomes, por efeito de transformações fonéticas diacrônicas, a forma do radical não aparece por completo no nominativo singular, mas aparece na do genitivo: *rex, <u>reg</u>-is; miles, <u>milit</u>-is*. Os nomes da 3ª dividem-se, quanto ao tema e à flexão, em <u>dois</u> <u>grupos</u>: ■ **a) nomes de tema em consoante**: a) <u>substantivos</u>: *pater, patr-is*, pai; *miles, milĭt-is*, soldado; *mulĭer, mulĭer-is*, mulher; b) <u>adjetivos</u>, como *pauper, paupĕris*, "pobre", que serão citados em 1.5.2. ■ **b) nomes de tema em *i***: *civi-s, civ-i-s*, cidadão; *urbs, urb-i-s*, cidade; *mar-e, mar-i-s*, mar; *ferox, ferōc-i-s*, feroz.

1. Nomes de tema em consoante – Este grupo <u>compreende</u> substantivos masculinos, femininos e neutros. Como nos <u>neutros</u> da 2ª, também nos da 3ª, a forma de nominativo se repete no acusativo e no vocativo, cuja desinência plural é **-a**; nos demais casos gramaticais, as desinências são idênticas às dos nomes de gênero masculino e feminino.

3ª declinação: tema em consoante: paradigmas						
	Funções	rex, reg-is, *s.m.*		virtus, virtūt-is, *s.f.*		corpus, corpŏr-is, *s.n.*	
		rei	*reis*	*virtude*	*virtudes*	*corpo*	*corpos*
Nom.	Sujeito e predicativos	rex	reges	virtus	virtutes	*corpus*	*corpŏra*
Gên.	Adjuntos adnom.	reg-is	reg-um	virtūt-is	virtut-um	corpŏr-is	corpŏr-um
Ac.	Objeto dir.; adjuntos[1.10.1]	reg-em	reg-es	virtut-em	virtut-es	*corpus*	*corpor-a*
Dat.	Obj. ind.; compl. nom.	reg-i	reg-ĭbus	virtut-i	virtut-ĭbus	corpor-i	corpor-Ibus
Abl.	Adjunt. adv.[1.10.2]	reg-e	reg-ibus	virtut-e	virtut-ibus	corpor-e	corpor-ibus
Voc.	Vocativo	rex	reg-es	virtus	virtut-es	*corpus*	*corpŏr-a*

2. Nomes de tema em *i* – Este 2º grupo compreende substantivos e adjetivos[1.5] com estas características:

79

a) nomes de nominativo singular em **-is** ou **-es** (genitivo -is): *hostis, host-is*, o inimigo; *brevis, brev-is*, breve; *nubes, nub-is*, nuvem;

b) nomes de nominativo singular em -s, cujo radical termina em duas consoantes (*ars, art-is*, arte, *nox, noct-is*, noite, *mens, ment-is*, mente; *ardens, ardent-is*, ardente); ou em **-x** (*nix, nivis*, neve).

c) nomes de gênero neutro, os em **-ar, -e, -al**: *mare, mar-is*, mar, *anĭmal, animāl-is*, animal, *exemplar, exemplār-is*, exemplar; *breve, brev-is*, breve.

3. As desinências de caso são idênticas às dos nomes de tema em consonante, mas:

a) todos os nomes conservam o **i** temático no <u>genitivo plural</u>: **-ĭum**: *urb-ĭum, brev-ĭum*;

b) os nomes em **-ar, -e, -al**, que são de gênero neutro, [1.4.4], conservam o **i** no <u>ablativo singular</u> (*mar-i, animāl-i, exemplār-i*); sua desinência de <u>nominativo, acusativo e vocativo plural</u>, é **-ĭa**: *mar-ĭa, animal-ĭa, exemplar-ĭa*; [1.4.1]

c) os seguintes nomes formam o acusativo singular em **-im**, abl. sing. em **-i** e genitivo plural em **-ĭum**: *"febris, turris, sitis, vis,* / rios e cidades em -is / *puppis* e *secūris"*, "torre, sede, violência / rios e cidades em -is, / popa e objeto seccionador".

3ª declinação: nomes de tema em *i*: paradigmas						
	civis, civ-is, s.m.		gens, gent-is, s.f.		mare, mar-is, s.n.		significado
	cidadão	*cidadãos*	*gente*	*gentes*	*mar*	*mares*	*mares*
Nom.	civ-is	civ-es	gens	gent-es	*mar-e*	*mar-ĭa*	*mares*
Gên.	civ-is	civ-ĭum	gent-is	gent-ĭum	mar-is	mar-ĭum	*dos mares*
Ac.	civ-em	civ-es	gent-em	gent-es	*mar-e*	*mar-ĭa*	*os mares*
Dat.	civ-i	civ-ĭbus	gent-i	gent-ĭbus	mar-i	mar-ĭbus	*aos mares*
Abl.	civ-e	civ-ibus	gent-e	gent-ibus	mar-**i**	mar-ibus	*por mares*
Voc.	civ-is	civ-es	gens	gent-es	*mar-e*	*mar-ĭa*	*ó mares*

1.4.7 Quarta e quinta declinação: genitivo -ūs (4ª), -ei (5ª)

1. Quarta declinação – De tema em **u** e genitivo em **-ūs**, compreende pequeno número de substantivos de nominativo em **-ŭs**, masculinos, em sua maioria, e femininos, a par de alguns nomes em **-u**, neutros. Note-se que: **a)** como nas demais declinações, a forma de nominativo dos <u>neutros</u> se repete na de acusativo e vocativo, casos cujo plural **-a** é precedido de **-ŭ**: *gen-ŭa*; **b)** raros nomes conservam, no dativo e ablativo plural, a <u>primitiva</u> <u>desinência</u> **-ŭbus**.: *arcus*, *tribus*, "arco, tribo".

2. Quinta declinação – De tema em **e** e genitivo ora em **-ēi**, ora em **-ĕi**, compreende alguns substantivos em **-es**, todos <u>femininos</u>, menos *dies*, *dīei*, que é masculino quando significa dia indeterminado. Sobre a transferência dos nomes da 4ª e 5ª declinação para outras declinações, iniciada no próprio latim clássico, e conseqüente esvaziamento delas, ver 4.3.1.

4ª e 5ª declinação: paradigmas							
Quarta declinação				*Quinta declinação*			
fructŭs, fruct-ūs, *m.*		genū, gen-ūs, *n.*		rēs, r-ĕi, *f.*		diĕs, di-ēi, *m. / f.*	
fruto	*frutos*	*joelho*	*joelhos*	*coisa*	*coisas*	*dia*	*dias*
N./V.	fruct-ŭs	fruct-ūs	*gen-u*	*gen-ŭa*	r-es	r-es	di-ēs	di-ēs
Gên.	fruct-**ūs**	fructŭ-um	gen-**ūs**	gen-ŭum	r-**ēi**	r-ērum	di-**ēi**	di-ērum
Ac.	fruct-um	fruct-us	*gen-u*	*gen-ua*	r-em	r-es	di-em	di-es
Dat.	fruct-ŭi	fruct-ĭbus	gen-ŭi	gen-ĭbus	r-ei	r-ēbus	di-ēi	di-ēbus
Abl.	fruct-ū	fruct-ibus	gen-u	gen-ibus	r-e	r-ebus	di-e	di-ebus

---

1.5 Adjetivos: classes, concordância, graus e substantivação

Todos os adjetivos <u>integram</u> <u>apenas</u> <u>uma</u> <u>das</u> <u>três</u> <u>primeiras</u> declinações, a saber, <u>a</u> <u>indicada</u> <u>pela</u> <u>desinência</u> <u>do</u> <u>genitivo</u> <u>singular</u>: 1ª, **-ae**, gênero feminino; 2ª, **-i**, gênero masculino ou neutro; 3ª, **-is**, gênero masculino, feminino ou neutro. Pelo critério de sua declinação, eles compõem <u>duas</u> <u>classes</u>:

1. Adjetivos da 1ª classe, os da 1ª e 2ª declinação: os de genitivo singular em **-ae** (1ª declinação) constituem a forma feminina (*sana*, *san-*

81

ae, sadia) da forma masculina (*sanus, san-i*) e neutra (*sanum, -i*) dos adjetivos de genitivo em **-i** (2ª declinação); [1.4.1 e 1.4.3]

2. Adjetivos da 2ª classe, os da 3ª declinação: formam o genitivo singular em **-is**: *velox, velōc-is; prudens, prudent-is*. [1.4.1 e 1.4.3]

11. **Ruínas atuais do *Fórum Romanum***, praça central de Roma, com a coluna de Trajano, junto ao moderno monumento a Vítor Emanuel, 1861-1878, unificador da Itália.

1.5.1 Adjetivos da 1ª classe: genitivo -ae (1ª decl.), -i (2ª)

O nominativo da maioria deles termina em **-us, -a, -um**; alguns, em **-er**. [1.4.5] Desinência do genitivo singular: **-ae** para o feminino, **-i** para o masculino e neutro. <u>Declinam-se</u>: os em **-us, -a, um**, como *bonus, a, um*; os em **-er**: a) como *liber*, os que conservam o **-e** em todas as formas; b) como *pulcher*, aqueles cujo **-e** sofre síncope em todas as formas, exceto na do nominativo masculino singular.

Adjetivos da 1ª classe (1ª e 2ª decl.): amostra		
bonus, a, um, bom	*libĕr, ĕra, ĕrum,* livre	*pulchĕr, chra, chrum,* bonito
iustus, a, um, *justo* magnus, a, um, *grande* malus, a, um, *mau* multus, a, um, *muito* parvus, a, um, *pequeno* paucus, a, um, *pouco* verus, a, um, *veraz*	aspĕr, ĕra, ĕrum, *áspero* fructĭfer, ĕra, erum, *frutífero* liber, era, erum, *livre* miser, -era, erum, *miserável* prosper, era, -erum, *próspero* tener, -era, erum, *tenro* dexter, era, erum, *destro*	intĕger, gra, grum, *inteiro* niger, gra, grum, *negro* piger, gra, grum, *preguiçoso* ruber, bra, brum, *vermelho* sacer, sacra, sacrum, *sagrado* sinister, tra, trum, *esquerdo* dexter, tra, trum, *destro*

Adjetivos da 1ª classe (1ª e 2ª decl.): declinação						
	s i n g u l a r			*p l u r a l*		
	masc., 2ª	fem., 1ª	neut., 2ª	masc., 2ª	fem., 1ª	neut., 2ª
a) bon-us, -a, -um, *bom*						
Nom.	bon-us	bon-a	*bon-um*	bon-i	bon-ae	*bon-a*
Gen.	bon-i	bon-ae	bon-i	bom-ōrum	bon-ārum	bon-ōrum
Ac.	bon-um	bon-am	*bon-um*	bon-os	bon-as	*bon-a*
Dat.	bon-o	bon-ae	bon-o	bon-is	bon-is	bon-is
Abl.	bon-o	bon-ā	bon-o	bon-is	bon-is	bon-is
Voc.	bon-e	bon-a	*bon-um*	bon-i	bon-ae	*bon-a*

b) líber, libĕr-a, libĕr-um, *livre*						
Nom./Voc.	libĕr	libĕr-a	*libĕr-um*	libĕr-i	libĕr-ae	*libĕr-a*
Gen.	libĕr-i	libĕr-ae	libĕr-i	liber-ōrum	liber-ārum	liber-ōrum
Ac.	liber-um	liber-am	*liber-um*	liber-os	liber-as	*liber-a*
Dat.	liber-o	liber-ae	líber-o	liber-is	liber-is	liber-is
Abl.	liber-o	liber-ā	líber-ō	liber-is	liber-is	liber-is
c) pulcher, pulchr-a, pulchr-um, *bonito*						
Nom./Voc.	pulcher	pulchr-a	*pulchr-um*	pulchr-i	pulchr-ae	*pulchr-a*
Gen.	pulchr-i	pulchr-ae	pulchr-i	pulchr-ōrum	pulchr-ārum	pulchr-ōrum
Ac.	pulchr-um	pulchr-am	*pulchr-um*	pulchr-os	pulchr-as	*pulchr-a*
Dat.	pulchr-o	pulchr-ae	pulchr-o	pulchr-is	pulchr-is	pulchr-is
Abl.	pulchr-ō	pulchr-ā	pulchr-o	pulchr-is	pulchr-is	pulchr-is

1.5.2 Adjetivos da 2ª classe, os da 3ª declinação: genitivo -is

Classes – Há os de tema em consoante e os de tema em **i**. ■ **a)** <u>Os de</u>
<u>tema em consoante</u> são estes e se declinam como *rex* (no neutro, como

corpus): *dives*, *divĭtis*, rico, *pauper*, *paupĕris*, pobre, *vetus*, *vetĕris*, velho, *inops*, *inŏpis*, desprotegido, / *princeps*, *princĭpis*, principal, *partĭceps*, *particĭpis*, participante e *superstes*, *superstĭtis*, restante. ■ **b)** <u>Os</u> <u>de</u> <u>tema</u> <u>em</u> **i** conservam esta vogal apenas nestes casos: a) <u>genitivo</u> <u>plural</u>: <u>-ĭum</u> (não -um); b) <u>ablativo</u> <u>singular</u>: **-i** (não -e); c) <u>nominativo, acusativo</u> e <u>vocativo</u>, quanto às formas do <u>neutro</u> <u>plural</u>: <u>-ĭa</u> (não -a). [1.4.6]

Os de tema em i dividem-se, quanto à forma do nominativo singular, em três grupos: **triformes**, os que têm forma específica para cada gênero: *celĕber*, *-bris*, *-bre*; **biformes**, os que têm uma forma comum para o masculino e o feminino, outra específica para o neutro: *brevis*, *-e*; **uniformes**, os que têm uma só forma comum aos três gêneros: *velox, -ōcis*, *ardens*, *-ēntis*. O radical é ministrado pela forma do genitivo, que, nos triformes e biformes, coincide com a do feminino, supressa a desinência **-is**.

12. Fragmento do texto da gramática de Aelius Donatus (séc. IV), edição de 1475.

▸ Volo, vis vult. Et pluraliter volumus vultis volunt. Pr[a]eterito imperfecto volebam volebas volebat. Et pluraliter volebamus, volebatis volebant. Pr[a]eterito perfecto volui voluisti voluit. Et pluraliter volui[mus] voluistis voluerunt vel voluere. Pr[a]eterito plusquamperfecto volueram volueras voluerat. Et pluraliter voluera[mus] volueratis voluerant. Futuro volam voles volet. Et pluraliter volemus voletis volent. Imperativo caret. Futurum non habet. Optativo mo[do] tempore pr[a]esenti et pr[a]eterito imperfecto utinam vellem velles vellet. Et pluraliter utinam vellemus, velletis, vellent. Pr[a]eterito perfecto et plusquamperfecto utinam voluissem vo-

1. Adjetivos triformes – Declinam-se como *acer, acris, acre.* Ver item 3.

3ª declinação: adjetivos triformes: amostra			
nominativo masc.	*nominativo fem.*	*nominativo neutro*	*significado*
acer	acr-is	acr-e	*agudo, azedo*
alăcer	alăcr-is	alăcr-e	*ágil, pronto, alegre*
celer	celĕr-is	celĕr-e	*célere, veloz*
celĕber	celĕbr-is	celĕbr-e	*célebre, freqüentado*
salūber	salūbr-is	salūbr-e	*salubre, saudável*
pedester	pedestr-is	pedestr-e	*pedestre, peão*
campester	campestr-is	campestr-e	*campestre, campal*
silvester	silvestr-is	silvestr-e	*silvestre, da selva*
terrester	terrestr-is	terrestr-e	*terrestre*

2. Adjetivos biformes – Declinam-se como *fortis, -e.* Ver item 3.

3ª declinação: adjetivos biformes: amostra					
masc./fem.	*neutro*	*significado*	*masc./fem.*	*neutro*	*significado*
brev-is	brev-e	*breve*	fort-is	fort-e	*forte*
civil-is	civil-e	*civil*	grav-is	grav-e	*pesado*
commūn-is	commūn-e	*comum*	hosfil-is	hosfil-e	*hostil*
facĭl-is	facĭl-e	*fácil*	mortal-is	mortal-e	*mortal*
fertĭl-is	fertĭl-e	*fértil*	omn-is	omn-e	*todo, cada*
fidēl-is	fidēl-e	*fiel*	utĭl-is	utĭl-e	*útil*

3. **Adjetivos uniformes** – Compreendem dois grupos: **a)** os em -**x**, que se declinam como *ferox, ferōcis,* feroz [1.5.2: 3]; **b)** os em -**ens** (*clemens, -ēntis,* clemente), que se declinam como *gens,* [1.4.6], mas formam o ablativo singular: em -**i** quando funcionam como adjetivos (*ardenti studio,* com ardente esforço) e em -**e**, na função de particípios presentes, [1.8.4] (*cessante causa,* cessando a causa). Processo de formação dos particípios presentes, que funcionam como adjetivos: radical + -***ns, -ntis***: *cess-a-ns, cess-a-ntis.* Sobre a derivação de **c** na seqüência [vogal tônica + **c** + **e**] para -**z** no português (*ferocem>* feroze > feroz), ver 4.7.2.

	Adjetivos da 3ª declinação, tema em *i*: declinação						
	triformes: *acer, acris, acre*			**biformes:** *fortis, forte*		**uniformes:** *ferox, ferōcis*	
	masc.	*fem.*	*neutro*	*m. / f.*	*neutro*	*m. / f.*	*neutro*
	s i n g u l a r						
N/V.	acer	acr-is	*acr-e*	fort-is	*fort-e*	ferox	*ferox*
Gen.	acr-is	acr-is	acr-is	fort-is	fort-is	ferōc-is	feroc-is
Ac.	acr-em	acr-em	*acr-e*	fort-em	*fort-e*	feroc-em	*ferox*
Dat.	acr-i	acr-i	acr-i	fort-i	fort-i	feroc-i	feroc-i
Abl.	acr-**i**	acr-**i**	acr-**i**	fort-**i**	fort-**i**	feroc-i	feroc-i
	p l u r a l						
N/V.	acr-es	acr-es	*acr-ĭa*	fort-es	*fort-ĭa*	ferōc-es	*feroc-ĭa*
Gen.	acr-ĭum	acr-ĭum	acr-ĭum	fort-ĭum	fort-ĭum	feroc-ĭum	feroc-ĭum
Ac.	acr-es	acr-es	*acr-ia*	fort-es	*fort-ia*	feroc-es	*feroc-ia*
Dat.	acr-ībus	acr-ībus	acr-ībus	fort-ībus	fort-ībus	feroc-ībus	*feroc-ībus*
Abl.	acr-ibus	acr-ibus	acr-ibus	fort-ibus	fort-ibus	feroc-ibus	feroc-ibus

1.5.3 Concordância e substantivação

1. Concordância – Os adjetivos concordam em gênero, número e caso com os substantivos a que se referem: a) na função de adjuntos adnominais: {*Poetae Latini*} {*eminentes poetas Graecos*} *magistros habuerunt*, "os poetas latinos tiveram por mestres os eminentes poetas gregos"; b) na função de predicativos: *Poetae Graeci et Latini sunt* {*praeclari*}, "Os poetas gregos e latinos são ilustres"; *Scimus poetas Latinos esse* {*praeclaros*}, "Sabemos que..." ■ Ocorrem, a cada passo, locuções ou sintagmas cujos componentes pertencem a declinações diferentes, razão pela qual apresentam desinências diferentes, fenômeno que deixou reflexos nas vogais temáticas **a, -o, -e** do português: *virtude rara*; *poeta famoso*. [4.3.1]

2. Adjetivos correlativos – Alguns adjetivos formam pares e podem ocorrer como pronomes interrogativos: a) *Qualis pater, talis filĭus*, "qual pai, tal filho". *Quales patres, tales filii.* b) *Tantum scimus quantum memorĭā tenēmus*, "Sabemos tanto quanto retemos de memória". c) *Quot capĭta, tot sensus*, "Quantas cabeças, tantas sentenças".

Adjetivos: concordância com os substantivos em gênero, número e caso				
decl. 1ª m. + **2ª m.**	**decl. 3ª f. +** **1ª f.**	**decl. 2ª n. +** **3ª n.**	**decl. 4ª m.** **+ 3ª m.**	**decl. 5ª f.** **+ 1ª f.**
s i n g u l a r				
Nm. poeta bonus	mater bonă	*bellum atrox*	actus vilis	res sacra
Gên. poet-ae bon-i	matr-is bon-ae	bell-i atrōc-is	act-us vil-is	r-ei sacr-ae
Ac. poetam bonum	matrem bonam	*bellum atrox*	actum vilem	rem sacram
Dat. poetae bono	matri bonae	bello atroci	actŭi vili	rei sacrae
Abl. poeta bono	matre bona	bello atroci	actu vili	re sacra
Voc. poeta bone	mater bona	*bellum atrox*	actus vilis	res sacra
p l u r a l				
Nm. poetae boni	matres bonae	*bella atrocĭa*	actus viles	res sacrae
Gên. poetārum bonōrum	matrum bonarum	bellōrum atrocĭum	actŭum vilĭum	rerum sacrarum
Ac. poetas bonos	matres bonas	*bella atrocĭa*	actus viles	res sacras
Dat. poetis bonis	matrĭbus bonis	bellis atrocĭbus	actĭbus vilĭbus	rebus sacris
Abl. poetis bonis	matribus bonis	bellis atrocĭbus	actĭbus vilĭbus	rebus sacris
Voc. poetae boni	matres bonae	*bella atrocĭa*	actus viles	res sacrae

3. Substantivação – Como no português, adjetivos latinos podem empregar-se na função de substantivos: *Bona sunt mixta malis*; *prospĕra, adversis*, "as coisas boas estão misturadas com as más; as prósperas, com as adversas". – Na função de substantivos ocorrem: 1a) **adjetivos pátrios**, geralmente no plural masculino: *Romani, Graeci, Portucalenses, Brasilienses*; 1b) **adjetivos atributivos**: *docti*, os doutos; *boni*, os bons; *sapiens*, o sábio; 2a) **adjetivos no neutro singular**, para designar o conceito abstrato que corresponde à qualidade expressa pelo adjetivo: *bonum*, o bem; *malum*, o mal; *verum*, a verdade; *desideratum*, o desejo; *ultimatum*, a última chance; 2b) **adjetivos no neutro plural**, para indicar a pluralidade dos seres portadores da qualidade expressa: *bona*, as coisas boas, os bens; *omnĭa*, todas as coisas, tudo; *nomināta*, as coisas nomeadas, os nomes; *errata*, as coisas erradas, os erros; *et cetĕra > etc.*, e as coisas restantes, e o mais.

1.5.4 Graus de significação dos adjetivos

Os graus de significação dos adjetivos qualificativos são os subsistentes no português: <u>comparativo</u> de igualdade, inferioridade e superioridade, e <u>superlativo</u> de superioridade e inferioridade.

1. ■ **a) Formas analíticas do comparativo** – Resultam de encadeamento de um advérbio (*tam, minus, magis*) + o adjetivo + *quam* + o termo de comparação no caso nominativo, por ser ele o sujeito de um predicado elíptico: a) <u>igualdade</u>: *tam doctus es quam ego* (*sum*), "és tão douto quanto eu (sou)"; b) <u>inferioridade</u>: *minus doctus es quam ego*; c) <u>superioridade</u>: *magis doctus es quam ego*. ■ **b) Formas sintéticas do comparativo de superioridade** – A forma sintética integra a 3ª declinação consonantal e resulta de encadeamento do radical do adjetivo (ex.: *doct-us, utĭl-is*) + **-ĭor** (para o masculino e feminino) e **-ĭus** (para o neutro): *doct-ĭor, doct-ĭus - doct-ĭōr-is*. Ao radical dos adjetivos em -*dĭcus*, -*fĭcus*, -*vŏlus* (*maledĭc-us, benefĭc-us, benevŏl-us*) acrescenta-se -*ēntĭor*, -*ēntĭus* – *entĭōr-is*, respectivamente. Os adjetivos em -*ĕus*, -*ĭus*, -*ŭus* (*idonĕus, impĭus, ardŭus*), porém, admitem, por razões fonéticas, apenas formas analíticas: *magis idonĕus*.

Grau comparativo de superioridade: formação sintética: amostra					
adjetivo	*radical*	*compar.: masc., fem.*	*compar.: neutro*	*compar.: genitivo*	*significado*
altus	alt-i	alt-ĭor	alt-ĭus	altiōr-is	*mais alto*
antiquŭus	antĭqu-i	antiqu-ĭor	antiqu-ĭus	antiquiōr-is	*mais antigo*
pulcher	pulchr-i	pulchr-ior	pulchr-ius	pulchrior-is	*mais belo*
acer	acr-is	acr-ior	acr-ius	acrior-is	*mais agudo*
ferox	ferōc-is	feroc-ior	feroc-ius	ferocior-is	*mais feroz*
potens	potent-is	potent-ior	potent-ius	potentior-is	*mais potente*
facĭlis	facĭl-is	facil-ior	facil-ius	facilior-is	*mais fácil*

c) Declinação – As formas sintéticas do comparativo, por serem da 3ª declinação consonantal, têm **-e** ou **-i** no ablativo singular, **-um** no genitivo plural, **-a** no nominativo, acusativo e vocativo plural. [1.5.2]

Forma sintética do grau comparativo de superioridade: declinação			
s i n g u l a r		**p l u r a l**	
masc. e fem.	*neutro*	*masc. e fem.*	*neutro*
Nom./Voc. fort-ĭor	*fort-ĭus*	fort-iŏr-es	*fort-iŏr-a*
Gên. fort-iŏr-is	fort-iŏr-is	fort-iŏr-um	fort-iŏr-um
Ac. fort-ior-em	*fort-ius*	fort-ior-es	*fort-ior-a*
Dat. fort-ior-i	fort-iŏr-i	fort-ior-ĭbus	fort-ior-ĭbus
Abl. fort-ior-e (-i)	fort-ior-e (-i)	fort-ior-ibus	fort-ior-ibus

d) Termo de comparação do grau comparativo – Ele se exprime: a) no mesmo caso do sujeito da oração principal, precedido de *quam*: *ego doctior sum quam tu* (nominativo); b) mais amiúde, no ablativo de comparação: *nihil amabilius virtute* (abl.), "nada é mais amável do que a virtude". Cícero

2. Grau superlativo – Para elevar um adjetivo ao grau superlativo de inferioridade, antepõe-se-lhe o advérbio *minĭme* (*minĭme doctus*, "minimamente douto"); para elevá-lo ao grau superlativo de superioridade (tanto o absoluto quanto o relativo), antepõe-se-lhe *maxĭme* ou acrescenta-se ao radical dele o sufixo **-issĭmus, a, um**.

1. Grau superlativo: formação			
adjetivo	*radical*	*sintético de superior.*	*analítico: inferioridade / superioridade*
altus, a, um	alt-	alt-issĭmus, a, um	minĭme altus / maxĭme altus
antiqŭus, a, um	antiqu-	antiqu-issimus, a, um	minime antiqŭus / maxime antiquus
ferox, ferŏcis	feroc-	feroc-issimus, a, um	minime ferox / maxime ferox
potens, potentis	pontent-	potent-issimus, a, um	minime potens / maxime potens

Ao radical dos adjetivos em **-er**, da 2^a e da 3ª declinação, acrescenta-se **-rĭmus, a, um** (<-*sĭmus, a, um*), assim como aos seis adjetivos em -*ĭlis* se acrescenta **-lĭmus, a, um** (<-*simus, a, um*), sufixos que derivaram para o português: *fací-limo, paupér-rimo*.

2. Adjetivos em *-er* e em *-ilis*: formação dos graus				
adjetivos: -er / -ilis	*signific.*	*comp.: nom. m.f./n.*	*comp.: genitivo*	*superlativo sintét.*
asper, ĕra, ĕrum	*áspero*	asper-ĭor, -ĭus	asperiōr-is	asper-rĭmus, a, um
pulcher, chra, chrum	*belo*	pulchr-ior, -ius	pulchrior-is	pulcher-rimus, a, um
macer, cra, crum	*magro*	macr-ior -ius	macriōr-is	macer-rimus, a, um
celĕber, bris, bre	*célebre*	celebr-ior, -ius	celebrior-is	celeber-rimus, a, um
facĭlis, e	*fácil*	facil-ĭor, -ĭus	faciliōr-is	facil-lĭmus, a, um
difficilis, e	*difícil*	difficil-ior, -ius	difficilior-is	difficil-limus, a, um
similis, e	*similar*	simili-or, -ius	similior-is	simil-limus, a, um
dissimilis, e	*dissimilar*	dissimil-ior, -ius	dissimilior-is	dissimil-limus, a, um
humilis, e	*humilde*	humil-ior, -ius	humilior-is	humil-limus, a, um
gracilis, e	*grácil*	gracil-ior, -ius	gracilior-is	gracil-limus, a, um

3. Particularidades – Há formas derivadas de radicais diferentes e formas relacionadas com preposições; algumas se usam substantivadas.

a) Formas de grau com base em radicais diferentes				
positivo	*comparat.: m./f.*	*comparat.: n.*	*comparat.: genitivo*	*superlativo*
bonus, a, um	melĭor	melĭus	meliōr-is	optĭmus, a, um
malus, a, um	peior	peius	peior-is	pessimus, a, um
parvus, a, um	minor	minus	minor-is	minimus, a, um
magnus, a, um	maior	maius	maior-is	maximus, a, um
multus, a, um	–	plus	plur-is	plurimus, a, um

b) Formas correlatas a preposições				
Preposição	*Adjetivo*	*Signif.: prep./adjet.*	*Comparat.*	*Superlativo*
ex / extra	extĕr(us), tĕra, tĕrum	*fora de / externo*	exter-ĭor, -ĭus	extrē-mus, a, um
inter / intra	internus, a, um	*dentro de / interno*	interior, -ius	intĭmus, a, um
infra	infĕrus, a, um	*abaixo de / o de baixo*	inferĭor, -ĭus	infĭmus / imus, a, um
super / supra	supĕrus, a, um	*em cima de / o do alto*	superĭor, -ĭus	supremus / summus, a, um
post	postĕrus, a, um	*atrás / o seguinte*	posterĭor, ĭus	postrēmus, a, um
prae	praesens	*diante de / presente*	prior / prius	primus, a, um
cis / citra	citer, tra, trum	*aquém de / o de cá*	citerior, -ius	citĭmus, a, um
ultra / ultro	ulter, ĕra. ĕrum	*além de / o de lá*	ulterior, -ius	ultimus, a, um
prope	propinquŭus, a, um	*perto de / o de perto*	propior, -ĭus	proximus, a, um
de	deter, ĕra, ĕrum (des.)	*ruim, mau*	deterĭor, ĭus	deterrĭmus, a, um

c) Substantivação	
inferi, -orum, *os inferiores; os mortos; os infernos* superi, -orum, *os celícolas; os deuses do céu* posteri, -orum, *os pósteros, os descendentes* maiores, -um, *os maiores, antepassados*	iuvenis, is > iunior, -oris, *mais jovem, júnior;* *– sinôn.:* natu minor, oris / natu minimus, a, um senex, senis > senior, -oris, *mais idoso, senhor;* *– sinôn.:* natu maior, -oris / natu maximus, a, um

4. Termo de comparação do superlativo relativo – Este se exprime de três maneiras: a) pelo genitivo partitivo desse termo: *Cicero fuit eruditissimus orator<u>um</u>* (gen.), "Cícero foi o mais erudito dos (entre os) oradores"; b) pelo ablativo desse termo, regido por **ex** ou **de**: *Cicero fuit eruditissimus <u>ex</u> [<u>de</u>] orator<u>ibus</u>* (abl.); c) pelo acusativo desse termo, precedido de **inter**: *Cicero fuit eruditissimus <u>inter</u> oratores* (acus.).

1.6 Numerais: classes, declinação e concordância

---

1. Classes – Os nomes denotativos do número dos seres subdividem-se em quatro classes, em parte subsistentes no português, que respondem a estas perguntas: <u>cardinais</u>, *quot*, quantos?; <u>ordinais</u>, *quotus, -a, -um*, em qual seguimento?; <u>distributivos</u>, *quoteni*, quantos de cada vez?; <u>multiplicativos</u>: a) adverbiais: *quoties* ou *quotiens?*, quantas vezes se realiza o processo verbal?; b) adjetivos, que são numerais múltiplos: *duplex, duplus*. Cf. item 4.

2. Declinação e concordância – ▪ **1) Os numerais declináveis** <u>**concordam**</u> em gênero, número e caso com o substantivo a que se referem: *primus rex* (nom. m. sing.), o primeiro rei; *duos reges* (ac. m. pl.), dois reis; *duobus in templis* (abl. n. pl.), em dois templos. ▪ **2) Declinam-se** como os adjetivos da 1ª classe (1ª e 2ª decl.): a) as centenas dos cardinais (*ducenti, -ae, -a...*); b) os ordinais (*primus, a, um*); c) os distributivos (*singuli, -ae, -a...*); d) os multiplicativos em *-plus, a, um* (*duplus, a, um; triplus...*). [1.5.1] ▪ **3)** Entre os cardinais declinam-se apenas: a) os três primeiros; b) as centenas desde *ducenti*, pela 2ª declinação; c) *millia* ou *milia*, s.n., "milheiro, milhar", plural de *mille* ou *mile* é indeclinável.

N u m e r a i s				
algarismos arábicos/ romanos	*cardinais* um, dois, três...	*ordinais* 1°, 2°, 3°...	*distributivos* 1, 2, 3... a cada vez	*multiplic. adverb.* 1 vez; 2, 3... vezes
1 I	unus, a, um	primus, a, um	singuli, ae, a	semel
2 II	duo, duae, duo	secundus, a, um	bini, ae, a	bis
3 III	tres, tria	tertius, a, um	terni / trini, ae, a	ter
4 IV	quat(t)uor	quartus	quaterni	quater
5 V	quinque	quintus	quini	quinquĭes, -ĭens
6 VI	sex	sextus	seni	sexies, -iens
7 VII	septem	septĭmus	septēni	septĭes, -ĭens
8 VIII	octo	octavus	octoni	octies
9 IX	novem	nonus	noveni	novies
10 X	decem	decimus	deni	decies
11 XI	undĕcim	undecĭmus, a, um	undēni, ae, a	undecĭes, -ĭens
12 XII	duodecim	duodecimus	duoceni	duodecies
13 XIII	tredecim	tertius decimus	terni deni	tredecies
14 XIV	quattuordecim	quartus decimus	quaterni deni	quaterdecies
15 XV	quindecim	quintus decimus	quini deni	quindecies
16 XVI	sedecim	sextus decimus	seni deni	sexiesdecies
17 XVII	septemdecim	septimus decimus	septeni deni	septiesdecies
18 XVIII	duodeviginti	duodevicesimus	duodeviceni	duodevicies
19 XIX	undeviginti	undevicesimus	undeviceni	undevicies
20 XX	viginti	vicesimus	viceni	vicies, -iens
21 XXI	viginti unus, a, um	vicesimus unus,	viceni singuli,	vicies semel
22 XXII	viginti duo	vicesimus alter	viceni bini	vicies bis
28 XXVIII	duodetriginta	duodetricesimus	duodetriceni	duodetricies
30 XXX	triginta	tricesimus	triceni	tricies
40 XL	quadraginta	quadragesimus	quadrageni	quadragies
50 L	quinquaginta	quinquagesimus	quinquageni	quinquagies
60 LX	sexaginta	sexagesimus	sexageni	sexagies
70 LXX	septuaginta	septuagesimus	septuageni	septuagies
80 LXXX	octoginta	octogesimus	octogeni	octogies
90 XC	nonaginta	nonagesimus	nonageni	nonagies
100 C	centum	centesimus	centeni	centies
200 CC	ducenti, ae, a	ducentesimus	duceni, ae, a	ducenties, -iens
300 CCC	trecenti, ae, a	trecentesimus	treceni	trecenties
400 CD	quadringenti, ae, a	quadringentesimus	quadringeni	quadringenties
500 D	quingenti, ae, a	quingentesimus	quingeni	quingenties
600 DC	sexcenti, ae, a	sescentesimus	sexceni	sexcenties
700 DCC	septingenti, ae, a	septingentesimus	septingeni	septingenties
800 DCCC	octingenti, ae, a	octingentesimus	octingeni	octingenties
900 CM	nongenti, ae, a	nongentesimus	nongeni	nongenties
1000 M	mille	millesimus	síngula míllia	millies, - iens
2000 MM	duo mil(l)ia	bis millesimus	bina millia	bis millies

Numerais: declinação dos cardinais								
caso	*masc.*	*fem.*	*neutro*	*masc.*	*fem.*	*neutro*	*m. / f.*	*neutro*	*neutro*
Nom.	unus	una	unum	du-o	du-ae	du-o	tres	tria	milĭa
Gên.	unĭus	unĭus	unĭus	duōrum	duārum,	duōrum	trium	trium	milĭum
Ac.	unum	unam	unum	duos	duas	duo	tres	tria	milia
Dat.	uni	uni	uni	duōbus	duābus	duōbus	tribus	tribus	milĭbus
Abl.	uno	una	uno	duobus	duabus	duobus	tribus	tribus	milibus

3. **Distributivos** – Formam-se dos cardinais (exceto os dois primeiros) + o sufixo **-ni**: *venerunt singuli, sed sederunt bini, terni...* "vieram um a um (singularmente, sem par), mas sentaram-se dois a dois, três a três"; *bis bina quot sunt? bis bina sunt quattuor*, "duas vezes dois, quantos são? duas vezes dois são quatro".

4. **Multiplicativos** – **a) Os adverbiais** não se declinam: *vēnit bis, sed semel singŭlus*, "veio duas vezes, mas uma vez sozinho". **b) Os adjetivos** são numerais múltiplos: os em **-plus**, **a**, **um** indicam a grandeza de um objeto em relação a outro; os em **-plex, -ĭcis** indicam o número de vezes que uma quantidade é repetida:

simplex, ĭcis – simplus, a, um

duplex, icis – duplus, a, um

triplex, icis – triplus, a, um

quadrŭplex, icis – quadrŭplus, a, um

quintuplex, icis – quintuplus, a, um

sextŭplex, ĭcis – sextŭplus, a, um

septuplex, icis – septuplus, a, um

octuplex, icis – octuplus, a, um

decŭplex, ĭcis – decuplus, a, um

centuplex, icis – centuplus, a, um

1.7 Pronomes, pessoas do discurso

Pronomes (< *pro-nomen*, "em vez do nome") são vocábulos gramaticais que denotam um ente na comunicação (uso indicativo, dêitico) ou remetem a ele (uso remissivo, relativo, anafórico), considerando-o apenas como pessoa do discurso. Exercem a função ora de substantivos (*ego, tu, ille*; *hic, iste, ille...*), ora de adjetivos (*líber meus, tuus, suus / eius, noster, vester, suus / eorum*). Compõem um sistema de palavras de significação gramatical ou interna e de número fechado, por oposição ao dos nomes e verbos. [1.2.1 e 1.8] As classes de pronomes são as mesmas seis que derivaram para o português: pessoais, possessivos, demonstrativos, relativos, interrogativos, indefinidos. A declinação deles apresenta paradigmas próprios, mas contêm traços que a aproximam da dos nomes.

1.7.1 Pronomes pessoais e possessivos

1. Pronomes pessoais

Pronomes pessoais: declinação							
	1ª pessoa			*2ª pessoa*		*3ª pessoa*	
Nom.	ego	nos	*eu / nós*	tu	vos	*tu / vós*	–	–
Gên.	mei	nostri	*de mim / de nós*	tui	vestri	*de ti / de vós*	sui	*de si*
Ac.	me	nos	*me / nos*	te	vos	*te / vos*	se	*se*
Dat.	mihi	nobis	*a mim / a nós*	tibi	vobis	*a ti / a vós*	sibi	*a si*
Abl.	me	nobis	*por mim / por nós*	te	vobis	*por ti / por vós*	se	*por si*

Morfossintaxe – 1) Quanto à 3ª pessoa, estes pronomes possuem apenas formas reflexivas: *Ille laudat se*, "Ele se louva". Para a função não reflexiva, o latim emprega o demonstrativo *is, ea, id* e, às vezes, *hic, iste, ille*: *Ille, ubi videt matrem suam, laudat eam*, "Ele, logo que vê sua mãe, a louva". [1.7.2] ■ **2)** *Nostri* e *vestri* ocorrem como complementos de verbos: *Memento mei, tui, nostri, vestri*, "Lembra-te de mim, de ti, de nós, de vós". [1.13.2] – *Nostrum* e *vestrum* (genitivo plural) ocorrem como adjuntos partitivos: *Unus* (*nemo, multi, aliquis*) *nostrum* (*vestrum*) *tradet me*, "Um (ninguém, muitos, alguém) de nós (de vós) me trairá." [Cristo, apud Jo 13,21] *Quem nostrum hoc ignorare arbitrāris?* "Quem de nós julgas

94

ignorar isto?" [Cíc., Cat. I] ■ **3)** Nas formas do ablativo (*me*, *te*, *se*, *nobis*, *vobis*), a preposição *cum* ocorre em posição enclítica: *mecum*, *tecum*, *secum*, *nobīscum*, *vobīscum*. [4.5]

2. Pronomes possessivos – Os possessivos <u>funcionam</u> como adjetivos da 1ª classe, pela qual se <u>declinam,</u> e <u>concordam</u> em gênero, número e caso com os substantivos a que se referem.

Pronomes possessivos (1ª e 2ª declinação)								
	1ª pessoa: meu, nosso...			*2ª pessoa: teu, vosso...*			*3ª pessoa: seu (próprio)...*		
	m., d-2ª f., d-1ª n., d-2ª			m., d-2ª f., d-1ª n., d-2ª			m., d-2ª f., d-1ª n., d-2ª		
Nom.	meus	mea	meum	tuus	tua	tuum	suus	sua	suum
Gên.	mei	meae	mei ...	tui	tuae	tui...	suorum	suarum	suorum...
Nom.	noster	nostr-a	nostr-um	vester	vestr-a	vestr-um	suus	sua	suum
Gên.	nostri	nostrae	nostri...	vestri	vestrae	vestri...	suorum	suarum	suorum...

Possessivos e reflexivos – O possessivo *suus*, *a*, *um*, "seu, sua", corresponde ao reflexivo <u>se</u> e ocorre apenas nas frases em que o possuidor funciona como sujeito da frase: <u>*Puĕri*</u> *parentes* <u>*suos*</u> *amant*, "as crianças amam seus (próprios) pais". Mas, nas frases em que o possuidor é diferente do sujeito dela, emprega-se o genitivo do pronome demonstrativo anafórico *is*, *eius*, "dele, dela", *eōrum*, *eārum*, "deles, delas": *Filia* <u>*matrem*</u> <u>*suam*</u> *laudat, sed impatientiam* <u>*eius*</u> *vitupĕrat*, "A filha louva sua (própria) mãe, mas censura a sua impaciência (a da mãe)"; *Parentes* <u>*filios*</u> <u>*suos*</u> *amant, sed eorum vitia reprehendunt*, "Os pais amam seus filhos, mas repreendem seus vícios" (os vícios dos filhos). [1.7.2]

1.7.2 Pronomes demonstrativos

São seis: 1) três, <u>propriamente</u> <u>ditos</u>, *hic*, *iste*, *ille*, "este, esse, aquele" – que correspondem às três pessoas do discurso (*ego*, *tu*, *ille...*) e que funcionam ora como adjetivos (*hic liber*, *iste liber*, *ille liber*, "este, esse, aquele livro"), ora como substantivos (*liber est hic*, *iste*, *ille*, "o livro é este, esse, aquele"); **2)** e três, <u>remissivos</u>: a) o anafórico *is*, "aquele", que serve para anunciar o pronome relativo: <u>*Is fecit*</u> <u>*cui*</u> *prodest*, "(O crime,)

95

praticou-o este a quem ele aproveita"; "b) seu composto e identificador ***idem***, $^{<\ is,\ ea,\ id\ +\ -dem}$, "aquele mesmo"; c) o enfático ***ipse***, "o mesmo, o próprio". Sua declinação assemelha-se à dos adjetivos da 1ª classe, mas apresenta particularidades, inclusive coincidências em formas de gênero diferente, que se registram em negrito no próximo quadro. Em suma:

1. Demonstrativos próprios ou dêiticos:

hic, haec, hoc – *este, esta, isto* (refere-se ao comunicador, *ego*) – 1ª pessoa;

iste, ista, istud – *esse, essa, isso* (refere-se ao interlocutor, *tu*) – 2ª pessoa;

ille, illa, illud – *aquele, aquela, aquilo* (refere-se ao tema da mensagem) – 3ª pessoa.

2. Demonstrativos remissivos ou odentificadores:

is, ea, id (anunciador do relativo) – *aquele, aquela, aquilo*;

idem, eădem, idem (identificador) – (*aqu*)*ele mesmo*; *o mesmo* já referido;

ipse, ipsa, ipsum (enfático) – *o mesmo, o próprio, o tal.*

		Demonstrativos próprios			Demonstrativos remissivos		
		masc.	femin.	neutro	masc.	femin.	neutro
		este	*esta*	*isto*	*aquele*	*aquela*	*aquilo*
	Nom.	hic	haec	*hoc*	is	ea	*id*
	Gen.	**huius**	huius	huius	**eius**	eius	eius
sing.	Ac.	hunc	hanc	*hoc*	eum	eam	*id*
	Dat.	**huic**	huic	huic	ei	ei	ei
	Abl.	hoc	hac	*hoc*	eo	ea	eo
	Nom.	hi	hae	*haec*	ii, ei	eae	*ea*
	Gen.	horum	harum	horum	eorum	earum	eorum
plural	Ac.	hos	has	*haec*	eos	eas	*ea*
	Dat.	**his**	his	his	**iis, eis**	iis, eis	iis, eis
	Abl.	**his**	his	his	**iis, eis**	iis, eis	iis, eis
		esse	*essa*	*isso*	*o mesmo*	*a mesma*	*o mesmo*
	Nom.	iste	ista	*istud*	idem	eădem	*idem*
	Gen.	**isfius**	isfius	isfius	**eiūsdem**	eiūsdem	eiūsdem
sing.	Ac.	istum	istam	*istud*	eūmdem	eāmdem	*idem*
	Dat.	**isti**	isti	isti	**eīdem**	eĭdem	eĭdem
	Abl.	isto	ista	isto	eōdem	eādem	eōdem
	Nom.	isti	istae	ista	idem / iidem	eaedem	*eadem*
	Gen.	istōrum	istārum	istōrum	eorūmdem	earūmdem	eorūmdem
plural	Ac.	istos	istas	ista	eosdem	easdem	*eadem*
	Dat.	**istis**	istis	istis	**eisdem**	eisdem	eisdem/iisdem
	Abl.	**istis**	istis	istis	**eisdem**	eisdem	eisdem/iisdem
		aquele	*aquela*	*aquilo*	*ele mesmo*	*ela mesma*	*isso mesmo*
	Nom.	ille	illa	*illud*	ipse	ipsa	*ipsum*
	Gen.	**illīus**	illius	illius	**ipsīus**	ipsius	ipsius
sing.	Ac.	illum	illam	*illud*	ipsum	ipsam	*ipsum*
	Dat.	**illi**	illi	illi	**ipsi**	ipsi	ipsi
	Abl.	illo	illa	illo	ipsō	ipsa	ipso
	Nom.	illi	illae	*illa*	ipsi	ipsae	*ipsa*
	Gen.	illōrum	illarum	illorum	ipsōrum	ipsarum	ipsorum
plural	Ac.	illos	illas	*illa*	ipsos	ipsas	*ipsa*
	Dat.	**illis**	illis	illis	**ipsis**	ipsis	ipsis
	Abl.	**illis**	illis	illis	**ipsis**	ipsis	ipsis

3. Morfossintaxe – **1) Hic**, **iste**, **ille** – **a)** *Stupet hic, vocat ille*, "Este fica estupefato, aquele chama". [Ovídio, *Trístia.*] **b)** *Haec oportŭit facĕre et illa non omittĕre*, "Foi oportuno fazer estas coisas e não omitir aquelas". [Cristo, *apud* Mt 23,3.] **c)** *Muta istam mentem tuam, Catilina*, "Muda essa tua mente, ó Catilina". [Cíc., *Cat.* I.] **d)** *Ille veracĭter amat amicum qui Deum amat in illo*, "Ama o amigo em verdade aquele que nele ama a Deus". [S. Agostinho] **e)** *Illud semel profŭit, hoc semper prodĕrit civitati*, "Aquilo foi útil uma vez só; isto será sempre útil à cidadania". ■ **2) Is**, **idem**, **ipse** – **a)** *Id est*,

97

"isto é". **b)** *Definire* _idem_ *per* _idem_ *nihil elucĭdat*, "Definir uma coisa por ela mesma, nada esclarece".[AJ] **c)** *Idem, ibĭdem, passim, "esse mesmo (autor), nessa mesma (obra), em passagens"*. **d)** *Ipsa scientia potestas est.* "O próprio saber é poder". **e)** *Ipsis litteris, ipsis verbis, ipso facto, ipso iure,* "pelas próprias letras, – palavras, – fato, – direito".[AJ] **f)** *Nosce te* _ipsum,_ "Conhece-te a ti mesmo". **g)** _Idem_ *velle atque* _idem_ *nolle,* _ea_ *demum firma amicitia est,* "Querer a mesma coisa e não querer a mesma coisa, essa é afinal uma firme amizade". Salústio, *De coniuratione Catilinae.*

1.7.3 Pronome relativo – Orações subordinadas adjetivas

Relativo é aquele pronome que, referindo-se a um substantivo, pronome ou frase do discurso, introduz uma oração subordinada adjetiva que lhe restringe ou explica o sentido: *Haec sunt facta {*_quorum_ *pars magna fui}*, "Estes são os fatos {nos quais tomei grande parte}". Virgílio. Eneida, 3.7. A declinação de *qui, quae, quod,* "que, quem, o qual", apresenta semelhanças com a dos demonstrativos. Grafa-se em negrito a 1ª das três formas que, no mesmo caso, são idênticas para os três gêneros.

Pronome relativo: declinação						
	singular			*plural*		
	masc.	**fem.**	**neutro**	**masc.**	**fem.**	**neutro**
Nom.	qui	quae	quod	qui	quae	quae
Gên.	**cuius**	cuius	cuius	quorum	quarum	quorum
Ac.	quem	quam	quod	quos	quas	quos
Dat.	**cui**	cui	cui	**quibus**	quibus	quibus
Abl.	quo	qua	quo	**quibus**	quibus	quibus

O termo de relação das subordinadas adjetivas – ■ 1. Pronome demonstrativo explícito: a) _Is_ *{qui tacet} non fatētur,* "Aquele que cala, não confessa".[AJ] **b)** _Is_ *{quem virtus ornat,} solus est beatus,* "Só aquele {que a virtude adorna} é feliz". Publílius Syrus **c)** *Is {de cuius successione agĭtur} relῑquit bona,* "Este de cuja sucessão se trata, deixou bens". **d)** *Ei incumbit onus probandi {qui dicit}, non ei {qui negat},* "O ônus de provar incumbe ao que afirma, não ao que nega". ■ **2. Pronome demonstrativo**

implícito, resgatável na forma do mesmo número, gênero e, em geral, do mesmo caso do relativo: **a)** (*Is*) {*Qui periculum amat*}, *in illo perībit*, "Aquele que ama o perigo, nele perecerá". [Eclesiástico] **b)** (*Id*) {*Quod non est in actis*} *non est in mundo*, "Aquilo que não está nos autos, não está no mundo." [AJ] **c)** (*Ea*) {*quae sunt Caesaris*}, *Caesari*, "Aquelas coisas que são de César, (dai-as) a César". [Cristo, apud Mt 22,21.] ■ **3. O relativo concorda em gênero e número com o termo precedente**, não com o conseqüente: *Filii* {*quorum matrem vidi*}, *sunt hi*, "os filhos dos quais vi a mãe (cuja mãe vi) são estes". ■ **4.** A composição morfológica de *quocum*, *quacum*, etc. corresponde à de *mecum*, *tecum*, *nobiscum*, *vobiscum*. [1.7.1]

1.7.4 Pronomes interrogativos

As formas do pronome interrogativo diferem pouco das do relativo. [1.7.3] O interrogativo funciona ora como **pronome adjetivo**, isto é, adjunto determinante de um substantivo, *qui*, *quae*, *quod*, "que, o/a qual", que se declina como o pronome relativo, ora como **pronome substantivo**, *quis*, *quae*, *quid*, "quem, qual, (o) quê". Declina-se como o pronome relativo, mas tem, no singular, três formas próprias: as de nominativo masculino e neutro, bem como a de acusativo neutro, que, no quadro abaixo, vêm sublinhadas.

1a. Pronome interrogativo: declinação					
	singular			*plural*		
	masc.	**fem.**	**neutro**	**masc.**	**fem.**	**neutro**
Nom.	qui, quis	quae	quod, quid	qui	quae	quae
Gên.	**cuius**	cuius	cuius	quorum	quarum	quorum
Ac.	quem	quam	quod, quid	quos	quas	quae
Dat.	**cui**	cui	cui	**quibus**	quibus	quibus
Abl.	quo	qua	quo	**quibus**	quibus	quibus

1b. Interrogativo: forma de nominativo e de acusativo	
Em função de substantivo	**Em função de adjetivo**
1a) Quis hoc fecit *? Quem fez isto?*	2ª) *Qui* puer hoc fecit? *Qual menino fez isto?* Quae puella hoc fecit? *Que menina fez isto?*
1b) Quid est verĭtas? *O que é a verdade?*	2b) Quod signum est illud? *Que sinal é aquele?*
1c) Quid agendum est? *O que se deve fazer?*	2c) Quam rem publicam habēmus? *Que república temos?*

2. Interrogativo *uter* – "qual (de dois)?": declinação						
	singular			*plural*		
	masc.	**fem.**	**neutro**	**masc.**	**fem.**	**neutro**
Nom.	uter	utra	utrum	utri	utrae	utra
Gên.	**utrīus**	utrīus	utrīus	utrōrum	utrārum	utrōrum
Ac.	utrum	utram	utrum	utros	utras	utra
Dat.	**utri**	utri	utri	**utris**	utris	utris
Abl.	utro	utra	utro	**utris**	utris	utris

Morfossintaxe – 1a) *Uter puerōrum vēnit?* qual dos dois meninos veio? 1b) *Uter puer vēnit?* qual menino (entre dois) veio? 2a) *Uter nostrum venĭet?* qual de nós (dois) virá? 2b) *Uter frater veniet?* qual irmão (entre dois) virá? *Scio neutrum ventūrum esse,* "sei que nenhum dos dois haverá de vir".

3. Adjetivos interrogativos:

Qualis, is, e? *qual? de que espécie? de que qualidade?*

Quantus, a, um? *quanto? de que tamanho? de que quantidade?*

Quam multi, ae, a? *quantos? de qual número?*

Quot? (indecl.) *quantos? de que número?*

Quotus, a, um? *que...? qual? (numa série ou enumeração).*

a) *Qualis ista philosophĭa est?*, "Que (espécie de) filosofia é esta?" [Cícero] b) *Quota hora est?*, "Que hora é?" c) *Quot et quanti poetae exstiterunt?* "Quantos e quão grandes poetas existiram?" [Cícero, Pro Archia poeta.]

100

1.7.5 Pronomes indefinidos

	1. Indefinidos simples *nemo, nihil,* "ninguém, nada": declinação			
	nemo	significado	*nihil*	significado
Nom.	nemo	*ninguém*	nihil > nil	*nada, nenhuma coisa*
Gên.	nullīus	*de ninguém*	nullīus rei	*de nada*
Ac.	nemĭnem, nullum	*ninguém*	nihil > nil	*nada*
Dat	nemĭni	*a ninguém*	nulli rei	*a nada*
Abl.	nemĭne, nullo	*por ninguém*	nulla re	*por nada*

2. Indefinidos que se declinam como *unus* [cf. 1.6] ou como *uter* [cf. 1.7.4]			
nominativo sing.: m.,f., n.	significado	nom. sing.: m.,f.,n.	significado
uter, utra, utrum	*qualquer um (de dois)*	unus, una, unum	*um, uma, um*
alĭus, a, um	*outro, outra*	ullus, ulla, ullum	*algum, alguma*
alĭa, alĭud	*o outro (de dois),*	nullus, nulla, nullum	*nenhum, nenhuma*
alter,altĕra, altĕrum	*o outro (de dois)*	solus, sola, solum	*sozinho, sozinha*
neuter, neutra, neutrum	*nenhum (de dois)*	totus, tota, totum	*todo, toda, tudo*
utērque, utrāque, utrūmque	*um e outro; ambos*	nonnullus, a, um	*algum(a)*

a) *Utērque* (*consul*) *impĕrat*, "um e outro (cônsul) comanda". – b) *Uterque eorum impĕrat*, "cada um deles comanda"; ambos comandam. – c) *Alĭi alĭos adiŭvant*, "uns ajudam os outros" (ajudam-se mutuamente). – d) *Alter altĕro more vivebat*, "cada um vivia de modo diferente do outro". – e) *Testis unus, testis nullus*, "uma só testemunha, nenhuma testemunha".[AJ] – f) *Dictum unīus, dictum nullius*, "dito de uma só (testemunha), dito de ninguém". [AJ] – g) *Res nullīus fit primi possidēntis*, "coisa de ninguém torna-se do primeiro possuidor". [AJ]

3. **Nos indefinidos compostos de** interrogativo-indefinido *quis, quae, quid*, "quem, o quê" + um afixo (prefixo ou sufixo), que lhes imprime sentido indefinido: a) o afixo é invariável; b) o componente interrogativo se declina como o pronome interrogativo (cf. 1.7.4), incluindo, na função de pronome indefinido substantivo, as mesmas formas próprias deste (*quis, quid*), lá grafadas em negrito; c) o numeral *unus, a, um* declina-se por 1.6.

Indefinidos compostos por *quis, quae, quid* (nominativo singular)	
a) alguém, alguma coisa, algo alĭquis, alĭqua, alĭquod / *alĭquid;* *quis,* quae, quod / *quid,* (após *si, ne, nisi, num*); quisquam, quaequam, quodquam / *quidquam;* *b) qualquer um (que se queira)* quivis, quaevis, quodvis / *quidvis;* cf. 1.8.7 quilĭbet, quaelĭbet, quŏdlibet / *quidlĭbet;* cf. 5 *c) certa pessoa, certa coisa* quidam, quaedam, quoddam / *quiddam*	*d) cada um, cada coisa* quisque, quaeque, quodque / *quidque;* *e) todo aquele que* quicumque, quaecumque, *quidcumque;* *f) quem (o que) quer que* quisquis, ou quicquid, *quidquid;* *g) cada qual* unusquisque, unaquaeque, unumquodque

4. Indefinidos compostos de *quot*, *quantus*, *tantus* **e de** *qualis* + afixos **ali-** e **-cumque**: *alĭquot*, alguns, *aliquantus*, de certa grandeza, *qualis-cumque*, de qualquer espécie, *quotcumque*, de qualquer quantidade. ■ a) *Dixĕrit (alĭ)quis,* "alguém poderia ter dito". b) *Alĭquis dicet,* "alguém (não sei quem) dirá". c) *Nec quisquam vēnit,* "não veio alguém sequer". d) *Qui-dam dixit,* "alguém disse". e) *Suum cuīque,* "a cada qual o seu". f) *Quid-quid tentabam dicĕre, versus erat,* "o que quer que eu tentava dizer, era verso". [Ovídio] g) *Si quis,* "se alguém"; *ne quid,* "para que nada".

1.8 Verbos, palavras conjugáveis, núcleos da frase

1.8.1 Categorias, classes e conjugações

1. Natureza – O verbo é palavra lexical que se conjuga e traduz o processo temporal e modal da ação do sujeito, com cuja pessoa concorda. Rico em informações paradigmáticas e sintagmáticas, é o núcleo ou protagonista gramatical da frase. Por isso os latinos o chamaram de *verbum*, "palavra, termo, expressão", que derivou para as línguas românicas. Classifica-se: a) pela flexão: regular, irregular, defectivo; b) pelo sentido e função: principal e auxiliar; c) pela predicação: intransitivo, transitivo e de ligação; d) pelos morfemas flexionais: quatro conjugações, reduzidas a três no latim vulgar e, por derivação, no português.

102

2. Recursos morfológicos – O latim dispõe de recursos morfológicos (vogal temática, sufixos modo-temporais, desinências número-pessoais e outros) para expressar as seguintes categorias gramaticais: quatro conjugações; voz ativa e passiva; modos pessoais ou finitos (indicativo, subjuntivo, imperativo) e formas nominais do verbo (infinitivo impessoal, gerúndio, gerundivo; supino e particípios); [1.8.4] aspecto durativo da ação verbal, que o falante traduz a partir destes três radicais: a) o *infectum*, para os tempos imperfectivos ou de ação inacabada; b) o *perfectum*, para os tempos perfectivos ou de ação acabada: c) o *supino*, para algumas das formas verbo-nominais. [1.2.2]

13. Busto de *Marcus Túllius* **Cicero**, 106-43 aC, o mais célebre prosador, orador, filósofo, epistológrafo, advogado e retor, além de político notável (Morisset, p. 234).

3. Quatro conjugações – Classificam-se pela presença ou ausência de uma vogal temática no radical do *infectum* (o formador dos tempos imperfectivos ou de ação inacabada): 1ª *amā-re*, amar; 2ª *monē-re*, admoestar; 3ª em consoante, *reg-(ĕ)-re*, reger; 3ª em **i**, cap-(ĕ)-re (*cap-ĭ-o*), caber; 3ª em **u**, *minŭ-o*, diminuir; 4ª *audī-re*, ouvir. [Faria, 1958, p. 157.] Entre o radical e a desinência ocorre, em certos contextos fonéticos, uma vogal de ligação, como em *leg-ĕ-re*, *leg-i-t*, *leg-u-nt*, "ler, lê, lêem". [1.8.3]

103

Características das quatro conjugações			
4 conjugações	*presente do indicativo*	*vogal temática*	*em português*
1ª	am-ō < ama-o, *amo*	ā, amā-re, *amar*	-ar 1ª
2ª	monĕ-o, *admoesto*	ē, monē-re, *admoestar*	-er 2ª
3ª em consoante	reg-o, *rejo*	–, reg-ĕ-re, *reger*	-er 2ª
	capĭ-o, *capto*	ĭ, cap-ĕ-re, *captar*	-er 2ª
3ª em *i* ou *u*	minŭ-o, *diminuo*	u, minu-ĕ-re, *diminuir*	-ir 3ª
4ª	audĭ-o, *ouço*	ī, audī-re, *ouvir*	-ir 3ª

A 3ª conjugação compreende, pois, três grupos: **a)** grande número de verbos, cujo radical do *infectum* termina em <u>consonante</u> *leg-ĕ-re*, *pon-ĕ-re*, *dic-ĕ-re*, "ler, pôr, dizer"; **b)** pequeno grupo de verbos cujo radical do *infectum* termina em consoante, à qual segue **i** naquelas formas em que, nos verbos da 4ª conjugação, à vogal temática **i** segue outra vogal (*audĭ-o – cap-ĭ-o*; *audi-ē-bam – cap-i-ē-bam*; *audĭ-a-t – cap-ĭ-a-t*; *audĭ-u-nt – cap-ĭ-u-nt*), [1.8.5], simbiose essa que motivou a denominação "3ª conjugação mista com a 4ª"; **c)** minúsculo grupo de verbos cujo tema do *infectum* termina em **u** (*minu-ĕ-re*, *statu-ĕ-re*, *cons-tru-ĕ-re*, "diminuir, estabelecer, construir".

4. Amostra – Esta amostra visa elucidar: a) a existência de <u>três</u> <u>radicais</u> que, acrescidos de sufixos modo-temporais e desinências número-pessoais, originam as formas de todos os tempos; b) a existência de <u>elementos</u> <u>distintivos</u> entre o radical do *infectum* e o do *perfectum*, que serão grafados em negrito, sendo exceção à regra os verbos *defendo* e *verto*; c) a <u>conjugação</u> <u>a</u> que <u>pertence</u> <u>o</u> <u>verbo</u>, que será indicada também por algarismos arábicos, acrescidos, na 3ª conjugação mista com a 4ª, por **m**. Recorde-se que o sinal de duração breve (braquia) sobreposto à vogal da primeira sílaba (*ăgo*, *lĕgo*) quer dizer que, por ela ser breve, o acento tônico recua para a sílaba antecedente no caso de acrescentar-se a ela um prefixo (*per-ăgo*, *col-lĭgo*), formando <u>proparoxítonos.</u> [1.1.3] Para os prefixos que eles admitem, ver 5.

Verbos: tempos primitivos e suas características	
ăg-o, ag-ĕ-re, ēg-i, act-um, 3c, *agir, fazer*	fŭgĭo, fugĕre, **fūgi**, fugĭtum, 3m, *fugir*
aperĭ-o, aperĭ-re, aperŭ-i, apert-um, 4, *abrir*	iăcio, iacĕre, **iēci**, iactum, 3m, *lançar, atirar*
argŭo, arguĕre, argŭi, argūtum, 3, *argüir*	implĕo, implēre, imple**vi**, implētum, 2, *encher*
audĭo, audīre, audī**vi**, audītum, 4, *ouvir*	iŭvo, iuvāre, iū**vi**, iūtum, 1, *ajudar, auxiliar*
augĕ-o, augē-re, aux-**i,** auct-um, 2, *aumentar*	lĕgo, legĕre, **lēgi**, lectum, 3c, *ler, (re)colher*
cădo, ĕre, **cecĭdi**, cāsum, 3c, *cair*	mĭtto, mittĕre, **mīsi**, missum, 3m, *enviar, meter*
caedo, caedĕre, **cecĭdi**, caesum, 3c, *cortar, matar*	mordĕo, mordēre, **mo**mordi, morsum, 2, *morder*
capĭo, capĕre, **cēpi**, captum, 3m, *captar, pegar*	parĭo, parĕre, **pe**pĕri, partum, 3m, *parir, gerar*
cēdo, ĕre, ces**si**, cessum, 3c, *ceder*	pōno, ponĕre, pos**ŭi**, posĭtum, 3c, *pôr, colocar*
censĕo, censēre, cens**ŭi**, censum, 2, *recensear*	prĕmo, premĕre, pres**si**, pressum, 3c, *apertar*
claudo, ĕre, clau**si**, clau**s**um, 3c, *fechar*	quaero, quaerĕre, quaesī**vi**, quaesītum, 3, *querer*
cūrro, ĕre, **cu**cūrri, cursum, 3c, *correr*	rapĭo, rapĕre, rap**ŭi**, raptum, 3m, *raptar, roubar*
cupĭo, cupĕre, cupī**vi**, cupĭtum, 3m, *cobiçar*	scrībo, scribĕre, scrip**si**, scriptum, 3, *escrever*
defendo, ĕre, defendi, defensum, 3c, *defender*	sĕco, secare, sec**ŭi**, sectum, 1, *seccionar, cortar*
delĕo, delēre, delē**vi**, delētum, 2, *destruir, delir*	sentĭo, senfīre, sen**si**, sensum, 4, *sentir, pensar*
dīco, dicĕre, di**xi** (< dic-si), dictum, 3c, *dizer*	spĭcĭo, spicĕre, spe**xi**, spectum, 3m, *ver, olhar*
divīdo, dividĕre, divī**si**, divīsum, 3c, *dividir*	statŭ-o, statu-ĕ-re, statŭ-i, statūt-um, 3, *estatuir*
do, ^{<da-o>} da-re, **dě**d-i, dāt-um, 1, *dar, doar*	sterno, sternĕre, stra**vi**, stratum, 3m, *estender*
docĕo, docēre, doc**ŭi**, doctum, 2, *ensinar*	tendo, tendĕre, **te**tendi, tentum/tensum, 3c, *tender*
dūco, ducĕre, du**xi** (< c-si), ductum, 3, *conduzir*	torquĕo, torquēre, tor**si**, tortum, 2, *torcer*
făcio, facĕre, **fēci**, factum, 3m, *fazer*	vĕnio, venīre, **vēni**, ventum, 4, *vir, chegar*
fŏdĭo, fodĕre, **fō**di, fossum, 3m, *fossar, furar*	verto, vertĕre, verti, versum, 3c, *virar, traduzir*
frango, frangĕre, frēgi, fractum, 3c, *fraturar*	vĭdeo, vidēre, vī**si**, visum, 2, *ver, olhar, verificar*

5. Morfemas – Uma forma verbal de modo finito pode compreender radical, sufixo modo-temporal e desinência número-pessoal: *lauda-ø*, louva tu; *laudā-te*, louvai vós; *laudav-ĕra-s*, tu tinhas louvado. Em *audi-ē-ba-m*, por exemplo, *audi-* é o radical do *infectum*, portador de significação externa a ele; *-ē-* é vogal de ligação; *-ba-* é sufixo próprio do imperfeito do indicativo; *-m* é a desinência da 1ª pessoa do singular da voz ativa.

6. Diferenças de termos e conceitos entre latim e português – 1) As designações latinas *futuro do presente* e *futuro do pretérito*, que parecem paradoxais, correspondem ao conceito do radical derivacional deles: o *infectum* e o *perfectum* respectivamente. 2) As denominações de alguns tempos verbais, adotadas pelas gramáticas brasileiras com base na NGB-1959, são, do ponto de vista do radical derivador, menos adequadas do que as da gramática latina: a) futuro do presente (*louvarei*) – *futuro imperfeito* (*laudabo*, "*louvarei*"); b) futuro do pretérito do indicativo (*eu louvaria*) – *pretérito imperfeito do subjuntivo* (*lauda-re-m*, "eu louvaria / eu louvasse"); c) futuro do subjuntivo (*se eu louvar / se tiver louvado*) – *futuro perfeito do indicativo* (*si laudáv-er-o*, "se eu louvar / tiver louvado"); d) para os conceitos e denominações de *gerúndio* e *particípio*, ver 1.8.4.

1.8.2 Derivação das formas verbais

1. Tempos primitivos e radicais derivacionais – A idéia que o falante faz da duração, desenvolvimento ou acabamento do processo verbal é expressa por três radicais: ▪ **a)** o *infectum*, "não feito", base para formar os tempos imperfectivos (os de ação inacabada): presentes, imperfeitos, futuro do imperfeito ou I, imperativo e certas formas verbo-nominais; ▪ **b)** *perfectum*, "feito plenamente", base para formar os tempos perfectivos (os de ação acabada) da voz ativa: perfeitos, futuro do perfeito ou II e o infinitivo perfeito; ▪ **c)** o **supino** (< *supinus*, "voltado para trás ou para cima"), que serve de base para derivar outras formas verbo-nominais do pretérito, incluída a do particípio passado, que, com o auxiliar *sum* "ser, estar", compõe os tempos perfectivos da voz passiva. O latim gera todas as formas verbais a partir desses três radicais, mediante adição de sufixos modo-temporais e desinências número-pessoais, processo que derivou para o português, como em *faç-o, fiz-este, feit-o; quer-o, quis-este, querid-o*. ▪ Os livros didáticos registram quatro ou cinco formas que permitem identificar a conjugação, o radical e outros elementos da conjugação.

Identificação dos radicais verbais nas formas dos tempos primitivos: paradigma				
1ª conj.: amā-re	2ª: monē-re	3ª: leg-ĕ-re	3ª *i*: cap-ĕ-re	4ª: audī-re
Radical do infectum, formador dos tempos imperfectivos				
Ind. pres: am-o < ama-o *amo*	monĕ-o, *advirto*	rĕg-o, *rejo*	cap-ĭ-o, *pego*	audĭ-o, *ouço*
Infin. pres.: amā-re, *amar*	monē-re, *advertir*	reg-ĕ-re, *reger*	cap-ĕ-re, *pegar*	audī-re, *ouvir*
Radical do perfectum, formador dos tempos perfectivos da voz ativa				
Pret. perf.: amav-i, *amei*	monŭ-i, *adverti*	rex-i, *regi*	cep-i, *peguei*	audīv-i, *ouvi*
Radical do supino, formador de algumas formas verbo-nominais				
Supino: amat-um, *para amar*	monĭt-um, *para advertir*	rect-um, *para reger*	capt-um *para pegar*	audit-um, *para ouvir*

Em suma, a) o radical do infectum é ministrado pelas duas primeiras formas, supressas as desinências **-o** e **-re**; b) o do perfectum, pela 1ª pessoa do pretérito perfeito do indicativo, supressa a desinência **-i**; c) o do supino, por sua forma, supressa a desinência **-um**. Os radicais do *infectum*, *perfectum* e *supino* quase sempre se diferenciam entre si por um ou outro traço morfêmico: *lĕg-o, lēg-i, lect-um*. As diferenças são de várias espécies, como se explana no quadro de 1.8.1 e a seguir. [1.8.5]

2. Características dos radicais – Os radicais do *perfectum* e do *supino* apresentam, relativamente aos do *infectum*, características distintivas: ■ **a) Radicais do** *infectum* – 1) nos verbos da 1ª, 2ª e 4ª conjugação, os radicais terminam em vogal temática; mas, nos verbos da 3ª (*leg-o*), terminam em consoante, que, em alguns deles, vem seguida de **-ĭ-** (*cap-ĭ-o*) ou em **-u-** (*disting-ŭ-o*). [1.8.1] ■ **b) Radicais do** *perfectum* – 1) terminam em **v** ou **ŭ**, sobretudo na 1ª, 2ª e 4ª conjugação: *domŭ-i* (*domo,1*), *delēv-i* (*delĕo,2*) *e monŭ-i* (*monĕ-o,2*); *audīv-i* (*audĭo,4*); 2) alguns terminam em **s**: *scrips-i* (*scribo,3*); *mis-i* (*mitto,3*); *dix-i* (< *dics-i*; *dico,3*); 3) outros têm reduplicação: *de-di* (*do,1*); *cu-curri* (*curro,3*), *pe-pendi* (*pendo,3*), *pe-pŭli* (*pello,3*); 4) outros, enfim, têm prolongamento da vogal temática: *vīdit*, viu" – *vĭdet*, "vê"; *lēgit* "leu" – *lĕgit*, "lê". ■ **c) Radicais do supino** – 1) em sua maioria, terminam em **t** (*laudāt-um*); alguns, em **-s-** (*fus-um*, *cess-um*); 2) outros resultam de alterações fônicas: a) elisão de vogal (*sectum* < *secātum*; *seco,1*); b) assimilação (*scriptum* < *scribo,3*); intercalação consonantal (*sessum* < *sed-s-tum*; *missum* < *mit-s-tum*); influência do perfeito em **s** (*ausum* < *ausi*; *audĕo,2*).

3. Quadro de derivações – Todas as formas verbais, que abaixo se exemplificam por *amāre*, derivam, pois, dos três radicais de cada verbo: o do *infectum* (amă-), o do *perfectum* (amāv-) e o do *supino* (amāt-), acrescidos de sufixos modo-temporais e desinências número-pessoais.

Derivação das formas verbais a partir de três radicais: quadro geral		
1. Radical do infectum, para os tempos imperfectivos		
1 indicativo: presente 2 subjuntivo: presente 3 indicativo: imperfeito 4 subjuntivo: imperfeito ^{Fut. do} <small>perf.: amaria</small>	amo <ama-o; amor <ama-or amem <ama-em; amer<ama- er amā-bam; ama-bar amā-rem; amā-rer	amo / sou amado (que) eu ame / seja amado eu amava /era amado amasse, amaria / fosse (seria) amado
5 indic.: futuro imperf. (I) <small>Futuro do presente</small>	amā-bo; ama-bor	amarei / serei amado
6 imperativo: presente 7 infinitivo: presente 8 particípio: presente 9 gerundivo	ama-; amā-te ama-re; ama-ri ama-ns, ama-ntis ama-ndus, a, um	ama tu / amai vós amar / ser amado amante, que ama que deve ser amado
2. Radical do perfectum, para os tempos perfectivos da voz ativa		
1 indicativo: perfeito 2 subjuntivo: perfeito 3 indic.: mais-que-perfeito 4 subj.: mais-que-perfeito 5 indic.: futuro perfeito (II) 6 infinitivo: perfeito	amāv-i amav-ĕrim amav-ĕram amav-īssem amav-ĕro amav-isse	amei tenha eu amado eu amara, tinha amado eu tivesse / teria amado tiver; terei amado ter amado
3. Radical do supino, para algumas formas verbo-nominais cf. 1.8.4		
1 particípio passado 2 particípio futuro ativo 3 particípio passado passivo 4 infinitivo futuro passivo	1 amat-us, *a, um* 2 amat-ūrus, *a, um* 3 amat-us, *a, um* 4 amat-um iri	1 amado 2 que está para amar 3 amado 4 haver de ser amado

1.8.3 Sufixos, desinências e vogais de ligação

1. Sufixos modo-temporais – Estes se acrescentam ao radical do *infectum* para formar os tempos imperfectivos; ao radical do *perfectum*, para formar os perfectivos. O sufixo modo-temporal do presente do indicativo e do imperativo opõe-se aos demais por ser inexistente (zero, ø): *ama-ø -s*; tu amas; *ama-ø, amā-ø –te*, ama, amai. [1.2.4]

Sufixos modo-temporais						
1. do radical do infectum: tempos imperfectivos						
indicativo: pret. imperf.	indicativo: futuro imperfeito (I)	subjuntivo: presente	subjuntivo: pret. imperf.	infinitivo presente	particíp. presente	gerúndio e gerundivo
-ba-	**-b -** $1^a, 2^a$ **-a- / -e-** $3^a, 4^a$	**-e-** 1^a **-a-** $2^a, 3^a, 4^a$	**-re-**	**-re** ^{voz ativa} **-(r)i** ^{voz pas.}	**-nt-**	**-nd-**
2. do radical do perfectum: tempos perfectivos						
indicat.: pretérito mais-que-perfeito		indicativo: futuro perfeito (II)	subjuntivo: pretérito perfeito	subjunt.: pretérito mais-que-perfeito	infinitivo: perfeito	
-ĕra-		**-ĕr-, -ĕri-**	**-ĕri-**	**-īsse-**	**-īsse**	

2. Desinências número-pessoais

Conjugação: desinências número-pessoais				
Pessoas	**1.**Para formar: a) os tempos imperfectivos da voz ativa e passiva (radical do *infectum*); b) os tempos perfectivos da voz ativa, exceto o pretérito perfeito do indicativo (radical do *perfectum*).^{Cf. item 2 =>.}	**2.** Para formar o pretérito perfeito do indicativo da voz ativa (radical do *perfectum*)	**3.** Para formar os tempos perfectivos da voz passiva: particípio passado do verbo principal + auxiliar *sum*, "ser, estar, ficar".	
	voz ativa / *voz passiva*	*voz ativa*	*voz passiva*	
Sing. 1a	-o / –m ǀ -or / -r	-i	amāt-us, a, um	**sum**
2ª	-s ǀ -ris / -re	-ĭsti	monĭt-us, a, um	**es**
3ª	-t ǀ -tur	–it	rect-us, a, um	**est**
Plur. 1ª	-mus ǀ -mur	-ĭmus	amat-i, ae, a	**sumus**
2ª	-tis / -te ǀ -mĭni	-ĭstis	monĭt-i, ae, a	**estis**
3ª	-nt ǀ -ntur	-ērunt / -ēre	rect-i , ae, a	**sunt**

3. Vogais de ligação fônica – Estas aparecem entre componentes morfológicos <u>nos</u> <u>seguintes</u> <u>contextos</u> e, como tais, serão isoladas nos paradigmas conjugacionais: ^{1.8.5} **a) na 3ª conjugação**, entre a consoante final do radical e a consoante inicial o sufixo modo-temporal ou a desinência número-pessoal; **b) na 4ª**, antes das desinências iniciadas por **-n**; **c) na 1ª** e **2ª**, após o sufixo **-b-** do futuro do presente. A vogal <u>realiza-se</u>: a) como **u** – na 3ª do plural, antes de **nt** (*reg-u-nt, audĭ-u-nt, monē-b-u-nt*); b) como **e** – antes de **r, b, n** (*reg-ĕ-ris, reg-ē-ba-t, reg-e-ns*), e como **i**, antes de **m, s, t** (*reg-ĭ-mus, reg-i-s, reg-i-t*).

1.8.4 Formas nominais do verbo ou verbo-nominais

Os verbos latinos produzem, além de formas <u>pessoais</u> – as do indicativo, subjuntivo e imperativo ^{1.8.5} –, também formas <u>impessoais</u>, que exercem a função de substantivos e/ou adjetivos e que, por isso, se chamam *formas nominais do verbo* ou *verbo-nominais*. Algumas delas (as do particípio, gerúndio, gerundivo e supino) se flexionam em gênero, número e caso. Algumas se formam do radical do *infectum*, outras do radical do *supino*. A produtividade desses sistemas é geral no latim, mas sua derivação ao português se reduziu aos sistemas do infinitivo presente, do gerúndio em **-ndo** e do particípio passado, tendo subsistido, dos demais, apenas resíduos.[4.4.3] Para a diferença de conceito e denominação de *gerúndio* e *particípio* na gramática latina e na brasileira, ver 1.8.1:6.

1. Infinitivo – Exerce a função de um substantivo de gênero neutro; tem flexão de tempo (presente, perfeito e futuro) e ocorre tanto na voz ativa quanto na passiva.

1) Infinitivo presente – **a)** O da voz ativa forma-se do radical do *infectum* + **-re**, ligados, na 3ª conjugação, por ĕ-: *amā-re* (1ª), *monē-re* (2ª), *reg-ĕ-re* (3ª), *audī-re* (4ª). Ex.: *Erra-re humanum est*, "errar é humano". **b)** O da voz passiva forma-se do radical do *infectum* + **-ri** (1ª, 2ª, 4ª) ou **-i** (3ª): *amā-ri, monē-ri, audī-ri, leg-i*, ser amado... *Si vis amā-ri, ama*,[Sêneca, *Epístulae*, IX, 6.] "Se queres ser amado, ama".

2) Infinitivo perfeito – **a)** O da voz ativa forma-se do radical do *perfectum* + **-isse** : *amav-isse*, ter amado. Ex.: *Errav-isse humanum est*, "Ter errado...". **b)** O da voz passiva encadeia o acusativo do particípio passado + o infinitivo presente de **sum**: *amat-um, -am, -um esse*, "ter sido amado/a". Ex.: *Scio me amat-um esse, sicut scitis vos amatos esse*, "Sei ter eu sido amado, assim como sabeis terdes vós sido amados".

3) Infinitivo futuro – **a)** O da voz ativa forma-se mediante encadeamento (perífrase) do acusativo do particípio futuro + *esse*, "ser": *amat-ūr-um, -am, -um* + *esse*, haver de amar: Ex.: *Spero me erraturum* (*nos erraturos*) *non esse*, "Espero que eu não haverei (nós não haveremos) de errar". **b)** O da voz passiva, de uso raro, encadeia o supino + o infinitivo *iri*, forma impessoal de *ire*, "ir": *amātum iri*, haver de ser amado. Ex.: *Spero me audītum iri*, "Espero haver eu de ser ouvido".

2. Particípio – Funciona como adjetivo verbal, concordando, pois, em gênero, número e caso com o substantivo. Para a derivação portuguesa, cf. 4.4.3.

1) Particípio presente – Nomes portugueses em *-ante, -ente, -inte* (*amante, corrente, ouvinte*) são resíduos do sistema do particípio presente latino. Funciona como adjetivo ou oração subordinada adjetiva restritiva. Deriva do radical do *infectum* + **-ns** (no genitivo **-nt-is**) e tem sentido ativo: *ama-ns, amā-ntis*, amante, que ama; *mone-ns, mone-ntis*, que admoesta; *reg-e-ns, reg-e-ntis*, regente, que rege: *audĭ-e-ns, audĭē-ntis*, ouvinte, que ouve. [1.8.1:6] Integra a 3ª declinação de tema em **i**, tendo **-e** no ablativo (*cessante causa, cessat effectus*, cessando a causa, cessa o efeito), mas **-i** na função de adjetivo (*ardenti studio*, com imenso esforço). [1.5.3] *Plato scribens mortuus est.* "Platão morreu escrevendo" [Cícero] *Habemus confitentem reum*, "temos um réu {que confessa}". [AJ]

2) Particípio passado – Deriva do radical do supino + **-us, -a, -um** (*amātus, a, um*, amado; *rectus, a, um*, regido), tem sentido passivo e funciona como adjetivo da 1ª classe: [1.5.1] *alĕa iacta est*, "o destino (*lit.*, o dado) foi (está) lançado"; *somno vinōque sepulti*, [Virg., Aeneis] "sepultados no vinho e no sono".

3) Particípio futuro – Nomes portugueses em *-uro* e *-ouro*, como "nascituro" < *nascitū-rus, a um*, "futuro" < *futū-rus, a, um*, "vindouro" < *ventūrus, a, um*, constituem resíduos do sistema do particípio futuro latino, [4.4.3], que deriva do radical do supino + **-ūrus, a, um**, tem sentido ativo: *Quantus tremor est futurus quando iudex est venturus, cuncta stricte discussurus*, "Quanto medo haverá de haver, quando o juiz há de vir e discutir (examinar) tudo". [Do hino *Dies irae*, atribuído a Tomás de Celano †1250.]

3. Gerundivo – Tem sentido passivo, de dever, e deriva do radical do *infectum* + **-nd** + as desinências adjetivas **-us, -a, -um**. [1.5.1] Do gerundivo subsistem como resíduos os nomes portugueses terminados em *-ndo*: *memorando* < *memora-ndus, a, um*, "algo que deve ser (co)memorado"; *lavanda* (< *lavandus, a, um*, "coisa que deve ser lavada"; *despiciendo* < *despiciendus, a, um*, "algo que deve ser desprezado"; *lenda* < *leg-e-ndus, a, um*, "coisa que deve ser lida"; *oferenda* < *offer-e-ndus*, *a, um*, "coisa que deve ser oferecida"; *moenda* < *molli-e-ndus, a, um*, "coisa que deve ser moída".

4. Gerúndio – É substantivo verbal neutro, substitui os casos oblíquos do infinito presente ativo e deriva do radical do *infectum*, ao qual segue **-e-** de ligação na 3ª e 4ª: **a)** no ablativo, em **-ndo**, funciona como adjunto adverbial: *ama-ndo, doce-ndo, leg-e-ndo et audi-e-ndo discĭmus*, "amando, ensinando... (pelo amar... enquanto amamos...), aprendemos"; **b)** no genitivo, em **-ndi**, funciona como adjunto adnominal: *ars amā-ndi, doce-ndi, reg-e-ndi, audi-e-ndi amicos*, "a arte de amar, ensinar, reger e ouvir os amigos"; **c)** no acusativo, em **-ndum**, funciona: i) como complemento nominal de adjetivos: *dies idonĕus* (*aptus, propiĭus*) *ad scrib-ē-ndum et audi-e-ndum carmĭna*, "dia adequado para escrever e ouvir poemas"; ii) como oração adverbial final reduzida de infinito: *venĭo ad ama-ndum, ad leg-e-ndum, ad audi-e-ndum*, "venho para amar, ler e ouvir". ■ O gerúndio, quando seguido de preposição ou de dativo, é substituído pelo gerundivo correspondente, que concorda com o substantivo: *in persequendis hostibus*, "no perseguir (perseguindo) os inimigos"; *venio ad pete-ndam pacem, ad liberandos cives*, "venho para pedir paz, para libertar os cidadãos"; *studium et ars capiendae urbis*, "empenho e técnica de apoderar-se de uma cidade".

5. Supino – O supino, de *supinus, a, um*, "voltado para trás ou para cima", pode assumir duas desinências, funções e sentidos: **a)** em **-um**, tem sentido ativo e funciona como oração adverbial final: *misit milĭtes* {*petĭtum pacem*}, "enviou os soldados {para pedirem paz}"; **b)** em **-u**, tem sentido passivo e funciona como complemento nominal de alguns adjetivos: *horribĭle* (*difficile, impossibile*) *amătu* , *monĭtu, rectu, audītu...*, "horrível (difícil, imposível) de ser amado"...

Formas verbo-nominais: desinências

1. _Radical_ do infectum + _vogal temática (e de ligação)_ + _desinência_

	1ª	2ª	3ª em cons.	3ª com 4ª	4ª
Infinitivo presente ativo	-ā-re	-ē-re	-(ĕ)-re	(ĕ)-re	-ī-re
Infinitivo presente passivo	-āri	-ēri	-i	-i	-īri
Particípio presente ativo	-ans	-ens	-ens	-ĭ-ens	-ĭens
Gerundivo	-andus, _a, um_	-endus	-endus	-i-endus	-iendus
Gerúndio acusativo	-andum	-endum	-endum	-i-endum	-iendum
Gerúndio genitivo	-andi	-endi	-endi	**-i**-endi	-iendi
Gerúndio ablativo	-ando	-endo	-endo	**-i**-endo	-iendo

2. _Radical_ do perfectum + _-isse_		3. _Radical_ do supino + _desinência_	
Infinitivo perfeito	-īsse: _amav-īsse_	particípio passado	-us, a, um, _amado_
		particípio futuro	-ūrus, a, um, _que amará_

4. _Locuções perifrásticas_

Infinitivo perfeito passivo => acusativo do part. passado + **esse**: amatum esse, _ter sido amado_
infinitivo futuro ativo => acusativo do part. futuro + **esse**: amatūrum esse, _que haverá de amar_
infinitivo futuro passivo => supino + **iri**: amatum iri, _que haverá de ser amado_

1.8.5 Conjugação dos verbos regulares: voz ativa e passiva

1.8.5.a TEMPOS IMPERFECTIVOS: VOZ ATIVA, radical do *infectum* [cf. 1.8.2] ▶

Modo e tempo	1ª amā-re	2ª monē-re	3c leg-ĕ-re	3m cap-ĕ-re	4ª audī-re
Indic.: presente	am-o <amă-o	monĕ-o	reg-o	capĭ-o	audĭ-o
	ama-s	mone-s	reg-i-s	cap-i-s	audi-s
	ama-t	mone-t	reg-i-t	cap-i-t	audi-t
eu amo, advirto,	amā-mus	monē-mus	reg-ĭ-mus	cap-ĭ-mus	audī-mus
rejo, pego, ouço /	amā-tis	monē-tis	reg-ĭ-tis	cap-i-tis	audī-tis
tu amas...	ama-nt	mone-nt	reg-u-nt	capĭ-u-nt	audī-u-nt
Indic.: pretérito	amā-ba-m	monē-ba-m	reg-ē-ba-m	capi-ē-ba-m	audi-ē-ba-m
imperfeito	ama-ba-s	mone-ba-s	reg-e-ba-s	capi-e-ba-s	audi-e-ba-s
	ama-ba-t	mone-ba-t	reg-e-ba-t	capi-e-ba-t	audi-e-ba-t
eu amava,	ama-bā-mus	mone-bā-mus	reg-e-bāmus	capi-e-bā-mus	audi-e-ɓa-mus
advertia, regia,	ama-bā-tis	mone-bā-tis	reg-e-bā-tis	capi-e-bā-tis	audi-e-bā-tis
pegava, ouvia	amā-ba-nt	monē-ba-nt	reg-ē-ba-nt	capi-ē-ba-nt	audi-ē-ba-nt
Indic.: futuro					
imperfeito (I)	amā-b-o	monē-b-o	reg-a-m	capĭ-a-m	audĭ-a-m
	ama-b-i-s	mone-b-i-s	reg-e-s	capi-e-s	audi-e-s
eu amarei...	ama-b-i-t	mone-b-i-t	reg-e-t	capi-e-t	audi-e-t
	ama-b-ĭ-mus	mone-b-ĭ-mus	reg-ē-mus	capi-ē-mus	audi-ē-mus
*NGB: Indic.:	ama-b-ĭ-tis	mone-b-ĭ-tis	reg-ē-tis	capi-ē-tis	audi-ē-tis
futuro do presente	amā-b-u-nt	monē-b-u-nt	reg-e-nt	capĭ-e-nt	audĭ-e-nt
Subj.: presente	am-e-m	monē-a-m	reg-a-m	capĭ-a-m	audĭ-a-m
	am-e-s	mone-a-s	reg-a-s	capi-a-s	audi-a-s
	am-e-t	mone-a-t	reg-a-t	capi-a-t	audi-a-t
(que) eu ame,	am-ē-mus	mone-ā-mus	reg-ā-mus	capi-ā-mus	audi-ā-mus
advirta, reja,	am-ē-tis	mone-ā-tis	reg-ā-tis	capi-ā-tis	audi-ā-tis
pegue, ouça...	am-ent	monĕ-a-nt	reg-a-nt	capĭ-a-nt	audĭ-a-nt
Subj.: pretérito					
imperfeito	amā-re-m	monē-re-m	reg-ĕ-re-m	cap-ĕ-re-m	audĭ-re-m
1. eu amasse...	ama-re-s	mone-re-s	reg-e-re-s	cap-e-re-s	audi-re-s
2. eu amaria...	ama-re-t	mone-re-t	reg-e-re-t	cap-e-re-t	audi-re-t
	ama-rē-mus	mone-rē-mus	reg-e-rē-mus	cap-e-rē-mus	audi-rē-mus
*NGB: 2. Indic.:	ama-rē-tis	mone-rē-tis	reg-e-rē-tis	cap-e-rē-tis	audi-rē-tis
futuro do pretérito	ama-re-nt	mone-re-nt	reg-ĕ-re-nt	cap-ĕ-re-nt	audĭ-re-nt
Imperat.: pres.	ama	mone	reg-e	cap-e	audi
ama / amai...	amā-te	monē-te	reg-ĭ-te	cap-ĭ-te	audĭ-te
Inf.: pres. amar	amā?-re	monē-re	reg-ĕ-re	cap-ĕ-re	audĭ-re
Partic.: pres.	ama-ns	mone-ns	reg-e-ns	capĭ-ens	audĭ-e-ns
que (quem) ama	ama-nt-is	mone-nt-is	reg-e-nt-is	capi-e-nt-is	audi-e-nt-is
Gerúndio no					
Gen.: de amar	ama-nd-i	mone-nd-i	reg-e-nd-i	capi-e-nd-i	audi-e-nd-i
Ac.: para amar	ama-nd-um	mone-nd-um	reg-e-nd-um	capi-e-nd-um	audi-e-nd-um
Abl.: pelo amar	ama-nd-o	mone-nd-o	reg-e-nd-o	capi-e-nd-o	audi-e-nd-o

114

◄ 1.8.5.b TEMPOS IMPERFECTIVOS: VOZ PASSIVA, radical do *infectum* ^{cf. 1.8.2}

Modo e tempo	1ª conj.	2ª conj.	3ª conj. conson.	3ª conj. em i	4ª conj.
Ind.: pres. sou amado/a, advertido, regido, pego, ouvido / tu és amado/a....	am-or <amă-or amā-ris ama-tur amā-mur ama-mĭni amā-ntur	monĕ-or monē-ris mone-tur monē-mur mone-mĭni monē-ntur	reg-or reg-ĕ-ris reg-i- tur reg-ĭ-mur reg-i-mĭni reg-ū-ntur	capĭ-or cap-ĕ-ris cap-i-tur cap-ĭ-mur cap-i-mĭni capi-ū-ntur	audĭ-or audĭ-ris audi-tur audĭ-mur audi-mĭni audi-ū-ntur
Indic.: pretérito imperf. eu era amado...	amā-ba-r ama-bā-ris ama-ba-tur ama-bā-mur ama-ba-mĭni ama-bā-ntur	monē-ba-r mone-bā-ris mone-ba-tur mone-bā-mur mone-ba-mĭni mone-bā-ntur	reg-ē-ba-r reg-e-bā-ris reg-e-ba-tur reg-e-bā-mur reg-e-ba-mĭni reg-e-bā-ntur	capi-ē-ba-r capi-e-bā-ris capi-e-ba-tur capi-e-bā-mur capi-e-ba-mĭni capi-e-bā-ntur	audi-ē-bar audi-e-bā-ris audi-e-ba-tur audi'e-bā-mur audi-e-ba-mĭni audi-e-bā-ntur
Indic.: fut. imperfeito (I) serei amado... *NGB, 1959: Indic.: futuro do presente	amā-b-or ama-b-ĕ-ri s ama-b-ĭ-tur ama-b-ĭ-mur ama-b-i-mĭni ama-b-ū-ntur	monē-b-or mone-b-ĕ-ris mone-b-ĭ-tur mone-b-ĭ- mur mone-b-i-mĭni mone-b-ū-ntur	reg-a-r reg-ē-ris reg-ē-tur reg-ē-mur reg-e-mĭni reg-ē-ntur	capĭ-ar capi-ē-ris capi-ē-tur capi-ē-mur capi-e-mĭni capi-ē-ntur	audĭ-a-r audi-ē-ris audi-ē-tur audi-ē-mur audi-e-mĭni audi-ē-ntur
Subj.: pres. (que) eu seja amado...	am-e-r<ama-e-r am-ē-ris am-e-tur am-ē-mur am-e-mĭni am-e-ntur	monĕ-a-r mone-ā-ris mone-a-tur mone-ā-mur mone-a-mĭni mone-a-ntur	reg-a-r reg-ā-ris reg-a-tur reg-ā-mur reg-a-mĭni reg-a-ntur	capĭ-ar capi-ā-ris capi-a-tur capi-ā-mur capi-ā-mĭni capi-a-ntur	audĭ-a-r audi-ā-ris audi-a-tur audi-ā-mur audi-ā-mĭni audi-a-ntur
Subj.: pret. imperf. 1. eu fosse amado... 2. eu seria amado... *NGB: 2. Indic.: futuro do pret.	ama-re-r ama-rē-ris ama-re-tur ama-rē-mur ama-re-mĭni ama-re-ntur	monē-re-r mone-rē-ris mone-re-tur mone-rē-mur mone-re-mĭni mone-re-ntur	reg-ĕ-re-r reg-e-rē-ris reg-e-re-tur reg-e-rē-mur reg-e-re-mĭni reg-e-re-ntur	cap-ĕ-rer cap-e-rē-ris cap-e-re-tur cap-e-rē-mur cap-e-re-mĭni cap-e-re-ntur	audĭ-re-r audĭ-rē-ris audi-re-tur audi-rē-mur audi-re-mĭni audi-re-ntur
Imperat.: sê amado, sede amados	amā-re ama-mĭ-ni	monē-re mone-mĭ-ni	reg-ĕ-re reg-i-mĭni	cap-ĕ-re cap-i-mĭni	audĭ-re audi-mĭni
Infin.: pres.	amā-ri ^{ser amado}	monē-ri	Reg-i	cap-i	audĭ-ri
Ger. vo: que deve ser amado	amā-nd-us, a, um	mone-nd-us,	reg-e-nd-us,	capi-e-nd-us,	audi-e-nd-us

115

1.8.5.c TEMPOS PERFECTIVOS cf. 1.8.2

VOZ ATIVA, radical do *perfectum* ▶			◀ VOZ PASSIVA, particípio passado + sum		
Ind.: pretérito perfeito eu amei, adverti, regi, peguei, ouvi / tu amaste...	amāv- monŭ- rex- cep- audĭv-	-i -ĭsti -it -ĭmus -ĭstis -ērunt	**Ind.: pretérito perfeito** fui amado, advertido, regido, pego, ouvido...	amāt-us (-a, -um) monĭt-us, rect-us, capt-us, audĭt-us / amat-i, -ae, -a	sum es est sumus estis sunt
Indic.: pretérito-mais-que-perfeito eu tinha (havia) amado...	amav- monu- rex- cep- audiv-	-ĕra-m -era-s -era-t -erā-mus -erā-tis -ĕra-nt	**Indic.: pretérito mais-que-perfeito** eu tinha sido amado	amāt-us (-a, -um) monĭtus, rectus captus, audĭtus / amat-i, -ae, -a	eram cras crat erāmus erātis erant
Indic.: futuro perfeito (II) (se/quando) eu amar / tiver amado... *NGB: Subj.: futuro	amav- monu- rex- cep aduiv-	-ĕr-o -eri-s -eri-t -erĭ-mus -erĭ-tis -ĕri-nt	**Indic.: futuro do perfeito (II)** (se/quando) eu for amado / tiver sido amado ... *NGB: Subj.: futuro	amat-us, -a, -um monĭt-us, rectus, captus, audĭtus / amat-i, -ae, -a	ero eris erit erĭmus erĭtis erunt
Subj.: pretérito perfeito (que) eu tenha amado...	amav- monu- rex- cep audiv-	-ĕr-im -er-is -er-it -erĭ-mus -erĭ-tis -ĕri-nt	**Subj.: pretérito perfeito** (que) eu tenha sido amado…	amat-us, -a, -um monĭt-us, rectus, captus audĭtus / amat-i, -ae, -a	sim sis sit simus sitis sint
Subj.: pretérito mais-que-perfeito 1. (se) eu tivesse amado... 2. eu teria amado *NGB: 2. Indic.: futuro do pret. composto	ama- monu- rex- cep- audiv	-ĭsse-m -isse-s -isse-t -issē-mus -issē-tis -ĭsse-nt	**Subj.: pretérito mais-que-perfeito** 1. (se) eu tivesse sido amado... 2. eu teria sido amado NGB: Indic.: 2. futuro do pretérito	amat-us, -a, -um, monĭtus, rectus, captus, auditus; laudat-i, -ae, -a…	essem esses esset essēmus essētis essent
Infinitivo: passado ter amado...	laudav- monu- rex- cep- audĭv-	-ĭsse	**Infinitivo: passado** ter sido amado...	amāt-um, -am, -um monĭtum rectum captum audĭtum	esse

116

1.8.5.d Imperativo – a) O <u>positivo</u> tem duas formas, derivadas do *infectum:* o presente e o futuro, este de uso raro; b) o <u>negativo,</u> uma forma com **ne** + presente ou perfeito do subjuntivo; outra com **noli** ou **nolite,** "não queiras, não queirais" + infinitivo presente.

Imperativo: paradigma				
Imperativo positivo presente				
ama *ama* amā-te *amai*	mone *adverte* monē-te *adverti*	reg-e *rege* reg-ĭ-te *regei*	cap-e *pega* cap-ĭ-te *pegai*	audi *ouve* audĭ-te *ouvi*
Imperativo positivo futuro				
amā-to *ama* ama-to *ame* ama-tōte *amai* amā-nto *amem*	monēto *adverte* moneto *advirta* monetōte *adverti* monēnto *advirtam*	regĭto *rege* regito *reja* regitōte, *regei* regŭnto *rejam*	capĭto *pega* capito *pegue* capitōte *pegai* capiŭnto *peguem*	audĭto *ouve* audito *ouça* auditōte *ouvi* audiŭnto *ouçam*
Imperativo negativo: locuções com <u>ne</u> e com <u>nolle</u>				
ne am-e-s *não ames* ne amav-ěri-s " noli amare " nolite amare	ne monĕas ne monuĕris noli monēre nolite monere	ne regas ne rexĕris noli regĕre nolite regere	ne capĭas ne cepĕris noli capĕre nolite capere	ne audĭas ne audivĕris noli audire nolite audire

1.8.5.e Radical do supino e suas formas derivadas:

Supino I: amāt-um, monĭt-um, rec-tum, capt-um, audĭt-um: *para amar...*

Supino II: amāt-u, monĭt-u, rect-u, capt-u, audĭt-u: *de ser amado...*

Particípio passado: amāt-us, monĭt-us, rect-us, capt-us, audĭt-us, a, um: *amado, advertido, regido, ouvido.*

Particípio futuro ativo: amat-ūrus, -a, -um; monit-ūrus, rect-ūrus, capt-ūrus, audit-ūrus: *que amará, advertirá, regerá, pegará, ouvirá.*

Infinitivo futuro ativo: amat-ūrum esse, monit-ūrum esse, rect-ūrum esse, captūrum esse, audit-ūrum esse: *haver de amar, advertir, reger, pegar, ouvir.*

Infinitivo futuro passivo: amāt-um iri, monĭt-um iri, rect-um iri, capt-um iri, audĭt-um iri: *haver de ser amado, advertido, regido, pego, ouvido.*

1.8.6 Verbos depoentes e semidepoentes

1. Classes – a) Depoentes (< *deponentes*) são verbos que têm forma passiva e sentido ativo. Compreendem pequeno número de verbos, cuja maioria pertence à 1ª conjugação. Derivaram para as línguas românicas como (in)transitivos ou reflexivos.

Verbos depoentes: amostra lexical	
1ª conjugação: -āri arbĭtror, (-āris) -āri, arbitrātus sum, *julgar* hortor, ari, hortātus sum, *exortar* irāscor, -āsci, irātus sum, *irar-se* mĭror, -āri, mirātus sum, *admirar-se* **2ª conjugação: -ēri** con-fitĕor, (-ēris), -ēri, confēssus sum, *confessar, reconhecer erro, falta* miserĕor, -ēri, miserĭtus sum, *comiserar-se* pro-fitĕor, -ēri, profēssus sum, *professar* tuĕor, -ēri, tutātus sum, *proteger, tutorar* **3ª conjugação: a) consonantal** frŭor, (-ĕris,) fru-i, fructus sum, *(usu)fruir* lābor, -i, lapsus sum, *cometer lapso, cair* lŏquor, -i, locūtus sum, *conversar* nascor, -i, natus sum, *nascer* pro-ficĭscor, -i, profēctus sum, *avançar*	sĕquor, -i, secūtus sum, *seguir* ūtor, -i, ūsus sum, *usar.* **3ª Conjugação: b) mista: 3ª e 4ª** grad-ĭ-or, (-ĕris,) grādi, gressus sum, *andar* mor-ĭ-or, mori, mortŭus sum, *morrer* pat-ĭ-or, pati, passus sum, *padecer* **4ª conjugação: -īri** potĭor, (-īris,) pofīri, pofītus sum, *apoderar-se* experĭor, -īri, expertus sum, *experimentar* metĭor, -īri, mensus sum, *medir, mensurar* ordĭor, -īri, orsus sum, *começar a falar* **Formas verbo-nominais** **Part. presente:** hortans, horta-nt-is, *exortante* **Part. futuro:** hortat-ūr-us, a, um, *que exortará* **Gerúndio:** horta-ndi, *de exortar;* horta-ndo, *pelo exortar;* horta-ndum, *para exortar* **Supino:** hortat-um, *para exortar*

b) Os semidepoentes compreendem verbos que se conjugam pela voz ativa nas formas do radical do *infectum*, mas pela passiva nas do *perfectum:* **2ª conjugação:** como *monēre: audĕo, audēre, ausus sum,* ousar; *gaudĕo, -ēre, gavīsus sum,* alegrar-se; *solĕo, -ēre, solĭtus sum,* soer, costumar; **3ª conjugação:** como *regĕre:(con)fīdo, fidĕre, fīsus sum,* confiar.

118

2. Conjugação

A – Tempos imperfectivos: radical do *infectum* (cf. 1.8.5)				
Modos e tempos	1ª	2ª	3ª	4ª
Indic.: pres.: *exorto, mereço, uso, começo*	hort-or hortā-ris...	merĕ-or merē-ris...	ūt-or ut-ĕ-ris...	ordĭ-or ordi-ris...
Indic.: imperf.: *exortava...*	hortā-ba-r horta-bā-ris	merē-ba-r mere-bā-ris	ut-ē-bar ut-e-bā-ris	ordi-ē-bar ordi-e-bāris
Indic.: futuro imperf. *exortarei...* *NGB: fut. do pres.:	hortā-b-or horta-b-ĕris	merē-b-or mere-b-ĕ-ris	ūt-a-r ut-ē-ris	ordĭ-a-r ordi-ē-ris
Subj.: pres.: *(que) eu exorte, mereça, use...*	hort-e-r hort-ē-ris	merĕ-a-r mere-ā-ris	ut-a-r ut-ā-ris	ordĭ-a-r ordi-ā-ris
Subj.: imperf.: *1. eu exor- tasse... 2. eu exortaria...*	hortā-re-r horta-rē-ris	merē-re-r mere-rē-ris	ut-ĕ-re-r ut-e-rē-ris	ordĭ-re-r ordi-rē-ris
Imperativo: pres.: *exorta..., exortai...*	hortā-re horta-mĭni	merē-re mere-mĭni	ut-ĕ-re ut-i-mĭni	ordĭ-re ordi-mĭni
Ger.vo: *a ser exortado*	horta-ndus,a,um	mere-ndus,a,um	ut-e-ndus,a,um	ordi-e-dus,a,um
B – Formas verbo-nominais: radical do supino (cf. 1.8.5)				
Supino: *de ser exortado...*	hortāt-u	merĭt-u	us-u	ors-u
Partic. pas.: *que exortou...*	hortāt-us, a, um	merĭt-us,a, um	us-us,a, um	ors-us,a, um
C – Tempos perfectivos: particípio passado + sum (cf. 1.8.6)				
Indic.: pret. perf.: *exortei...*	hortātus sum...	merĭtus sum	usus sum	orsus sum
Indic.: pret. mais-que-perf.: tinha exortado	hortātus eram	merĭtus eram	usus eram	orsus eram
Ind.: fut. perf.: tiver exortado	hortātus ero	merĭtus ero	usus ero	orsus ero
Subj.: pret. perf.: tenha exortado	hortātus sim	merĭtus sim	usus sim	orsus sim
Subj.: pret. mais-que-perf.: tivesse/teria exortado...	hortātus essem	merĭtus essem	usus essem	orsus essem
Infinitivo perf.: ter exortado	hortātum, *am, um* esse	merĭtum, *am, um* esse	usum, *am, um* esse	orsum,*am, um* esse

1.8.7 Verbos irregulares e defectivos

A conjugação de *sŭm, ĕo, fĕro, volo, fio* e seus compostos apresenta irregularidades.

Radicais dos verbos irregulares simples	
sum, es, esse, fŭi, *ser, estar, ficar, haver* ĕo, is, īre, ĭi (īvi), ītum, *ir, partir* fĕro, fers, fērre, tŭli, lātum, *levar, trazer* volo, vis, velle, volŭi, —, *querer*	nolo, non vis, nolle, nolŭi, *não querer* malo (<magis volo), mavis, malle, malŭi, *preferir* fio, fis, fiĕri, fāctus sum, *ser feito, tornar-se,* *acontecer*

1. Irregular *sum, esse, fui* –

a) Radicais: *infectum*: **es- (> s- / er-)**; perfeito: **fu-**. b) Função: auxiliar, conectiva (de ligação), intransitiva. c) Para sufixos modo-temporais, desinências número-pessoais e vogais de ligação: ver 1.8.3.

Sum, fui, esse, "ser, estar, haver"				
Indicativo			*Subjuntivo*	
presente	**pretérito imperfeito**	**futuro imperf. (I)**	**presente**	**pretérito imperfeito**
sou s-u-m es (< es-s) es-t s-u-mus es-tis s-u-nt	*era* er-a-m er-a-s er-a-t er-ā-mus er-ā-tis er-a-nt	*serei* er-o er-i-s er-i-t er-ĭ-mus er-ĭ-tis er-u-nt	*seja* s-i-m s-i-s s-i-t s-i-mus s-i-tis s-i-nt	*fosse, seria* es-se-m es-se-s es-se-t es-sē-mus es-sē-tis es-se-nt
pret. perf.	**pret.-mais-que-perf.**	**futuro perfeito (II)**	**pret. perfeito**	**pret.-mais-que-perf.**
fui fu-i fu-īsti fu-it fu-īmus fu-īstis fu-ērunt	*fora / tinha sido* fu-ĕra-m fu-era-s fu-era-t fu-erā-mus fu-erā-tis fu-ĕra-nt	*for* fu-ĕr-o fu-eri-s fu-eri-t fu-erĭ-mus fu-erĭ-tis fu-ĕri-nt	*tenha sido* fu-ĕri-m fu-ĕri-s fu-ĕri-t fu-erĭ-mus fu-erĭ-tis fu-ĕri-nt	*tivesse, teria sido* fu-īsse-m fu-isse-s fu-isse-t fu-issē-mus fu-issē-tis fu-īsse-nt
imperat. pres.: es, es-te, *sê, sede*		**imperat. fut.**: es-to, *sê, seja;* es-tō-te, *sede;* su-nto, *sejam*		
infin. pres.: es-se, *ser* **part. pres.**: ens, ent-is, *que é*	**infin. perfeito:** fu-īsse, *ter sido*	**inf. fut.:** fu-t-ūrum, -am, -um esse / fore, *haver de ser* **part. futuro:** fu-t-ūrus, a, um *futuro, que será*		

Compostos de *sum*	
ab-sum, ab-es, ab-ēsse, a-fŭi, *estar ausente* ad-sum, -es, -esse, ad-fŭi, *estar presente* de-sum, -es, -esse, de-fŭi, *estar ausente* in-sum, -es, -esse, in-fŭi, *estar dentro* intĕr-sum, -es, -esse, intĕr-fŭi, *participar*	ob-sum, -es, -esse, ob-fŭi > of-fŭ-i, *obstar* prae-sum, -es, -esse, -fŭi, *presidir* pos-sum, pot-es, pos-se, potŭi, *poder* pro-sum, -d-es, -d-esse, pro-fŭi, *ser útil* supĕr-sum, -es, -esse, supĕr-fŭi, *sobrar*

120

1) <u>Fonética</u> – a) *Prosum* intercala **d** entre **pro-** e **-e** das formas de **sum**: *pro-d-es, pro-d-ĕras...* b) *Possum (< pote-sum),* conserva o **t** ante **e** das formas de **sum** *(po-t-es, po-t-ĕram);* assimila o **t** ao **s** das formas de **sum**: *po-s-sunt, po-s-sim.* 2) Dos compostos, só *possum* derivou para o português: *posse > potēre >* poder.

2. Irregulares *ĕo, fĕro, volo, nolo, malo, fio*

Indicativo: presente					
Ire	**ferre**	**velle**	**nolle**	**malle**	**fiĕri**
vou	*levo*	*quero*	*não quero*	*prefiro*	*sou feito*
ĕ-o	fĕr-o	vol-o	nol-o	<u>mal</u>-o	fi-o
i-s	fer-s	vi-s	non vis	mavi-s	fi-s
i-t	fer-t	vul-t	non vult	mavul-t	fi-t
ī-mus	fer-ī-mus	vol-ŭ-mus	nol-ŭ-mus	malŭ-mus	fi-mus
ī-tis	fĕr-tis	vul-tis	non vultis	mavūlt-is	fi-tis
ĕ-u-nt	fĕr-u-nt	vol-u-nt	nol-u-nt	malu-nt	fi-u-nt
Indicativo: pretérito imperfeito					
ia	*levava*	*queria*	*não queria*	*preferia*	*era feito*
ī-ba-m	fer-ē-ba-m	vol-ē-ba-m	nol-ē-ba-m	mal-ē-ba-m	fi-ē-ba-m
iba-s	fer-e-ba-s	vol-e-ba-s	nol-e-ba-s	mal-e-ba-s	fi-e-ba-s
Indicativo: futuro imperfeito					
irei	*levarei*	*quererei*	*não quererei*	*preferirei*	*serei feito*
ī-b-o	fĕr-a-m	vol-a-m	nol-a-m	mal-a-m	fi-a-m
i-b-is ...	fĕr-e-s...	vol-e-s...	nol-e-s...	mal-e-s...	fi-e-s...
Subjuntivo: presente					
que eu vá	*que eu leve*	*que eu queira*	*que não queira*	*que prefira*	*seja feito*
ĕ-a-m	fĕr-a-m	vel-i-m	nol-i-m	mal-i-m	fi-a-m
ĕ-a-s...	fĕr-a-s...	vel-i-s...	nol-i-s ...	mal-i-s...	fi-a-s...
Subjuntivo: pretérito imperfeito					
fosse *iria*	*levasse* *levaria*	*quisesse* *quereria*	*não quisesse* *não quereria*	*preferisse* *preferiria*	*fosse feito* *seria feito*
ī-re-m	fer-re-m	vel-le-m	nol-le-m	mal-le-m	fi-ĕ-re-m
i-re-s ...	fer-re-s...	vel-le-s...	nol-le-s...	mal-le-s...	fi-e-re-s...
Imperativo presente					
vai / ide	*leva / levai*	*não queiras / não queirais*			
i / īte	fer / ferte	noli / nolīte			

121

Formas verbo-nominais					
infin. pres.	ī-re, *ir*	fer-re, *levar*	vel-le, *querer*	nol-le, *não querer*	mal-le, *preferir*	fi-ĕ-ri, *ser feito*
part. pres.: Nominativo Genitivo	*que vai* i-ĕ-ns e-ū- ntis	*que leva* fer-e-ns fer-ē- ntis	*que quer* vol-e-ns vol-ē-ntis	*que não quer* nol-e-ns nol-ē- ntis		*que leva* fer-e-ns fer-ē-ntis
Gerúndio				*Gerundivo*		
Gên. eū-ndi, *de ir* **Ac.** e-u-ndum, *para ir* **Abl.** e-u-ndo, *pelo ir*		fer-ē-ndi, *de levar* fer-ē-ndum, *para levar* fer-e-ndo, *pelo levar*		e-ū-ndum, *deve-se ir*	fer-ē-ndus, a, um, *que deve ser levado*
particípio futuro		it-ūrus, a, um, *que irá*		lat-ūrus, a, um *que levará*	

1) Os tempos perfectivos são formados do radical do *perfectum* + sufixos e desinências comuns aos verbos regulares: <u>iv-i</u>, <u>tŭl</u>-i, <u>volŭ-i</u>, <u>nolŭ</u>-i, <u>malŭ</u>-i; iv-īsti, tul-īsti... 2) Na voz passiva, *fero* segue *rego*, mas sem vogal de ligação em *fer-ris*, tu és levado, e *fer-tur*, ele é levado.

3. Compostos de *ire* e *ferre*

1. *Ire*		
ab-ĕo, ab-i-s, ab-īre, ab-ĭ-i, ab-ĭt-um, *partir* ad-ĕo, *ir a, aproximar-se* circum-ĕo, *ir ao redor* co-ĕo, *reunir-se, juntar-se*	ex-ĕo, *sair de, ter êxito* inter-ĕo, *perecer* intro-ĕo, *ir dentro, entrar* ob-ĕo, *ir ao encontro, morrer*	per-ĕo, *perecer* praeter-ĕo, *ir além, preterir* red-ĕo, *retornar, voltar* trans-ĕo, *transpor, transitar*

2. *Ferre*
af-fĕro (<ad-fero), af-fers, af-fĕrre, at-tŭli, al-lātum, *trazer algo a alguém, aferir*
con-fĕro, confĕrre, contŭli, col-lātum, *conferir, comparar, colacionar*
de-fĕro, defĕrre, detŭli, delātum, *trazer para baixo, conceder, deferir*
dif-fĕro, dif-fĕrre, dis-tŭli, di-lātum, *levar para vários lados, espalhar, diferir, adiar*
in-fĕro, infĕrre, intŭli, il-lātum, *levar para (dentro), inferir, tirar conclusão*
of-fĕro, of-fĕrre, ob-tŭli, ob-lātum, *oferecer, fazer oblação*
prae-fĕro, praefĕrre, praetŭli, praelātum, *levar diante de alguém; preferir*
pro-fĕro, profĕrre, protŭli, prolātum, *trazer à frente, proferir*
suf-fĕro, suf-fĕrre, sus-tŭli, sub-lātum, *suportar, sofrer, padecer; conter*
re-fĕro, refĕrre, retŭli, relātum, *trazer de volta, referir, relatar*
trans-fĕro, transfĕrre, transtŭli, translātum, *transportar, levar a outro lugar, transferir*

4. Verbos defectivos – Diz-se *defectiva* a palavra que, pertencendo a uma classe que possui flexões nominais ou verbais, não tem o paradigma completo das formas; seu *déficit* é suprido por perífrases ou elementos supletivos.

122

4.1 Verbos que só têm o radical do *perfectum* – ■ ***Coepi***, "comecei", cujas formas do *infectum* são supridas pelas de *incipĭo*, "começar". ■ As formas perfectivas de três verbos têm o sentido das respectivas imperfectivas, porque os efeitos expressos pelas ações perfectivas perduram até o momento presente do comunicador: **memĭni**, guardei lembrança, lembro; **nōvi**, tomei conhecimento, conheço; **ōdi**, tomei ódio, odeio; *meminĕram*, tinha-me lembrado, lembrava-me; *novĕro*, tiver sabido, saberei; *novĕrim*, tenha conhecido, conheça. ■ **Memĭni** tem só o imperativo futuro: *memento, mementōte*, lembra-te, lembrai-vos.

4.2 Verbos defectivos com sentido de dizer

a) **aio**: *digo, afirmo, sustento*	b) **inquam**: *digo*
Indic.: presente: aio, ais, ait, –, –, aiunt.	*Indic.: pres.:* inquam, inquis, inquit, inquĭmus, inquĭtis, inquĭunt.
Indic.: pret. imperfeito: aiēbam, aiēbas...	*Indic.: pret. imperf.:* inquiēbat, inquiebant.
Indic.: pret. perfeito: ait.	*Indic.: pret. perfeito:* – , inquisti, inquit.
Subj.: presente: –, aias, aiat, –, –, aiant.	*Indic.: futuro imperfeito:* inquĭes, inquĭet.

4.3 Verbos com sentido de estar com saúde – Há três, que se usam quase só no imperativo presente, como formas de saudação e/ou despedida: *avēre, salvēre, valēre: ave – avēte*: saúde! bom-dia!; *salve – salvēte*: saúde! adeus! *vale –valēte*: passai bem! adeus!

4.4 Verbos impessoais denotativos de: **a) fenômenos meteorológicos** – *fulgŭrat*, relampeia, *fulget*, brilha, reluz, *pluit*, chove, *tonat*, troveja. ■ **b) sentimentos ou necessidades** (são da 2ª conjugação) – *decet mihi*, convém-me, *libet mihi*, agrada-me, *licet mihi*, é-me lícito, *misĕret me*, causa-me compaixão, *oportet mihi*, convém-me, *paenĭtet me*, penitencio-me, *piget me*, repugna-me, *pudet me*, envergonha-me, *taedet me*, causa-me tédio. ■ **c) outros sentidos** – *ac-cĭdit*, acontece, *con-stat*, consta, é sabido, *confīngit*, acontece, *fit*, acontece, faz-se, *intĕr-est*, interessa, importa, *prae-stat*, é melhor, convém.

123

14. Soldados de César.

1.9 Advérbios, adjuntos modificativos

Os advérbios (*ad-verbum*) são palavras de natureza nominal ou pronominal que se juntam a verbos, adjetivos, advérbios ou enunciados inteiros para modificar-lhes ou precisar-lhes o sentido, indicando circunstâncias de lugar, tempo, modo, causa, intensidade, interrogação, afirmação, negação e outras. São invariáveis, mas alguns, como os derivados de adjetivos, admitem graus de significação.

1.9.1 Classes, formação e partículas interrogativas

1. Advérbios de modo – A maioria deles deriva de adjetivos qualificativos. Respondem à pergunta *quomŏdo*, "de que modo, como?" Formam-se, em geral, juntando-se aos radicais dos adjetivos estas desinências: **a) -e,** aos da 1ª classe (1ª e 2ª declinação): cf. 1.5.1 *mal-us,mal-i:*

mal-e; liber, libĕr-i:libĕr-e; **b) -er** aos da 3ª declinação em consoante: *prudens, prudent-is: prudent-er;* **c) t** (consoante inibidora de hiato) + **-er** ao radical dos adjetivos da 3ª declinação terminados em ĭ temático: *brevi-s: brevĭ-t-er; velox, veloci-s: velocĭ-t-er.* ■ Alguns advérbios, sobretudo de modo, formaram-se por atribuição de valor adverbial a adjetivos que se fixaram numa das suas desinências de caso:

Advérbios de modo: amostra			
em *-e*	em *-(t)er*	em *–o* (abl.)	em *–im* (acus.)
mal-e, *mal*	acrĭ-t-er, *energicamente*	subĭt-o, *subitamente*	verbāt-im, *verbalmente*
bene, *bem*	breviter, *em breve*	vero, *em verdade*	paulatim, *aos poucos*
vere, *em verdade*	celeriter, *celeremente*	raro, *raramente*	raptim, *às escondidas*
praecipŭe,	prudent-er, *prudentemente*	sedŭlo, *sem dolo*	certatim, *à disputa*
principalmente	diligenter, *diligentemente*	tuto, *cuidadosamente*	confestim, *às pressas*

2. Advérbios de lugar, tempo, ordem, quantidade e opinião:

a) Advérbios de lugar relacionados com pronomes				
Pronomes	*Advérbios*			
qui? *como?*	**ubi?** *onde?*	**quo?** *para onde?*	**unde?** *de onde?*	**qua?** *por onde?*
hic, *este*	hic, *aqui*	huc, *para cá*	hinc, *daqui*	hac, *por aqui*
is, *aquele*	ibi, *aí, lá*	eo, *para lá*	inde, *de lá, daí*	ea, *por aí, por lá*
quisque, *qualquer*	ubĭque, *por toda parte*	quoquo, *para qualquer lugar*	undĭque, *de toda parte*	quaqua, *por toda parte*

b) Outros advérbios de lugar			
alĭas, *noutro tempo/lugar*	infra, *embaixo*	procul, *ao longe*	supra, *em cima*
alĭbi, *em outro lugar*	intro, *(para) dentro*	prope, *perto*	sursum, *para cima*
dextrā, *à direita*	intus, *dentro*	retro, *para trás, atrás*	ubĭque, *em todo lugar*
hucūsque, *até aqui*	obvĭam, *ao encontro*	rursum, *de novo, atrás*	undĭque, *de todo lugar*
ibĭdem, *ali mesmo*	passim, *aqui e ali*	sinistra, *à esquerda*	

c) Advérbios de tempo e ordem			
adhuc, *até agora*	hodĭe, *hoje*	nunquam, *nunca*	quotānnis, *cada ano*
alĭas, *em outra hora*	iam, *já*	olim / quondam, *outrora*	rursum, *de novo*
aliquāndo, *certa vez*	intĕrim, *entrementes*	postĕa, *depois*	saepe, *muitas vezes*
quotidĭe, *todo dia*	interdĭu, *de dia*	postrēmo, *por fim*	semper, *sempre*
antĕa, *antes*	interĕa, *entrementes*	em último lugar	sero, *tarde*
cito, *cedo*	itĕrum, *de novo*	pridĭe, *no dia anterior*	simul, *juntamente*
cras, *amanhã*	mane, *de manhã*	primo, *em 1º lugar*	statim, *de imediato*
(de)inde, *depois*	nuper, *há pouco*	primum, *em 1º lugar*	tunc, tum, *então*
tandem, *enfim*	noctu, *de noite*	quando, *quando*	ultĭmum, *por último*
dĭu, *bastante tempo*	nondum, *ainda não*	quondam, *outrora*	unquam, *algum dia*
heri, *ontem*	nunc, *agora*		vespĕre, *de tarde*

d) Advérbios de quantidade			
fere, *quase* itĕrum, *de novo* magis / plus, *mais* minus, *menos*	multum, *muito* nimis, *demais* paulum / parum, *pouco*	quam (– *adj.*), *quão* quantum (– *v.*) *quanto* satis, *bastante*	tam (– *adj.*), *tão, tanto* tantum (– *v.*), *tanto* vix, *dificilmente*

e) Advérbios de opinião			
1. de afirmação ita / sic, *assim, sim* sane, *com certeza* profecto, *de fato*	certe / *certamente* (e)quĭdem, *em verdade* **2. de negação** haud / non / ne, *não*	nec, neque, neve, *nem* minĭme, *de modo nenhum* ne... quidem, *nem... sequer* nondum, *ainda não*	**3. de dúvida** fortasse, forte, forsĭtan, *talvez, fortuitamente*

3. Advérbios interrogativos

a) causa: *cur? quare?* por quê?

b) maneira: *quomŏdo? quemadmŏdum? qui?* como?

c) quantidade: *quanti? quanto? quantum?* quanto? *quotĭes?* quantas vezes?

d) tempo: *quanto?* quanto? *quamdĭu?* por quanto tempo?

e) lugar: *ubi?* onde? *quo?* para onde? *unde?* donde? *qua?* por onde?

4. Partículas interrogativas

a) **nonne** pressupõe resposta afirmativa: *Nonne virtus bonum est?*, "Acaso a virtude não é um bem?"

b) **num** pressupõe resposta negativa: *Num virtus malum est?*, "Acaso a virtude é um mal?"

c) **ne** pressupõe desconhecer-se a resposta: *iamne intellexistis...?* "já entendestes?" [Cic. Verrinas, 3,53]

d) **utrum... an** ocorre nas perguntas (diretas ou indiretas) disjuntivas: *Utrum vestra an nostra est culpa?*, "A culpa é vossa ou nossa?" – *Interrogo vos utrum vestra an nostra sit culpa*, "Pergunto-vos se a culpa é vossa ou nossa".

e) **necne** ocorre como 2º membro das perguntas indiretas: *quaero (interrŏgo) utrum sint necne*, "pergunto se estão presentes ou não". [Cícero]

1.9.2 Graus de significação dos advérbios

Os advérbios derivados de adjetivos e alguns outros admitem grau de significação.

1. O comparativo de superioridade forma-se do radical do adjetivo, acrescido da desinência **-ĭus**, do que resulta forma idêntica à do nominativo neutro singular do comparativo do adjetivo: *fácil-ĭus*, mais facilmente. [1.5.4] O comparativo de igualdade e o de inferioridade formam-se mediante encadeamento de *tam* ou *minus* + o advérbio: *tam fortĭter*, "tão fortemente", *minus fortiter*, "menos fortemente".

2. O superlativo de superioridade deriva da forma do superlativo do adjetivo, substituída a desinência por **-e**: *fortissĭme*, fortissimamente; *facillĭme*, muito facilmente.

Advérbios derivados de adjetivos: processos de formação: amostra				
adjetivo	*radical*	*positivo*	*comp. de super.*	*superl. de super.*
forma	*radical*	*(di)retamente*	*mais retamente*	*retissimamente*
rectus, a, um	rect-	rect-e	rect-ĭus	rectissĭm-e
libĕr, ĕra, ĕrum	libĕr-	libĕre	liberĭus	líberrĭme
pĭger, gra, grum	pigr-	pigre	pigrius	pigerrime
ācer, ācris, ācre	acr-	acr-ĭ-ter	acr-ĭus	acerrĭm-e
suavis, e	suav-	suavi-ter	suavius	suavissime
felix, felĭcis	felic-	feliciter	felicius	felicissime
constans, -ntis	constant-	constant-er	constant-ius	constantissim-e

3 Graus de advérbios derivados de radicais diferentes – O fato de haver graus de adjetivos que se formam de radicais diferentes (cf. 1.5.4) reflete-se na formação dos graus dos advérbios e, portanto, em sua derivação portuguesa.

a) Radicais diferentes						
adjetivos	*significado*	*advérbio*	*significado*	*compar.*	*significado*	*superlativo*
bonus, a, um	*bom*	bene	*bem*	melĭus	*melhor*	optĭme
malus, a, um	*mau*	male	*mal*	peius	*pior*	pessime
multus, a, um	*muito*	multum	*muito*	plus	*mais*	plurĭmum
valĭdus, a, um	*sadio, válido*	valde	*muito, validam.*	magis	*mais*	maxime
paucus, a, um	*pouco*	parum	*pouco*	minus	*menos*	minime

b) Particularidades				
classe	*significado*	*compar.*	*significado*	*superlativo*
saepe, *adv.*	*algumas vezes*	saepĭus	*por mais vezes*	saepissĭme
diu, *adv.*	*por muitos dias*	diutius	*por mais tempo*	diutissime
multum, *adv.*	*muito*	plus	*mais*	plurimum
magnopĕre, *adv.*	*grandemente*	magis	*mais*	maxime
potis, e, *adj.*	*possível, que pode*	potĭus	*antes, de preferência*	potissimum

1.10 Preposições, conectivos entre termos frasais

Preposições (< *prae-positiones*, "anteposições") são conectivos gramaticais invariáveis prepostos ao termo regido, que <u>subordinam</u> nomes, locuções (sintagmas) nominais ou pronomes a outros termos da oração, criando, entre eles, relações de lugar, tempo, causa, modo, especificação, etc. e podendo denotar mais de um significado. Vinte e oito delas regem o <u>acusativo</u>; 14, o <u>ablativo</u>; quatro (*in, sub, subter, super*), <u>ora o</u> <u>acusativo, ora o ablativo</u>. A grande maioria delas são antigos advérbios ou partículas independentes que se originaram, como muitos advérbios, de antigas formas nominais flexionadas. <u>Funcionam</u> também como prefixos presos, tanto no latim, quanto no português. [1.14:2 e Glossário].

1.10.1 Preposições que regem o acusativo

Regem o acusativo estas 28 preposições, aqui ordenadas em 7 versos mnemônicos: **ante, ápud, ad, advérsus / circum, círca, citra, cís / erga, cóntra, inter, éxtra/ infra, íntra, iuxta, ób / super, pénes, post et praéter / prope, própter, per, secúndum / supra, vérsus, trans et últra.**

Ad – **1.** *ad urbem venire*, vir à [para a] cidade;[Cíc., Verrinas, 2, 167] *ad caelum spectare*, olhar para o céu; *ad portam* [*ad ripam*] *stare*, estar junto à porta [à ribanceira]; **2.** (*usque*) *ad summam senectūtem*, até à suprema velhice; *ad meridĭem*, pelo meio-dia; **3.** *ad perpetŭam rei memorĭam*, para a perpétua recordação do evento; **4.** *ad ducentos sumus*, somos cerca de 200; *electus ad hoc*, escolhido para isto (este fim específico); *ad referendum*, para ser referendado. ■ **adversus** – **1.** *adversus* [*contra*]

128

Asiam stare, situar-se em frente à Ásia; **2.** *adversus hostes pugnare*, lutar contra os inimigos; *adversus rem publĭcam facĕre*, agir contra o Estado; *adversus fiscum*, contra o fisco; **3.** *piĕtas adversus* [*erga*] *parentes*, respeito a [para com] os pais; *homĭnes nihil sunt adversus Deum*, os homens nada são em comparação com Deus. ■ **ante** – **1.** *Hannĭbal ante portas*, Aníbal (está) diante das portas; **2.** *ante Christum natum*, antes de Cristo (ter) nascido; *ante sex menses*, há seis meses; [Fedro] *ante lucem*, antes da aurora. **ant.: post.* ■ ***apud*** – *apud Cícerōnem*, em (obras de) Cícero; *apud Platōnem legĭtur*, lê-se em Platão; [Cíc., Brutus, 292] *apud Romanos*, entre os romanos; *apud patrem esse*, estar em casa do pai; *apud focum*, junto à lareira. ■ **circa** – **1.** *Terra circa* [*circum*] *Solem movĕtur*, a Terra move-se ao redor do Sol; *circa merĭdiem*, pelo meio-dia; **2.** *circa trecentos*, ao redor de 300. ■ **circum** – *templa quae circum forum sunt*, os templos que estão ao redor da praça; [Cíc., De optimo genĕre oratorum, 10.] *circum Aquileiam hiemare*, invernar nas vizinhanças de Aquiléia. [César] ■ **cis** – **1.** *cis Alpes*, para cá [aquém] dos Alpes; **2.** *cis dies paucos*, [Plauto, Truculentus, v. 348,] antes de (daqui a) poucos dias. ■ **citra** – *citra Troiana tempŏra*, antes dos tempos de Tróia. [Ovídio, Trístia, 5,8.] **ant.: ultra.* ■ **contra** – **1.** *est contra portum insŭla*, há uma ilha em frente ao porto; **2.** *contra rem publicam pugnare*, lutar contra o Estado. **ant.: pro.* ■ **erga** – **1.** *amor erga parentes*, amor para com os pais; **2.** *odium erga Romanos*, ódio contra os romanos. ■ **extra** – *extra muros*, fora dos muros; *extra ducem*, exceto o general. [Cíc., Ad familiares, 7,3.] **ant.: intra.* ■ **infra** – **1.** *infra Lunam*, debaixo da Lua; **2.** *Augustus infra Sullam fuit*, Augusto viveu após Sula. **ant.: supra.* ■ **inter** – **1.** *inter montes*, entre montes; **2.** *inter homines*, entre (junto a) os homens; **3.** *inter paucos dies*, em poucos dias. ■ **intra** – **1.** *intra muros*, dentro dos muros; *intra legem*, dentro da lei; [Cíc. Ad familiares, 9,26.] **2.** *venĭet intra paucos dies*, virá dentro de poucos dias. **ant.: extra.* ■ **iuxta** – **1.** *iuxta murum*, ao lado do (junto ao) muro; [Caesar, Commentarii de bello civili, 1,16,4.] **2.** *iuxta praecepta Socratis*, segundo os preceitos de Sócrates. ■ **ob** – **1.** *ob Romam legiones ducĕre*, [Ênio, Annales, 297], conduzir as legiões diante de Roma; *ob oculos versari*, achar-se diante dos olhos; **2.** *ob eam rem* [*causam*], por essa razão. ■ **penes** – *me penes est unum vasti custodia mundi*, [Ovídio, Metamorphoses], unicamente em minhas mãos (posse, poder, penhor) está a guarda do vasto mundo. ■ **per** – **1.** *per membranas occu-*

lorum cernĕre, ver através das membranas dos olhos; [Cíc., De natura deorum, 152]
2. *per multos annos*, durante muitos anos; *ludi per decem dies facti sunt* [Cic. In Catilinam, 3,20], os jogos fizeram-se por dez dias; **3**. *per nuntĭum*, por mensageiro; *per imprudentiam vestram,* [Cíc., Verrinas, 4,174,] por causa de vossa imprudência; *per deos iurare*, jurar pelos deuses; *per vim et metum*, mediante violência e medo. ■ **post** – **1**. *post montes*, atrás dos montes; **2**. *post mortem*, depois da morte; *post urbem condĭtam*, após a fundação da cidade. *ant.: ante. ■ **praeter** – **1**. *praeter castra Caesăris suas copĭas traduxit,* [Cés., BG, 1, 48], fez passar as tropas diante do acampamento de César: **2**. *praeter naturam*, para além do que a natureza comporta; [Cíc., Philippicae, 1,10] *omnes praeter unum*, todos, exceto um. ■ **prope** – **1**. *prope oppĭdum,* [Cés., BG, 7,36], perto da fortaleza; *prope me,* [Cíc., Ad familiares, 7,23.] ao meu lado; **2**. *prope lucem*, ao clarear do dia. ■ **propter** – **1**. *propter Platōnis statŭam,* [Cíc., Brutus, 23], ao lado da estátua de Platão; **2**. *propter metum,* [Cíc., Paradoxa, 34], por causa do medo. ■ **secundum** – **1**. *castra secundum mare ponĕre,* [Cés., BG, 3,36,] assentar acampamento ao longo do mar; *secundum naturam vivĕre*, viver conforme a natureza; **2**. *secundum vindemĭam,* [Catão, De agricultura, 114], após a vindima. ■ **supra** – **1**. *supra terram*, acima da terra; **2**. *supra vires laborare*, trabalhar além das forças. *ant.: infra. ■ **trans** – *trans Rhenum,* [Cés., De bello gallico, 1,35], atrás [além] do Reno. ■ **ultra** – *ultra eum locum progrĕdi,* [César, BG, 3,66,] avançar para além daquele lugar; *ultra fidem,* [Quintilianus, Institutiones Oratoriae, 8,6], para além do que é crível. *ant.: citra. ■ **usque** – 1. Até a (sentido local e temporal): *usque Sicŭlum mare,* [Plínio, Historia naturalis, 3,75], até ao mar siciliano; *usque tempŏra Alexandri*, até os tempos de Alexandre. – Na prosa clássica, é advérbio. ■ **versum**, **versus** – ver *adversus* e *adversum*, para (com).

1.10.2 Preposições que regem o ablativo

Regem o ablativo estas 14 preposições, ordenadas em três versos mnemônicos: **a, ab, ábs(que), coram, dê / palam, clám, cum, ex, ê / prae** et **pró, sine** et **ténus**. – *Palam*, "em presença de" e *clam*, "às escondidas, clandestinamente", ocorrem mais como advérbios do que como preposições.

130

A, **ab** (ante **h-** e vogal), **abs** (ante **t-**) – **1**. *a puĕro*, desde a infância; *ab illo tempŏre*, desde aquele tempo; **2**. *ille laudatur a patre, ab amicis et abs te*, ele é louvado pelo pai, pelos amigos e por ti; **3**. *ab urbe profi-cīscor*, vou embora da cidade; *a latĕre*, de flanco; *a fronte*, de fronte, *a tergo*, de costas. ▪ **coram** – *coram iudĭce*, perante o juiz; *coram popŭlo*, em presença do povo. ▪ **cum** – **1**. *habĭtat cum parentĭbus*, mora com os pais; **2**. *cum hoste pugnare*, lutar com (contra) o inimigo; **3**. *magna cum cura*, com grande cuidado. *ant.: sine.* ▪ **de** – **1**. *cadĕre de muro*, cair do muro; *de finĭbus suis exire*, sair de suas fronteiras; **2**. *multi de victorĭbus*, muitos dentre os vencedores; **3**. *cogitare de virtūte*, refletir sobre a virtu-de; *Commentarĭi de Bello Gallĭco*, ^{Relato de César}, comentários sobre a Guerra Gaulesa. ▪ **ex** ou **e** – **1**. *non longe ex eo loco abesse*, ^{César, BG, 4,21}, não distar muito daquele lugar; *unus e servis*, um dentre os escravos; **2**. *e templo exire*, sair do templo; *saltare ex aqua*, saltar fora da água; *narrat ex cathĕdrā*, narra a partir da cátedra (cadeira); **3**. *ex illo tempŏre*, desde aquele tempo; **4**. *statŭa ex aere facta*, ^{Cíc., Verrinas, 2,50}, estátua feita de bron-ze. ▪ **prae** – **1**. *prae se agĕre*, ^{Tito Lívio}, levar diante de si (ostentar); **2**. *prae lacrĭmis*, por causa das lágrimas; **3**. *prae nobis tu beatus es*, ^{Cíc., Ad familiares, 4,4}, em comparação a nós, tu és feliz; *ant.: post.* ▪ **pro** – **1**. *pro Deo et pro patria*, em favor de Deus e da pátria; **2**. *pro nomĭne*, em lugar do nome; **3**. *pro certo habēre*, ter por certo. **4**. *pro castris copĭas produ-cĕre*, ^{Cés., BG, 1,48} conduzir as tropas diante do acampamento. *ant.: con-tra.* ▪ **sine** – **1**. *sine patre*, sem pai; *sine die*, sem dia (marcado); *lectĭo sine ulla delectatiōne*, ^{Cíc., Tusculanae disputationes, 2,7}, leitura sem nenhum en-canto. *ant.: cum.* ▪ **tenus** – **1**. *Roma tenus*, até Roma; **2**. *nomĭne tenus*, só de (até o) nome. *(tenus < tendo, 3c. estender).*

1.10.3 Preposições que regem o acusativo ou o ablativo

In e **sub** levam ao <u>acusativo</u> os termos que exprimem idéia de movi-mento <u>para onde</u> – *quo*; levam para o <u>ablativo</u> os que exprimem idéia de lugar <u>onde</u> – *ubi*. **Subter**, "abaixo de, debaixo de," e **super**, "sobre, em cima de", usam-se pouco no ablativo.

In – Acus.: 1. *in Asiam mittĕre*, enviar para a Ásia; *venire in unum*, [Virgílio] reunir-se; *in dies*, de dia para dia; *Gallia omnis divisa est in partes tres*, [César, BG, 1,1.] A Gália inteira está dividida em três partes; 2. *in Catilinam orationes IV*, quatro discursos contra Catilina; [Cíc., In Catilinam] 3. *amor in (erga) patriam et parentes*, amor para com a pátria e os pais. **Abl.**: 1. *in urbe manēre*, permanecer na cidade; *in primo congressu*, na primeira reunião; *in pace vivĕre*, viver em paz; *in praesentia et in absentia*, na presença e na ausência; 2. *in illo tempŏre*, naquele tempo; *bis in die*, duas vezes ao dia. ■ **sub – Acus.**: 1. *sub iugum mittĕre*, [César, BG, 1,7], subjugar; *sub tectum ire*, ir sob o teto; 2. *sub noctem*, ao anoitecer; *sub partum*, ao parir, *sub vespĕrum*, ao entardecer; *sub lucem*, ao amanhecer. **Abl.**: 1. *sub terra habitare*, [Cíc., De natura deorum, 2,9], morar debaixo da terra; 2. *sub nocte*, de noite; *sub specie*, sob a aparência de; *sub exĭtu vitae*, ao sair da vida. 3. *sub iudĭce*, [Hor. AP., v. 78], sob (decisão de) juiz. *ant.: super, supra*. ■ **subter – Acus.**: *supra subterque terram*, em cima e debaixo da terra. **Abl.** (ocorre só em versos): *subter densa testudĭne*, [Virg. Eneida, 9,514], sob densa proteção de escudos à cabeça; ■ **super – Acus.**: *super mensam ire*, ir (mover-se) por cima da mesa; *super omnĭa*, acima de tudo; *super flumĭna*, à beira dos rios. **Abl.**: *super mensa est*, está em cima da mesa; *super alĭqua re scribĕre*, escrever a respeito de alguma coisa. [Cíc.] *ant.: sub*.

1.11 Conjunções – Período composto

Conjunções (< *con-iunctiones*, "conexões") são palavras gramaticais invariáveis que estabelecem junção ou conexão entre as orações de um período composto e/ou entre seus termos constituintes. Dizem-se *coordenativas* (aditivas, alternativas, adversativas, conclusivas, explicativas) as que unem orações ou termos de função sintática idêntica; *subordinativas* (condicionais, conformativas, comparativas, causais, finais, consecutivas, concessivas, temporais) as que subordinam uma oração a outra.

1.11.1 Conjunções coordenativas – Orações coordenadas

1. **Aditivas**: ■ **a) et, -que, atque, ac**, e, além disso: 1. *Ora et (atque, ac) labora.* Reza e trabalha. 2. *Arma virumque cano*, [Virg., Eneida, I,1.] Canto as armas e o varão. ■ **b) etĭam, quoque**, e ainda, também: 3. *Dissimulare etiam speravisti*, [Cíc., Cat. I] Também esperaste dissimular. ■ **c) nec, neque**, e não, nem: 4. *Non possum nec cogitare nec scriběre*, [Cíc.] Não consigo nem pensar nem escrever. 5. *Nec deest reipublicae consilium neque auctoritas huius ordinis*, [Cíc., Cat. I, 1,] Não falta à República conselho, nem autoridade desta corporação. ■ **d) et... et**, não só... mas também; **cum... tum**, quando... então: 6. *Et orat et laborat*, Não só reza mas também trabalha. ■ **e) non solum (non modo, non tantum)... sed etĭam**, não só... mas também. 7. *Non solum (non modo, non tantum) orat, sed etiam laborat*, Não só reza, mas também trabalha.

2. **Adversativas**: ■ **a) sed, at**, mas: 1. *Non orat, sed laborat*, Não reza, mas trabalha. 2. *Male laborat, at laborat*, Trabalha mal (sim), mas trabalha. ■ **b) autem**, porém, entretanto; **tamen**, contudo: 3. *Libertas, quae sera, tamen respexit inertem*, [Virg., Éclogae, I, 27], A liberdade, que, embora tardia, contudo olhou para o indefeso. ■ **c) vero** ou **verum**, mas na verdade: 4... *et per se, et per suos, et vero etiam per alienos*, [Cíc.] tanto por si, quanto pelos seus, mas, em verdade, também pelos outros.

3. **Alternativas**: ■ **a) aut, -ve, vel**, ou então; **vel... vel**, quer... quer; **sive (seu)**, ou, se: 1. *Aut amat, aut odit muĩer*, [P. Syrus, Sententiae] , "A mulher ou ama ou odeia". 2. *Vel oret, vel laboret, vel ambŭlet, laetus semper est*, [Cícero] , Quer ore, quer trabalhe, quer ande... sempre está alegre. 3. *Albus atērve*, branco ou preto. ■ **b) sive... sive; seu... seu**, quer... quer, seja... seja: 4. *Sive iracundĭa, sive dolōre, sive metu permōtus*, [Cícero] , Movido quer de raiva, quer de dor, quer de medo. ■ **c) modo... modo**, ora... ora: 5. *Modo ait, modo negat*, Ora afirma, ora nega.

4. **Conclusivas**: ■ **a) ergo**, por conseguinte; **igĭtur**, portanto, pois: 1. *Tres ergo sunt viae*, [Cícero] Três são, pois, os caminhos. 2. *Gaudeāmus, igĭtur, iuvenes dum sumus.* [Hino de uma associação estudantil do séc. XVII. (Poemas de Beuron, Alemanha, séc. XII).] Alegremo-nos, pois, enquanto somos jovens. ■ **b) ităque**,

quare, por isso, portanto: 1... *ităque rem suscĭpit,* ^{César}, ele assume, pois, o empreendimento.

5. Explicativas: **nam**, **namque**; **enim**, **etĕnim**; ora, pois: 1. *Adiŭva me, nam infirmus sum*, Ajuda-me, pois estou enfermo. 2. *Num conturbo te? non enim fortasse intellĕgis*, Acaso te perturbo? pois talvez não entendas.

1.11.2 Conjunções subordinativas – Orações subordinadas adverbiais

1. Causais: ■ **a) quod**, **quia**, porque; **quonĭam**, pois: i) Causa objetiva, com indicativo; ii) causa subjetiva, com subjuntivo): 1. *Aristides expulsus est patriā {quod praeter modo iustus erat (esset)}*, Aristides foi expulso da pátria, porque era [seria] justo demais. ■ **b) cum** (subj.), já que, porque: 2. *{Cum peritus sis}, me adiuvare potes*, Já que és perito, podes ajudar-me.

2. Condicionais: ■ **a) si**, se; **sin**, se pelo contrário; **si non**, mas se não; **nisi**, senão. i) Verbo no indicativo se o emissor considera real a suposição; ii) no subjuntivo, se irreal ou possível. 1. *{Si hoc dicis}, erras*, Se dizes isto, erras. 1a. *{Si hoc dicas}, erres*, Caso digas isso, erras. 2. *{Nisi adiuvisses me}, servatus non essem*, Se não me tivesses auxiliado, eu não teria sido salvo. 3. *{Si timor est verus,} Catilina, discēde, ne opprĭmar; sin falsus, ut timēre desĭnam,* ^{Cícero, Cat. I}, Se o temor é verdadeiro, vai embora, Catilina, para que eu não seja oprimido; mas, ao contrário, se é falso, para que eu deixe de temer. ■ **b) dum**, **modo**, **dum modo**, **dummŏdo** (subjuntivo), contanto que, desde que: 4. *Odĕrint, {dum metŭant},* ^{Calígula, *apud* Suetô-nio}, Que odeiem, desde que temam. 5. *{Dummŏdo sit dives}, barbărus ipse placet,* ^{Ovídio}, Desde que seja rico, o próprio bárbaro agrada.

3. Comparativas: *quam*, do que: 1. *Non tam praeclarum est scire Latine (loqui), {quam turpe nescire},* ^{Cícero}, Não é tão honroso saber (falar) latim, quanto é vergonhoso desconhecê-lo. 2. *Accipĕre {quam facĕre} praestat iniuriam,* ^{Cíc. Tusc. disp., 5,19,56}, É melhor sofrer injustiça do que praticá-la.

4. Consecutivas: ■ **a) ut**, **uti** (subj.), que: 1. *Nemo tam (ita) sapiens est, {ut omnia sciat}*, Ninguém é tão sábio, que conheça tudo. ■ **b) ut**

134

non (subj.), que não: 2. *Nemo tam prudens est, {ut falli non possit}*, Ninguém é tão cauteloso, que não possa ser enganado. ■ **c) quin** (subj.) = *ut non*, que não: 3. *Nihil tam ardŭum est, {quin homĭnes temptent}*, Nada é tão árduo que os homens não tentem, (procurem).

5. Conformativas: ■ **a) ut, uti, sicut, quomŏdo, quemadmŏdum:** 1. *{Ut sementem fecĕris}, ita metes,* [Cícero] Conforme tiveres feito a semeadura, assim colherás. 2. *Homo in mundo posĭtus est {ut lucerna (posĭta est) in vento},* [Sêneca] O homem está posto no mundo como luzeiro no vento. 3. *Accipe {quomŏdo das},* [Petronius, Satyricon, 38,8], Recebe assim {como dás}. 4. *Fiat voluntas tua, sicut in caelo, et in terra,* [Mateus, 6,10] Seja feita tua vontade, assim como no céu, também na terra. ■ **b) tamquam, quasi, ut si, velut si** (subjuntivo), como se: 5. *Caesar egit {tamquam (quasi...) dictator esset},* "César procedeu como se fosse ditador". ■ 6. **c) quam** (ind.), do que: 7. *Tu magis (minus, tam) prudens est {quam ego},* Tu és mais [menos, tão] prudente do que (quanto) eu.

6. Finais: ■ **a) ut** (subj.), a fim de que: 1. *Edĕre oportet {ut vivas}; non vivĕre {ut edas},* [Cíc.] Deves comer para viver; não viver para comer. **a) ne** (subj.), **neve**, para que não: 2. *Cave {ne cadas},* "Acautela-te para que não caias". *Peto abs te {ne abĕas neve nos desĕras},* Faço pedido para que não te retires nem nos abandones. ■ **b) c) quo** (ante adjetivo comparativo) = **ut eo** (subj.), para que com isso: 5. *Magister exemplum dat, {quo facilius discipuli discant},* O mestre dá o exemplo, para que, com isso, os alunos aprendam mais facilmente.

7. Concessivas: ■ **a) quamquam, etsi, tamētsi, etiāmsi** (ind.), conquanto, embora: 1. *{Quamquam non intellego}, tamen credo,* Mesmo que eu não entenda, contudo creio. ■ **b) quamvis, ut, licet, cum** (subj.), conquanto, ainda que: 2. *{Quamvis sint sub aqua}, maledicĕre temptant,* Conquanto estejam debaixo de água, contudo procuram maldizer. 3. *{Ut desint vires}, tamen est laudanda voluntas,* [Ovídio, Epístulae ex Ponto, III, 4, 79], Conquanto faltem as forças, contudo deve ser louvada a (boa) vontade. 4. *Qui non vetat peccare {cum possit}, iubet,* Quem não impede pecar, ainda que possa, manda (pecar). 5. *{Cum innŏcens esset}, appreehensus est,* Conquanto fosse inocente, foi preso.

8. Temporais: ■ **a) antĕquam, priūsquam** (ind. ou subj.), antes (de) que: 1. {*Antĕquam novĕris*}, *a laudando et vituperando abstĭne*, Antes que conheças (o sujeito), abstém-te de o louvar e vituperar. ■ **b) postquam, postĕāquam** (ind.), depois de, depois que: 2. {*Undecimo die postquam a te discessĕram*} *hoc exaravi*, ^{Cíc.} No undécimo dia depois que me afastei de ti, (é que) elaborei isto. ■ **c) quamdĭu** (ind.), *cum...* **tum**, até que, enquanto: 3. *Hannĭbal* {*quamdĭu vixit*} *non destĭtit bellare cum Romanis*, Aníbal, enquanto viveu, não desistiu de fazer guerra com os romanos. 4. {*Cum labōrat*}, *tum orat*, Quando (enquanto) trabalha, (então) reza. ■ **d) dum, donec, quoad** (ind. ou subj.), até que, enquanto: 5. {*Dum spiro*}, *spero*, Enquanto respiro, espero. 6. *Permăne hic* {*dum redĕo (redĕam)*}, Permanece aqui até que retorne (retorne). 7. {*Donec eris felix*}, *multos numerabis amicos*, ^{Ovídio, Trístia}, Enquanto fores feliz, contarás muitos amigos. ■ **e) cum (primum), ubi (primum), ut (primum), simul, simulātque** (ind.), logo que: 8. {*Ubi hoc nuntiatum est*}, *iubet proficisci*, Logo que isto foi anunciado, ordena partir.^{Cícero} 9. {*Ut* (*primum*) *cecĭdit*}, *lacrimavit*, Logo que caiu, chorou. ■ **f) cum** histórico (subj.), como; quando e por quê: 10. {*Cum hostes appropinquarent*}, *milĭtes oppugnaverunt*, ^{César, BG.} Como (e quando) os inimigos se aproximavam, os soldados atacaram.■ **g) cum** temporal (ind.), quando, no momento em que, logo que: 11. {*Cum Caesar in Gallĭam vēnit*}, *duae factiōnes ibi erant*,^{César, BG.} Quando César chegou à Gália, lá havia duas facções (dois partidos). ■ **h) cum** iterativo (ind.), cada vez que, toda vez que, sempre que: 12. {*Cum cadit*}, *lacrĭmat*, Cada vez que cai, chora. ■ **i) cum** inverso (ind.), quando: 13. *Vix Romani Rhenum transiĕrant*, {*cum Germani aggressi sunt*}, ^{César , BG.} Os romanos apenas haviam transposto o Reno, quando os germanos atacaram. ■ **j) cum** coincidente (ind.), enquanto, no momento em que: 14. {*Cum donant*}, *petunt*, Enquanto doam, pedem.

1.11.3 Subordinadas substantivas no acusativo com o infinitivo

1. As orações substantivas na função de objeto direto (objetivas diretas), subordinadas a verbos declarativo-perceptivo-cognitivos (*verbum dicendi, sentiendi, sciendi*), unem-se à oração principal diretamente (sem conjunção), levando seu sujeito e predicativo ao acusativo e seu verbo ao infinitivo, gerando a construção **acusativo com infinitivo,**

136

a.c.i. O <u>tempo</u> do infinitivo é presente, pretérito ou futuro, conforme a ação dele seja simultânea, pretérita ou futura em relação à do verbo principal. O <u>pronome</u> pessoal objetivo é o reflexivo nas frases em que o sujeito da oração principal e o da subordinada são da mesma pessoa gramatical (*ego – me, tu – te, ille / illa – se*, etc.); mas é <u>is, ea, id</u>, naquelas em que os sujeitos são diferentes (*ego, tu, ille – eum/eam*, etc.).

1a) <u>Reus</u> dicit [dixit, dicet] {**se** esse, fŭisse et <u>futurum</u> <u>esse</u> innocentem}.

O <u>réu</u> diz [disse, dirá] que <u>ele</u> é, era (tinha sido) e haverá de ser inocente.

1b) <u>Iudex</u> dicit [dixit, dicet] {**eum** (reum) <u>esse, fuisse et</u> <u>futurum</u> <u>esse</u> innocentem}.

O <u>juiz</u> diz [disse, dirá] que <u>ele</u> (o réu) é, foi (era, tinha sido) e será inocente.

2a) <u>Rei</u> dicunt [dixerunt, dicent] {**se** esse, fuisse et futur<u>os</u> esse innocentes}.

Os <u>réus</u> dizem [disseram, dirão] que <u>eles</u> (mesmos) são, foram e serão inocentes.

2b) <u>Iudex</u> interrogavit reos et dixit {**eos** esse innocentes}.

O <u>juiz</u> interrogou os réus e disse que <u>eles</u> (os réus) eram inocentes.

Verbos declarativo-perceptivo-cognitivos cuja subordinada ocorre no a.c.i.		
arbĭtror, *julgar, decidir; pensar*	iubĕo, *mandar, ordenar*	recordor, *recordar-se*
audĭo, *ouvir*	iudĭco, *julgar*	scio, *saber*
censĕo, *ser da opinião de que*	iuro, *jurar*	scribo, *escrever*
cogĭto, *pensar*	narro, *narrar*	sentĭo, *sentir*
cogo, *coagir, mandar*	nego, *negar*	simŭlo, *simular*
comperĭo, *constatar*	nescĭo, *não saber*	spero, *esperar*
confitĕor, *confessar*	nollo, *não querer*	trado, *contar*
credo, *crer*	nuntĭo, *anunciar*	veto, *vedar*
dico, *dizer*	pollicĕor, *prometer*	vidĕo, *ver*
duco, *considerar, pensar*	prohibĕo, *proibir*	volo / nolo, *não querer*
ignōro, *ignorar*	promitto, *prometer*	
intellĭgo, *entender*	puto, *pensar*	

2. Também **as orações substantivas na função de sujeito (subjetivas)** cujo predicado é formado por verbos ou locuções impessoais e cujo sentido se aproxima ao dos verbos acima referidos são expressas pela mesma construção <u>acusativo</u> <u>com</u> <u>infinitivo</u>: a) {*Legem brevem esse*} *oportet* (*necesse est, apertum est, notum est, manifestum est...*), "É preciso (necessário, evidente, sabido, manifesto...) {a lei ser breve (que a lei seja breve, a brevidade da lei)"}. [Sêneca, Epístulae, 94.] b) *Constat* {*ad salutem*

137

civĭum *inventas esse leges*}, "Consta {terem as leis sido criadas (que as leis foram criadas) para o bem-estar dos cidadãos}. Cíc. De légibus, 2,11. c) {*Oratōrem irasci*} *minĭme decet*, "Não convém {que o orador se irrite (a ira do orador}. *Pudet* (*turpe est*, *falsum est*) {*me imprŏbum fuīsse*}, "Envergonho-me de... {ter eu sido ímprobo}" / da minha improbidade".

Verbos ou locuções verbais impessoais cuja subordinada subjetiva ocorre no a.c.i.		
aequŭm est, *é justo*	falsum est, *é falso*	opinio est, *acredita-se*
appāret, *parece evidente*	fama est, *fala-se*	opōrtet, *é necessário, oportuno*
apertum est, *é evidente*	manifestum est, *é manifesto*	opus est, *é preciso*
credĭtur, *acredita-se*	narrātur, *narra-se*	pudet, *envegonha-me*
decet, *convém, é decente*	necesse est, *é necessário*	spes est, *há esperança*
delēctat, iuvat, é *agradável*	notum est, *é sabido*	turpe est, *é vergonhoso*

1.11.4 Adverbiais reduzidas de particípio no ablativo absoluto

1. Aquelas orações subordinadas adverbiais **reduzidas de particí- pio presente ou passado,** [1.8.4], que têm sujeito diferente do sujeito da oração principal, expressam seu sujeito e particípio no **ablativo absolu- to**, isto é, sem conjunção: {*Cessante* (*cessata*) *causa*}, *cessat effectus*, "Cessando (cessada) a causa, cessa o efeito"; {*Partĭbus factis*}, *verba fecit leo*, "Feitas as partes, o leão usou da palavra". Fedro, Fábulas. Tais ora- ções equivalem a temporais, causais, concessivas ou condicionais.

Orações subordinadas adverbiais desenvolvidas	Orações subordinadas adverbiais reduzidas, no ablativo absoluto
1ª) {Postquam secunda mensa apposĭta est}, ad te scripsi. Cíc. Ad familiares. *{Depois que a sobremesa foi posta}, te escrevi* (temporal).	1b) {Apposĭta secunda mensa}, ad te scripsi. *{Posta a sobremesa}, (é que) te escrevi* (temporal).
2ª) {Etsi hostes perterrĭti sint}, nostri non vicērunt. *{Embora os inimigos tenham sido atemorizados}, os nossos não venceram* (concessiva).	(2b)) {Perterrĭtis hostĭbus}, nostri non vicērunt. *{Embora atemorizados os inimigos}, os nossos não venceram* (concessiva).
3ª) {Cum causă cessat,} cessat effectus. *{Logo que a causa cessa}, cessa o efeito* (temporal).	3b) {Cessante causā}, cessat effectus. *{Cessando a causa}, cessa o efeito* (temp.)
4ª) {Cum nubes fugissent}, sol apparŭit. *{Porque as nuvens fugiram}, o sol apareceu* (causal).	4b) {Fugientĭbus nubĭbus}, sol apparŭit. *{Tendo fugido as nuvens}, o sol apareceu* (causal).
5ª) {Si Deus adiuvavĕrit nos}, res bene vertet. *{Se Deus nos ajudar}, a coisa irá bem* (condicional).	5b) {Deo adiuvante nos}, res bene vertet. *{Deus ajudando-nos,} a coisa irá bem* (condicional).

2. Predicativos ocorrentes no ablativo absoluto – No ablativo absoluto podem aparecer dois substantivos ou um substantivo (às vezes um pronome pessoal) e um adjetivo. Nesses casos, um dos dois termos funciona como <u>sujeito</u>; o outro, como <u>predicativo</u> dele. Nas construções em que não aparece um verbo no particípio presente, este pode subentender-se como sendo o do verbo de ligação *sum*: *ens, entis*, "sendo, estando". O <u>predicativo</u> pode, pois, ser: ■ **a) um adjetivo**: *Deo* {*propitio*}, Deus sendo propício; *luna plena*, estando cheia a lua; *invītis illis*, estando eles contrariados; *me nolente*, contra minha vontade; ■ **b) um substantivo**: *Cicerōne* {*consŭle*}, "Cícero sendo cônsul" ou "no consulado de Cícero"; *me* [*te, se*] *puĕro*, em minha [tua, sua] meninice; *natura duce*, sendo guia a natureza; *Deo adiutore*, com o auxílio de Deus; *patre comĭte*, "sendo companheiro o pai" ou "na companhia do pai".

1.11.5 Subordinadas substantivas a grupos especiais de verbos

1. Verbos denotativos de rogar, pedir, querer e antônimos introduzem a subordinada objetiva por **ut**, "que", e **ne**, "que não", com verbo no subjuntivo: *Obsĕcro* (*rogo, supplĭco, peto...*) { <u>ut</u> *venĭas, ne tardes*}, "Peço que venhas e que não tardes".

2. Verbos denotativos de temer e preocupar-se introduzem a subordinada objetiva por **ne**, "que", e **ut**, "que não", com verbo no subjuntivo: 1. *Metŭo* [*verĕor, timĕo, periculum est...*) {<u>ne</u> *sero redĕas*}, "Temo que retornes tarde". [Plauto, Men. v. 989.] 2. *Timĕo* { *ut sustinĕas*}, "Temo que não suportes." [Cíc., Ad fam., XIV, 2,3.]

3. Verbos ou locuções denotativas de dúvida, incerteza, impedimento, em frases negadas ou interrogativas, introduzem a subordinada: **a)** por **quin** (< qui, ne) "que", com subjuntivo: 1 *Nihil est* {<u>quin</u> *intĕreat*}, "Nada há que não morra." [Cíc., De natura deorum, 3,30.] 2. *Quis ignorat <u>quin</u> virtus bonum sit?*, "Quem ignora que a virtude é um bem?" 3. *Non impedĭo* [*recuso, prohibĕo...*] <u>quin</u> [<u>quomĭnus</u>] *intres*, "Não impeço que entres". **b)** por **ne... neve**: 5. *Impedĭo ne... neve*, "impeço que... e que": 4. *Impedĭo* {*ne clamet neve fugĭat*}, "Impeço que clame e que fuja".

1.12 Modos e tempos verbais na frase

1. Função dos modos – ■ **a) Com o indicativo**, o comunicador apresenta o enunciado como sendo por ele assumido, real, objetivo, independente. Este modo ocorre tanto nas assertivas quanto nas interrogativas diretas. 1. *Cogĭto, ergo sum*, "Penso, por conseguinte existo." 2. *Cogitāsne?*, "Acaso estás refletindo?" ■ **b) Com o subjuntivo**, o comunicador apresenta o enunciado como sendo não-assumido: como desejo, possibilidade, irrealidade: *dicat alĭquis*, talvez alguém diga; *utĭnam vivat*, oxalá ele viva; *si vivĕret, beatus essem*, se ele vivesse, eu ficaria feliz; *opto ut venĭas*, desejo que venhas; *si hoc dicas, erres*, se acaso está dizendo isto, estás errado. ■ **c) Com o imperativo**, o comunicador exprime sua vontade de influenciar no comportamento do destinatário: 1. *Cave canem*, "Acautela-te contra o cão". 2. *Noli turbare [Ne turbavĕris] circŭlos meos*, [V. Máximo, Fatos e ditos, VIII, 77], "Não perturbes meus círculos".

2. Modos e tempos nas orações independentes – ■ **1. Assertivas** ou enunciativas, **com indicativo**: *Romŭlus Romam condĭdit*, "Rômulo fundou Roma." ■ **2. Potenciais**, com <u>subjuntivo</u>: *Quis ita cogĭtet? [cogitaret? cogitavĕrit? cogitavisset?]*, "Quem pode [poderia... poderá... teria podido...] pensar assim?" – Negação, com **non**: *Quis non ita cogtet?*, "Quem não pensaria assim?" ■ **3. Exortativas**, com <u>subjuntivo</u> <u>presente</u>, 1ª pessoa do plural: 1. *Eāmus*, vamos! 2. *Gaudeāmus*, alegremo-nos! – Negação, com **ne**: – *Ne credātis*, não creiais! ■ **4. Desiderativas**, com <u>subjuntivo</u>, geralmente com *utĭnam*, oxalá: *Utinam venĕrit* [*venīret, venisset*], "Oxalá ele tenha vindo, [viesse, tivesse vindo]". – Negação, com **ne**: *Utinam ne venĭat*, "Oxalá não venha". ■ **5. Dubitativas** ou deliberativas, verdadeiras ou fictícias, com <u>subjuntivo</u>: *Quid facĭam? [facĕrem, fecĕrim, fecissem?]*, "Que faço? [faria, teria feito, poderia ter feito?]" – Negação, com **non**: *Cur hoc non facĭam?*, "Por que não faria eu isso?" ■ **6. Concessivas**, com <u>subjuntivo</u>: *Haec sint falsa sane*, "Pois que sejam falsas estas coisas". [Cícero] – Negação, com **ne**: *Ne sit summum malum dolor, malum certe est*, "Ainda que a dor não seja o supremo mal, mal certamente é". ■ **7. Exclamativas** – O verbo pode ser expresso quer no indicativo, quer no subjuntivo, mas o típico é o uso do infinitivo com sujeito no acusativo: *Te tam turpĭter fugisse!*, "Tu teres fugido tão vergonhosamente!" ■ **8. Imperativas:** ■ **a) Afirmativas**: Para a 2ª pessoa, o imperativo: **i)** Presente, em ordem a ser cumprida no presente: *ama! amāte!*, ama, amai! – Futuro, em ordem a ser cumprida no futuro: *amāto! amatōte!*, ama tu, amai vós! **ii)** Para a 3ª pessoa, o subjuntivo: *amet! ament!*, ame ele! amem eles! ■ **b) Negativas**: negação com **ne** : **i)** Para a 2ª pessoa: a) com *ne* + perfeito do subjuntivo: *Malum ne fecĕris!*, Não faças o mal! b) com imperativo de *nolle* + infinitivo: *Noli (nolīte) turbare circulos meos!*, "Não queiras (não queirais) perturbar (= não perturbes, não perturbeis) meus círculos!" [Arquimedes] **ii)** Para a 3ª pessoa, com subjuntivo presente: *Malum ne facĭat!*, "Não faça ele o mal!" ■ **9. Interrogativas diretas**: com indicativo, exceto se forem dubitativas ou potenciais: *Quid est hoc?*, Que é isto? a) São introduzidas por pronomes e advérbios interrogativos ou pelas partículas ***nonne***; ***num***; ***-ne***; ***utrum... an***. [1.9.1] b) *An vero oblīti estis*, Ou acaso estais esquecidos? [Cícero] *Nonne vides?*, Acaso não vês? [Virgílio] *Num negare audes?*, Acaso ousas negar? [Cícero] Negação: ***non***.

3. Modos e tempos nas orações dependentes (discurso indireto) – ■ **1. As palavras proferidas** por alguém podem ser enunciadas nos mesmos termos em que ele as proferiu (discurso direto, *oratĭo recta*), mas podem ser referidas em discurso indireto (*oratĭo obliqŭa*), isto é, como subordinadas a um *verbum dicendi*, significativo de um dizer, ou a um *verbum sentiendi*, significativo de um sentir ou pensar. ■ **2. No discurso indireto**, o verbo encontra-se ou no infinitivo ou no subjuntivo: **a) no infinitivo**, nas orações que exprimem um pensamento assumido como real e categórico pelo enunciador; como tal, ele aparece nas orações subordinadas objetivas diretas, isto é, na construção acusativo com o infinitivo, a.c.i.); [1.11.3] **b) no subjuntivo**: i) nas perguntas indiretas simples, por oposição às retóricas; ii) nas orações imperativas, optativas, dubitativas, volitivas...

141

Discurso direto: entre aspas	Subordinado a verbos *dicendi* e *sentiendi*
1. Assertivas: indicativo	*1. Assertivas: acusativo com infinitivo*
a) "Bonum est mors." – *indic.: presente* *"A morte é um bem."*	a) Aliquis dixit {bonum <u>esse</u> mortem} *Alguém disse que a morte é um bem.*
b) "Caesar hostes vicit." – *indic.: pret. perf.* *"César venceu os inimigos".*	b) Nuntĭus dixit {Caesărem hostes <u>vicĭsse</u>}. *O mensageiro disse que César venceu os inimigos.*
c) "Vincemus," inquit ille – *indic.: futuro I* *"Nós venceremos!" – disse.*	c) Ille dixit {nos <u>victuros</u> <u>esse</u>}. *Disse que nós haveremos de vencer.*
d) "Ego amabo <u>te</u> semper" *"Amar-te-ei se sempre."*	d) Dixit {<u>se</u> amatūram esse <u>eum</u> semper} *Disse que haverá de amá-lo sempre*
2. Perguntas diretas simples: indicativo	*2. Perguntas indiretas: subjuntivo*
a) "Cur timētis?" quaesīvit. *"Por que temeis?" – perguntou.*	a) Quaesīvit {cur timērent}. *Perguntou por que razão temiam.*
b) "Quid sentis?" quaerit. *"O que pensas? " – pergunta.*	b) Quaerit {quid sentĭas}. *Pergunta o que tu estás pensando.*
c) "Quis est? – quaesivit. *Quem é? – perguntou*	c) Quaesivit {quis esset}. *Indagou quem era.*
3. Orações imperativas, optativas, dubitativas, volitivas: imperativo ou subjuntivo	*3. Orações imperativas, optativas, dubitativas, volitivas: subjuntivo*
a) "Nemo hoc credat", inquit. – *potencial* *"Ninguém pode crer nisto," disse.*	a) {Nemo id cred<u>eret</u>,} dixit [inquit]. *Disse que ninguém poderia crer nisso.*
b) "Cur venītis ?" inquit. – *dubitativa* *"Por que vindes ?" – disse.*	b) Quaesīvit {cur venirent}. *Indagou por que vinham.*
c) "Eāmus! ne tardēmus!" – *exortativa* *"Vamos! Não tardemos!"*	c) Dixit {(ut) iremus, ne tardaremus}. *Disse que fôssemos, que não tardássemos.*
d) "Utĭnam venĭant nec tardent! – *optativa* *"Oxalá venham e não tardem."*	d) Dixit {utĭnam venīrent nec tardarent}. *Disse que oxalá viessem e não tardassem.*
e) "Sit hoc verum. Ne sit." – *concessiva* *"Que seja isto verdade. Que não seja."*	e) Dixit{<u>esset</u> id verum; ne esset}. *Disse que fosse isso verdade; que não fosse*
f) "Hoc fac. Ne haesitavĕris!" – *imperativa* *"Faze isto. Não hesites".*	f) Dixit (ut) id facĕret, ne haesitaret. *Disse que ele fizesse isso, que não hesitasse.*

1.13 Funções sintáticas dos casos

Concordância dos adjuntos, atributivos e aposto com seu termo de referência – Conforme 1.3.4, os nomes em função de adjuntos adnominais, atributivos e apositivos formam sintagma (conjunto locucional) com os termos aos quais se referem, em virtude do que eles podem ocorrer em todos os casos. **Os adjuntos adnominais e os atributivos** <u>concordam</u> com o respectivo substantivo <u>em gênero, número e caso</u>. **O aposto** acompanha o correspondente substantivo em <u>caso</u> e <u>gênero</u>: [1.3.4] *Aristoteles {vir sapientissim<u>us</u>}, magis veritatis amic<u>us</u> fuit quam Platonis,* "Aristóteles, homem muito sábio, foi mais amigo da verdade do que de Platão." *Dicunt Aristotelem, {virum sapientissimum}, magis veritatis amicum fuisse quam Platonis.* "Dizem que..."

1.13.1 Nominativo e vocativo, casos retos

1. Nominativo – Exprime os termos (sintagmas) frasais que exercem a função de: 1) sujeito e seu aposto; 2) predicativo do sujeito, ao qual se une mediante verbo de ligação *sum* e *fio*.

Funções sintáticas expressas pelo nominativo: 1. sujeito; 2. predicativo do sujeito	
1 {Asĭnus} asĭnum fricat. {Asini} asinos fricant. {Virgilius, maximus poeta Latinus}, praeclara scripsit carmĭna. 2 Historia est {magistra} vitae. ^{Cic., De oratore, II, 9} Cícero {eximius orator Latinus} fuit. Homo vivit {laetus, tristis...} Qui peccat {ebrius}, luat {sobrius}.	1 *{Um asno} fricciona (esfrega, coça) (outro) asno. {Asnos} friccionam (outros) asnos.* *{Virgílio, o maior poeta latino,} escreveu famosos poemas.* 2 *A história é {mestra} da vida.* *Cícero foi {excelente orador latino}.* *O homem vive (estando) {alegre, triste}...* *Quem peca (estando) {ébrio}, pague (estando) {sóbrio}.*

2. Vocativo – Exprime os termos frasais na função de interpelação: – a) vocativa: *Vale {(o) carissime frater!}, Passe bem, (ó) caríssimo irmão.* – b) exclamativa: *O fortunate adulescens!* ^{Cícero} *O feliz adolescente!*

1.13.2 Genitivo

Exprime, num sintagma nominal, as funções de: 1) adjunto adnominal restritivo (de posse, especificação, autoria, qualidade, preço...); 2) complemento nominal de nomes (substantivos, adjetivos) correspondentes a verbos transitivos; 3) partitivo (o todo, que se supõe dividido em partes); 4) complemento de pequeno grupo de adjetivos, verbos e advérbios.

143

1. Adjunto adnominal restritivo – ■ **a) de posse** e **autoria**: *domus patris*, casa do pai; *virtutes {maiorum nostrorum}*, virtudes dos nossos antepassados; *orationes Ciceronis in Catilinam*, discursos de Cícero contra Catilina. – O *genitivo de posse*, quando ocorre na função de predicativo, pode explicar-se como adjunto de um nome subentendido: – **com** *sum*, "ser, pertencer", e **fio**, "tornar-se", indica o possuidor: *Haec domus est [fĭt] (propriĕtas, patrimonium, res...) patris*, "Esta casa é [torna-se] (propriedade, patrimônio, coisa) do pai", isto é, "pertence ao pai"; – **com** *sum* impessoal indica que algo é peculiaridade, sinal, dever, privilégio de: *hominis est*, "é peculiaridade (sinal, dever, privilégio) do homem"; *artis est*, "é peculiaridade da arte;" ■ **b) de especificação**: *crimen parricidĭi*, crime de parricídio; *res minĭmi pretĭi*, objeto de mínimo valor; *iter trium dierum*, caminho de três dias; *auri venas invenire*, achar veios de ouro. [Cícero]

2. Complemento nominal de substantivos correspondentes a verbos transitivos – ■ a) *admiratĭo (causa, cognitio, exaltatio, laudatio...) {omnĭum virtūtum}*, "admiração (causa, conhecimento, exaltação, louvor...) de todas as virtudes"; – *amor (timor, magnificatĭo, glorificatio...) {deorum}*, "amor (temor, engrandecimento, glorificação...) [que alguém tem] dos deuses". ■ b) *amor otĭi et pacis*, "amor pelo ócio e pela paz"; [Cíc., De republica, 2,26] *honoris causa*, "por causa da honra"; [Cés., BG, 2,15,1] *curator negotiorum*, "curador (zelador) dos negócios"; [Sallústius, Bellum Iugurthinum, 71,3] *ad confirmationem perpetuae libertatis*, "para confirmação da liberdade perpétua". [Cíc., Ad familiares, 12.8.1.]

3. Partitivo – Exprime o <u>todo</u> que se supõe dividido em <u>partes</u>, que são representadas por: ■ **a) substantivos** que designam quantidade, número, medida: *multitudo {homĭnum}*, uma multidão de homens; *magnus numĕrus servorum*, grande número de servos; *maxima pars vatum*, a maior parte dos poetas; *duo milia milĭtum*, dois mil soldados; ■ **b) adjetivos** no grau comparativo ou superlativo: *maior* ou *senior (minor...) {fratrum}*, o mais velho (o mais novo) dos irmãos; *Belgae sunt fortissimi {omnium Gallorum}*, os belgas são os mais fortes de todos os gauleses; [César, BG] ■ **c) pronomes** indefinidos ou interrogativos: *nonnulli (multi, pau-*

ci) {*nostrum* (*vestrum, eorum*)}, alguns (muitos, poucos) de nós (de vós, deles); *alĭquis nostrum* (*eorum*), alguém dos nossos (deles); *uterque illorum*, cada um deles (dois); *quis vestrum, quis mortalĭum*, quem de vós, quem dos mortais; *ubi gentĭum sumus?*, em que país estamos? ^Cíc., In Catilinam, I. ■ **d) advérbios** ou **adjetivos substantivados**: *nihil* {*novi*} *sub sole*, ^Vulg.: Eclesiastes 1,14 nada de novo (há) debaixo do sol; *satis* (*parum, multum...*) {*sapientĭae*}, bastante (pouco, muito...) de sabedoria.

4. Complemento nominal de adjetivos e particípios correspondentes a verbos transitivos: *amans* (*avĭdus, cupĭdus*) *gloriae*, "amante (desejoso, cônscio, cobiçoso...) de glória"; *conscĭus* (*gnarus*) *scelĕris*, cônscio (conhecedor) do crime; *peritus* (*expers, partĭceps*) *belli*, "perito (experiente, participante) em guerra"; *memor consilĭi*, lembrado do conselho; *studiosus litterarum*, estudioso das letras; *compos sui*, senhor de si.

5. Complemento de algumas classes de verbos – ■ **a) Os que significam lembrar-se** (*memĭni, reminīscor*) **ou esquecer-se** (*oblivīscor*), expressam no genitivo a pessoa e no genitivo ou no acusativo a coisa: *reminiscor* (*obliviscor*) {*debitorum / debĭta eorum*} recordo (esqueço) das dívidas deles. ■ **b) Os que designam atos judiciais** (*accusare, arguĕre, damnare, absolvĕre, convincĕre*) expressam o réu no acusativo, mas a culpa e o delito no genitivo: *accusare* (*convincĕre*) {*alĭquem parricidĭi*}, acusar (convencer) alguém de parricídio. – A pena é expressa no ablativo instrumental: *multare alĭquem pecunĭa, exsilĭo, morte*, "multar alguém com dinheiro, exílio, morte". ■ **c) Cinco verbos impessoais designativos de sentimentos** expressam a pessoa no acusativo, mas o objeto no genitivo: *piget me stutitiae meae*, "sinto pejo de minha tolice"; *homines quos infamiae suae neque pudet neque taedet*, "homens que não se envergonham nem se desgostam de sua infâmia"; *tui nec misĕret nec pudet*, "de ti nem te comiseras nem te envergonhas".

1.13.3 Acusativo

Exprime as funções de: 1) objeto direto; 2) adjunto adverbial de direção, em geral precedido de preposição; ^1.10.1 3) adjunto adverbial de extensão no espaço e no tempo.

15. Mitologia: **Júpiter**, o Zeus dos gregos, pai dos deuses e dos homens, o mais alto deus nacional, o *Iúpiter Óptimus Máximus* (Morisset, p. 649).

1. ■ a) **Objeto direto de verbos que em latim são transitivos diretos**: *amare*, amar, gostar de; *adiuvare*, ajudar; *dare*, dar; *exaltare*, exaltar; *flere*, chorar; *laudare*, louvar; *offerre*, oferecer; *ostendĕre*, ostentar, mostrar; *vocare*, chamar. => Ex.: *medĭce, cura {te ipsum}*, médico, cura-te a ti mesmo; *nemo fugit mortem*, ninguém foge da (evita a) morte; *sodālem aemulātur*, compete com o colega; *vires me deficĭunt*, faltam-me as forças. – *docēre discípulos (loqui) linguam Latinam*, ensinar os alunos (a falarem) a língua latina; – *celare amicum (accidisse) mortem patris*, ocultar ao amigo (ter ocorrido) a morte do pai. ■ b) **Predicativo do objeto direto** (duplo acusativo): – *appellare (nominare, vocare, dicĕre) {alĭquem amicum}*, chamar alguém de amigo; – *facĕre (efficĕre){alĭquem regem}*, fazer alguém rei; – *aestimare (putare, iudicare, ducĕre) alĭquem beatum*, considerar alguém (como) feliz; – *sumĕre (dare, putare, cognoscĕre) alĭquem amicum*, tomar (...) considerar alguém como amigo.

2. **Adjunto adverbial de verbos de movimento para onde** – ■ a) com a preposição **ad** ou **in**: *in Italiam profectus est*, partiu para a Itália; *ibit in urbem Romam, deinde in insŭlam Delum*, irá para a cidade de Roma, depois para a ilha de Delos; ■ b) sem preposição, nas frases em que o destino é expresso pelo simples nome de cidades ou de ilhas pequenas: *ibit Romam, deinde Delum*, irá a Roma, depois a Delos.

3. Adjunto adverbial de extensão espacial e temporal – ■ **a) temporal**: {(*per*) *totam noctem*} *dormire*, dormir (por) toda a noite; *regnare* {*tres annos*}, reinar por três anos; ■ **b) espacial**: – adjunto de certos adjetivos, como *longus*, longo, *latus*, largo, *altus*, profundo, *natus*, nascido, *iuvĕnis*, jovem: *murus longus* (*latus*, *altus*) {*decem pedes*}, "muro longo (largo, profundo) dez pés"; *iuvĕnis viginti annos natus*, "jovem nascido há 20 anos"; – e de certos verbos, como *absum*, distar de: *abest* {*duos passus*}, "dista dois passos". – Termos expressivos de exclamação aparecem ora no vocativo (*o felix culpa*, ó feliz culpa), ora no acusativo (*o fallacem spem*, ó esperança falaz; *heu me miserum*, ai de mim infeliz!). ^{Terêncio}

1.13.4 Dativo

Exprime funções de: 1) objeto indireto; 2) complemento nominal de adjetivos; 3) complemento nominal (*dativus commŏdi*, dativo de interesse) de alguns verbos e adjetivos.

1. Objeto indireto de verbos que em latim são: – **a) transitivos indiretos**: *benedicĕre*, bendizer; *nubĕre*, casar com; (*con*)*fidĕre*, (con)fiar; *credĕre*, acreditar; *favēre*, favorecer; *invidēre*, invejar; *maledicĕre*, maldizer; *nocēre*, ser nocivo; *oboedīre* ou *obtemperare*, obedecer; *parcĕre*, poupar; *persuadēre*, persuadir; *placēre*, agradar; *studēre*, dedicar-se. => *studĕo littĕris*, dedico-me às letras; *oboedio patri*, obedeço ao pai; ■ **b) transitivos direto-indiretos**: *dare*, dar; *dicĕre*, dizer; *negare*, negar; *nuntiare*, anunciar; *ostendĕre*, mostrar; *respondēre*, responder; *scribĕre*, escrever; *tribuĕre*, atribuir. => *Nuntĭo vobis gaudĭum magnum*, anuncio-vos grande alegria; *dare legiones Manĭbus*, dar as legiões à morte. ^{Tito Lívio}

2. Complemento nominal de adjetivos correspondentes a verbos transitivos: *aequalis, e*, igual; *aequŭus, a, um*, igual, justo; *benevŏlus, a, um*, benévolo; *carus, a, um*, querido; *contrarĭus, a, um*, contrário; *fidēlis, e*, fiel; *finitĭmus, a, um*, contíguo, confinante; *gratus, a, um*, agradável; *infestus, a, um*, hostil; *iucūndus, a, um*, agradável; *memŏr, -is*,

147

lembrado; *molestus, a, um*, molesto; *odiosus, a, um*, odioso; *pernicio-sus, a, um*, nocivo; *proxĭmus, a, um*, próximo; *simĭlis, e*, semelhante; *utĭlis, e*, útil; *vicinus, a, um*, vizinho. => *Procella nautis damnosa, nociva, adversa, molesta, acerba, malefica, periculosa, perniciosa... est*, "a tempestade é danosa... aos marinheiros", que corresponde a *Procella damnat nautas, nocet nautis*, etc.

3. **Duplo dativo** do complemento de verbos que exprimem finalida-de, efeito ou resultado de ação: do termo que exprime a pessoa ou a coisa à qual a ação é (des)vantajosa; do termo que indica o efeito ou o objeto da ação: ■ **a)** *sum*, no sentido de "servir para, causar": *magnae curae esse alicŭi*, ser motivo de (causar) grande apreensão a alguém; *dolori esse alicui*, servir de (causar) dor a alguém; ■ **b)** *dare, ducĕre, tribuĕre*, no sentido de "atribuir": *laudi dare magistro*, atribuir ao mestre como louvor; *crimĭni dare cladem imperatori*, atribuir ao imperador a derrota como crime; ■ **c)** *dare, venīre, mittĕre, relinquĕre*, para exprimir fi-nalidade: *auxilio venire amicis*, vir em auxílio dos amigos.

4. **Dativo do possuidor e do agente da passiva** – 1. **A posse** expri-me-se pelo verbo *sum*, "ser, pertencer", com: a) o nominativo do termo que exprime o objeto possuído; b) o dativo ou genitivo do termo que ex-prime o possuidor: *Domus {patri / patris} est non {filio /filii}*, a casa é do pai, não do filho. [1.13.2:1] 2. **O agente da passiva** exprime-se comumente pelo ablativo; mas exprime-se pelo dativo nas frases em que ocorre um gerundivo: [cf. 1.8.4] *Senior mihi (tibi, illi...) venerandus est*, "alguém mais idoso (um senhor) deve ser venerado por mim (ti, ele)"; *omnĭbus morien-dum est*, "a morte é devida a todos", isto é, "todos devem morrer".

1.13.5 Ablativo

O ablativo (< *ab-lativum*, correlato a *au-fĕro, au-fĕrre, abs-tŭli, ab-lātum*, "auferir, abstrair, retirar") **exprime os adjuntos adverbiais** de três casos outrora distintos, alguns dos quais (os adjuntos adverbiais) vêm precedidos de preposição, outros, sem ela: [1.10.2] ■ 1. **o ablativo** pro-priamente dito, que exprime circunstâncias de: a) afastamento, separação, privação; b) origem; c) comparação; ■ **2. o instrumental**, circunstâncias de: a) meio; b) modo; c) causa; d) companhia; e) abundância; f) preço; g) qualidade; h) relação; ■ **3. o locativo**, circunstâncias de: a) lugar onde; b) momento em quê.

1. Adjuntos adverbiais de procedência e separação – ■ **a) Adjunto de procedência e origem**, em geral precedido da preposição **a**, ex: *Hannibal ex Hispaniā, ex urbe Sagunto, profectus est*, "Aníbal partiu da Espanha, da cidade de Sagunto"; *nobĭli genĕre (loco) natus*, "nascido de família nobre". ■ **b) Adjunto de separação**, em geral precedido da preposição **a, de**, ex: *secernĕre a corpŏre anĭmum*, separar do corpo o espírito; *distare a veritate*, distar da verdade; *desistĕre de consilio*, desistir do plano; *abstinēre (a) carne*, abster-se de carne; *excedĕre (exire, egrĕdi) (ex) urbe*, sair da cidade; *decedĕre de vita*, sair da vida, morrer. ■ **c) Adjunto de privação ou carência**: *carēre libertate*, não ter liberdade; *egēre (indigēre) auxilio*, precisar de auxílio; *orbare (privare, exspoliare) armis*, despojar das armas. ■ **d) Termo do agente da voz passiva** expresso por seres animados, precedido da preposição **a, ab** (ante vogal) e **abs** (ante **t**) ou inanimados: *ille amatur a patre, ab amicis et abs te*, ele é amado pelo pai, amigos e por ti; *hostis consumĭtur fame*, o inimigo é consumido pela fome. [1.13.5: 4] ■ **e) Termo de comparação** dos adjetivos expressivos de grau: [1.5.4] *nihil est amabilĭus virtute*, "nada é mais amável do que a virtude"; *scimus Solem esse maiōrem Terrā*, "sabemos que o Sol é maior do que a Terra".

2. Adjuntos adverbiais de meio, causa, motivo, modo, companhia, preço – ■ **a) Adjunto de meio ou instrumento**: *gladĭo ferīre*, ferir com espada; *curru (equo...) vehi*, andar de carro (a cavalo...); *memoriā tenēre*, reter de memória; *afficĕre reum poenā*, aplicar pena ao réu. ■ **b) Adjunto de causa ou motivo**, ora com preposição **de, ex, prae**..., ora sem ela: *fame perire*, perecer de fome; *dolere morte amici*, condoer-se com a morte do amigo; *exsultare victoriā*, exultar com a vitória; *rei publicae causā agĕre*, agir por causa da coisa pública; *amore (odĭo) movēri*, ser movido de amor (de ódio). ■ **c) Adjunto de modo**: sem preposição nas locuções fixas; precedido de **cum** nos demais casos: *iure (vi,* *dolo...*) *agĕre*, agir com justiça (com violência, com dolo); *quo modo* (*quo pacto*), de que modo; *more* (*ritu*) *pecŏrum*, à maneira de ovelhas; *datā veniā patris*, com licença do pai; *summa cum laude*, com sumo louvor. ■ **d) Adjunto de companhia ou de união**, em geral precedido de **cum**: *cenare cum amicis*, cear com amigos; *cum anĭmo meo* (*tuo...*) *cogitare*, refletir comigo (contigo...) mesmo. ■ **e) Adjunto de preço**: *magno pretĭo* (*magnā pecunĭā*) *vendĕre*, vender por preço alto; *parvo locare*, alugar por (preço) baixo; *constare uno denario*, custar um só denário (dinheiro).

3. Adjuntos adverbiais de tempo e de lugar – ■ **a) O adjunto de lugar onde** vem regido da preposição **in**: *permanēre in insula*, permanecer na ilha; *sedēre in sellā*, estar sentado em cadeira; *pedem ponĕre in terra*, pôr o pé em terra. Resíduos do antigo caso **locativo**: *domi*, em casa; *ruri*, no campo; *humi*, no chão; *Romae*, em Roma; *Corinthi*, em Corinto. ■ **b) O adjunto de tempo**: – sem preposição, aquele que, por si mesmo, designa tempo: *prima luce*, ao amanhecer; *media nocte*, à meia-noite; *vere*, *aestāte*, *autumno*, *hiĕme*, na primavera, verão, outono, inverno; – com preposição, os demais: *in feriis*, nas férias; *in bello*, na guerra.

1.14 Lexicologia: composição e derivação de palavras

A lexicologia estuda a origem das palavras, suas acepções, formação e evolução diacrônica, o que se fará em parte nesta seção, em parte na 5ª. Os processos de formação de palavras da língua portuguesa deixam entrever os da latina: composição, cujo limite aqui se registra mediante hífen, e derivação. Ao longo dos tempos, a junção dos componentes originou alterações fonéticas, isto é, "metaplasmos" (sobretudo de assimilação), ora no radical, ora no prefixo, por efeito de assimilação: a) no radical: *in-imicus* < *in* + *amicus*; *ef-fectus* < *ex* + *factus*; *bi-ennĭum* < *bis* + *annus*; *in-quīro* < *in* + *quaero*, *col-lĭgo* < *cum* + *lĕgo* –; b) no prefixo: *ob-pugnare* > *op-pugnare*; *dis-facilis* > *dif-ficilis*; *in-lustris* > *il-lustris*; *ad-trahĕre* > *at-trahere*, *in-mĕmor* > *im-mĕmor*.

150

1. Composição – Este processo foi muito produtivo em latim: *ac-centus* < *ad, cantus*; *armĭ-ger* < arma, *gero*; *fructĭ-fer* < *fructus, fero*; *iuri-dĭcus* < *ius, dico*; *lanĭ-ger* < *lana, gero*; *mortĭ-fer* < *mors* + *fero*; *opĭ-fex* < *opus, facĭo*; *plebi-scītum* < *plebs, scio*; *parti-cipium*, < *pars, capĭo*; *parri-cidĭum* < *pater, caedo*; *pontĭ-fex* < *pons, facĭo*; *privi-legium* < *privus, lex*; *via-ductus* < *via, ductus*; *trium-vir* < *trium, vir*; *vati-cinĭum* < *vates, cano*.

2. Derivação por prefixação – A maioria dos prefixos são formas livres: *a, ab, abs, ad, ante, circum*, etc. Na seguinte lista de prefixos, só se consideram presas aquelas formas cujos itens iniciais vêm seguidos de hífen: *ambi-, dis-, ne-, re-, semi-*. As formas subseqüentes ao sinal > devem considerar-se derivadas da respectiva forma inicial: *ad* > *ac, af, ag*, etc. e resultantes de assimilação ao fonema seguinte. No latim, as formas livres funcionam como preposições [1.10] e/ou advérbios. [1.9] Em geral, elas derivaram para o português, ora como formas livres, ora como presas. Os registros que se fazem na seguinte lista são estes: alterações fonéticas (o fenômeno que predomina é o de assimilação da consoante final do prefixo à inicial do componente seguinte) e gráficas, principais sentidos e exemplos elucidativos. No *Glossário*, [5] ministra-se listagem dos prefixos dos verbos.

A, abs, ab > au, afastamento, separação: *a-vertĕre*, afastar; *abs-tinēre*, manter-se longe; *ab-undare*, ser ondulante, ser abundante; *au-ferre*, auferir, retirar. ■ **ad > ac, af, ag, al, ar, as, at**, direção para, posição rente, adição: *ad-iungĕre*, ajuntar; *ac-currĕre*, acorrer; *af-finis*, afim; *ag-grĕgare*, agregar; *al-locutionem*, alocução; *ar-rŏgare*, chamar a si; *as-sessor*, assessor, *at-tendĕre*, atender. ■ **ambi- > amb, am, an**, ao redor, de dois lados: *ambi-dexter*, ambidestro; *amb-ĭtus*, contorno; *am-plexus*, abraço; *an-ceps*, de duas cabeças, ancípite. *ambo, ae, o*. ■ **ante > anti**, diante de, antes: *ante-cessionem*, antecessão; *anti-cipare*, pegar antes. *Distinguir anti* < *ante* e *antí*, gr., "contra": *anti-cĭpo*, antecipo – *anti-dŏtum*, gr. *antídoto* ■ **circum > circu**, ao redor de: *circum-ferentia*, condução ao redor; *circu-ĭtus*, ida ao redor. ■ **cum > co, col, com, con, cor**, companhia, reunião: *cum-prīmis*, com os primeiros; *co-ĭtus*, ida junto, união; *col-li-*

gare, coligar; *com-pōněre*, pôr junto; *con-discipulus*, condiscípulo; *cor-rumpěre*, corromper. ■ **de**, de cima para baixo; desde certo ponto: *de-scenděre*, descer; *de-sistěre*, desistir. ■ **dis- > di**, **dif**, **dir**, divisão, separação, distinção: *dis-pergěre*, dispersar; *di-gressionem*, digressão; *dif-ferre*, diferir; *dir-iměre*, separar. ■ **ex > e**, **ef**, movimento para fora: *ex-ĭtus*, saída, êxito; *e-iaculari*, ejacular; *ef-funděre*, derramar. ■ **in > il**, **im**, **ir**, movimento para, intensidade: *in-cursionem*, incursão; *il-lustrare*, esclarecer; *im-mersus*, imerso; *ir-rumpěre*, irromper. ■ **in- > ig il**, **im**, **ir**, negação: *in-iurĭa*, injustiça; *ig-norare*, desconhecer; *il-licitus*, não lícito; *im-berbis*, imberbe; *ir-regularis*, não regular. ■ **inter > intel**, posição entre: *inter-poněre*, interpor; *intel-lĭgěre*, ajuntar, entender. ■ **ne- > nec**, **neg**, negação: *ne-fastus*, não permitido; *nec-opinatus*, inopinado, inesperado; *negotium*, trabalho, ocupação, "não ócio". ■ **ob > oc**, **of**, **op**, **os**, **o**, posição diante de ou contra: *ob-stare*, estar diante (contra); *oc-cidentem*, ocidente, queda; *of-fenděre*, ofender; *op-priměre*, oprimir; *os-tenděre*, ostentar; *o-mittěre*, deixar ir, omitir. ■ **per**, movimento através de; em plenitude: *per-currěre*, percorrer; *per-fectus*, feito até o fim, concluso. ■ **post > pos**, posição atrás, tempo posterior: *post-poněre*, pospor; *pos*(*t*)-*meridianus*, posterior ao meio-dia. ■ **prae**, em frente a; muito: *prae-sidēre*, presidir; *prae-potentem*, muito poderoso, prepotente. ■ **praeter**, movimento para além de: *praeter-ire*, ir além de, preterir. ■ **pro > prod**, diante, antes; em lugar de; em favor de: *pro-videre*, prever; *pro-nomen*, em lugar do nome; *prod-esse*, ser a favor de. ■ **re- > red**, **rep**, para trás, de novo: *re-grědi*, regredir; *red-undare*, redundar; *rep-perire*, tornar a achar, descobrir. ■ **se- > sed**, sem; separado de: *se-gregare*, separar da grei; *sed-itionem*, separação, revolução. ■ **semi-**, pela metade: *semi-circŭlus*, meio círculo. ■ **sub > sub**, **suc**, **suf**, **sug**, **sup**, **sur**, **sus**, sob, debaixo: *sub-mittěre*, submeter; *suc-ceděre*, entrar debaixo, suceder; *suf-ficěre*, substituir; *sug-gerěre*, submeter, sugerir; *sup-poněre*, pôr embaixo; *sur-ripěre*, surripiar; *sus-citare*, suscitar, ■ **trans > tran**, **tra**, para além de: *trans-ferre*, transferir; *tran- scriběre*, transcrever; *tra-ducěre*, traduzir.

3. Derivação por sufixação – Quase todos **os sufixos latinos derivaram para o português**, embora com alterações. O registro da <u>inci-</u>

dência da tônica serve de parâmetro para os vocábulos cogêneres. Registram-se, aqui, os sufixos mais recorrentes. Para sufixos formadores de advérbios, ver 1.9.

1) <u>Substantivos</u> **derivados de verbos ou nomes, com sufixos portadores da idéia de:** ■ **a)** ação, estado, resultado: **-ĭo, tĭo, -or, -us, -ĭum, -ĭdo, -ūra, -men**: *opinio, oratio, fulgor, vulnus, studium, cupido, figura, certāmen*, "opinião, oração, fulgor, chaga, esforço, cobiça, figura, combate"; ■ **b)** qualidade, estado: **-ĭa, -itĭa, -ĭes, -itĭes, -tas, -ĭtas, -tūdo, -itūdo, -tus, -ĭtus, -ēdo**: *audacia, iustitia, pauperies, mollities, tempestas, dignitas, fortitudo, altitudo, senectus, servitus, dulcedo*, "audácia, justiça pobreza, moleza, tempestade, dignidade, fortaleza, altura, velhice, servidão, doçura"; **c)** instrumento, meio, lugar: **-bŭlum, -cŭlum, -mēntum, -trum**: *tintinnabulum, vinculum, instrumentum, aratrum*, "campainha, vínculo, instrumento, arado"; ■ **c)** diminuição: **-ŭlus, -ŏlus, -ēllus, -ĭllus, -cŭlus**: *globulus, filiolus, libellus, capillus, corpusculus*, "góbulo, filhote, livrinho, cabelo, corpúsculo"; ■ **d)** ato ou efeito de: **-ĭo, -tĭo, -ĭum**: *legio*, "escolha, legião de soldados"; *actio, vocatio*, "ação, vocação"; *gaudium, iudicium*, "alegria, julgamento"; ■ **e)** função, dignidade: **-ātus, ĭum, ūra**: *consulatus, sacerdotium, praetura*, "consulado, sacer- dócio, pretura"; ■ **f)** exercício ou local de profissão: **-ĭna**: *medicina, officina, piscina*, "medicina, oficina, piscina"; ■ **g)** ação ou estado: **-ĭum**: *sacerdotĭum, ministerĭum*, "sacerdócio, ministério"; ■ **h)** agente: **-tor** (f. **-trix**), **-sor**: *victor, victrix; censor*, "vencedor(a), censor".

2) <u>Adjetivos</u> **formados com sufixos portadores da idéia de:** ■ **a)** natureza, matéria: **-ĕus, -ĕa, -ĕum**: *aureus, aurea, aureum*, "áureo/a"; ■ **b)** relativo a, próprio de: **-āris, -arĭus, -ānus, -ēster, -ĭcus, -ālis, -ēlis, -ilis**: *anularis, argentarius, humanus, terrester, publicus, humilis, fatalis, crudelis, febrilis*, "anular, prateado, humano, terrestre, público, humilde, fatal, cruel, febril"; ■ **c)** propensão, abundância: **-ax, -ox, -ōsus, ĭdus, -lēntus-, -būndus, -cūndus**: *audax, ferox, formosus, validus, violentus, moribundus, iracundus*, "audaz, feroz, formoso, válido, violento, moribundo, iracundo"; ■ **d)** aptidão, possibilidade: **-ĭlis, -bĭlis**: *utilis, mirabilis*, "útil, admirável"; ■ **e)** naturalidade, nacionalidade: **-ānus**,

-īnus, ĭus, -ēnsis: *Romanus, Tarentinus, Corinthius, Brasiliensis*, "romano, tarentino, coríntio, brasileiro"; ■ f) tempo: -ērnus, -ūrnus, -tūrnus: *hodiernus, diurnus, nocturnus*, "hodierno, diurno, noturno". ■ g) natureza, estado: -būndus, -cūndus: *moribundus, facundus, secundus*, "moribundo, facundo (eloqüente), segundo (favorável)".

3) <u>Verbos</u> **denotativos da categoria aspectual de desenvolvimento da ação**: ■ a) <u>incoativos</u> (*inchoare*, gr. começar): -sco: *creo,1*, > *cresco,3*, "começar a criar, cre<u>sc</u>er"; *valĕo,2,* > (*con*)*valēsco,3*, "começar a ter saúde, convalescer;" *florĕo,2,* > *floresco,3*, "começar a florir, florescer"; *gemo,3,* > *ingemisco,3* > "começar a gemer"; ■ b) <u>iterativos</u> (*iterare*, reiterar), <u>freqüentativos</u> ou repetitivos: -to e -so: *ago,3,* > *agĭto,1*, "mover repetidas vezes"; *verto,3,* > *verso,1*, "revirar" ■ c) <u>desiderativos</u>: -urĭo e -turĭo: *ĕdo,3,* > *es-urĭ-o,4*, "ter desejo de comer, ter fome"; *emo,3,* > *empturĭo,4*, "desejo comprar"; ■ d) <u>diminutivos</u>: -ĭllo: *vaco,1,* > *vacīllo*, "cometer pequenos vacilos, cochilar"; ■ e) <u>intensivos</u>: -to: *dormĭo,4,* > *dormīto,1*, "crescer em sono, cochilar, dormir"; *quaero,3* > *quaerĭto,1*, "procurar com ardor".

16. Guerras Púnicas (264-146 aC): rota de Aníbal contra Roma (217 aC).

2 Língua Latina

1. Matéria, objetivos, meios – O processo de aprender, sob forma rápida, proficiente e global, uma língua estrangeira ganha em operacionalidade e eficiência se, ao invés de fazer-se mediante interpretação de textos destituídos de intuito didático, como os da seção 3, se faz mediante antologia de frases selecionadas e ordenadas progressivamente por tópicos gramaticais e mediante consulta a uma gramática e a um glossário lexicológico previamente escritos. [1 e 5]

Objetivos – Com base nisso, a presente antologia visa levar o estudante a adquirir um conhecimento prático, global e ágil dos recursos morfossintáticos e lexicossemânticos do latim e, por efeito de sua derivação, os do português, bem como habilitá-lo a passar, sem tardança, para a leitura de outros textos, tais como os da seção 3, matéria destinada ao estudo da literatura, da lingüística e da teoria literária.

Meios – Sublinham-se os morfemas em estudo; ministram-se amplos subsídios à leitura e à interpretação; indicam-se exercícios paradigmáticos prévios a cada tópico; acrescentam-se transformações paradigmáticas e/ou sintagmáticas àquelas frases que as propiciam, cuja prática se sinaliza por acréscimo de letras ao número da respectiva frase (1, 1a, 1b, 1c...); explicitam-se os tópicos em estudo. Em cada tópico, o ideal de interpretar todas as frases pode reduzir-se a uma parcela, mas alterar a ordem dos tópicos implicaria saltar etapas e subverter a ordem de apresentação da matéria.

Matéria – Cerca de 800 frases selecionadas da literatura latina pelos critérios de maior adequação aos objetivos e de menor complexidade lingüística. Na sua maioria, são frases de escritores clássicos, provérbios, aforismos, máximas, ditos famosos e expressões ainda usuais, bem como conceitos, normas e princípios do Direito Romano, que derivaram para o Direito moderno, em especial o brasileiro. As frases encontram-se ordenadas por tópicos gramaticais progressivos, correspondentes aproximadamente aos da *Gramática*, [seção 1], à qual a antologia remete, a cada passo, pelo número dos seus tópicos.

2. Desenvolvimento – Na derivação do latim ao português, o sistema flexional dos verbos latinos subsistiu, embora com alterações, supressões, criações e transposições, [1.8 e 4.4], ao contrário do sistema flexional dos nomes (substantivos, adjetivos) e pronomes, que não deixou no português senão resíduos e que, por isso, se constitui em desafio maior a um lusofalante que estuda latim. [1.3; 1.4 e 4.3] Por isso e porque o verbo é a classe gramatical de maior poder de informações morfossintáticas, esta antologia, de nove seções, começa por estudar a conjugação dos verbos. Da flexão dos nomes, ela tratará só depois de haver ministrado noção panorâmica da flexão verbal, que poderia apresentar-se como protótipo do nominal. No estudo dos verbos, começa-se por um diálogo, que traduz a vocação imperialista dos romanos e que explora a conjugação de *sum*, "ser, estar, existir" e seus compostos, porque este verbo, por funcionar como auxiliar, conectivo e intransitivo, é dos que mais recorrem.

3. Metodologia do ensino/aprendizagem – Os componentes de cada (sub)sistema lingüístico apresentam <u>relações</u> <u>paradigmáticas</u> (morfemas verbais e nominais homogêneos, presentes ou ausentes) e <u>sintagmáticas</u> (de regência, concordância e colocação) entre os termos da frase. Por isso, o estudioso de qualquer um dos seus componentes deve empenhar-se por correlacioná-los com os demais componentes homogêneos, quer presentes quer ausentes, bem como por descobrir as relações sintagmáticas entre os termos na cadeia da frase. Esta orientação estende-se aos tópicos das cinco seções da obra (em especial à *Gramática*), aos quais o próprio texto remete a cada passo. Nesse sentido, frise-se que a interpretação de um texto (termo, frase, parágrafo) não pode considerar-se adequada, antes que nela brilhe a coerência interna (entre os componentes sintagmáticos e paradigmáticos) e externa (lexicossemântica), inclusive com o contexto da obra.

4. **Análise e interpretação de textos** – Ver orientações ministradas em 1.3.5. É de grande valia fazer as tarefas propostas no início de cada tópico, tendo sempre presente (em tabelinhas ou na memória) as relações paradigmáticas dos verbos e nomes, bem como as relações sintagmáticas de concordância, regência e colocação.[1.3.3]

5. **Exercícios** – Aos exercícios propostos poderiam acrescentar-se outros, envolvendo categorias de número, gênero, pessoa, tempo, modo, voz, novos lexemas (vocábulos) e locuções cabíveis ou, mesmo, correlacionando frases entre si, mas sem perder de vista os objetivos e os limites do tempo disponível. Também se poderia pesquisar nos textos: a) a família de cognatos de certos vocábulos latinos e/ou de seus derivados em línguas neolatinas; [5] b) a derivação ortográfica, morfossintática ou lexicossemântica do latim para o português; [4] c) a presença de elementos da cultura latina (lingüísticos, literários, jurídicos, etc.).

6. **Recursos didáticos** – Nos cursos acadêmicos, convém que o processo ensino/aprendizagem seja dinamizado mediante envolvimento dos alunos em competições, preferencialmente por equipes, premiando, ao menos por atribuição de conceitos, os melhores resultados. Como? – a) no estudo de um mesmo texto, atribuir às equipes tarefas diferentes, cujos méritos o plenário poderia avaliar; b) periodicamente, promover, em tempo cronometrado, concursos de interpretação, (re)citação, transcrição, memorização, dramatização de textos e apresentação dos resultados de minipesquisas feitas extraclasse sobre um ou vários temas de interesse. A memorização de conteúdos bastante explicados é de grande valia em qualquer área do saber, razão do apelo nesse sentido.

7. **Ordem de leitura dos textos** – O estudante haverá de auferir vantagens se adotar esta ordem de leituras: 0 "Cultura latina", em especial 0.1 "Conceitos operacionais"; 4 "Do latim ao português e vice-versa". Considerem-se subsídios de capital importância a *Gramática*, seção 1, e o *Glossário*, seção 5. Ao começar a leitura, convém recordar as regras de incidência da tônica, 1.1.3 e 5, e o significado das convenções.

17. *Octavianus **Augustus***, imperador, 31 aC-14 dC, no século áureo da política e arte. Por Mecenas, promoveu Horácio, Virgílio, Tito Lívio e Ovídio (Morisset, p. 442).

2.1 Verbos: radicais, derivação dos tempos, desinências, conjugação

Pronúncia e ortografia, 1.1; verbos em geral, 1.8; classes, 1.8.1; radicais e seus tempos derivados, 1.8.2 e 1.8.3; desinências, 1.8.3; conjugação, 1.8.5 (regulares) e 1.8.7 (irregulares); pronomes pessoais, 1.7.1; partículas interrogativas, 1.9.1; léxico, 5; interpretação, 1.3.5. ■ 1) A partir dos radicais e desinências, identifique pessoa, tempo e modo; 2) recite e/ou escreva, de cor, ao menos cinco frases de cada subtópico de 2.1.

2.1.1 Verbo *sum*: irregular, de ligação, intransitivo

Tempos primitivos: *s-u-m, es, es-se, fu-i, futūr-us, a, um*; conjugação, 1.8.7. Literatos, 0.3.3. Drálogo: Vocação imperialista e artística de Roma.

1. Magĭster – **Adēste**, discipŭli, et este attenti. Artem grammatĭcam, rhetoricam et litterāriam docēbo vos. Ego sum Donatus, magĭster ves-

ter. Quis es tu? qui est̲is vos, quaeso? *Ficai junto a mim e estai aten-*
tos, ó alunos! Sou Donato, vosso professor. Ensinar-vos-ei gramáti-
ca, retórica e literatura. Quem és tu? quem sois vós, peço (por favor)?

2. Ave atque salve, magister! Cognomĭne ego su̲m Plautus, ille **est**
Terentĭus. Vita est̲ne comoedia an tragoedia? Comoedia "ridendo
castĭgat mores". Função da comédia. Jean Santeuil, 1697. *Bom-dia e tem saúde, ó*
mestre! De sobrenome, sou Plauto, ele é Terêncio. A vida é comédia
ou tragédia? A comédia, "fazendo rir, censura os costumes".

3. Nos su̲mus Caesar, Sallustĭus, Titus Livĭus, Tacĭtus. Narratōres
erĭmus: "Historia est̲ magistra vitae": Cícero, De oratore, 2,9.36. semper **fuit**
et semper eri̲t. *Somos... Seremos narradores: "A história é mestra*
da vida": sempre foi e...

4. Ecce Catūllus, Horatĭus, Vergilĭus et Ovidĭus. Nonne poetae eru̲nt
illi? "Aut prod̲esse volunt aut delectāre poetae." Horatius, Ars Poética, v. 1.
Eis... Acaso não serão eles poetas? "Os poetas querem ou ser úteis
ou deleitar."

5. Num poss̲em ego non **esse** Marcus Tullĭus Cicĕro? "A poss̲e ad
ess̲e non valet consequentia." AJ "Legum servi su̲mus, ut libĕri ess̲e
poss̲ĭmus." Cícero *Acaso poderia eu não ser...? "De poder para ser não*
vale conclusão." "Somos servos da lei para que possamos ser livres."

6. Num ab̲sunt Tibūllus et Propertĭus? *Acaso estão ausentes...?*

7. Sic est̲. Sed ad̲sunt Senĕca, Lucanus, Martiālis et Quintilianus, qui
in Hispania nati sunt. *É assim (mesmo). Mas estão presentes..., que*
nasceram na Espanha.

8. Cicĕro, Ovidĭus, Vergilĭus, Horatĭus et Iuvenālis, in Italĭa nati sunt.
Orosĭus in Lusitanĭa; Aloisĭus in Germania. ... *Luís̲ na Alemanha.*

9. Phaedrus, in Graecĭa. Apulēius, Terentĭus et Augustīnus, in Africa.

10. "Roma aeterna", Vergilius, Aeneis, 6, v. 851, est "caput mundi", Inscrição em moe-
das romanas. "Roma locuta, causa finita". S. Augustinus, *Sermones*, 131, 10. *"Roma*
eterna" é a "capital do mundo". "Roma falou, a questão acabou".

159

11. Roma erit domĭna gentĭum, magistra artĭum et legum: "omnĭum qui sunt, qui **fuērunt** et qui **futūri** sunt". [Cícero] *Roma será a senhora do povos, mestra das artes e das leis: "de todos os que existem..."*

12. "Alme sol, nihil possis urbe Romā vidēre maius!" [Horátius, Carmen Saeculáre, estrofe 10.] *"Ó sol fecundo, nada possas ver maior que a cidade de Roma!"*

13. Ad hoc, sint agricŏlae, nautae et mercatōres. *Para isso haja agricultores, marinheiros e mercadores.*

14. "Sit mens sana in corpŏre sano." [Iuvenalis, Sátyrae, X, v. 356.] *"Haja mente sadia em corpo sadio".*

15. Si nautae et milĭtes non fuĭssent, imperĭum Romanum esse non posset. *Se não tivessem existido marinheiros e soldados, não poderia existir o império romano.*

16. "Sed nihil est agriculturā melĭus". [Cícero, De officiis, I, 153.] *"Mas nada existe melhor que a agricultura".*

17. Magister, data venia, esto brevis et placēbis! *Professor, com licença: sê breve e agradarás!*

18. Eia! Scire est posse. Si vis, potes. "Scientia potentia est." [Rogerius Bacon, Doctor Admirabilis, 1214-1294.] Scientĭa nobilĭtat. Haec sententiae prosint vobis. Estōte sedŭli. Valēte! *Eia! Saber é poder. Se queres, podes. "A ciência é poder." A ciência enobrece. Estes pensamentos vos sejam úteis. Sede estudiosos. Tende saúde (adeus)!*

19. Ita erit. "In perpetŭum, magister, ave atque vale!" [Catúllus.] *Assim será. "Para sempre, ó mestre, bom-dia e saúde!"*

2.1.2 Primeira conjugação: *am-ā-re*

Tempos primitivos: *1. am-o (< ama-o), amā-re, amāv-i, amāt-um; 2. do, da-re, dĕd-i, dat-um; 3. nomĭno, -āre, -vi, -ātum; 4. seco, secā-re, secŭ-i, sect-um.* ■ Pronúncia e ortografia, 1.1; classes, 1.8.1; radicais e seus tempos derivados, 1.8.2 e 1.8.3; desinências, 1.8.3; conjugação, 1.8.5; pronomes pessoais, 1.7.1; partículas interrogativas, 1.9.1; léxico, 5; interpretação, 1.3.5. ■ 1)

Identifique pessoa, tempo e modo; 2) recite e/ou escreva, de cor, ao menos cinco frases de cada subtópico de 2.1.

1. Amāre – a) Tempos imperfectivos (os de ação inacabada): radical do *infectum* – 1 2 **Ama** me, amo te, serva fidem. [Inscrição em aliança] *...conserva a fidelidade* 2 Ego amo [< ama-o] et amor, tu amābas et amabāris; illa amābit et amabĭtur; utĭnam nos amēmus et amēmur; si amarēmus, amarēmur; amate et amabimĭni. 3 Vivamus, mea Lesbia, atque amēmus. [Catúllus, Cármina, 5,1.] 4 Ars amandi. [Título de opúsculo de Ovídio.] 5 Amantes, amentes. [Teréntius, Ándria, 1, 3, 13.] 6 Amāndo, amabĭmur. 7 Si vis amāri, ama [amabĭlis esto]. 8. Deus colĭtur et amātur. [Sêneca, Epístulae, 47, 18.]

b) Tempos perfectivos (os de ação acabada): radical do *perfectum* – 1 Cras amet qui numquam **amāvit**; qui amāvit, cras amet. [Autor desconhecido.] [Pervigílium Venĕris, "Vigília de Vênus", séc. V.] *Amanhã ame quem nunca amou; quem...* 2 Ego amāvi; tu amavĕras; si ego amavĕro; utĭnam [oxalá] ego amavĕrim; si nos amavissēmus; illi amavīssent. 3 Ovidĭus narrat {se Corinnam amavīsse.} *Ovídio relata ter ele...*

c) Formas verbo-nominais derivados do *supino* – 1 Musa **amata** est [amata erat, si amata esset, utĭnam amata sit.] 2 Scimus {Cynthĭam a Propertĭo amatam esse}. *Sabemos Cíntia ter sido amada por Propércio.*

2. Dare – a) 1 **Dare** [dari] in solūtum... *em pagamento.* [AJ] 2 Date et dabĭtur vobis. [Cristo, *apud* Lucas 6, 38] *Dai e será dado a vós.* 2a Da et datur tibi; dabas et dabātur tibi; dabit et dabĭtur ei; *...a ele;* utĭnam demus et detur nobis; si darētis, darētur vobis; dando, dabĭtur illis. 3 Illi poena datur qui semper amat nec amātur. [Provérbio medieval.] *Um castigo é dado àquele que...* **b/c)** 4 **Dedĭstis** et **datum** est vobis. *Destes e foi dado a vós.* 4a Si dedissētis, datum esset vobis. 5 Data venĭa, *dada a permissão.*

3. Nomināre – a) 1 Ego nominor leo [Leo]. [Phaedrus, Fábulae, I,5,7. 1,5.] *Eu sou chamado (me chamo) leão (Leo).* 2 Tu **nomināris** Iulĭa; illa nominabĭtur Silvĭa; utĭnam [oxalá] nos nominēmur Tullĭa et Livia; vos nominabimĭni Theresĭa et Aloisĭus; illae nominabūntur Agrippĭna et Cleopătra. 3 Nominandi casus "nominativus casus" nominātur. *O caso (gramatical) de nominar é chamado "caso nominativo".* **b)** 4 Quis **nomināvit**

me? *Quem me denominou?* **c)** 5 Ex amōre amicitia **nominata** est. ^{Cícero,}
^{Laelius seu de amicitia.} *A "amizade"... a partir de "amor".*

4. Outros – 1 Ille (illa) habĭtat. 2 Veto, vetabāmus, vetābunt. 3 Superāvit. 4 Errare [erravīsse] humanum est. 5 Cicero causas in plura genĕra secat. ^{Quintilianus, Institutiones Oratoriae.} *Cicero secciona as causas (judiciais) em vários gêneros.* 1a Ille secŭit; causae sectae sunt. 5 Cogĭto, ergo sum. *Penso, por conseguinte (logo) existo.* ^{Cíc., Tusculanae disputationes, 5,38; Cartesĭus,} 1637, Discurso do método, 4.3.5 e Principia philosophīae, 1,7; 10: verdade firme e assegurda, de que não se pode duvidar, princípio primeiro do cartesianismo.

18. Aluno declamando diante do *litterátor* ou *grammáticus* (Morisset, p. 1038).

2.1.3 Segunda conjugação: *mon-ē-re*

Tempos primitivos: *1. monĕ-o, monē-re, monŭ-i, monĭt-um / docĕ-o, docē-re, docŭ-i, doct-um; 2. habĕ-o, habē-re, habŭ-i, habĭt-um; 3. tacĕ-o, tacē-re, tacŭ-i, tacĭt-um.* ■ Classes, 1.8.1; radicais e seus tempos derivados, 1.8.2 e 1.8.3; desinências, 1.8.3; conjugação, 1.8.5; pronomes pessoais, 1.7.1; partículas interrogativas, 1.9.1; léxico, 5; interpretação, 1.3.5. ■ 1) Identifique pessoa, tempo e modo; 2) recite e/ou escreva, de cor, ao menos cinco frases de cada subtópico de 2.1.

1. Monēre, docēre – a) 1 **Monēre** estne **docēre**. *Acaso admoestar é ensinar?* 2 Experientĭa docet. ^{Tácito} *A experiência...* 3 Monendo, docĕo [doce; docēte; docebātis; docebĭtis; utĭnam doceāmus]. 4 Docendo docĕor [docebāris, docebĭtur; doceamĭni; docerēntur]. 5 Monēntes suntne docentes? *Os admoestadores são, acaso, docentes?* **b)** 6 Experientĭa **monŭit** et **docŭit**. 6 Monuīsse estne docuisse? *Ter admoestado é...* 7 Quamquam [conquanto] monuīssent, non docuērunt. **c)** 7 Vita **monĭta** et **docta** est [– erat; – erit; – sit; – esset].

2. Habēre – a) 1 **Habĕas** corpus. *Tenhas o corpo (em liberdade).* [CF, 5°, LXVII.] 2 Habĕas data.... *os dados.* [cf. 5°, LXXII.] 3 Habēmus legem [– papam...] *Temos lei...* 4 Res iudicata pro veritate habētur. *Coisa julgada é tida por verdade.* **b)** 5 Nemo dedit quod non **habŭit**. **c)** 6 **Habĭta** fides fidem oblĭgat. [AJ] *Fidelidade obtida empenha à fidelidade.*

3. Tacēre – a) 1 Senatōres, dum **tacent** clamant. [Cícero, Catilinária I.] *Os senadores, enquanto...* **b)** 2 Senatores, dum **tacuērunt**, clamaverunt. **c)** 3 Patria, quodam mŏdo **tacĭta**, loquĭtur. [Cíc., In Catilinam, I.] *A pátria, de certo modo..., fala.* 4 Si tacuīsses, philosŏphus mansisses. [Boécio, †524, De consolatione philosophiae, II, 17.] *...terias permanecido filósofo (sábio).*

4. Outros – 1 Debēmur morti nos nostrāque. [Horatius, Ars Poética, v. 63.] 2 Uti possidētis... [Expressão diplomática usual em tratados de paz.] *Como possuís (em paz vossos territórios...)* 3 Vidĕo; placet.

2.1.4 Terceira conjugação: consonantal: *reg-ĕ-re*

Tempos primitivos: *1a. lĕg-o, leg-ĕ-re, lēg-i, lect-um; 1b. scrib-o, scrib-ĕ-re, scrips-i, script-um; 2. dic-o, dic-ĕ-re, dix-i, dict-um; 3. pon-o, pon-ĕ-re, posŭ-i, posĭt-um.* ▪ Classes, 1.8.1; radicais e seus tempos derivados, 1.8.2 e 1.8.3; desinências, 1.8.3; conjugação, 1.8.5; pronomes pessoais, 1.7.1; partículas interrogativas, 1.9.1; léxico, 5; interpretação, 1.3.5. ▪ 1) Identifique pessoa, tempo e modo; 2) recite e/ou escreva, de cor, ao menos cinco frases de cada subtópico de 2.1.

1. Legĕre, scribĕre – a) 1 Bis **lēgit** qui **scribit**. *Duas vezes lê, quem...* 2 Bis legĭtis [legebātis, legētis] dum scribĭtis [scribebātis, scribētis]. 3 Ars scribēndi estne ars legendi? *A arte de escrever é acaso...?* 4 Scribēntes sunt legentes; legentes sunt potentes. [R. Bacon. †1294] *Os que escre-*

163

vem são lentes;... **b)** 5 Bis lēgit qui **scripsit**. *Duas vezes leu, quem...* 6 Bis legissētis, si scripsissētis; bis legĕrit qui scripsĕrit. **c)** 6 Bis **lectum** est quod **scriptum** est. *Duas vezes foi lido aquilo que...* 7 Post scriptum. *Pós- escrito.* ^{Acréscimo a um escrito.}

2. Dicĕre – a) 1 **Dico** [dicit, dicet, dicēbas si dicerēmus, dicĭte, dicent] Homerum caecum fŭisse. *...Homero ter sido cego.* 2 Homērus dicĭtur [dicebātur; dicerētur, dicētur] caecus fŭisse. **b)** 3 **Dixērunt** [dixĕrant, dixĭssent] Homerum caecum fuisse. **c)** 4 Homerus **dictus** est [– erat; – esset] caecus fuisse.

3. Ponĕre – a) 1 Homo pro**pōnit**, sed Deus dispōnit. ^{Tomás de Kempis,} ^{†1380, Imitação de Cristo, 1,19,2.} *O homem propõe, mas...* **b)** 2 Deus pro**posŭit**, sed Linnaeus disposūit. ^{Homenagem ao naturalista sueco, 1778.} 2a Si Deus non proposŭisset, Linnaeus non disposuisset. 2b Dicunt Linnaeum disposŭisse sed Deum proposuisse. *Dizem que Lineu dispôs, mas que...* **c)** 3 Mundus pro**posĭtus** et disposĭtus est. *O mundo foi...*

4. Outros – 1 Bis discit qui docet. *Duas vezes aprende, quem...* 2 Docendo discĭmus [discēmus, discĭte.] 2a Docendo discĭtur. ^{Sêneca, Epístulae, 7.} *Ensinando (pelo ensinar) se aprende.* ■ 3 Cedant arma togae. ^{Cícero, De officiis, I, 21.} *...as armas (militares) à toga (civil).* 3a Togae cessum est. *Foi cedido à toga.* [– erit; – sit; – esset]. ■ 4 Christus misit apostŏlos evangelizāre. ^{Mateus 28,18; Marcos 16,15; Lucas, 24,44} *Cristo enviou os apóstolos a...* 4a Apostoli missi sunt [– erant, – erunt, – essent]. ■ 5 Semper quaerĭmus verbum Latinum par Graeco. ^{Cícero} *Sempre procuramos uma palavra latina similar à grega...* [quaesivīsti; quaesiverātis; quaesītum est]. 6 Sapiens iniurĭae excipĭtur. ^{Sêneca} *O sábio é excepcionado (excluído) de...* 7 Exceptis excipiendis, *excetuadas as coisas a serem excetuadas.* ■ 8 Divĭde et impĕra. ^{Máxima de que os fins justificam os meios, que Maquiavel, †1527, aprendeu de Roma.} 9 Gallĭa omnis divīsa est in partes tres. ^{César, De bello gállico, I, 1.} *A Gália toda foi [está] dividida...*

2.1.5 Quarta conjugação: *audī-re*

Tempos primitivos: *1. audĭ-o, audĭ-re, audĭv-i, audĭt-um; 2. sentĭ-o, sentī-re, sens-i, sens-um; 3. vĕni-o, venī-re, vēn-i, vent-um.* ■ Pronúncia e ortografia, 1.1; classes, 1.8.1; radicais e seus tempos derivados, 1.8.2 e 1.8.3; desinências, 1.8.3; conjugação, 1.8.5; léxico, 5; interpretação, 1.3.5. ■ 1) Identifique pessoa, tempo e modo; 2) recite e/ou escreva, de cor, ao menos cinco frases de cada subtópico de 2.1.

1. Audīre – a) 1 **Audi**, vide et tace, si vis vivĕre in pace. *Ouve, olha e cala, se queres viver em paz.* 2 Ad vivendum in pace, audĭam, audiētis, audīte, audiātis, *Para viver em paz...* 3 Audiātur et altĕra pars.[AJ] [audiēbātur –; audiētur –] **b)** 4 Ad vivendum in pace, **audīvi**, audivĕram, utĭnam audivīssem ... **c)** 5 Altĕra pars **audīta** est, [– erit; – sit; – esset].

2. Sentīre – a) 1 Dicam quod **sentĭo**, [Cícero],[– sentiēbam, – sentīrem]. *Direi o que penso.* [...] **b)** 2 Milĭtes dolōres **sensērunt**, [sensĕrant, si sensīssent]. *Os soldados sentiram dores...* **c)** 3 Dolor **sensus** est, [sensus erat, sensus erit, sensus esset]. *Uma dor foi sentida...*

3. Venīre – a) 1 **Vĕnio**, vidĕo, vinco. *Venho, vejo, venço.* **b)** 1a **Vēni**, vīdi, vīci. [César ao Senado, sobre o rei Fárnace, no Mar Negro, 47 aC. *Apud* Suetônio, De vita Caesaris, 37.] *Vim, vi, venci* 1b Venerāmus [si venissētis, cum venĕrint]... *quando tiverem vindo.* **c)** **Ventum**, visum, victum est. *Chegou-se...*

4. Outros – 1 Pulsāte et aperiētur vobis. [Cristo, *apud* Lucas 11,91] 1b Pulsavīstis et aperuistis. 1c Pulsabĭmus et apertum erit.

2.1.6 Conjugação mista: a) em *i* (3ª + 4ª): *cap-ĕ-re / cap-ĭ-o*; b) em *u*: *distingŭ-o*

Tempos primitivos: **a) em i:** *1. iac-ĭ-o, iacĕ-re, iēc-i, iact-um; 2. cap-ĭ-o, cap-ĕ-re, cep-i, capt-um; 3. fac-ĭ-o, fac-ĕ-re, fec-i, fact-um **b) em u**: disting-ŭ-o, disting-u-ĕ-re, distīnx-i, distīnct-um.* ■ Classes, 1.8.1; radicais e seus tempos derivados, 1.8.2 e 1.8.3; desinências, 1.8.3; conjugação, 1.8.5; léxico, 5; interpretação, 1.3.5. ■ 1) Identifique pessoa, tempo e modo; 2) recite e/ou escreva, de cor, ao menos cinco frases de cada subtópico de 2.1.

A) Em *i* (3ª + 4ª): *iac-ĕ-re, iac-ĭ-o*

1. Iacĕre – a) 1 Alĕam **iacĭo**, [iaciēbas; iaciet, iaciēmus, iaciātis; si iacĕrent] *Lanço o dado (o destino, a sorte).* 1a Alĕa iacĭtur [iaciēbātur, iaciētur, iaciātur, si iacerētur]. **b)** 2 Caesar alĕam **iecit** (iecĕrat, si

iecīsset). **c)** 3 Alea **iacta** est. *O dado (a sorte)...* ^{César, 49 aC, ao atravessar o rio Rubi-}
cão, contrariando ordens do Senado. Suetônio, De vita Caesaris. Il. 2.

2. Capĕre – **a)** 1 Aquĭla non **capit** muscas [capiēbat, capĭet, ne ca-pĭat]. *A águia não captura moscas...* ^{Um magistrado não se ocupa de questões pequenas.}
2 Benevolentĭa beneficĭis capĭtur [capiātur; capiētur; capiebātur] *Mediante benefícios (é que) a benevolêcia é cativada....* **b)** 3 Aquila non **cepit** muscas [cepĕrat, si cepīsset]. **c)** 4 Beneficĭis benevolentĭa **capta** est [capta sit, capta esset].

3. Facĕre – **a)** 1 **Facĭo**, ut facĭas. ^{AJ Princípio da comutação.} *Faço para que...* 1a Faciebāmus, ut facerētis. *Fazíamos, para que...* 1b Ars bonum faciendi. *Arte de fazer o bem.* **b)** 2 Ut sementem **fecĕris**, ita et metes. ^{Cíc., De oratore, 2, 65, 261.} *Como ...a semeadura, assim também farás a messe.* **c)** 3 **Factum** fiĕri **infēctum** non potest. *O feito não pode tornar-se...*

4. Outros – 1 Lex prospĭcit, non respĭcit ^{AJ}. *A lei olha para frente...* 1a Lex prospēxit, non respexit. 1c In lege prospēctum est, non respectum. 2 Ubi incĭpit iudicĭum, ibi et finire debet. ^{AJ} *(No juizado) onde começa o julgamento, lá ele também...* 3 Incipientes fortuna adiŭvat. *A sorte ajuda os...* 4 Defĭcit; suffĭcit.

B) 3ª em *u*: *distingu-ĕ-re*

a) 1 Qui bene distinguit, bene docet. *Quem bem distingue...* [distinguēbat, distingŭet...] 2 Quod bene distinguĭtur, bene docētur. *Aquilo que...* **b)** 3 Qui bene distinxērunt, bene docuērunt. *Os que...* – 4 Ubi distinctum est, doctum est. *Onde foi distinguido...* 5 Memorĭa minuĭtur nisi eam exercĕas. ^{Cic., De senectúte, VIII.}

2.1.7 Verbos depoentes

Característica: forma passiva com sentido ativo. ▪ Classes, 1.8.1; radicais e seus tempos derivados, 1.8.2 e 1.8.3; desinências, 1.8.3; conjugação, 1.8.6; léxico, 5; interpretação, 1.3.5. ▪ 1) Identifique pessoa, tempo e modo; 2) recite e/ou escreva, de cor, ao menos cinco frases de cada subtópico de 2.1.

1. Primeira: *venĕr-or, venerā-ri, venerāt-us sum*, "venerar" – 1 Iudĭces legem interpretāntur [interpretentur, intepretabantur, interpreta-

buntur, interpretāti sunt]. *Os juízes... a lei.* 2 Deos venerāri debemus. Cícero *...os deuses.* 3 Graeci et Romani multos deos venera<u>bantur</u> [venerāti
erant]. *Os gregos e os romanos...* 4 Qui <u>gloriātur</u>, in Domĭno gloriētur.
São Paulo, 1 Coríntios 1,31 *Quem se gloria, no Senhor é que...* 5 Crescĭ<u>te</u> et multi-
plica<u>mĭni.</u> Gênesis 1,28 *...e multiplicai-vos.* Tempŏra mutantur, et nos muta-
mur in illis. Ovídio, Trístia, I, 9, 5-6. Hexâmetro.

2. Segunda: *confitĕ-or, confitē-ri, confess-us sum*, "confessar" – 1
<u>Confitĕ</u>or. Obra de S. Agostinho, outra de Paulo Setúbal. 1a Confitē<u>bar</u>, confibebĕris,
utĭnam confitēatur, confitē<u>re</u>, confite<u>mĭni</u>] 2 Te Deum laudāmus et con-
fitēmur. S. Ambrósio, bispo de Milão, †397, início de hino de ação de graças, [confitebĭmur;
confēssi erĭmus.] 3 Miserēre nostri. *Comisera-te de nós...* Idem, ibidem.

3. Terceira: *nasc-or, nasc-i, nat-us sum*, "nascer" – 1 Poeta nascĭtur,
orator fit. Prov. pedagógico. *...o orador se faz.* 1a Poetae nascūntur, oratōres fi-
ŭnt. 1b Poetae <u>nati</u> sunt, oratōres facti sunt. *Os poetas nasceram...* ■ 2
Rem tene, verba sequēntur. Catão Maior, Ad filium; Horátius, Ars Poética, 310. *Domina o
tema... (naturalmente).* 3 Duos qui <u>sequĭtur</u> lepōres, neutrum capit. *Quem
persegue duas lebres...* ■ 4 Si actor verba male loquētur, aut dormitābo
aut ridebo. Hor., Ars Poética. *Se o autor pronunciar mal as palavras...*

4. Quarta: *or-ĭ-or, orīr-i, ortus sum*, "originar-se, iniciar" – 1 Ex
facto <u>orĭ</u>tur ius. AJ [oriebātur; oriētur; oriātur]. *De um fato é que se origi-
na...* 2 Philosophĭa a Socrăte <u>orta</u> est Cícero (– orta erat, – orta esset]. *A filosofia...*

5. Mista (3ª + 4ª): *1. mor-ĭ-or, mor-i, mortŭus sum, "morrer"; 2 pro-
gredĭ-or, progrĕd-i, progrēss-us sum*, "progredir"; *3 patĭ-or, pat-i, pass-us
sum*, "padecer" – 1 Non omnis <u>morĭar</u>. *Não morrerei de todo.* Hor., Cármina,
"odes", III, 30. J 2 Ave, Caesar, moritūri te salūtant. Saudação dos cristãos ao imperador ao en-
trarem na arena; *apud* Suetônio, De vita Cláudii, XX. *Salve, César, saúdam-te...* ■ 3 Ad relĭqua <u>progredĭar</u> Cícero *...para as demais coisas.* 4 Cicero ad relĭqua <u>progres-
su</u>s est. ■ 5 Christus patĭtur [passus est] pro nobis. Carta 1Pedro, 2,21. *...por nós.*

2.1.8 Verbos irregulares: *sum, eo, fero, volo, fio*

Classes, 1.8.1; radicais e seus tempos derivados, 1.8.2 e 1.8.3; desinências,
1.8.3; conjugação, 1.8.7; léxico, 5; interpretação, 1.3.5. ■ 1) Identifique pes-

167

soa, tempo e modo; 2) recite e/ou escreva, de cor, ao menos cinco frases de cada subtópico de 2.1.

1. S-u-m, *es, es-se, fu-i, (fut-ūr-us, a, um)* *"ser, estar, ficar, existir"* [2.1] – 1 Tria sunt tempŏra vitae: quod **est**, quod **fuit**, quod **futūrum** est. [Sêneca] *Três são os tempos da vida: aquele que é...* 2 Aut prodesse volunt aut delectāre poetae. [Hor., AP, 333.] *O que os poetas querem é ou...* 3 Entes sunt aut praesentes aut absentes. *Os entes ou...* 4 Feci quod potŭi; facĭant meliōra potēntes. *...façam melhores coisas os que podem.* 5 De absentĭbus, nihil nisi bene. *De ausentes, nada (se fala) senão de bem.* 6 A "posse" ad "esse" non valet consequentĭa. *... não vale a ilação (conclusão).*

2. Eo, *īre, ī(v)i, ĭtum,* "ir a/para" – 1 Sic transit gloria mundi. *Assim... a glória do mundo* [transībat; transībit; transīvit (transĭit)]. 2 Gloria mundi transitūra est. [Tomás de Kempis, †1471, Imitação de Cristo.] 3 Omnia transībunt: ibĭmus, ibĭtis, ībunt. [Prov. medieval.] *Todas as coisas passarão:...* 4 Timĕo Iesum transeūntem et non redeuntem. [S. Agostinho] *Temo Jesus que passa e que...* 5 Pax introeuntĭbus, salus exeuntĭbus. [Inscrição em templo.] *Paz aos que entram...* 6 Praeterĭta mutare non possŭmus. [Cícero] *...as coisas pretéritas.* 7 Fama crescit eundo. [Vergilius. Aeneis, IV, 175.] *...pelo ir.* 8 Ibis, redībis nunquam peribis in armis. *Irás, retornarás nunca perecerás nas armas.* [Resposta ambígua de um oráculo a um rei prestes a ir à guerra.] 9 Ite, [Eucharistĭa] missa est infirmis. *...o pão eucarístico foi enviado aos enfermos.* [Entre os primitivos cristãos, esta forma de despedida da assembléia teria originado o termo missa, na acepção atual. Furlan, 1979.]

3. Fĕr-o, *fer-re, tŭl-i, lāt-um*, "levar, trazer, produzir" – 1 Dat qui non aufert. *Dá (um bem) quem não o...* 2 Quod diffĕrtur, non aufertur. *O que é adiado...* 3 Ignorantia differt ab errore.[AJ] 4 Quod fortuna fert, ferēmus aequo anĭmo. [Terêncio, Phórmio, 138.] *O que o acaso (o fortuito, a sorte) traz (produz), nós... com espírito sereno.* 5 Offer misĕro auxilĭum. [Terentius] *...auxílio ao indigente.* [Offĕrte; oblatum est]. 6 Pērfĕr ĕt ōbdūrā, mūltō grăvĭōrā tŭlistī. [Hexâmetro de Ovídio, Ars amandi, 2, 178; Horátius, Sátiras. 2, 5, 39; Vergílius, Aeneis, I, 207.] *Suporta e resiste; ...coisas muito mais graves.* 7 Timĕo Danăos et dona ferentes. [Hexâmetro de Vergílius, Aeneis, II, 49. O sacerdote Laocoonte opondo-se à entrada do cavalo grego em Tróia. *O que quer que isto seja, temo os gregos, mesmo quando... presentes.*

4. Volo, *vel-le, volŭ-i* (*nolo, malo*), "querer, não querer, preferir" – 1 Amicitĭa est {idem velle atque idem nolle.} Sallústius, De Catilinae coniuratione, 20,4. *A amizade consiste em... o mesmo.* 2. Eius est nolle, cuius est velle. AJ. (*A faculdade de) não querer é daquele que...* 3 Eius est noluĭsse, cuius est voluĭsse. 4 Hoc volo, sic iubĕo. Juvenal, Sátiras, VI, 223. Princípio do autoritarismo. *...isto, asssim mando...* 5 Qui finem vult, medium vult. *Quem quer o fim...* 6 Si vis pacem, para bellum. Vegécio, séc. IV dC. *...prepara a guerra.* 7 Qui quae vult dicit, quae non vult audĭet. *Quem diz o que quer...* 8 **Noli** turbare circŭlos meos. Arquimedes de Siracusa, 212 dC, ao soldado que, ofendido por isso, o matou. *Apud* Valério Máximo, Fatos e Ditos, VIII, 7. *Não ...meus círculos (cálculos).* 8a [Ne turbaverĭtis; nolĭte turbare...] 11 **Malo** servire quam pugnare. Cícero, Epístulae ad Átticum 7, 15, 2. 12 Ubi lex volŭit, dixit; ubi nolŭit, tacŭit. AJ *Onde a lei quis, falou;...*

5. Fio, *fĭ-ĕ-ri, fact-us sum*, "ser feito/produzido, acontecer" – 1 Poeta nascĭtur, orator fit. *...se faz (se torna).* 1a Poetae nascĭmur, oratōres fimus. 2 Nihil fit sine causa [fiat; fiet; fiĕret; factum esset]. *Nada é feito sem causa...* 4 Dixit Deus: "Fiat lux!" et lux facta est. Gênesis 1,3 *...5 "Fiant pisces" et pisces facti sunt.* Idem, ibidem.

2.2 Substantivos e adjetivos da 1ª declinação, genitivo -ae

Conceitos gerais, 1.2; flexões e funções sintáticas, 1.3; desinências dos casos das 5 decl., 1.4.1 a 1.4.3; 1ª decl., 1.4.5; adjetivos, 1.5.1; interpretação 1.3.5; sintaxe dos casos, 1.3.3; preposições, 1.10; léxico, 5. ■ 1) Decline: a) domĭna mea (f., decl. 1), *minha senhora*; b) serva sedŭla (f., 1), *serva esforçada*; c) magna charta (f. 1), *grande carta*; 2) memorize as formas de nominativo e genitivo singular dos nomes em estudo; 3) identifique caso, gênero e número dos sintagmas; 4) recite e/ou escreva, de cor, 10 frases de 2.2.

169

1. Nominativo, genitivo e acusativo – 1 {Falsa causa} non est causa. [AJ] *A (uma) causa falsa...* 1a Num falsae causae sunt causae? *Acaso...?* 2 Sententia contra sententiam nulla est. [AJ] *Sentença...* 2a Sententiae contra sententias nullae sunt. 3 Poena praesuppōnit culpam. [culpas]. [AJ] *A pena...* 4 Hispania et Lusitania {provinciae Romanae} fuērunt. *A Espanha e a Lusitânia...* 5 Roma provincias habŭit Gallĭam, Macedonĭam, Asĭam. *Roma teve como províncias...* 6 Sed Sicilia {Romanārum provinciārum} prima fuit. *Mas a Sicília...* ■ 7 Ibi semper erit victoria, ubi concordia fuĕrit. *Lá..., onde...* 8 Graecia et Italia {non solum nautarum sed etĭam poetarum} patria fuerunt. *... não só... mas também...* 9 Agricŏlae {causa divitiārum Italiae} fuĕrant. 10 Proptereă poeta Vergiliusagricolae [agricolarum] vitam cantavit [cecĭnit]. *Por isso...* 11 Ante victorĭam ne canas triumphum. *Antes da... não cantes...* 12 Hannĭbal ante portas (est)! *Aníbal está...* Tito Lívio, Décadas. 2a guerra púnica, 219-201. 13 {Mala grammatica} non vitĭat chartam. *...invalida documento.* [AJ] 14 Horas non numĕro nisi senão serenas. Em relógio de um Jardim das Plantas, Paris. 15 Satĭra tota nostra (Romana) est. Quintilianus, Institutiones oratoriae, X, 103. *A sátira é...* ■ 16 *Nom.:* magna charta. *Acus.:* ad littĕram; in memoriam.

2. Dativo – a) Objeto indireto – 1 Serva laboriōsa {domĭnae suae [domĭnis suis]} obtempĕrat [placet, favet, non invĭdet; non nocet, benedĭcit, satisfācit]. *A empregada laboriosa obedece [...] à sua patroa.* 2 Cedant arma togae. Cíc., De officiis, I, 21. *Cedam as armas (militares) à toga (civil).* 3 Non scholae sed vitae discĭmus. *Não aprendemos para a escola, mas...* ■ **b) Complemento nominal de adjetivos** (dativo de interesse). – 1 Procella nautae [nautis] acerba [damnōsa, nociva, malefĭca, adversa, molesta, periculosa, perniciosa] est. *A tempestade é penosa...* 2 Aurora musae [musis] est iucūnda [cara, grata, apta, commŏda]. *A aurora... à musa.* 3 Ignoto Deo, Lucas, Atos dos Apóstolos 17,23. S. Paulo alude a uma inscrição em altar de Atenas. *Ao Deus...*

3. Ablativo e vocativo – 1 {Prudentiā et patientiā} Romă terras vicinas superavit. *Mediante prudência... (é que)* 2 Romă {victorĭis et praedis} divitĭas auxit. *...vitórias e presas (pilhagem).* 3 Romă provincias {magnā diligentiā} administravit. *...com grande zelo.* ■ 4 – "O magistră, sede in cathedra et ex cathedra narra fabŭlam de pirata [de piratis]!" *Ó professora, assenta-te na cadeira e da cadeira narra...* 5 Tum fabŭla de nautis et piratis sic a magistra narrata est: *Então... sobre marinheiros... pela professora.* 6 "Nautae de [ex] navicŭla [naviculis] saltaverunt et cum piratis pro patria hastis et sagittis pugnaverunt". *...pela pátria mediante lanças e setas.* 7 Patria a nautis servata est hora prima [secunda –, tertia – ...]. *A pátria foi salva...* 8 "Ex tunc, poetae {pulchris fabŭlis} incŏlas delectare coeperunt". *Desde então, os poetas começaram a...* ■ 9 *Abl.:* datā veniā; ex cathedra; in praesentia – in absentĭa; in summa; pro forma.

2.3 Substantivos e adjetivos da 2ª declinação: genitivo *-i*

Gênero, 1.2.3 e 1.4.4; flexões e funções sintáticas, 1.3; desinências dos casos das 5 declinações, 1.4.1 a 1.4.3; 2ª decl., 1.4.5; adjetivos, 1.5; preposições, 1.10; sintaxe dos casos, 1.3.3; interpretação, 1.3.5; léxico, 5. ■ 1) Memorize as formas de nominativo e genitivo dos nomes em estudo; 2) identifique caso, gênero e número dos sintagmas (locuções).

2.3.1 Nominativo em *-us*: masculinos ou femininos

Decline: a) poeta praeclarus (m., decl. 1+2), *poeta famoso*; b) pinus alta (f., 2+1), *pinheiro alto*; c) nauta valĭdus (f., d. 1+2), *marinheiro valente*; d) lupus ferus (m., 2+2), *lobo feroz*.

1 Agnus lupum timet quia lupi agnos devŏrant. *O cordeiro (o anho) teme o lobo porque...* 2 Aesopus et Phaedrus fabŭlā [fabulis] de lupo et agno [de lupis et agnis] discipŭlum [discípulos] docuērunt. *Esopo e Fedro... com uma fábula [com fábulas] a respeito de... –* 3 Servus laboriōsus {domĭno suo} obtempĕrat [placet, favet, parcit, satisfăcit...] *O servo laborioso obedece [...] ao seu patrão...* ■ 4 {Venti adversi} nautis sunt nocivi, [molesti, acerbi, malefĭci, damnōsi, periculosi, perniciosi]. *Aos marinheiros, os ventos adversos são...* ■ 5 {Maecenas, amicus Augusti,} me {in amicōrum suōrum numĕro} habŭit. [Horácio] *Mecenas, amigo de Augusto, teve-me por...* 6 Vita mortuōrum {in vivorum memóriā}

171

est posĭta. ᶜⁱᶜᵉʳᵒ 7 Debētis, discipŭli, de popŭlo Romano cogitare. ᶜⁱᶜᵉʳᵒ – 8 Medĭce, cura te ipsum. ᶜʳⁱˢᵗᵒ, ᵃᵖᵘᵈ ᴸᵘᶜᵃˢ ⁴,²³ ...*cura-te a* (*cuida de*) *ti mesmo.* 8a Medĭci, curāte vos ipsos. 9 Vox popŭli, vox Dei. *Voz do povo...* 10 Stultōrum {infinitus est} numĕrus. 11 Asĭnus asinum fricat. 12 Et tu, mi fili Brute! ˢᵘᵉᵗᵒ̂ⁿⁱᵒ. ᴰᵉ ᵛⁱᵗᵃ ᶜᵃᵉˢᵃʳⁱˢ, ⁸². ᴱˣᶜˡᵃᵐᵃᶜ̧ᵃ̃ᵒ ᵈᵉ ᶜᵉ́ˢᵃʳ, ᵉᵐ ⁴⁴ ᵃᶜ, ᵃᵒ ˢᵉʳ ᵃᵖᵘⁿʰᵃˡᵃᵈᵒ ᵖᵒʳ ᴮʳᵘᵗᵒ, ᵇᵉⁿᵉᶠⁱᶜⁱᵃ́ʳⁱᵒ ᵈᵉˡᵉ. *Também tu,* (*ó*) ...*!* 13 Tagus et Durĭus {Lusitanĭae magni sunt fluvĭi}. *O Tejo e o Douro...* ■ 14 *Ac.*: ante (post) Christum natum. 15 *Abl.*: in loco; loco citato. 16 *Abl.+ Gen.*: Anno Domĭni. 17 *Nom.+ Gen.*: Agnus Dei; ᴱᵛᵃⁿᵍᵉˡʰᵒ ᵈᵉ ˢ. ᴶᵒᵃ̃ᵒ ¹,²⁹. ᴵᵈᵉⁿᵗⁱᶠⁱᶜᵃᶜ̧ᵃ̃ᵒ ᵈᵉ ᶜʳⁱˢᵗᵒ ᵖᵒʳ ᴶᵒᵃ̃ᵒ ᴮᵃᵗⁱˢᵗᵃ. mappa mundi. 18 *Dat. + Ac.*: Deo gratĭas.

2.3.2 Nominativo em *-er* e *-ir* (subst.) e *-er* (adj.): masculinos

Gênero, 1.2.3 e 1.4.4; flexões e funções sintáticas, 1.3; desinências dos casos das 5 declinações, 1.4.1 a 1.4.3; 2ª declinação, 1.4.5; adjetivos, 1.5; preposições, 1.10; sintaxe dos casos, 1.3.3; interpretação, 1.3.5; léxico, 5. ■ 1) Decline: a) puer laetus (m., decl. 2+2), *menino alegre*; b) arbĭter iustus (m., 2+2); *árbitro justo*; c) magister noster (m., 2+2), *nosso mestre*; d) vir praeclarus (m., 2+2), *varão ilustre*; e) vir intĕger (m., 2+2), *homem íntegro*. ■ 1) Memorize a forma de nominativo e genitivo singular dos nomes em estudo; 2) identifique caso, gênero e número dos sintagmas.

1 Magĭster docet, arbĭter iudĭcat, minister servit, faber fabrĭcat [fabricātur]. *O professor ensina, o árbitro julga, o ministro presta serviço.* 1a Magistri docent, arbĭtri iudĭcant, ministri servĭunt, fabri fabricantur. 2 Maxĭmus magister est popŭlus. ᶜⁱᶜᵉʳᵒ – 3 Magister dixit {Alexandro, puĕro bono}: Recĭta, Alexander, ex libro! ...*Lê do livro, ó Alexandre.* 4 Alexander {de viris praeclaris} recĭtat. *Alexandre lê sobre...* 5 Magister attentus {sedŭlum Alexandrum} laudat. ...*o aplicado Alexandre.* ■ 7 Index librōrum prohibitōrum, *Índice* (*catálogo*) *dos...*

2.3.3 Nominativo em *-um*: neutros

Gênero, 1.2.3 e 1.4.4; flexões e funções sintáticas, 1.3; sintaxe dos casos, 1.3.3; desinências dos casos das 5 declinações, 1.4.1 a 1.4.3; 2ª decl., 1.4.5; adjetivos, 1.5; preposições, 1.10; interpretação, 1.3.5; léxico, 5.■ 1) Decline: a) signum magnum (n., decl. 2+2), *grande sinal*; b) lignum durum (n., 2+2), *lenha du-ra*; c) verbum meum (n., 2+2), *minha palavra*; d) bellum cruentum (n., 2+2), *guerra sanguinária*; 2) memorize as formas de nominativo e genitivo singular dos nomes em estudo; 3) identifique caso, gênero e número dos sintagmas.

1 Contra fact<u>um</u> non est argument<u>um</u>. ...*não há argumento.* 1a Contra fact<u>a</u> non sunt argument<u>a</u>. 3 Habĕas dat<u>a</u>. [cf. 5°., LXXII.] 4 Iustitia fundament<u>um</u> est regn<u>ō</u>rum.[Platão, 347 aC.] ■ 5 {Imper<u>ium</u> Romanum} a Romŭlo {parvum exord<u>ium</u>} habŭit. [Eutropius, Breviárium ab urbe cóndita.] ...*a partir de Rô-mulo*... 6 {Bell<u>a</u> Romae contra Carthagĭnem gesta [gero,3]} exord<u>ium</u> habŭērunt {anno ducentesimo sexagesimo quarto ante Christum natum}. *As guerras de Roma movidas contra Cartago tiveram início...* [Idem, ibidem.]

– 7 Verb<u>a</u> volant, script<u>a</u> manent. ...*(os) escritos...* 8 Verb<u>a</u> movent, exempl<u>a</u> trahunt. ...*arrastam.* 10 <u>In</u> dub<u>io</u> pro reo [<u>pro</u> misĕro, pro matrimonio].[AJ] *Na dúvida, em favor do...* 11 <u>In</u> dubio contra fiscum.[AJ] ...*os cofres estatais.* 12 Act<u>a</u> vehicŭl<u>um</u> sunt ad sententĭam.[AJ] *Os autos (atas)...* 13 Quod non est in act<u>is</u>, non est in mundo.[AJ] *O que não está nos autos (atas)...* ■ 14 *Abl.*: ab ovo; ex officĭo; in actis; in vitro; ipsis verbis. 15 *Ac.*: ad iudicĭa; post factum; post scriptum. 16 *Nom.+ Gen.*: curricŭlum vitae. 17 *Nom.+ Abl.*: pericŭlum in mora; verbi [exempli] gratiā.

2.3.4 Adjetivos da 1ª classe: genitivo *-ae* (1ª decl.), *-i* (2ª decl.)

Gênero dos subst., 1.2.3 e 1.4.4; decl. e concord., 1.3.4; 1.4.2 e 1.5.1; léxico, 5. ■ 1) Decline: a) poeta Latinus (m., decl. 1+2, *poeta latino*; b) nauta valĭdus (m., 1+2), *marinheiro valente*; c) puer laetus (m., 2+2), *menino alegre*; d) vir intĕger (m., 2+2), *varão íntegro*; bellum magnum (n., 2+2) *grande guerra*, 2) identifique caso, gênero e número dos sintagmas.

1 {Homerus, maxim<u>us</u> poet<u>a</u> Graecus,} {bella Troiana} cantavĕrat [cecinĕrat]. *Homero, o maior poeta grego, havia cantado [cantara]...* 2 {Vergilius et Horatius, maxĭmi poetae Latini,} {Graec<u>ōrum</u> poet<u>arum</u> discipuli} fuerunt. 3 {O poet<u>ae</u> Lat<u>ini</u>,} merĭto {agricŏl<u>as</u> laborios<u>os</u> et naut<u>as</u> val<u>ĭdos</u>} eximĭe cecinĭstis [cantavistis]! [1.14: 3] ■ 4 Num {vir probus et intĕger} {vir<u>um</u> impr<u>ŏbum</u>} laudabit? *Acaso um homem...* 5 Qui peccat ebrĭus, luat sobrĭus. *Quem peca (estando) ébrio, pague...* 5a Qui peccant ebrĭi, luant sobrii.

2.4 Substantivos e adjetivos da 3ª declinação: genitivo -*is*

Gênero, 1.2.3 e 1.4.4; 3ª decl., 1.4.6; adjetivos, 1.5; prep. 1.10; léxico, 5. ■ 1) Memorize as formas de nominativo e genitivo singular dos nomes em estudo; 2) identifique caso, gênero e número dos sintagmas; 3) recite e/ou escreva, de cor, ao menos cinco frases de cada subtópico de 2.4.

2.4.1 Substantivos de tema em consoante: masculinos e femininos

1) Decline: a) novus rex (m., decl. 2+3), *novo rei*; b) nova lex (f., 1+3), *nova lei*; c) homo intĕger (m., 3+2), *homem íntegro*; d) mulĭer intĕgra (f., 3+1), *mulher íntegra*; 2) memorize as formas de nominativo e genitivo singular.

1 Homo homĭni lupus (est, fit, evĕnit). *O homem (é, faz-se, torna-se) lobo para o homem.* Plauto, Asinária, II, 4, 48; retomado por Hobbes, †1679, em Leviathan. 1a Homĭnes hominĭbus lupi. 2 Memĕnto, homo, quia pulvis es. Gênesis 3,13 *Lembra-te, ó homem, que és pó.* 2a Mementōte, homĭnes, quia pulvis estis! 3 Timĕo hominem {unīus libri.} Tomás de Aquino, †1274, Definição do sábio. *...de um (só) livro.* 4 Et in terra pax hominĭbus bonae voluntātis. Lucas 2,14 *...de boa vontade.* ■ 5 Salus popŭli suprema **lex** esto. Cícero, De legibus, 3,3. *A salvaguarda do povo seja...* 6 Legis virtus haec est: imperare, vetare, punire, permittĕre.AJ *A força da lei é esta:* ...7 Non **rex** facit legem, sed lex facit regem. *Não é o rei que...* 7a Non reges facĭunt leges, sed leges facĭunt reges. 8 Sub lege libertas.AJ 9 Inter arma silent leges. Cíc., Pro Milóne, 4.10. *...as leis silenciam.* 10 Nulla poena sine lege. ■ 11 **Exceptĭo** confirmat (declarat) regŭlam a contrario sensu. *...a partir do sentido contrário.* 11a Exceptiōnes confirmant (declarant) regŭlas. 12 Actor probat actiōnem; reus, exceptionem. *O autor prova a (acus)ação; o réu, a exceção (a defesa).* 12a Actores probant actiones; rei, exceptiones. ■ 13 **Mater** semper certa est, **pater** autem mas incertus. AJ 13a Matres semper certae sunt; patres autem incerti. 14 **Dux** femĭna facti. Verg., Aeneis, I, 364. *...do feito (da fundação de Cartago) foi uma mulher (a rainha Dido).* 14a Duces feminae facti. 15 **Confessĭo** spontanĕa minŭit delictum et poenam.AJ 15a Confessiones spontaneae delicta et poenas minŭunt. ■ 16 Omnia vincit **amor**: et nos cedamus amori. Verg., Bucólica,

[10.69.] *O amor vence tudo*: *também...* 17 Pac<u>is</u> amor deus est. Propertius, Elegiae, 3, 5, 1. *O amor é um deus de paz.* ■ 18 Optĭmus **orator**, optima oratĭo. *...discurso.* 19 Cicero de optimōrum orat<u>ōrum</u> art<u>e</u> sex scripsit libros. *...seis livros sobre...* 20 In medio **virtus** [virt<u>ūtes</u>]. *No meio...* 21 Honor, praemium virt<u>ūtis</u>. Cíc., De claris oratóribus, 81. 22 Via cruc<u>is</u>, via luc<u>is</u>. *Caminho da cruz...* 23 Amicus Plato, sed magis amica verĭtas. Tradução de frase de Aristóteles, †322 aC *Amigo (é) Platão* [347 aC], *mas...* 24 Requiēscat in pac<u>e</u> – RIP. *Repouse...* Liturgia dos mortos. 25 Serva ordĭn<u>em</u> [legem] et ordo [lex] te servabit. 26 Morĭbus antiquis res stat Romana virīsque. Hexâmetro de Ênio, 169 aC, Annales, 156. *Nos costumes e varões antigos, sustenta-se o Estado romano.* ■ 27 *Nom.*: aurĕa mediocrĭtas. 27a *Abl.*: ab origĭne; (summa) cum laude; pro labōre; vice versa. 28 *Nom.+ Ac.*: (argumentum) ad homĭnem, Ataca o homem, ao invés do objeto em causa. 29 *Abl.+ Gen.*: cum grano salis; ratiōne personae [materiae, fori, loci, officĭi, tempŏris, valōris...]. *Em razão da...* 30 *Ac.*: iuxta [secundum, contra] legem. 31 *Nom.+ Abl.*: otĭum cum dignitate, Cíc., De oratore, I, I: ideal dos patrícios romanos retirados da vida pública.

2.4.2 Substantivos de tema em consoante: neutros

Identificação: nominativo em *-us, -ur, -ma, -men, -t, -c.* ■ Gênero, 1.4.4; 3ª decl., 1.4.6; adjetivos, 1.5.1 a 1.5.3; prep., 1.10; léxico, 5. 1) ■ Decline: a) tempus futurum (n., decl. 3+2), *tempo futuro*; b) carmen Latinum (n., 3+2), *poema latino*; c) ius publĭcum (n., 3+2), *direito público* ; d) caput magnum (n., 3+2), *grande cabeça*; e) opus citatum (n., 3+2), *obra citada.* ■ 1) Identifique caso, gênero e número dos sintagmas; 2) recite e/ou escreva, de cor, ao menos cinco frases.

1 Homĭnes {**tempus** praeterĭtum} laudant et {tempŏr<u>a</u> futura} sperant. 2 Historia est testis tempŏr<u>um</u> et lux veritātis. Cíc., De oratore, II, 9. 3 **Ius** est ars boni et aequi. AJ *...do bem e do justo.* 4 Iur<u>is</u> nomen a iustitia procēdit. 5 Summum ius, summa iniuria. AJ 6 Iur<u>a</u> vigilantĭbus subvenĭunt. AJ *...socorrem aos vigilantes.* ■ 7 Nullum **crimen**, nulla poena sine lege (praevĭa). AJ *Nenhum crime...* 7a Nulla crimĭna, nullae poenae sine legĭbus (praevĭis). 8 **Nomen** est omen. Plauto., Persa, 625; Cíc., In Verrem, 2,6,18. *Nome é presságio.* 9 Nomĭn<u>a</u> sunt odiosa. Cíc., Pro Róscio, 16, 47. 9a Nomen est odiōsum. 10 Nomĭn<u>a</u> stultōrum / ubicūmque sunt locorum. Prov. medieval. *...estão em*

175

qualquer dos lugares. 11 Horatius '**Carmen** Saeculare' et alĭa carmĭna scripsit. ...*um "Poema de Cem Anos"*... 12 Lucrum per **capĭta**. *Renda por*... 13 In lumĭne tuo videbĭmus lumen. ^(Salmos 36,9, Lema da Universidade de Colúmbia.) ■ 14 Domĭne, da **robur**, fer auxilium. *Senhor, dá robustez, traze auxílio*. 15 Vinum laetifĭcat **cor** homĭnis.^(Salmo 104,15) *O vinho alegra*... 16 Ex abundantia cord<u>is</u> os loquĭtur....(*é que*) *fala a boca*. 17 Sursum cord<u>a</u>! ^(Mateus 12,34) *Corações ao alto!* 15. ■ 18 *Nom*.: opus citatum, op. cit.; 19 *Ac*.: per (summa) capĭta; habĕas corpus. 20 *Nom*. + *Gen*.: Corpus Christi. ^(Festa do Corpo de Cristo, celebrada pela Igreja Católica desde o séc. XIII.)

19. Aluno conduzido pela mãe à escola de retórica (Morisset, p. 1056).

2.4.3 Substantivos de tema em *i*: masculinos, femininos, neutros

Classes: **a)** masculinos e femininos; *ars, art-is*; *civis, -is*; *nubes, -is*...; **b)** neutros: os em *-ar, -e, -al*: *exemplar, -āris*: *mare, -is*; *anĭmal, āl-is*. ■ Gênero, 1.2.3 e 1.4.4; 3ª decl., 1.4.6; adjetivos, 1.5.1 a 1.5.3; preposições, 1.10; léxico, 5. ■ 1) Decline: a) urbs antiqua (f., decl. 3+1), *cidade antiga*; b) civis Romanus (m. 3+2), *cidadão romano*; c) vulpes callĭda (f., 3+1), *raposa esperta*; d) mare magnum (n., 3+2), *grande mar*; e) homo sapiens (m. 3+3), *homem sábio*.

1. Masculinos e femininos – 1 **Urbs** āntĭquă fŭĭt... ^(Verg., Aeneis, 1,12.) *Houve uma cidade antiga...* ^((Cartago, fundada pela rainha Dido, de Tiro.)) 1a Urbs antiqua ruit. ^(Ibidem, 2, v. 229-368.) *Ruiu... (Tróia).* 2 Orĭgĭnes {**urbis** antiquae} [urbǐum antiquarum,] ut [tais como] Carthago, Troia, Byzantǐum et Athenae, obscurae sunt. 3 Concordia civǐum, murus urbǐum. *Concórdia dos cidadãos...* 4 Proprium **artis** est artem tegĕre [Ovidius] [celare]. *É próprio da arte...* 5 Roma fuit domǐna gentǐum, fons artǐum, magistra legum. *Roma foi senhora dos povos...* ■ 6 **Vulpes** pilum mutat, non mores. [Suetônio, De vita Vespasiani, 16.] *A raposa...* 7 {Vulpǐum astutǐam} Aesopus et Phaedrus bene illustraverunt. *...a astúcia das raposas.* ■ 8 **Civis** Romanus sum. [Cíc. Em Roma, senhora dos povos, o título de cidadão conferia privilégios especiais, que São Paulo usou em Atos 22,28.] 9 Constat ad salutem **civǐum** inventas esse leges... *terem sido inventadas as leis.* 10 Mensǐum nomǐna a deis et numĕris derivata sunt. *Os nomes dos meses...* [3.2.6] 11 Contra **vim** mortis / non est medicamen in hortis. [Prov. medieval.] *Contra a força (o violência) da morte...* 11a Contra vires mortis non sunt medicamǐna in hortis. ■ 12 Homo sapǐens, [nome científico da espécie humana na clasificação de Lineu.] 13 *Nom. + Dat.*: benedictǐo urbi et orbi, [Cíc. Cat., 4,9. Bênção papal a Roma e aos peregrinos de toda terra.] 14 *Nom. + Gen.* auri sacra fames, [Virg., *Aeneis*, III, 56], *maldita...*

2. Neutros – 1 Vos {exemplarǐa Graeca} {manu nocturna et diurna} versāte. [Horatius, AP., 268.] *Folheai... com mão...* 2 Terra ipsa homǐnes et animalǐa creāvit. [Lucretius, De rerum natura.] *A própria terra...* 3 Leo est rex animalǐum sicut aquǐla est regina avǐum. *...assim como...* 4 *Nom.*: Mare nostrum (*o Mediterrâneo*); marǐa montēsque pollicēri; [Salústius, De coniuratione Catilinae, 23.] terra marǐque quaerǐtat, [Plautus], *procura em terra...*

2.5 Substantivos da 4ª e 5ª declinação

Gênero, 1.2.3 e 1.4.4; 4ª declinação, 1.4.7; adjetivos, 1.5; preposições 1.10; léxico, 5. ■ 1) Liste e memorize as formas de nominativo e genitivo singular dos nomes em estudo; 2) identifique caso, gênero e número deles no texto; 3) recite e/ou escreva, de cor, ao menos cinco frases de cada subtópico de 2.4.

2.5.1 Quarta declinação: genitivo -ūs

Decline: fructus sanus et salūber (m., 4+2+3), *fruto sadio e salubre*; domus pulchra et salūbris (f., 4+1+3), *casa formosa e salubre*; manus magna et fortis (f., 4+1+3), *mão grande e forte*; genu flexum (n., 4+2), *joelho flexionado*. ■ 1) Memorize o nominativo e genitivo dos nomes em estudo; 2) identifique caso, gênero e número dos sintagmas.

1 Manŭs manum lavat. 2 In {manus tuas}, Domĭne, commendo {spirĭtum meum} Lucas 23,46 *...encomendo...* 3 Virtus spirĭtūs ubi vult, spirat. Evangelho de S. João, 3,8. *A força do espírito ...onde quer.* 4 Benedictus fructus {ventris tui, Iesus.} Id., ibid., 1,42. 5 Natura non facit saltus. 6 Quot capĭta, tot sensus. *Quantas cabeças...* 7 Causa cognoscĭtur ab effectu. *A causa é conhecida...* 8 Arbor bona {bonum fructum [bonos fructus]} fert. Mateus 7,17 *...produz...* 9 Ab abusu ad usum non valet consequentia [illatĭo]. AJ *Do abuso ao uso...* 10 {Senatus populūsque Romanus} {victorias exercitūs [exercitŭum]} magno gaudĭo celebrabant. *O Senado e o povo Romano...* 11 Nihil est in intellectu quod prius non fuĕrit in sensu. *Nada se encontra no intelecto que antes não...* Teoria de Aristóteles e S. Tomás, contra a das idéias inatas de Platão e S. Agostinho. 12 *Abl.*: a contrarĭo sensu; lato sensu; stricto sensu; pari passu; in transĭtu; de visu, de audĭtu.

2.5.2 Quinta declinação: genitivo -ĕi / ēi

Padrão: *res, r-ēi; dies; fides, fidĕi.* ■ Gênero, 1.4.4; declinação, 1.4.1 e 1.4.7; adjetivos, 1.5; léxico, 5. ■ 1) Decline: a) res publĭca (f., 5+1), *coisa pública*; b) dies festus (m., 5+2), *dia festivo.* ■1) Memorize as formas de nominativo e genitivo; 2) identifique caso, gênero e número dos sintagmas; 3) recite e/ou escreva ao menos cinco frases.

1 **Rem** tene, verba sequēntur. Catão, conselhos ao comunicador. *Domina o assunto, (então) as palavras seguirão (naturalmente).* 2 Definitĭo est declaratio essentiae rei [rerum]. 3 Forma dat esse rei [rebus]. *...o ser (a existência) à coisa.* 4 Actĭo (iudicialis) movetur in rem aut in personam.AJ *A ação (processual) é movida contra...* 5 Lucretĭus "de rerum natura" sex scripsit libros; Cícero, sex "de re publica". 6 Est modus in rebus. Hor., Sátirae, 1, 106. *Há medida (limite)...* 7 Ad perpetŭam rei memoriam. *Para a...* 8 Saepe {res secundae} {rebus adversis} mixtae sunt. *Muitas vezes, coisas prósperas estão misturadas.* 9 [Poeta epĭcus] auditōrem {in medias res} rapit. Hor. AP, 148. *[O poeta épico] arrebata... (cedo e sem divagar).* 10 {Rerum novārum} cupĭdo. Encíclica de Leão XIII, 1891, sobre questões so-

178

ciais. ■ 12 {Nulla **dies**} sine linĕa.^(Plinius, Historia naturalis.) 13 Carpe di<u>em</u> [dies].
^(Hor., Cármina, I, 11, 8.) *Aproveita...* 14 {Di<u>es</u> domin*ĭ*cus} non est iurid*ĭ*cus. ^(AJ)
14a {Di<u>es</u> dominici} non sunt iurid*ĭ*ci. ■ 15 *Abl.*: sine die; prima fac*ĭ*e;
in specie. 16 *Abl.* + *Ac*.: de die in diem. 17 Gaudium et spes, ^(Constituição Pastoral do Concílio Vaticano II, 1965.)

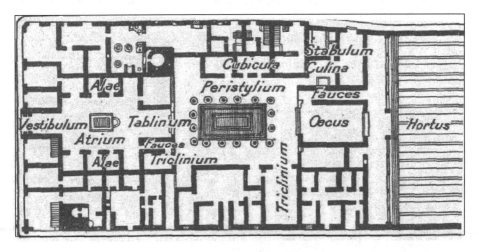

20. *Domus*: *vestíbulum, átrium, alae, tablinum, triclínium, cubícula, peristýlium, culina, fauces* (alçapão, canal), *oecus* (< gr. casa, salão) *stabĭlum, hortus*. (Gaffiot).

2.6 Adjetivos da 3ª declinação (2ª classe): genitivo -*is* – Concordância

---

Classes, 1.5; gênero, 1.4.4; 3ª decl., 1.4.2 e 1.5.2; concordância, 1.5.3 e 1.3.4; preposições, 1.10; léxico, 5. ■ 1) Memorize a forma de nominativo e genitivo dos adjetivos em estudo; 2) identifique caso, gênero e número dos sintagmas em estudo; 3) recite e/ou escreva, de cor, 15 frases de 2.6.

2.6.1 Adjetivos triformes

Paradigma: *celĕber, m.; celĕbris, f.; celĕbre, n. / genitivo celĕbr-is*. ■ Decline: a) eqŭus celer (m., decl. 2+3), *cavalo célere*; b) aqua salūbris (f., 1+3), *água salubre*; c) vinum acre (n., 2+3), *vinho acre*; d) iter terrestre (n., 3+3), *via terrestre*.

179

1 **Equus** est pedest*er*, terrest*er*, cel*er*, non volŭc*er*. *O cavalo é pedestre*... 1a Equi sunt pedestr*es*, terrestr*es*, celĕr*es*, non volŭcr*es*. 2 **Aquĭla** est terrestr*is*, silvestr*is*, volŭcr*is*. ...*voadora*. 2a Aquilae sunt terrestr*es*, silvestr*es*, volŭcr*es*. 3 **Corpus** humanum est pedestr*e*, terrestr*e*, non volucr*e*. 3a Corpŏra humana sunt pedestr*ĭa*, terrestr*ĭa*, non volucr*ĭa*. 4 Pedes **animalĭum** pedestr*ĭum* robusti sunt, sicut alae bestiarum volucr*ĭum* robustae sunt. 5 Multae bestiae in **regiōne** campestr*i*, silvestr*i*, palustr*i* habĭtant. 6 Roma locum celĕbr*em*, viam celebr*em*, templum celebr*e* habŭit. 6a Roma et Athenae locos celĕbr*es*, vias celebr*es* et templa celebr*ĭa* habuerunt.

21. *Domus* romana: planta alta (Magne, 1944, p. 174).

2.6.2 Adjetivos biformes

Paradigma: *omnis,-is, m., f.*; *omne,-is, n.*; genitivo *omn-is*. ■ 1) Decline: a) vir illustris (m., decl. 2+3), *varão ilustre*; b) virtus immortalis (f., 3+3), *virtude imortal*; c) corpus mortale (n., 3+3), *corpo mortal*; d) omnis minister (f., 3+2), *todo o ministro*; e) consilĭum certum et prudens (n., 2+2+3), *conselho certo e prudente*; f) ius civīle (n., 3+3), *direito civil*; 2) memorize as formas dos adjetivos, 1.5.2; 3); identifique caso, gênero e número dos sintagmas.

1 {Omn*is* homo} est mortal*is*, sed {in corpŏre mortal*i*} est anĭmus immortal*is*, id est, [isto é], virtus immortal*is*. 1a Omn*es* homĭnes sunt mortal*es*, sed in corporĭbus mortal*ĭbus* sunt anĭmi immortal*es*, id est, virtūtes immortal*es*. 2 In vil*i* veste nemo tractatur honeste. ...*ninguém é tratado com honra*. 3 Ut sis nocte levis, sit tibi coena brevis. [Escola médica de Salerno.] *Para*

que de noite... 4 Omnis potestas a lege. [AJ] *...(emana) da lei.* 5 Iustitia omnĭum {est domĭna et regina} virtutum. [Cíc., De officiis, 3,6.] *...de todas as virtudes.* 5a Definitĭo est initium omnĭ disputationi. [AJ] *...para toda discussão.* 5b Leges sunt praecepta communĭa. [AJ] *Leis são...* 6 Lex est praeceptum commune. [AJ] 7 {Iure naturali} omnes libĕri nascuntur. [AJ] *Por direito natural...* ■ 8 "Mundus est omnĭum {commūnis patria [Cícero] et ingens Dei templum}": ingentĭa templa habet. [Sêneca, Epístula 90, 29.] 9 {Bellum omnĭum} contra omnes. [Platão, Das leis, 625; Hobbes, 1679, De cive, 1,12; 5.2; Leviathan: situação social antes da criação do Estado.] 10 Omnis scientia a significatione verborum incĭpit. *Toda ciência começa da...* 11 Nihil est {ab omni parte} beatum. [Hor., Cármina, 2,16,27.] 12 Experimentum in anima vili differt ab experimento in anima nobĭli. *...em alma animal difere do ...em alma humana.* ■ 13 {Omnis ars} imitatĭo est natūrae. [Sêneca, Epíst. LXV, 3.] 14 Ars [est] longa; vita, brevis. *A arte (conduta, técnica) é longa; ...* [Médico gr. Hipócrates, 377 aC.] 15 {Crimĭne ab uno} disce omnes [Verg., Aeneis, 2, 65.] *A partir de..., conhece todos.* [Enéias fala a Dido sobre Sinon, mentor do cavalo de Tróia.] 16 Fugit irreparabĭle tempus. [Verg., Geórgica, III, 284.] *...foge irrecuperável.* 17 Responsĭo mollis frangit iram. *Resposta branda...* [Provérbios 15,1] 18 Ignis aurum probat; miseria, {fortes vir<u>os</u>}. *O fogo prova o ouro;...* 19 Omnis comparatio claudĭcat. 20 Vitae {summa brevis} spem nos vetat inchoare longam. [Hor., Carmina. 1.4.15.] *...começar longa esperança.* 21 Philosophĭa est {omnĭum divinarum et humanarum <u>rerum</u>} regina. 22 {<u>Rerum</u> omnĭum} magister est usus. *...de todas as coisas.*

2.6.3 Adjetivos uniformes

Paradigmas: *ferox, ferōc-is, m., f., n*; *prudens, prudēnt-is, m., f., n*. ■ Gênero, 1.4.4; 3ª declinação, 1.4.2 e 1.5.2; concordância, 1.5.3 e 1.3.4; preposições, 1.10; léxico, 5. ■ 1) Decline: a) leo ferus et vorax (m., 3+2+3), *leão feroz e voraz*; b) bestia fera et vorax (f., 1+1+3); *bicho feroz e voraz*; c) bellum ferum et vorax (n., 2+2+3), *guerra feroz e voraz*; d) consilĭum bonum et prudens (n., 2+2+3), *conselho bom e prudente*; 2) memorize a forma de nominativo e genitivo singular; 3) identifique caso, gênero e número.

1 <u>Lupus</u> est {ferus et vorax} sicut leōnes sunt {feri et vor<u>āces</u>}. 2 <u>Ovis</u> non est {fera nec vorax}. 3 <u>Oves</u> non sunt {ferae nec vor<u>āces</u>}. 4 <u>Bellum</u> est

atrox et cruentum. 4a Bella sunt {atrocĭa et cruenta}. 5 Fabula narrat {de lupo fero et vorāci [de lupis feris et voracĭbus]}. 6 Fabulae vitam {prudenti consilio [prudentĭbus consiliis]} monent. [Fedro, Fábulas, I, Pról., 4.] *...com prudente conselho...* 6a {Paupertas impŭlit audax} ut versus facĕrem. [Hor., *Epíst.*, II, 51-52.] *Pobreza atrevida impeliu-me a...* ■ 7 {Homo sapiens} saepe [muitas vezes] est {probus, prudens et verax.} *Raramente...* 8 {Homĭnes sapientes} saepe sunt {probi, prudentes et veraces.} 9 Scimus {hominis sapientis [hominum sapientĭum]} consilia esse útilĭa et efficacĭa. *Sabemos os conselhos ...serem úteis...* 10 {Nemo mortalĭum} felix est. [Plínius, Historia Naturalis.] *Nenhum dos...* 11 {Nemo sapiens est} nisi patiens. [Ovidius, Amores, 1,2,10 et alii.] 12 Editĭo princeps; editiōnes princĭpes. *Edição primeira (principal)...*

2.6.4 Adjetivos da 1ª e 2ª classe em conjunto

Classes, 1.5; gênero, 1.4.4; 3ª declinação, 1.4.1 e 1.5; concordância, 1.5.3 e 1.3.4; léxico, 5.

1 Memoria beneficiōrum fragĭlis est; iniuriārum, tenax. [Sêneca] 2 Fortes [audaces, audentes] fortuna adiŭvat. *A sorte ajuda...* 3 Commune naufragĭum, omnĭbus solatĭum. *Naufrágio comum ...* 4 Simĭlis simĭli gaudet. *O semelhante...* 5 Longum est iter per praecepta; {breve et effĭcax} per exempla. [Sêneca, Epístulae, VI, 5.] *Longo é o caminho por preceitos;...* 6 {Dulce et decōrum} est pro patria mori. [Hor., Cármina, III, 2,13.0.3.4:4] *Morrer...* 8 Erga omnes, *perante (em relação a)...* 9 Est maximē optabĭle {cum dignitate otĭum}. [Cíc., De oratore, 1,1.] *É maximamente desejável a todos...* 10. Nil sine magno vita labore dedit mortalĭbus. [Hor., Sát., I, 9, 59.]

2.6.5 Substantivação de adjetivos

Declinação, 1.4.2 e 1.5.1; substantivação, 1.5.3 ■ 1) Identifique caso, gênero e número dos nomes; 2) recite, de cor, cinco frases.

1. Pátrios – 1 Viriatus duxit Lusitanos contra Romanos. 2 Graeci Latinos discipŭlos habuerunt. *...como alunos.*

2. Qualificativos – 1 Bonis nocet qui malis parcit. *...aquele que (quem) poupa aos maus.* Fortes fortĭbus creantur. [Sêneca, Troianas, 536.] *...são criados pelos fortes.* 2 Intelligenti pauca. *Para inteligente.*

3. Neutro singular – 1 *Nom.*: ultimātum; perpetŭum mobĭle; pax et bonum. ^{Saudação de São Francisco de Assis, †1226.} 2 *Ac.*: ad infinitum (tempus); in aeternum; in extremum; in perpetŭum. 3 *Abl.*: in extremis; ab aeterno; in concreto, in abstracto. 4 Accessorium cedit principali. ^{AJ} 5 Ad impossibĭle [impossibilĭa] nemo tenētur. ^{AJ} ...*ninguém é obrigado.*

4. Neutro plural – 1 *Nom.*: et cetĕra (et caetera), etc.; errata; nominata. 2 Per aspĕra ad astra. *Pelas asperezas às...* 3 Per angūsta ad augusta. *Por (vias) estreitas a horizontes...* 4 Contrarĭa contrarĭis curantur. ^{Lema da alopatia.} *Coisas contrárias são curadas...* 5 Similĭa similĭbus curantur. ^{Lema da homeopatia.} 6 Extrema se tangunt. *Os extremos...* 7 Omnĭa vincit amor, et nos cedāmus amori. ^{Vergilius, Éclogae, 10, 69.} ...*vence tudo; também nós...* 8 Labor omnĭa vincit imprŏbus. ^{Verg., Geórgica, I, 145.} *Trabalho persistente...* Inutilĭa truncat. ^{Lema da Arcádia Lusitana, 1757, contra excessos do Barroco.} *Corta coisas...* 9 Non ŏmnia possŭmus omnes. ^{Vergilius, Éclogae, VIII, 63.} *Nem tudo...* 10 Omnĭă sūnt hŏmĭnūm {tĕnŭĭ pēndēntĭă filō}. ^{Ovídio, Epistulae ex Ponto. Hexâmetro.} *Todas as coisas...*

2.6.6 Graus dos adjetivos e advérbios

Gênero, 1.4.4; 3ª declinação, 1.4.1 e 1.5.2; concordância, 1.5.3 e 1.3.4; preposições, 1.10; graus, 1.5.4; advérbios, 1.9.2; ■ 1) Decline: a) poena maior (f., decl. 1+3), *pena maior*; b) causa melior (f., 1+3), *causa (coisa) melhor*; c) monumentum perennĭus (n., 2+3), *monumento mais perene.* ■ 2) Identifique caso, gênero e número dos sintagmas; 3) recite e/ou escreva, de cor, ao menos 10 frases de 2.6.6.

1. Comparativo sem termo de comparação – 1 {Poena maior} absorbet minōrem. ^{AJ} 1a Poenae maiōres absorbent minores. 2 Prior in tempŏre, prior [melĭor, potĭor] in iure. ^{AJ} *Anterior no tempo... mais poderoso.* ■ 3 Iunĭor {senĭor erit.} *O mais jovem será...* 3a Iuniōres seniōres erunt. 4 Potentiōris [potentiōrum] societatem fuge. ^{Phaedrus, Fabulae.} *Evita...* 5 Accepĭstis {a maiorĭbus vestris} libertatem. ^{Salústio} *Dos vossos antepassados...* 6 Avarĭor redĭi, ambitiosĭor, luxuriosior, crudelior et inhumanior, [ego] qui inter homĭnes fui. ^{Sêneca} *Retornei mais avarento... eu que...* 7 Vidĕo meliōra probōque, deteriōra sequor. ^{Ovídio, Metamorfoses.}

183

Vejo coisas melhores e as aprovo, mas... 8 Divitĭae mutant mores, raro in meliore͟s. *As riquezas mudam os costumes...* 9 Bonus intra, melĭor exi. Em portão de Roma. 9a Boni͟ intrāte, meliore͟s exīte. *Entrai bons, saí...* 9a Tu ne cede malis, sed contra audentior ito. Virg., Aeneis, 6 V. 95; hexâm. *...mas vai contra mais audacioso.* ▪ 10 *Abl.*: a priōri (causā) – a posteriori (causā). 11 *Nom.*: Excelsĭo͟r, *(cada vez) mais alto.* Lema de Nova Iorque, Estado.

2. Termo de comparação – a) Com *quam*: 1 Amicus magis͟ necessarius est quam͟ ignis et aquă (sunt necessarĭi). Cíc., De amicitia. 2 Consilium tuum mihi clarĭus est quam lux (est clara). *O teu conselho é...* ▪ **b) Com o ablativo:** 3 Nihil est veritatis luce͟ dulcĭus. Cíc., Acadêmicos, 4,31. *...do que a luz da* verdade. 4 Nihil est virtute͟ formosĭus, nihil pulchrĭus, nihil amabilĭus. Cíc., De finibus bonorum et malorum, 9, 14. 7 Quid est ratiōne͟ divinĭus? Cícero 8 Morte͟ nihil certĭus est. 9 Exēgi monumentum aēre perennĭus. Hor., Cármina, III, 30, 1. *Ergui...* 10 Peior odĭo, amōris simulatĭo est. *Pior do que o ódio é...* 11 Bona opinio hominis tutĭor pecuniā est. P. Syrus, Sententiae. 12 Actus iudicialis potentĭor est extraiudiciali... *do que o extrajudicial.* AJ 13 Facta potentiōra sunt verbi͟s. *...do que palavras.*

3. Superlativo – a) Relativo: 1 {Oratōru͟m Romanōru͟m} Cicero praeclarissimus fuit; Graecōru͟m, Demosthĕnes; sapientisssimus eōru͟m autem fuit Socrătes. *Entre os oradores romanos... mas o mais sábio deles...* 1a {Inter oratores Romanos} Cicero praeclarissimus fuit. 1b {Ex oratoribus Romanis,} Cicero praeclarissimus fuit. – **b) Absoluto:** 2 {Vita paucōrum} opulentissi͟ma, celeberri͟ma et facilli͟ma est; multorum, pauperri͟ma, dificilli͟ma et humilli͟ma est. *A vida de poucos é...; a de muitos é...* 3 Miserri͟mus (est) {qui in vitā (est) miser, post mortem (est) miserĭor}. Fedro, Fábulas I, IV. *O mais miserável é aquele que...* 4 {Corruptĭo optĭmi} pessi͟ma est. São Gregório Magno, † 604. *A corrupção do ótimo...* 5 Maxima debetur puĕro reverentĭa. Juvenal, Sátiras, 14,47. 6 De minĭmis non curat lex [praetor]. AJ *A lei [o magistrado] não cuida de...* 7 Minĭma de malis eligenda sunt. AJ *...devem eleger-se os menores.* 8 Corruptissima res publica, plurĭmae leges. Tacitus, *Annales,* 3,27,3. *...muitíssimas leis.* 9 Summum ius, summa iniurĭa. *Suma justiça...*

184

4. Advérbios [1.9.2.] – **a) Comparativos**: 1 Pot*ius* sero, quam nunquam. *Antes tarde...* 2 Pauper saep*ius* et fidel*ius* ridet quam dives. [Sêneca] *O pobre ri mais vezes...* 3 Nob*iscum* viv*e*re iam diut*ius* non potes, Catilina.[Cíc., Cat. I.] 4 Qui potest maius, potest minus. [AJ] 5 Reformatio in mel*ius*; reformatio in peius. [AJ] *Reforma (de sentença) para melhor.* 6 Valet plus; valet minus. **b) Superlativos**: 1. Valet plur*i*mum; valet minimum. 2. Qui vivit rectisssime, liberr*i*me vivit. *Quem...*

2.7 Pronomes, pessoas do discurso

Classes, declinação, sintaxe: 1.7; concordância, 1.3.5 e 1.5.3; gênero dos substantivos, 1.2.3 e 1.4.4. ■ 1) Identifique gênero, número e caso; 2) recite e/ou escreva, de cor, 20 frases de 2.7.

2.7.1 Pronomes pessoais e possessivos

Decline, conforme 1.7.1 e 1.7.2: a) pater noster (m., 3+2), *nosso pai*; b) mater nostra (f., 3+1), nossa *mãe*; c) domus vestra (f., 4+1), *vossa casa*; d) res tua, *coisa tua* (f., 5+1); e) nomen tuum (n., 3+2), *teu nome*.

1. Pessoais: *ego, tu, ille/illa, nos, vos illi/illae.* – 1 "Id, ego, superego", [versão latina das instâncias da personalidade formadora de ideais, segundo Sigmund Freud, 1939.] 2 Amicus verus, "alter ego". 3 Hodie mihi, cras tibi. *Hoje (acontece) a mim ...*3a Hodie nobis [vobis], cras illis. 4 Si Deus est pro me, quis contra me? [S. Paulo aos Romanos, 8,31.] 4a Si Deus es pro nobis [vobis, illis], quis contra nos [vos, illos / illas]? 5 Memento [mement*o*te] mei, tui, eius, nostri [nostrum], vestri [vestrum), eorum (ill*o*rum, illarum). 6 Eheu me mis*e*rum! *Ai!...!* 7 Vade me*cum*. [Denominação de livrinho portátil.] 8 Dom*i*nus vob*iscum*, [nob*iscum*, cum eis]. [Saudação litúrgica.] *O Senhor (esteja)...* 9 Nec sine te, nec tecum viv*e*re possum. [Ovídio, exilado no Mar Negro, à esposa.] 9a Nec sine vobis nec vob*iscum* viv*e*re poss*u*mus.

2. Possessivos: *meus, tuus, suus; noster, vester, suus (eius...)* – 1 {Frater tuus, noster, vester} et {soror tua, nostra, vestra} sunt "animae dimid*i*um meae" [Hor., Cármina, I, 3,8, referindo-se a Virgílio] [– suae/eius, nostrae, ves-

185

trae...]. ..."*metade da minha alma*"... 2 Memor esto {fratris mei, sorōris meae, tempŏris mei}... *Lembra-te de meu irmão*... 2a Memento [mementōte] {fratr<u>um</u> me<u>ō</u>rum, sororum mearum, tempŏrum meorum}... 3 {Nostrorum poetarum} primus est Vergilius. ^{Lactâncio, 325.} 3a Vestrorum, primi sunt Homerus et Sophŏcles... 4 Debēmur morti nos nostrāque. ^{Hor., AP, 63.} *Somos devidos à morte*... 5 {Omnĭa meã} mecum porto. ^{Cíc., Paradoxa, I,1, 8; Sêneca, Epist. 9,18.} *Carrego comigo*... 6 Suum cuĭque tribuendum est. ^{AJ} *Deve ser dado a cada qual*... 7 Sicut mater, ita et {filia eius}. *Como a mãe, assim*... 8 Sicut matres, ita et {filiae eārum.} 9 Inimici homĭnum, {domestici eōrum}. ^{Mateus, 10,36}

2.7.2 Pronomes demonstrativos

1ª pessoa: *hic, haec, hoc*, "isto"^{1.7.2} – 1Mihi sunt {hic ager, haec domus, hoc anĭmal}. *A mim pertencem*... 1a Tibi sunt hi agri, hae domus, haec animalĭa. 2 Dono tibi {hunc agrum, hanc domum, hoc anĭmal} [hos agros, has domus, haec animalĭa.] *Dôo a ti*... 3 Haec sententia dicta est {de hoc agro, de hac domu, de hoc animāli}, [de illis agris, de illis domĭbus, de illis animalĭbus]. 4 In {hoc signo} [in his signis] vinces. ^{Eusébio, De vita Constantini, I, 28. Inscrição em cruz, vista por Constantino, vencedor do pagão Maxêncio, 312 dC.} 5 Post hoc, ergo propter hoc. ^{Sofisma: toma-se por causa o que é apenas um antecedente.} *Após isso, logo por causa*... 5a Post haec, ergo propter haec. 6 *Ac.*: (secretarĭus...) ad hoc.

2ª pessoa: *iste, ista, istud*, "isso" – 7 Muta {istam mentem tuam}, Catilina; ^{Cíc., Cat., I.} 7a Muta istas sententĭas tuas, istos mores tuos, ista consilia tua.

3ª pessoa – a) Dêitico: *ille, illa, illud; is, ea, id* "ele" ^{Correlaciona-se com pronome relativo; 2.7.3.} – 1 Ille amat amicum, qui in <u>eo</u> {ipsum Deum} amat. ^{S. Agostinho, Sermōnes, 256.} 2 {Illud {amicitiae} sanctum ac venerabĭle nomen}. ^{Ovidius, Trístia, 1, elegia 8, v. 15.} *Aquele santo*... 2a Illa {amicitiae} sancta ac venerabilĭa nomĭna. ■ **b) Identificador**: *īdem, eădem, idem*, "o mesmo" – 1 Amor omnĭbus idem. ^{Verg., Geórgica, 3, 244.} *O amor é o mesmo (idêntico) para todos*. 2 Bis de {e<u>ā</u>dem re} non sit actio (iudicialis). *Não haja de-*

186

manda (*judicial*) *duas vezes...* 3 "Ilĭas" et "Odyssēa" sunt {unĭus et eiūsdem poetae} opĕra. *A Ilíada e a Odisséia...*]. 4 Idem velle atque idem nolle, ea demum firma amicitia est. ᔆ˙ ᴶᵉʳ⁰ⁿⁱᵐᵒ, ᴱᵖⁱˢᵗᵘˡᵃᵉ, ¹³⁰, ¹². 5 Idem; bis in idem. ■ **c) Enfático**: *ipse, ipsa, ipsum* – 1 {Ego ipse} me laudo; tu ipsa te laudas; ille ipse se laudat; nos ipsi nos laudamus; vos ipsae vos laudātis; illi ipsi se laudant. *Eu mesmo me louvo;...* 2 Ego {me ipsum} docĕo; tu te ipsam doces; ille se ipsum docet; nos nos ipsos docēmus; vos vos ipsos docētis; illae se ipsas docent. *Eu ensino a mim mesmo;...* 3 {Ipse vir} faber est fortunae suae. 3a Ipsi viri fabri sunt fortunae suae. 4 {Ipsa scientia} potestas est. ᶠʳᵃⁿᶜⁱˢ ᴮᵃᶜᵒⁿ, †¹⁶²⁶· 5 Bis vincit qui {se ipsum} vincit. ᴾ˙ ᔆʸʳᵘˢ, ᔆᵉⁿᵗᵉⁿᵗⁱᵃᵉ· *Duas vezes...* 6 *Abl.*: ipso facto [iure]; ipsis litteris [verbis]; {ab ipso lare} incĭpe [incipĭte]. *Começa...*

2.7.3 Pronomes relativos – Orações subordinadas adjetivas

1) Decline conforme 1.7.3; cf. 1.7.2: a) is qui, *aquele que*; b) ea quae, *aquela que*; c) id quod, *aquilo que*; 2) identifique caso, gênero e número.

1. Definidos (pelo demonstrativo correlato expresso) – 1 Is {quem virtus ornat}, solus est beatus. ᴾ˙ ᔆʸʳᵘˢ, ᔆᵉⁿᵗᵉⁿᵗⁱᵃᵉ· *...só (ele) é feliz.* 2 Fortuna eos caecos facit {quos semper adĭuvat}. ᶜⁱᶜᵉʳᵒ *A sorte faz cegos aqueles que...* 3 Nemo credit nisi ei {quem fidēlem putat}. ᶜⁱᶜᵉʳᵒ *Ninguém dá fé senão àquele que...* 4 Is de cuius successione agĭtur (bona relinquit). *Este de cuja sucessão se trata (deixa bens)*.[AJ] 5 {Cuius est instituĕre [condĕre] legem}, eius est abrogare. [AJ] *Daquele a quem cabe a função de instituir, a ele cabe...*[AJ] 6 Interpretari eius [eōrum] est {cuius [quōrum] est condĕre legem}. [AJ] 7 {Cui prodest scelus} is fecit. [AJ] *Aquele a quem o crime aproveita...* 8 Is est pater {quem nuptĭae demonstrant}. [AJ] 8a Ii sunt patres {quos nuptiae demonstrant}. 9 Benefacĭte iis {qui oderunt vos}. ᶜʳⁱˢᵗᵒ, ᵃᵖᵘᵈ ᴸᵘᶜᵃˢ ⁶,²⁷ *...àqueles que vos odeiam.* 10 {Quibus longa crura sunt}, iis sunt longa et colla. ᴾˡⁱⁿⁱᵘˢ, ᴴⁱˢᵗᵒʳⁱᵃ ⁿᵃᵗᵘʳᵃˡⁱˢ· 11 Is pater est {quem iustae nuptiae demonstrant}.[AJ] *Pai é aquele que...* 12 Ei incumbit onus probandi, {qui dicit, non qui negat}.[AJ]

2. Indefinidos (sem demonstrativo correlativo, que se pode subentender e resgatar) – 1 Accĭpe (id) {quod est tuum}, alterĭque da suum.

187

...e dá ao outro o dele. 2 Quod non est in actis} non est in mundo.[AJ] *O que não está nos autos...* 2a {Quae non sunt in actis} non sunt in mundo. 3 Libertas {quae sera}, tamen respēxit inērtem. Verg., Éclogae, I,27; 3.4.4.2. Lema dos Inconfidentes e de Minas Gerais. *Liberdade, que embora tardia, contudo contemplou o indefeso.* 4 {Quod abūndat} non nocet. *O que superabunda (transborda)...* 5 Caelum mutant, non anĭmum, {qui trans mare currunt}. Hor., Epistulae, 1, 11,27. 6 Ego {quos amo}, argŭo et casfigo. São João, Apocalipse, 3,19. 7 Dies a quo – dies ad quem, *dia do qual (se conta prazo contratual) – dia ao qual (se chega a termo)*; termĭnus a quo – terminus ad quem; quorum. [AJ]

2.7.4 Pronomes interrogativos[1.7.4]

1 Quīs, quĭd, ŭbī, quĭbus āuxilīis, cūr, quōmŏdŏ, quāndŏ? *Quem, o quê, onde, por quais meios, por quê, de que modo, quando?* Hexâmetro mnemotécnico para determinar circunstâncias de um ato, dito ou projeto. 2 Cui bono? *Em bem (em favor) de quem?* Cícero recomenda aos juízes procurar no beneficiário o assassino. 3 Cui prodest? *A quem aproveita?* 4 Verbum quid est? Quae nomĭna comparantur? Quot sunt nomĭnum genĕra? Donatus, Grammática; 3.2.4. *O que é verbo? que nomes são comparados?...* 5 Quam rem publicam habemus? in qua urbe vivĭmus? Cíc., Cat. I. *Que (espécie de)...*

2.7.5 Pronomes indefinidos

Decline cf. 1.7.5: a) nulla poena (cf., -+1), *nenhuma pena*; b) nullum crimen, (n., -+3), *nenhum crime*; c) totus dies (m., -+5), *o dia inteiro.*

1. Negativos: *nemo, nihil, nullus, neuter* – 1 **Nemo** dat quod [quae] non habet. [AJ] *Ninguém dá...* 2 Ignorantia legis [iuris] nemĭnem excūsat.[AJ] 3 Testis unus, testis **nullus**.[AJ] *Uma só testemunha...* 4 Dictum unīus, dictum nullīus; vox unius, vox nullius. [AJ] *Declaração de um só (testemunha)...* 5 Res nullīus fit primi possidēntis. [AJ] *...torna-se...* 6 Actus a principio nulli, {nullos producunt effectus}. [AJ] 7 {Nullum crimen,} {nulla poena} sine lege.[AJ] *...sem lei (que o determine).* 7a {Nulla crimĭna}, {nullae poenae} sine legĭbus. ■ 8. Ex **nihilo** nihil. Teoria de Epicuro, em Lucrécio,

"De natura rerum", sobre a origem do universo. *...nada (se faz).* 9 Duos qui sequĭtur lepŏres, **neutrum** capit. *Quem segue duas lebres...* 10 Una salus victis: nullam sperare salutem. Virg., Eneida, sobre a ruína de Tróia ou Ílion, c. 1.200 aC. *Uma (só) é a salvação dos vencidos...* 11 Nihil est in intellectu quod prius non fuĕrit in sensu. *Nada há no intelecto...* Teoria de Aristóteles, 322 aC, e S. Tomás de Aquino, †1274, contra a das idéias inatas de Platão, †347 aC, e S. Agostinho, †430.

2. **Positivos – a) Correlativos**:[1.5.2 e 1.5.3] 1 Qualis pater, talis filius; quales princĭpes, tales popŭli; quale ingenĭum, talis inventĭo. 2 Tantum scimus, quantum tenēmus memoriā. *...quanto retemos de memória.* 3 Quantum fastigĭum poësis ab Homero et Virgilio, tantum accēpit eloquentia a Demosthĕne et Cicerōne. Quintilianus, Institutiones Oratoriae. *Quão grande fastígio recebeu a poesia...* 4 Quot capĭta, tot sensus. 5 Quot homines, tot sententiae. Terêncio, Phórmio, 454; Cíc., De fĭnibus. 1,5. – **b) Isolados**: 6 Quid pro quo, *qüiproquó, equívoco.* 7 Cuivis dolori remedium est patientia. P. Syrus, Sententiae. *Para qualquer dor...* 8 Unusquisque faber est fortunae suae. *Cada um é...* 9 Cuiŭsvis homĭnis est errare; sed nullĭus, nisi insipientis, in errore perseverare. *(É próprio) de qualquer homem errar;...* 10 Nullum malum est sine alĭquo bono. *...sem algum bem.* 11 Quidquid tentabam dicĕre, versus erat. Ovídio, Trístia. IV, 10. *O que quer que...* 12 Quĭdquĭd ăgis, prūdēntĕr ăgās ēt rēspĭcĕ finĕm. Provérbio medieval, de raiz latina; verso hexâmetro. *Qualquer coisa que fazes...* ■ 14 Haec sunt tria iuris principia: honeste vivĕre; nemĭnem laedĕre; suum [uni]cuĭque tribuĕre.[AJ] *Estes são três princípios...* 15 Bonus quilĭbet praesumĭtur.[AJ] *...é presumido bom (até prova em contrário).* 16 Aliquis non debet esse iudex in propria causa, quia non potest esse iudex et pars.[AJ]

2.8 Formas nominais do verbo – Concordância

Conceitos, radicais e seus derivados, 0.1:5 e 1.8.1 a 1.8.4; concordância, 1.5.3; propriedades, 1.8.4; léxico, 5. ■ 1) Decline: a) homo sapĭens (m., 3+3), *homem sábio*; b) mulĭer legens (f., 3+3), *mulher que lê*; c) flagrans crimen (n., 3+3), *crime flagrante.* 2) Decline: a) senĭor venerandus (m., 3+2), *venerando senhor*; b) mulĭer veneranda (f., 3+1), *veneranda mulher.* ■ 1) Identifique caso, gênero e número dos sintagmas; 2) recite e/ou escreva, de cor, ao menos 15 frases; 3) com base em 4.4.3, refira resíduos no português.[Hor., Carm., II, 2.]

1. Infinitivo – 1 Errare [erravīsse, erratūrum esse] humanum est. 2 Dulce et decorum est pro patria mori [mortŭum esse].

2. Particípios [Conceitos 1.8.4; < *pars, capio.*] – **2.1. Presente**, adjetivo da 2ª classe – 1 {Res derelīcta} fit {primi possidēntis [AJ] [primōrum possiden-tĭum]}. ...*torna-se do primeiro possuidor.* 2 Habemus confitentem reum [AJ] [confitentes reos]. [Cíc., Pro Ligário, I, 2.] 3 Scienti et volenti [scientĭbus et vo-lentĭbus] non fit iniuria. [AJ] *A quem sabe... não se faz (não é feita) injusti-ça...* 4 Orantem audit omnipŏtens. [Vergilius, Aeneis, 4, 220.] *O todo-poderoso...* 5 Asserenti [asserentĭbus] incūmbit probatio. [AJ] *A quem assere (afirma)...* 6 Ex antecedentĭbus et consequentĭbus fit optĭma interpretatĭo. [AJ] *A par-tir dos antecedentes...* 7 Ius volentes ducit, nolentes trahit.[AJ] *...arrasta os que não querem.* 8 Nihil difficile amanti [amantĭbus]. [Cíc., Orator, X, 33.] 9 Sci-entia non habet inimicum praeter ignorantem [ignorantes]. 10 Timĕo Danaos, et dona ferentes. [Vergilius, Aeneis, II, 49. Laocoonte opõe-se à introdução do cavalo em Tróia.] *Temo os gregos, mesmo quando eles...* 11 Canis latrans non mordet. 12 Solem orientem et occidentem {maxĭma cum voluptate} exspecta-mus. *Com máximo prazer (é que) esperamos...* ■ 13 Punctum salĭens; inter praesentes, inter absentes; inter volentes, inter nolentes.

2.2. Passado, [1.8.4], adjetivo da 1ª classe – 1 Tempus [factum] praete-rĭtum [tempŏra [facta] praeterĭta] mutare non possŭmus. [Cíc., De finibus bono-rum et malorum, II,32.] *...não podemos.* 2 Iucunda est {malorum praeteritorum} memoria. *Agradável é...* 3 Ex praeterĭtis, praesentĭa aestimantur. [Quint, Institutiones Oratoriae.] *...são avaliados...* 4 Factum {infectum} fĭĕri non potest. [Plautus, Aululária, 741.] *...não pode tornar-se não feito.* 5 Verbum emissum volat irrevocabĭle. [Hor., Ars Poetica.] *...voa irrevogável.* 6 Acta est fabŭla. [Fórmula finali-zadora de peças teatrais.] *A peça (a narrativa) foi (está) apresentada.* 7 Acti labōres (sunt) iucundi. [Cíc., De finibus..., 3.2.105.] *...são agradáveis.* 8 *Nom. neu-tro plural*: Nomināta; errata.

2.3. Futuro, adjetivo da 1ª classe, com sentido ativo – 1 Tempŏra praeterĭta laudamus; tempŏra futūra speramus 2 Nascitūrus pro iam nato habetur. [AJ] 3 Ave, Caesar, moritūri te salūtant. [Saudação dos gladiadores ao Impera-dor.] 4 Disce quasi semper victūrus (sis); vive quasi cras moriturus. *Apren-*

190

de como se estivesses para viver sempre... 5 Absens non dicĭtur reversūrus. [AJ] *O ausente...*

3. Gerúndio, conceitos, [1.8.4], um substantivo neutro.

3.1. No ablativo – 1 Docendo discĭmus [discĭtur.] *Ensinando (pelo ensinar, pelo ensino)...* 2 (Comoedia) castigat ridendo mores. Jean Santeuil, 1697. Função da comédia: inscrição em frontispícios de teatro. *(A comédia), pelo rir...* 3 Gūttă căvāt lăpĭdēm nōn vī sēd saēpĕ cădēndo. Hexâmetro comum a Lucrécio, Ovídio, Sêneca e Lucano. *...não pela força, mas...* 4 Plus auxerunt Romani imperium parcendo victis quam vincendo. Tito Lívio, Historia ab urbe cóndita. 5 Errando corrigĭtur error. 6 Nihil agendo, homĭnes male agĕre discunt. *Não fazendo nada...* 6 Error in procedendo, in faciendo, in vigilando, in iudicando, *erro no proceder...* 7 Mora in accipiendo et in solvendo, *(de)mora no receber e no pagar.*

3.2. No genitivo – 1 Modus operandi, furandi, reivindicandi; modus possidendi; modus agendi, abutendi, contrahendi, delinquendi, faciendi, laedendi; modus custodiendi, puniendi... *Modo de operar, furtar, reivindicar; de possuir; de agir...* 2 Libertas est potestas faciendi id quod iure licet. [AJ] *Liberdade é o poder de fazer...* 3 Asserenti [actori] incumbit onus probandi. [AJ] *Ao que afirma [ao autor da ação judicial]...* 4 Verba {secundum commune usum loquendi} intellĭgi debent. [AJ] *As palavras devem entender-se...* 5 Orator est vir bonus dicendi perĭtus. Catão, Maior †149 aC, *Ad filium.* *... perito (na arte de) falar.*

3.3. No acusativo – 1 Ad referendum. *Para ser trazido de volta (i. é, para ser apreciado em plenário).* 2 Haec dico ad agendum tantum [ad argumentandum, probandum, iudicandum...]. *Digo essas coisas, só para agir [argumentar, provar, julgar].* 3 Actio ad exhibendum data.[AJ] *Ação para (o juiz obrigar alguém a) exibir dados.* 4 Catilina paratus erat ad dissimulandum omnĭa. Salústio, De coniuratione Catilinae. *...preparado para dissimular tudo.*

4. Gerundivo: adjetivo da 1ª classe, sentido passivo e de dever – **a)** Neutro singular: 1 Memorāndum, vitandum, despiciēndum... *Coisa que deve ser lembrada (cf. memorando), evitada, desprezada...* **b)** Neutro plural: 2 Agēnda, legenda, addenda, corrigenda, offerenda; merenda, mollienda; facienda... *Coisas que devem ser praticadas (agenda), lidas (legenda > lenda), acrescentadas (adenda, adendo), corrigidas (corri-*

191

genda), oferecidas (oferenda); merecidas (merenda), amolecidas (mo-enda), feitas (fazenda). **c)** Três gêneros: 3 Senĭor venerandus est – senĭōres venerandi sunt. 4 Bonum faciendum [est]; malum, vitandum. *O bem deve ser feito;...* 4a Bona (sunt) facienda; mala, vitanda. 5 Errata corrigenda sunt. *Erros...* 6 Quod erat demonstrandum. *O que...* Fórmula do gr. Euclides, 283, para enunciar resultado de um raciocínio. 7 Orandum est, ut sit mens sana in corpore sano. Juvenal, Sátiras, X, 356. *Deve-se orar para que...* 8 De gustĭbus et coloribus non est disputandum. Prov. medieval. *De gostos e cores...* 9 Ut dĕsĭnt vīrēs, tămĕn ēst lāudāndă vŏlūntās. Ovídio, *Epistulae ex Ponto*, III, 4, 79 (hexâme-tro). *Ainda que as forças faltem...* 10 Nobis nihil est in morte timendum. Lucrécio, De natura rerum, III, 842. ∎AJ: 11 Ex (duōbus) malis, minus eligendum est. *Dentre (dois) males...* 12 Minĭma de malis eligenda sunt. 13 Unicuīque suum tribuendum (est). *A cada qual...* 14 Pacta sunt servanda. *Pactos devem ser observados (como lei).* 15 Odiosa [mala] restringenda sunt; favorabilĭa [bona] amplianda sunt. *Coisas odiosas (más)...*

5. Supino, substantivo verbal – **5.1. Em -*u*:** 1 Res facĭlis [mirabilis, turpis, utilis, dulcis, horribilis...] dictu [cognĭtu, visu, auditu, lectu, scriptu, factu, inventu...] *Coisa fácil [admirável...] de ser dita [conheci-da...].* **5.2. Em -*um*:** 2 Venĭo amātum [monĭtum, rectum, audĭtum] te. *Venho para te amar [advertir].* 3 Dare in solūtum. *Dar (algo) para pagar (em pagamento).* 4 Helvetĭi legatos ad Caesărem mittunt rogātum auxilĭum. César, De bello gállico. *...para pedirem auxílio.* 5 Spēctātūm vĕnĭūnt, vĕnĭūnt spēctēntŭr ŭtĭpsāe. Ovídius, Ars amatoria, I, v. 99, satirizando as mulheres romanas fre-qüentadoras de teatro (hexâmetro). 6 Spēctātūm ādmĭssĭ, rĭsūm tĕnĕātĭs, ămĭcĭ? Horatius. Ars Poetica, 5, hexâmetro contra a falta de unidade de um poema. *Admitidos a contemplar (um misto de mulher e peixe), ó amigos,...*

2.9 Períodos compostos: orações subordinadas

Conjunções e períodos compostos, 1.11; orações reduzidas no acusativo com infinitivo, 1.11.3; orações reduzidas no ablativo absoluto, 1.11.4; orações subordinadas substantivas de grupos especiais de verbos, 1.11.5; subordinadas adverbiais desenvolvidas, 1.11.2; léxico, 5; interpreetação, 1.3.5. ∎ 1) Classifi-que as subordinadas; 2) recite e/ou escreva ao menos 20 frases.

22. Vida social: romanos vestidos de toga (< *tégere*, cobrir) (Morisset, p. 211).

2.9.1 Subordinadas substantivas no acusativo com infinitivo – a.c.i.[1.11.3]

1. Substantivas objetivas diretas no acusativo com infinitivo, **a.c.i.**, dependentes de verbos declarativo-perceptivo-cognitivos – 1 Dico [affirmo, nego, nuntĭo, confitĕor, scio, sentĭo, spero...] {reos esse, fuisse, futūros esse (fore) innocentes}. ... {*que os réus são (foram, serão) inocentes*}. 2 {Omnes mortales {se laudari} volunt [César] [desidĕrant, optant, postŭlant, student, cupĭunt...]. 3 Sentĭmus {calēre ignem, nivem esse albam, dulce esse mel}. *Percebemos que o fogo é quente...* 5 Sperat adulescens {se diu victūrum esse}. [Cícero, De senectute, 19.] 6 Democrĭtus docet {innumerabĭles esse [fuĭsse, futuros esse] mundos.} [Cícero, Académica, 2,55.] *Demócrito ensina haver* [*ter havido, haver de existir*]*...* 7 Omnem {crede} diem tibi diluxĭsse supremum. [Hor., Epíst., 1,4,13.] *...Acredita que brilhou para ti...* 8 Sentĭmus {vitam esse brevem [fuĭssse, futūram esse / fore], longam artem}. [Sêneca, De brevitate vitae, 1.] *Sabemos ser breve...* 9 Cetĕrum censĕo {Cathagĭnem esse delendam}. *Cada vez mais penso que...* [Palavras finais dos discursos de Catão Maior.]

2. Substantivas em função de sujeito (subjetivas) reduzidas, no **a.c.i.**, dependentes de verbos impessoais – 1 Oportet [opinĭo est, necesse est, manifestum est, opus est...]{legem esse [fuĭsse, futūram esse] brevem}. [Sêneca] *É preciso...* {*que a lei seja breve*}. 2. Constat {esse Deum}. [Cícero, De natura deorum, 3,4,11] 3 Mihi nunquam persuadēri potŭit {anĭmos esse mortales}. [Cícero]

193

Nunca foi possível persuadir-me de que... 4 Iniquum est {aliquem suae rei iudicem esse}. *É injusto alguém.* ^(Sêneca, Epistulae Morales, 94,38.) 5 <u>Decet</u> {imperatōrem stantem mori}. ^(Vespasiano) *Convém que...* 6 <u>Verum</u> <u>est</u> {amicitiam nisi inter bonos esse non posse}. *É verdade que...* ^(Cícero, De amicitia, 18,65.)

2.9.2 Adverbiais reduzidas de particípio, no ablativo absoluto[1.11.4]

1. Com particípio expresso – 1 {Finītā causā}, cessat effectus. *Finda a causa (se, quando findou a causa)...* 2 {Cessante causā}, cessat [tollĭtur] effectus... *é tolhido o efeito.* {Romā locutā}, causă finita. ^(Agostinho, Sermones, 131,10. Diz-se de posicionamento oficial do Papa como chefe supremo da Igreja, em matérias de fé e moral.) *Tendo-se pronunciado Roma (o Papa)...* 3 {Actore non probante}, reus absolvĭtur. [AJ] *Se o autor (de uma demanda) não prova...* 4 Duōbus litigantĭbus, tertĭus gaudet. *Enquanto dois brigam...* 5 Est deus in nobis: {agitante illo} calescĭmus. ^(Ovídio, Fastos, 6,5.) *...quando ele se agita, entusiasmamo-nos...* 6 {Sole oriente}, aves canĕre solent; {sole ponente}, aves ad nidos redĕunt. 7 *Locuções no ablativo* – Datā veniā; sede vacante; exceptis excipiendis; servatis servandis; mutatis mutandis; currente calămo. ■ **2. Com particípio presente elíptico de *sum*** – 1 {Natura duce}, nunquam errabĭmus. *Sendo guia a natureza...* ^(Cícero) 2 {Cicerōne consŭle,} Catilina coniurationem fecit. *...Quando Cícero foi cônsul...* ^(em 63 aC) 3 Augustus {Cicerone et Antonio consulĭbus} natus est.

23. Mitologia: **Mercúrio**, mensageiro (o Hermes dos gregos), junto ao casal Eurídice e Orfeu, autor de cânticos sacros, *canto orfeônico* (Morisset, p. 499).

2.9.3 Substantivas objetivas diretas de certas classes de verbos[1.11.5]

1. Interrogativas indiretas, subjuntivo – 1.1. Com pronomes ou advérbios –1 {Quid agas}, non intellĭgo [scire cupĭo}. [Plautus e Terentius.] 2 {Te ubi visūrus sim}, nescĭo. [Cíc., Ad familiares, 3, 6,5. 5.] *...onde haverei de ver-te.* 3 Quaere {ubi ille sit}. *Pergunta...* [Idem, ibidem.] 4 Scis {quot habĕas digĭtos}? [Plauto, Persae, 187.] *Tu sabes...?* 5 Centum sunt causae {cur ego amem}. [Ovídio, *Ars amandi.*] 6 {Quid sit futurum cras}, fuge quaerĕre. [Horácio] *O que acontecerá amanhã...* 7 Quaere {quantum ille distet a nobis, unde venĭat, quo eat}. *Pergunte...* 8 {Quid proximā nocte egĕris, ubi fuĕris, quos convocavĕris, quid consilĭi cepĕris}, quem nostrum ignorare arbitrāris, Catilina? [Cíc., *Cat.* I.] *O que fizeste na última noite... quem de nós pensas ignorar, ó Catilina.*

1.2. Com partículas interrogativas: *-ne*, *num*, *nonne* [1.9.1] – 1 {Valuis-sēsne} exquisīvi. *Perguntei se estavas bem de saúde.* [Plauto] 2 Interrogabo te {num vitĭum virtus sit}. *Perguntarei se acaso...* 3 Quaesivĕram {nonne amor virtus sit}. *Eu tinha perguntado...* 4 Quaero {utrum vigĭles an dor-mĭas}, {utrum vigĭles annon [necne]}. *Pergunto se...*

2. Com *ut – ne* + subjuntivo, as dependentes de expressões deno-tativas de: – **a)** desejar, querer, ordenar, pedir – 1 Volo [dico, iubĕo, oro, rogo, peto, postŭlo, obsĕcro, quaeso, cogo, compēllo, volo, malo, pre-cor], {ut manĕas, ne abĕas}. *...que permaneças, que não saias.* – **b)** ava-liar: 2 Convĕnit [bonum est, ius est, opus est, usus est, necesse est], {ut manĕas, ne abĕas}. – **c)** agir: 3 Curo [facĭo, efficĭo, perficĭo, assĕquor, consĕquor, compēllo, (pro)vidĕo], {ut manĕas, ne abĕas}.

3. Com *ut*, *ne*, *quin* + subjuntivo, as dependentes de verbos deno-tativos de temer, duvidar– 1 Timĕo {ut sustinĕas}. [Cícero] *Temo que não suportes.* 1a Timĕo {ne cadas}. *Temo que caias.* 2 Non est dubĭum (nemo dubĭtat) {quin virtus bonum sit}. *...de que a virtude seja um bem.*

2.9.4 Adverbiais desenvolvidas – Conjunções subordinativas

Conjunções subordinativas, 1.11.2

1. Causais: *quia, quonĭam, quod, cum*: indicativo; nas frases hipotéticas, subjuntivo – 1 Pacem nolo {quia turpis est}. [Cícero] *Não quero a paz {porque ela é vergonhosa}.* 2 Ego primam partem tollo {quonĭam nomĭnor leo}. [Phaedrus, Fábulae, I,5.] *...porque me chamo leão.* 3 Socrătes accusatus est {quod novas superstitiones introduxit} [Quintilianus, Instit. oratoriae.] *...porque (de fato) introduziu novas superstições.* 3a Socrătes accusatus est {quod novas superstitiones introduxĭsset}. *...porque (supõe-se) teria introduzido.* 4 {Cum impĕras [impĕres]}, rege te ipsum. *Já que mandas, [supõe-se que manda]...* 4a {Quia stultus es}, ea re taces. [Cícero] *Porque és tolo, por isso (é que)...* 5 Concēdo {et quod anĭmus aequŭs est} {et quia necesse est}. [Cíc., Pro Róscio. Amerino, 145.] *Concedo, {tanto porque a intenção é justa}, {quanto porque é necessário}.*

2. Comparativas: *quam* – 1 Accipĕre {quam facĕre} praestat iniurĭam. [Cíc., Tusculanae disputationes, 5,19, 56.] *É melhor sofrer injustiça {do que cometê-la}.* Non tam praeclarum est scire Latine (loqui), {quam turpe nescire}. [Cícero] *Não é tão honroso saber (falar) latim {quanto é vergonhoso desconhecê-lo}.*

3. Consecutivas: *ut, ut non, ut ne, quin*, subjuntivo – 1 Tales nos esse putamus {ut iure laudēmur}. [Cíc., De officiis, 1,26.] *Julgamo-nos possuir qualidades tais, {que devamos ser louvados}.* 2 Nemo tam prudens est, {ut decĭpi non possit}. *...que não possa ser enganado.* 3 Quis nostrum anĭmo tam duro fuit, {ut Roscĭi morte non commoverētur?* [Cíc., Pro Árchia poeta, 17.] *Quem de nós foi de espírito tão duro, {que não se comovesse com a morte de Róscio?}.* 4 Nunquam (ita) accēdo ad te {quin abĕam doctĭor}. [Terentius, Eunuchus, 4,7,124.] *Nunca (assim) me achego a ti, {que não saia mais douto}.* 5 Nil tam difficile est {quin investigari possit}. *...que não possa ser investigado.*

4. Concessivas: *ut, cum, quamquam, etsi*, predomina subjuntivo – 1 {Ut dēsint vīrēs}, tămĕn ēst lāudāndă vŏlūntās. [Hexâmetro de Ovídio, Epístulae ex Ponto, III, 4.] *{Conquanto faltem as forças}, contudo...* 2 {Cum totum corpus sit extra laquĕum}, totum tamen retinētur. [Santo Efrém, 373.] *Embora...* 3 {Quam-*

196

<u>quam</u> omnis virtus nos ad se allĭcit}, <u>tamen</u> iustitĭa id maxime effĭcit. *Conquanto toda virtude nos atraia...*

5. Condicionais: *si, nisi, dum*: **a) reais**, indicativo; **b) irreais**, subjuntivo: 1 {<u>Si</u> cives consentĭ<u>unt</u>}, res publĭca flor<u>et</u>. {*Se os cidadãos consentem*}... 1a [<u>Si</u> cives consenti<u>ant</u>], res publica flor<u>eat</u>. *Caso os cidadãos consintam* [poderiam fazê-lo]... 3 Memorĭa minuĭtur {<u>nisi</u> eam exercĕ<u>as</u>}. ...*caso não a exerças.*[Cícero] 4 Hunc mihi timorem erĭpe, Catilina: {<u>si</u> est verus}, ne opprim<u>ar</u>; {<u>sin</u> falsus}, ut timēre desĭnam. [Cíc., Cat., I.] *Tira-me este medo, ó Catilina:.. (mas se é falso)...* 5 {Sive habes [ali]quid, sive nihil habes}, scrib<u>e</u> tamen. [Cícero] *Quer tenhas algo...* 6 Oderint {<u>dum</u> metu<u>ant</u>}. [Cíc., De officiis, 1,28,97; Sêneca. De ira, 1,20,4.] *Odeiem, {contanto que temam}. Odeiem...* 7 {Si <u>vis</u> me flere}, dolendum est primum ipsi tibi. [Hor. AP, v. 102.] {*Se queres que eu chore}, cabe primeiro a ti mesmo sentir dor.*

6. Conformativas: *ut, sicut, velut, quomŏdo, quemadmŏdum* – 1 {<u>Ut</u> semēntem fecĕris}, ita et mete*s*. [Rufus, *apud* Cícero, De oratore.] {*Como tiveres feito a sementeira}...* 2 Homo in mundo posĭtus est {<u>ut</u> lucerna (posĭta est) in vento}. [Sêneca] Accipe {quomŏdo das}. [Petrónius, Satíricon, 38,8.] *Recebe assim {como dás}.* {<u>Sicut</u> dixi} facĭam. [Plautus] *Farei...*

7. Proporcionais: *tot – quot, tantus – quantus, quo – eo*... 1 {<u>Quot</u> (sunt) capĭta}, <u>tot</u> (sunt) sententĭae. [Terentius, Phormio, v. 454.] 2 {<u>Quo</u> quisque stultĭor (est),} <u>eo</u> magis insolēscit. {*Quanto mais tolo é alguém}, tanto mais é insolente.* 3 <u>Tot</u> et tantas res optāmus, {<u>quot</u> et quantas dii immortales ad Pompeium detulerunt}. [Cícero] *...os deuses imortais conferiram a Pompeu.* [†48 aC]

8. Finais: *ut, ne*, subjuntivo – 1 Edĕre oportet {<u>ut</u> viv<u>as</u>}, non vivĕre {<u>ut</u> ed<u>as</u>}. *Convém que comas {para que vivas}...* [Cícero, Ad Herénium, 28.] 2 Mala non sunt facienda {<u>ut</u> evenĭ<u>ant</u> bona}. *Não devem ser feitas coisas más...* 3 Cave {<u>ne</u> cad<u>as</u>}. ...*para que não caias.* 4 Legem brevem esse oportet {<u>quo</u> (= <u>ut</u> <u>eo</u>) facilĭus ab imperitis ten<u>eatur</u>}. [AJ] *...para que possa ser retida pelos imperitos.*

9. Temporais: *cum, dum, antĕquam, priūsquam, postquam, quando, donec, quoad, quamdĭu, ut, simul, simulātque, ubi* (*primum*): predomina o indicativo. – 1 Fortuna vitrĕa est: {cum splendet}, tum frangĭtur. ᴾ·ˢʸʳᵘˢ *A sorte é vítrea*: {*quando brilha*}, *então se quebra*. 2 {Cum feriae adsunt}, gaudemus. *Cada vez que as férias chegam...* 3 Senatores, {dum tacent}, clamant. ᶜⁱᶜ·, ᶜᵃᵗ· ᴵ· *Enquanto...* 4 Tragoedi {antĕquam [priūsquam] pronuntĭent}, vocem excĭtant. ᶜⁱᶜᵉʳᵒ, ᴰᵉ ᵒʳᵃᵗᵒʳᵉ· *Os atores trágicos, antes de declamarem...* 5 Hannĭbal {postquam domu profugĕrat}, in Africam vēnit. ᴱᵘᵗʳóᵖⁱᵒ, ᴮʳᵉᵛⁱᵃʳⁱᵘᵐ ʰⁱˢᵗᵒʳⁱᵃᵉ ʳᵒᵐᵃⁿᵃᵉ··· *Aníbal,* {*depois que havia saído de casa*}... 6 {Dōnĕc ĕris fēlix}, mūltōs nŭmĕrābĭs ămīcōs. ᴴᵉˣâᵐᵉᵗʳᵒ ᵈᵉ ᴼᵛíᵈⁱᵒ, ᵀʳⁱˢᵗⁱᵃ, ᴵ, ¹, ³⁹· *Enquanto* [*até o momento em que*] *fores feliz...*

24. Mitologia: **Marte**, o Ares dos gregos, deus da guerra, pai de Rômulo (Morisset, p. 575).

3 Literatura e Estudos Lingüístico-Literários

1. Temas, objetivos e meios – Os ideais estéticos e os modelos literários dos gregos e latinos foram tão pujantes que serviram de parâmetro para estilos de época posteriores. "Com o Humanismo e o Renascimento, a descoberta da cultura greco-latina originou surto extraordinário de estudos teóricos e crítico-literários, talvez como nenhum outro em qualquer tempo". [Moisés, 1974, p. 116.] – De outro lado, sua produção lingüística e teórico-literária lançou bases para a escalada dos estudos modernos nessa área. "A Lingüística, como qualquer outra ciência, constrói sobre o passado: não só desafiando e refutando doutrinas tradicionais, mas também desenvolvendo-as e reformulando-as". [Lyons, John, 1979, p. 3.] "Do conjunto das pesquisas helênicas [assimiladas pelos latinos] resultaram conquistas ainda úteis à lingüística moderna: noções de frase, sujeito, objeto, partes do discurso, relações de parentesco entre as línguas, etc. [Dubois, 1978: lingüística.]

Por isso, **a presente seção**, partindo dos conhecimentos acumulados nas seções anteriores e atendendo aos objetivos da obra, **propõe-se** levar o leitor a conhecer: **a)** a literatura latina (estilos, gêneros, autores, obras e textos representativos), bem como a contribuição latina na área da teoria e crítica literária; **b)** sua produção lingüística (conceitos, princípios, teorias, em especial a da gramática). Como a literatura latina assimilou a produção lingüística e literária dos gregos, também esta será resenhada. Tal estudo inclui antologia de 80 textos latinos, com a respectiva tradução paralela, excetuados alguns poucos, que foram vazados em linguagem técnica ou que são de fonte bíblica, pelo que apresentam traduções de fácil acesso. A seleção dos textos fez-se pelo critério de maior ade-

199

quação aos objetivos, maior representatividade e menor complexidade de interpretação. Sua ordenação em cinco subseções atende mais a critérios temáticos do que a cronológicos.

2. Desenvolvimento – A matéria será desenvolvida em cinco momentos: 1) literatura técnica sobre o universo histórico-político e cultural dos romanos: apogeu do Império e das artes, assimilação da cultura grega, romanização da Hispânia, em especial da Lusitânia e da Galiza, berço da língua portuguesa; 2) lingüística: gramática, lexicologia, etimologia e semântica; 3) literatura: teoria, crítica, retórica e mitologia; 4) literatura como criação artística: poesia: satírica, dramática, lírica, épica, didática; prosa de ficção; 5) literatura latina cristã: importância artística e mítica, textos bíblicos, textos de louvor e esperança.

3. Ordenação dos textos – A literatura latina será apresentada em 11 gêneros, desconsiderados outros, importantes, mas de menor interesse, tais como estes: a) oratória: Catão, [234-149], Hortênsio, [114-50], César [100-44] e Cícero, [106-40], o maior vulto da prosa e autor de 55 discursos; b) epistolografia: Cícero, com 774 cartas, Ovídio, [43aC-18 dC], Sêneca, [4 aC-65], Plínio [62-114] e São Jerônimo; [c. 347-420] c) ensaio filosófico: Cícero e Sêneca; d) Direito Romano, monumento jurídico de valor perene e universal. A literatura enquanto criação artística, tratada em 3.4, constitui-se no núcleo central da seção. [0.1: 7-9.]

A introdução a cada um dos tópicos resenha a contribuição grega e busca indicar traços de influência da contribuição greco-latina nas letras modernas, em especial nas vernáculas. O princípio didático de ordenar o estudo pelo critério de seguir dos menos para os mais complexos permite sugerir a seguinte ordem de leitura dos textos latinos: literatura cristã, [3.5] historiografia, [3.1] lingüística; [3.2] teoria e crítica literária [3.3] e literatura como criação artística. [3.4] Para bem contextualizar e entender qualquer um dos tópicos, recomenda-se começar pela leitura da seção 0, *Cultura Latina*. Para todos os textos, em especial os não acompanhados de tradução paralela, a *Gramática* e o *Glossário* constituem subsídios indispensáveis. A referência registrada no final de cada texto bíblico permite localizá-lo em alguma tradução.

3.1 Historiografia do império e das artes

3.1.1 Império: dos primórdios ao apogeu (Eutrópio e outros)

1. Conquista e romanização – Os romanos, descendentes de agricultores e militares, sobressaíam pelo tino político e residiam em ponto estratégico para dominar a bacia do Mediterrâneo e as terras adjacentes a ela. [2] Eles expressaram essa vocação político-cultural na epopéia nacional máxima, a *Eneida*, de Virgílio, ao fazerem Anquises predizer a Enéias, seu filho e protagonista da narrativa, na mansão dos mortos – os *infernos* ou o *orco* –, a missão dos romanos em relação à dos povos então conhecidos: "Lembra-te, ó romano, da tua missão: regerás os povos com teu poder!" *Tu regĕre imperĭo popŭlos, Romane, memento!* [Virg., Eneida, VI, 854; 3.1.3; hexâm.]

Com efeito, segundo a historiografia latina, Roma, fundada em 753 aC, criou, entre o século IV aC e II dC, um dos maiores e mais influentes impérios da história ocidental, cuja escalada avançou em três continentes, após haver conquistado a Itália (326-272), o Mediterrâneo (229 aC-107 dC), Cartago e o norte da África (264-14 aC), a Península Ibérica (218-19 aC) e a Grécia (146 aC). Roma, com a tomada da Dácia – hoje Romênia, junto ao Danúbio e Mar Negro – por Trajano, [101-107 dC], deu ao Império sua expansão geográfica máxima, tendo-a colonizado a tal ponto que ela adotou o latim e tem hoje como língua oficial o romeno, língua românica. Dividiu-o em províncias: 30 nos dias de Augusto, 46 nos de Trajano. Às regiões conquistadas levou seus hábitos de vida, instituições públicas, padrões de cultura, em especial sua língua, [3.1.3 (Grécia) e 3.1.4 (Galiza e Lusitânia)], mas também aprendeu, sobretudo dos gregos, por se acharem em estágio muito adiantado de elaboração cultural e artística. [Il. 1-3]

2. Historiadores – A historiografia latina é dos gêneros mais fecundos e nacionais. Ela produziu estes principais autores e obras: **a) no período áureo**, 81 aC-14 dC, *Caius Iulius Caesar,* [100-44] com *Commentarii de bello gallĭco* e *Bellum civile*; *Caius Sallustĭus Crispus,* [86-35] com *De coniuratione Catilinae*; *Cornelius Nepos,* [100-32] com *De viris illustrĭbus*, e, sobretudo, *Titus Livius,* [59 aC-17 dC], com *Ab Urbe condĭta libri CXLII*, por décadas; **b) no período argênteo**, 14-117, *Caius Cornelius Tacitus,* [55-120] com

Annales, 16 livros, e *Caius Suetonius*,[75-160] com *De vita Caesărum*, cujo gosto pela compilação de epítomes e por narrativas de caráter romanesco e/ou anedótico denuncia o declínio da literatura latina pagã; no período da literatura pós-clássica, 117 – séc. VI, *Flavius Eutropius*,[séc. IV] do qual se transcrevem textos abaixo. ■ *Cáius Iúlius Caesar*,[100-44 aC], depois de cônsul e, em 62, pretor, passou como propretor para a Espanha Ulterior, onde derrotou os lusitanos. Depois foi nomeado propretor da Gália, cujos limites estendeu até ao Reno em 58-51 aC, avançou até a Bretanha e impôs tributos aos germanos do além-Reno. Relatou suas campanhas em *Commentárii de bello gállico*, no intuito de justificar suas ações bélicas. Vencedor de Pompeu e nomeado ditador, acabou por ser apunhalado no senado por *Cassĭus* e *Brutus*. [Suetônio, De vita Caesarum, 82.] ■ *Caius Iulius Caesar Octavianus*,[63 aC-14 dC] sobrinho-neto de Júlio César, tendo vencido Marco Antônio em Ácio,[31 aC] recebeu do senado poderes imperiais e o título de *Augustus*, em 27 aC. Fez dos 44 anos de sua administração um dos períodos mais brilhantes da história cultural romana, em particular da literatura, tanto que, por si mesmo e por seu ministro Mecenas, promoveu famosos artistas, como Horácio, Virgílio, Tito Lívio e Ovídio. Foi no principado dele, 27 aC – 14 dC, que, estando em paz todo o Império, Jesus Cristo nasceu em Belém da Judéia.[Lucas 2,11]

25. Virgílio: **Enéias**, protagonista da *Eneida*, foge de Tróia, com o pai Anquises e o filho Ascânio Julo, rumo ao *Látium* (Firmino, p. 42).

3. Origens lendárias de Roma – As origens da gente e da cultura latina encontram-se envoltas em lendas, jóia da cultura clássica antiga. Assim, Virgílio, [c. 70-19 aC], expoente máximo da épica latina, fazendo de Enéias o herói da *Eneida*, inspirada na *Ilíada e* na *Odisséia* de Homero,[séc. IX aC], mostrou-se fiel a uma tradição já antiga, que fazia remontar as origens dos romanos à nobreza de Tróia ou Ílion, arruinada pelos gregos cerca de 1.200 aC. [3.4.5 Il. 15, 23-26, 28, 30-35.]

3.1.1.1 Ascendentes troianos da nobreza romana	
1. Vergilius poeta misĕram urbis Troiae fortunam fugamque Aeneae narravit. Nautae Graeci, postquam invasĕrant Troiam, impulsi avaritā, divitĭas diripuerunt praedamque fecerunt et, incensi irā, urbem flammis absumpserunt.	**1**. O poeta Virgílio narrou o desditoso destino da cidade (de) Tróia e a fuga de Enéias. Os marinheiros gregos, depois que tinham invadido Tróia, movidos pela cobiça, pilharam-lhe as riquezas, depredaram-na e, inflamados de cólera, arrasaram a cidade pelas chamas.
2. Incŏlas autem aut maxima cum saevitĭa occiderunt aut captivos abduxerunt nec femĭnis pepercerunt. Sed Aeneas e patria fūgit deaeque Minervae statŭam abstŭtlit.	**2**. Aos habitantes, porém, eles ou os mataram com a maior crueldade, ou os levaram prisioneiros e não pouparam sequer as mulheres. Mas Enéias fugiu de sua pátria e carregou consigo a estátua da deusa Minerva.
3. Post multas aerumnas in Italiam pervēnit. Ibi Latinus rex filiam advenarum duci dedit. [Compilou Deléani e Vermander, 1996, p. 15-16.]	**3**. Após muitas tribulações, ele chegou à Itália. Lá, o rei Latino deu sua filha ao chefe dos recém-vindos.

4. Sinopse da história romana (Eutrópio) – No período da literatura pós-clássica, 117-séc. V dC, *Flavĭus Eutropĭus,* [séc. IV], compôs obra concisa e cedo difundida, *Breviarĭum histořiae romanae ab urbe condĭta*, "Sinopse da história romana desde a fundação de Roma", 753 aC-369 dC, em dez livros, na qual lhe focalizou sobretudo os sucessos. Nas três guerras púnicas, travadas em 264-241, 219-201 e 149-146 respectivamente, Roma e Cartago disputaram a hegemonia sobre a bacia mediterrânea. Foi na 2ª guerra púnica, 218 aC, que os romanos, movidos por razões comerciais, econômicas e estratégicas, começaram o processo de conquista da Península Ibérica, que se prolongou de 193 até 19 aC, como se explana em 4.1.1[Il. 1, 2, 6, 8, 10 e 27.]

203

3.1.1.2 Império: dos primórdios ao apogeu (Eutrópio)

1. Da realeza (753-510) à república (510-27 aC)

1. Romanum imperium [(...)] a Romŭlo exordĭum habet, qui vestalis virgĭnis filius et Martis, cum Remo fratre, uno partu edĭtus est. [edo, dar à luz.] Is [(...)] urbem exigŭam in Palatino monte constitŭit, undecimo Kalendas Maii,[11 de maio] Olympiădis Sextae anno tertio, post Troiae excidĭum [queda em c. 1180] anno trecentesimo nonagesimo quarto. **2** Romulus, condĭta [condo, fundar] civitate, quam ex nomĭne suo *Romam* vocavit, multitudĭnem finitimorum [de confinantes] in civitatem recēpit, centum ex seniorĭbus elēgit, quos *senatores* nominavit, propter senectūtem [por causa da velhice.] **3** Ita Romae [em Roma] regnatum est per septem reges (...), annis ducentis quadraginta tribus (...). Hinc [desde então] consŭles coepēre [coeperunt],[início, começar] pro uno rege duo, hac causā creari, ut si [para que se] unus malus esse voluisset, [volo, querer] alter eum, habens potestatem simĭlem, coercēret. [coérceo, reprimir] (Eutropius, Breviarium ab urbe cóndita, 1,1-10).

2. Roma e Cartago: três guerras púnicas [264-241, 219-201 e 149-146]

1. Anno quadringentesimo septuagesimo septimo ab Urbe condĭta, [condo, fundar] contra Afros a Romanis bellum susceptum est **primum**. [suscípio, empreender.] In Sicilia contra Afros pugnatum est: Appius Claudius de Afris et de rege Siciliae triumphavit. [2,10] ■ **2** Bellum Punicum **secundum** Romanis illatum [ín-fero, levar] est per Hannibălem, [Aníbal] Carthaginiensĭum ducem. Hannĭbal, Hispaniae civitatem Romanis amicam, oppugnavit. Tum Cornelius Scipio [Cornélio Cipião] cum exercitu in Hispaniam profectus [proficíscor, marchar] est. Hannibal in Hispania fratrem Hasdrubălem relĭquit et Pyrenaeos transĭvit. [(...)] Aemilius Paulus et Terentius Varro apud Cannas, prope Romam, ab Hannibăle vincuntur. [2,12.] Anno quarto decimo postĕa quam [depois que] in Italiam Hannibal venĕrat, Scipio Aemilianus consul est factus et in Africam missus. [mitto, enviar] Ibi ducem Afrorum interfēcit. [inter-ficio, matar.] (...) Tum omnis fere [quase toda] Italia Hannibalem deserŭit. Hannibal in Africam redĭre iussus est.[iúbeo, mandar.] Ita, anno decimo septimo, ab Hannibale Italia liberata est. Postĕa [depois] Scipĭo *Africanus* Hannibălem apud Zamam vicit. [2,02] ■ **3 Tertium** bellum contra Carthagĭnem suscipĭtur sexcentesimo secundo ab Urbe condĭta anno. Scipio Nasica contra Carthaginem missus est. Is eam cepit [cápio, conquistar] et dirŭit. [2,10-4,5]

3. Da Gália à Bretanha e à Germânia [58-51 aC]

1. Anno Urbis condĭtae sexcentesimo nonagesimo tertio, [60 aC], Caius Iulius Caesar consul est factus. Decreta est ei [decerno, determinar] Gallĭa et Illyricum cum legionĭbus decem. Is primo vicit Helvetĭos; [helvécios, hoje suíços] deinde, [depois] vincendo per bella gravisssima, usque ad Oceănum Britannĭcum processit. Domŭit annis fere novem omnem Gallĭam. Britannis mox [em breve] bellum intŭlit et eos stipendiarios fecit. Tandem Germanos trans Rhenum vicit. [6,17] **2** Caesar, redĭens [réd-eo, voltar] ex Gallia victor, dictatorem se fecit. **3** Inde Hispanias petĭvit [peto, atacar.] Ibi Pompeii exercitum superavit. Inde regressus, in Graeciam transĭit, [trans-eo] ubi adversum Pompeium dimicăvit. [6,20] Inde Romam redĭit. Agĕre insolenter coepit et contra consuetudĭnem Romanae libertatis. **4** Tum coniuratum est in eum a [pelos] senatorĭbus. Praecipŭi inter coniuratos fuerunt duo Bruti. Cum senatūs venĭsset [44 aC] ad curĭam, [assembléia] tribus et viginti vulnerĭbus confossus [con-fódio, perfurar] est. [6,20]

4. Com Augusto, o apogeu do império e das artes [30-aC-14 dC]

1. Octavianus fuit Caesăris nepos. [sobrinho, neto.] Hic est qui postĕa *Augustus* est dictus. [...] Profecti sunt [pro-ficiscor, *marchar*] contra Brutum et Cassium Octavianus Augustus et Marcus Antonius. **2.** Sic inter eos divisa est res publica, ut Augustus Hispanias, Gallias et Italiam tenēret; Antonius Asiam, Pontum [Mar Negro] et Orientem. Antonius, repudiata sorore Caesaris Augusti, Cleopatram, reginam Aegypti, duxit uxorem [duco, *esposar.*] Hic ingens bellum civile commōvit. Victus est ab Augusto navali pugna [em batalha naval] clara et illustri apud Actium. **3.** Ita, bellis toto orbe confectis, [con-ficio, *terminar.*] Octavianus Augustus Romam redĭit, duodecimo anno postquam consul factus fuerat. Ex eo rem publicam per quadraginta et quattuor annos solus obtinŭit. [31 aC-14, dC] **4.** Non immerĭto deo simĭlis est putatus. Civilissime vixit, in omnes liberalissimus, in amicos [verbi gratiã, Virgilĭum, Horatĭum, Titum Livĭum, Propertĭum et Maecenătem] fidelissimus. [8, 1-8.]

3.1.2 Roma, senhora dos povos, mestra das artes e das leis

César Augusto, [63 aC-27 dC], depois que venceu Bruto e Cássio e, em seguida, Marco Antônio em *Áctium*, [31 aC], recebeu, em 27, o título de *Imperator Augustus*, "aumentado, sublime, abençoado", que foi adotado por todos os imperadores subseqüentes e seus familiares como expressão do sentido religioso da dignidade imperial (culto ao imperador). Ele se propôs estabelecer a paz em todos os segmentos sociais e elevar o sentimento de nacionalidade romana, para o que se valeu dos artistas. Incentivou literatos, como Virgílio, Horácio, Tito Lívio e Propércio, que produziram obras-primas, a serem apresentadas nas próximas seções, incentivo que prestou mediante Mecenas, nome que, por antonomásia, denota hoje "protetor das artes e ciências". Em contrapartida, Horácio, nos três primeiros livros das *Odes*, [30 a 23], apoiou as intenções religiosas, morais e pacifistas do mentor Augusto. Por efeito disso, Augusto o promoveu a cantor nacional e dinástico, tendo-o encarregado, em 17 aC, de redigir o hino a ser cantado por 27 rapazes e 27 donzelas, no monte Capitólio, no 3º dia dos *Jogos Seculares*, em honra aos deuses, hino que este denominou *Carmen Saeculare*, no qual apresenta Augusto como restaurador da mítica era de paz, decantada como "idade de ouro" nas *Metamorfoses* de Ovídio. Por coincidência ou providência, foi nesse contexto e período de paz "em todo o universo" que nasceu em Belém Jesus de Nazaré. [Lucas 2,1] A leitura prévia de 0.3.2 será útil para interpretar a seguinte sinopse da história da literatura latina: estilos, gêneros, autores e obras.

26. Entre musas, **Virgílio**, 70-19 aC, o maior épico romano; escreveu *Eneida*, dez *Bucólicas* ou *Églogas* e quatro *Geórgicas* (Gaffiot, p. 449).

3.1.2 Roma, senhora dos povos, mestra das artes e das leis

1. Temporĭbus [nos tempos] imperatoris Augusti, Romani imperium ad universas Mediterranei terras iam extendĕrant. Tum imperabant "urbi et orbi." [Ov. Fasti, 2, 683.] Hostes timebant milĭtes et duces Romanos: timor hostĭum causa erat pacis. Titulus civis Romani erat honoris causa et libertatis pignus. [penhor]

2. Tum Roma fuit non solum domĭna gentĭum, sed etĭam magistra artĭum, praesertim legum. Etĕnim [pois] politissimus poetarum numerus immortalem Caesarum Romam immortalĭbus carminĭbus [mediante poemas] celebravit. Iure [por direito] **latinĭtas** tempŏris Ciceronis et Vergilii **aurĕa** vel **classica** appellata est.

3. Quintus Horatius Flaccus *Carmĭna*, [poemas] *Sermones* [sátiras] et *Epistŭlas* scripsit, inter quas emĭnet ea quae a [por] Quintiliano vocata est *De arte poetica*. Ovidius Naso, praeclarus elegiacus, *Fastos* et *Metamorphoses*, in quibus Graecorum et Romanorum ab origĭne mundi mythicas fabŭlas celebravit.

4. Sed Latinorum poetarum princeps fuit Publius Vergilius Maro. Hic tria carmĭnum genĕra, scilĭcet, [a saber,] *georgĭca* et *bucolĭca* et *epica* scripsit. Merĭto in sepulcro Mantovani inscriptum est: "Cecĭni [Cantei] pascŭa, rura, duces." Carmina bucolica, Vergilius *eclŏgas*, id est, *carmina selecta*, vocavit. In illis vitam, mores, virtutes et vitĭa pastorum referre studet. [empenha-se por] *Georgica* carmina agunt de cultura agrorum, arbŏrum, ovĭum et apĭum. *Aeneidos* [da Eneida] protagonista est Aenēas, dictus filius Venĕris, pater Latinae gentis. Ille fuit "Troiae qui primus ab oris Italiam, fato profŭgus, Laviniaque vēnit litŏra."

5. Martialis et Phaedrus **latinitatis argentĕae** lumĭna [luzeiros] sunt. Martialis, qui *Epigrammătum libros XV* exaravit, est sententia: "Orandum est ut [Deve-se pedir que] sit mens sana in corpŏre sano." Phaedrus, fabularum scriptor, ridendo castigat mores humanos moribus avĭum, ovĭum, vulpĭum, piscĭum.

6. Inter **solūtae orationis scriptores** [prosadores] senĭor fuit Marcus Porcĭus Cato, sed maximus fuit Marcus Tullius <u>Cicero</u>, consul, parens [pai] latinitatis, lumen eloquentiae. Plus quam septingenta litteras ad familiares, maxime ad Quintum fratrem et ad Terentiam uxorem misit. Inter eius libros emĭnent qui nominantur *De republĭca, De legĭbus, De officĭis, De senectūte, De amicitĭa, Tusculanae disputationes.* Inter plus quam quinquaginta orationes, emĭnent quattuor quae in Lucium Catilinam magna cum vehementia elocutus est.

7. Historia Romana illustres habŭit [habeo, ter] narratores, ut Caium Iulium Caesărem, qui septem libros, scilicet *Commentarĭi de bello gallĭco*, composŭit; Caium Sallustĭum Crispum, qui unum *De coniuratione Catilinae* exaravit; Cornelium Nepotem, qui *De viris illustribus* disserŭit. Sed eorum princeps Titus Livius fuit, qui *Historiae Romanae ab urbe condĭta* CXLII libros edĭdit, qui narrant non solum historiam multarum urbĭum Italiae, sed etiam multa de oppugnatione arcĭum, [fortalezas] de morte barbarorum et de viris illustribus.

8. De rhetorica Cicero septem congregavit libros, inter quos *Orator, De oratore, De claris oratorĭbus, De optĭmo genĕre oratōrum, De inventione* praeclari sunt. Sed excelsĭor fuit Marcus Fabius **Quintilianus**, cuius *Institutiōnes Oratoriae* sunt maximum compendĭum paedagogĭcae doctrinae antiquitatis.

9. Grammaticorum Romanorum sunt opĕra quae, Medio in Aevo semper versata, etiāmnunc [ainda agora] leguntur, scilĭcet, Marci Terentĭi Varronis *De língua latina* libri XXV, Aelii Donati *Ars grammatica minor et maior* et Prisciani Caesariensis libri XVIII, qui inscribuntur *Institutiones de arte grammatica.*

10. Dum litteratura Romana decadebat, **christianae doctrinae florŭit litterattura**, cuius lumĭna fuerunt Ecclesiae patres et doctores Sanctus Ambrosius et Sanctus Hieronymus. Sed eorum praeclarissimus fuit Aurelius <u>Augustinus,</u> sanctus Hipponensis episcŏpus, qui conversiōnem suam ad philosophĭam et christianam vitam in praeclaris *Confessionum libris XIII* narrat, sicut in *De civitate Dei* doctrinam philosophĭcam et theologĭcam de historia humana primus propōnit. [Texto do autor.]

3.1.3 Assimilação das artes gregas por Roma (Virgílio e Horácio)

1. Helenização da cultura latina – Descobertas arqueológicas e textuais recentes, efetuadas em Roma, Pompéia e Herculano, atestam que os romanos começaram, já no VI século aC, a assimilar numerosos elementos da cultura grega. Vias de penetração? – O comércio, propiciado pelo fácil transporte marítimo, a presença de etruscos no norte, que teriam transmitido ao Lácio um alfabeto de origem grega, as colônias gregas ao sul da Itália, integrantes da Magna-Grécia, a presença de escolas de cultura grega em Roma e em outras cidades. Mas foi, sobretudo, pela literatura que a helenização de Roma se processou. Com efeito, a literatura latina enquanto criação estética, vencida resistência inicial de

Catão e outros, germinou a partir da grega, desde cerca de 240 aC e, desde então, sempre a tomou por ponto de referência e padrão. [II. 3, 11.]

A helenização da literatura desenvolveu-se com a introdução do helenismo por Lívio Andronico, grego de Tarento, vendido como escravo em Roma em 272 aC, que traduziu a *Odisséia* e escreveu tragédias e comédias. Na trilha dele, vieram os poetas Plauto, Ênio, Névio e outros, que, procurando criar obras de arte na língua do Lácio, se inspiraram nos magistrais exemplos da Hélade, cuja influência se ampliou e se cristalizou definitivamente desde 148 aC, quando a Macedônia se tornou província romana, e em 146, quando a Grécia foi anexada a essa província. Os primeiros contatos com os textos gregos foram favorecidos pelo fato de que Roma, vencido o período de pequenos conflitos com seus vizinhos, foi se firmando como célula-mãe de toda a Itália, tendo chegado a dominar o mundo mediterrâneo. [Enc. Mir., 1994, v. Roma; e Magne, 1946, p. 203.]

Nos ideais estéticos e nos modelos gregos, os romanos passaram a encontrar, para sempre, ponto de referência e fonte de inspiração. [3.1.3] Horácio, por exemplo, em várias passagens da *Arte Poética*, recomenda compulsar sempre os modelos gregos. [3.1.3] E, ao tratar da influência grega na poesia latina, ressalta que a Grécia, conquistada por Roma, tendo sobreposto a cultura às armas, subjugou o rústico romano, graças à beleza, ao requinte e à profundidade de sua arte.

> A Grécia, dominada, subjugou o cruel vencedor e introduziu as artes no agreste Lácio. Assim, aquele rude verso satúrnio [nascido no Lácio] foi desaparecendo; assim a elegância baniu a aspereza de um gosto selvagem. Mas, por longo tempo, subsistiram e ainda hoje subsistem traços de nossa rusticidade. O vencedor tardou em voltar sua atenção para os escritos dos gregos e começou, na paz que sobreveio às guerras púnicas, a se interessar por aquilo que [os trágicos] Sófocles, Téspis e Ésquilo lhe podiam oferecer de útil. O vencedor fez tentativas nesta matéria, procurando ver se era capaz de assimilar dignamente esses poetas, e ele, sublime e vigoroso por natureza, se agradou, pois emite trágico vigor e ousa com entusiasmo; mas ele considera tolamente vergonhoso polir versos e teme fazê-lo. [Horatius, Epístulae, 2, 1, 156-167.]

2. A assimilação criativa das artes gregas por Roma desde 240 aC marcou a literatura latina pelo menos até ao fim do século I dC, como se explana em 0.3.1. A influência do helenismo alcançou tanto a literatura quanto as teorias lingüísticas e crítico-literárias, conforme as coordenadas da seguinte sinopse: ■ a) Depois que Roma, fundada em 753 aC, tinha acabado de, durante cinco séculos de lutas, estabelecer a supremacia na Itália e começava a conquistar e organizar o mundo antigo, agregado ao redor do Mediterrâneo, ou seja, por volta de 240 aC, a literatura latina originou-se da grega e dela sempre recebeu forte influência, conforme as referências clássicas a interpretar-se abaixo. Por isso, em Roma, os gêneros literários, ao invés de terem derivado uns dos outros, apareceram mais ou menos ao mesmo tempo. ■ b) Roma nacionalizou as artes gregas e deu-lhes alcance universal, tanto que os clássicos modernos, propondo-se renovar a arte, perseguiram os ideais estéticos e os modelos latinos, tanto quanto os gregos. ■ c) Em todos os gêneros e formas, Roma sempre tomou as artes gregas como referência e nelas procurou inspirar-se. As próprias mansões que os maiores literatos do período áureo possuíam em Pompéia e Herculano encontravam-se decoradas com alegorias e lendas gregas, em especial a seus mitos e heróis.

3.1.3 Assimilação das artes gregas por Roma	
1. Vocação dos romanos e dos gregos (Horácio e Virgílio)	
1. Graīs īngĕnĭŭm, Graīs dĕdĭt ōrĕ rŏtūndō Mūsă lŏquī, prāetēr lāudēm nūllĭŭs ăvārīs. Romani pueri longis rationibus assem discunt in partes centum diducere... <small>Hor., AP, 323-326.</small>	1. Aos gregos a Musa concedeu o talento de falar com linguagem harmoniosa, aos gregos, de nada avaros, senão da glória. As crianças romanas aprendem a dividir, por longos cálculos, um asse em cem partes.
2. Excūdēnt ălĭi spīrāntĭă mōllĭŭs āĕra, crēdo ĕquĭdēm; vīvōs dūcēnt dē mārmŏrĕ vūltūs; orabunt causas melius, caelique meatus describent radio et surgentia sidera dicent: Tū rĕgĕrĕ īmpĕrĭō / pŏpŭlōs, Rōmānĕ, mĕmēntō. Hae tibi erunt artes, pacisque imponere morem Parcere subiectis et debellare superbos. <small>Virg., Eneida., VI, 847-856.</small>	2. Outros povos esculpirão, mais delicadamente, bronzes respirantes, creio sim; extrairão do mármore rostos vivos; advogarão melhor as causas (judiciais), descreverão com o compasso os caminhos do céu e marcarão os astros que surgem. Tu, ó romano, lembra-te de reger os povos com o teu poder. Estas serão tuas artes: impor as condições da paz, poupar os submissos e esmagar os soberbos.

2. Assimilação criativa das artes gregas (Horácio)	
1. Grāecǐă cāptă fĕrūm vǐctōrēm cē-pǐt ĕt ārtes īntǔlǐt āgrēstǐ Lătīō; sǐc hōrrǐdǔs īlle defluxit numerus Saturnius, et grave virus munditiae pepulēre... ^{Epist. II, 1, 156-157}	**1.** A Grécia dominada dominou o feroz vencedor e introduziu as artes no agreste Lácio; assim aquele horrível verso satúnio (natural do Lácio) desapareceu, e a pureza baniu a aspereza de um gosto selvagem.
2. ...Vŏs ēxēmplārǐă Grāecă nōctūrnā vērsātĕ mănū, / vērsātĕ dǐūrnā. AP, 268-269	**2.** ...Vós (que escreveis poemas), compul-sai os modelos gregos de noite e de dia.
3. ...Indignor quandoque bonus dormitat Homerus. ^{AP, 359}	**3.** ...indigno-me todas as vezes que o bom Homero cochila.
4. Res gestae regumque ducumque et tristia bella quo scribi possent numero, monstravit Homerus. ^{AP 73-74}	**4.** Homero mostrou em que tipo de verso (o hexâmetro) podiam ser escritas as bravuras dos reis e generais e as tristes guerras.
5. Graeci nos monent, ne quid nimis faciamus. ^{Terêncio}	**5.** Os gregos admoestam-nos a que não façamos nada demais.
6. Cedǐte, Romani scriptores; cedite, Grai: Nescio quid maius nascitur Iliade. ^{Pro-pércio, II, 34, v. 65-66.}	**6.** Cedei, ó escritores romanos; cedei, ó gregos: nasce não sei o quê maior que a Ilíada [nasce *Eneida* de Virgílio].

3.1.4 O berço do galego-português (Plínio, Floro, Orósio)

Foi na *Gallaecǐa* e *Lusitanǐa*, no extremo noroeste da Península Ibérica, que o latim popular deu origem ao galego-português, cuja configuração, em fins do século V, já era mais de língua românica do que latina. Em documentos cartoriais escritos em latim (bárbaro) desde 870 na Lusitânia, foram aflorarando vocábulos já revestidos de formas neolatinas, com traços similares aos revelados pelos primeiros textos escritos em português no início do século XIII. Estuda-se, aqui, a romanização da Península, em especial sua latinização, deixando-se para 4 o estudo da derivação do latim ao português. ^{II. 4, 5, 8, 10, 16, 27.}

1. Pré-romanos na Península Ibérica – Ao começar o processo da romanização, a Península era habitada por celtas, <u>iberos</u>, púnico-fenícios, lígures, gregos e outros grupos. De suas línguas derivaram para o português alguns sufixos – como *-arra* (*barcarra*), *-orro* (*beatorro*) *-asco* (*penhasco*), *-ego* (*borrego*) – e algumas palavras de sentido concreto: *arroio, balsa, barro, braga*(*s*)*, carrasco, gordo, lama, lanças, lousa, manteiga,* etc. Os lusitanos, estabelecidos entre o Douro e o Tejo talvez já no séc. VI aC, eram provavelmente uma tribo céltica, vinda das montanhas helvéticas (suíças), como revela o étimo de muitos topônimos e antropônimos. Os antigos *Callaici* ou *Callaeci*, os "Calaicos ou Galegos", habitantes da *Callaecia* ou *Gallaecia*, oriundos das montanhas cantábricas, ocupavam a região norte do Douro. [Alarcão, 1973, p. 17-20.] Que fatores levaram os romanos a disputarem a Península Ibérica? – Riqueza do solo, como o *Callaicum aurum*, [Marcial, 4, 39, 7], comércio e navegação, posição estratégica e fonte de recursos militares. [II. 27]

2. Romanização lingüística – A romanização iniciou-se em 218 aC (desembarque) ou 209 (derrota do cartagineses) ou 194 (1º encontro entre lusitanos e romanos), quando, segundo Estrabão, [58 aC-25 dC], os lusitanos ainda continuavam nos seus rudes hábitos, mas ela só se completou em 19 aC. A *Hispania* foi dividida inicialmente em *Citerĭor* (região nordeste) e *Ulterĭor* (região sudoeste), que Augusto, [27 aC-14 dC], em 27 aC, subdividiu em duas províncias: a *Lusitania* – terra do mítico *Lusus*, filho de Baco, deus do vinho (de cuja fartura fala o atual vinho do Porto) e povoador dela – ao norte do Guadiana, *e* a *Baetica*, ao sul. Entre 7 e 2 aC, aquela parte da Lusitânia que se situava ao norte do Douro, chamada *Callaecia* ou *Gallaecia*, foi anexada à província tarraconense, a antiga *Hispania Citerĭor.* [II. 4, 5, 8, 10 e 27]

Na *Hispânia Ulterior*, a dominação romana enfrentou, desde 194 aC, longa <u>resistência dos lusitanos</u>, liderada por *Viriatus*, pastor da Serra da Estrela, assassinado em 138 aC, e de uma federação celtibérica, que resistiu em Numância até 133 aC. O noroeste da Península, em especial a *Gallaecia*, hoje *Galiza*, **berço do galego-português**, foi submetido, em 137 aC, pelo procônsul *Décimus Iúnius Brutus*, cognominado por isso *Callaicus*, que, segundo Orósio, [c. 550], teria derrotado um contingente de 60.000 galaicos que tinham vindo em auxílio dos lusitanos. Na guerra contra Sula, os partidários de Mário refugiaram-se na Lusitânia. Lá um deles, *Quintus Sertórius,* [123-72 aC], comandou, entre 77 e 72 aC, a resistência ao domínio de Roma, organizando uma parte da Espanha em Estado independente, com capital em *Ébora*, hoje Évora. Com *Sertorius* é que a romanização alcançou decisivo impulso, tanto que Évora ainda conserva inúmeros monumentos históricos, como o templo que se diz ser de Diana (séc. II) e o aqueduto de Sertório, objeto de narrativa do evorense Garcia de Resende. [1470-1536] Mas só com Júlio César, [101-44 aC], em 66-61, é que Roma conseguiu submeter os povos do noroeste, consolidando o domínio romano, obra que, de 26 a 19 aC, Augusto, 63 aC-14 dC, levou a termo. [Enc. Mir., 1994, v. 17, Portugal. Alarcão, 1973, p. 29-47.] Depois, cada província foi dividida em *conventus*, colônias ou comunidades urbanas. O atual território da Galiza espanhola e de Portugal corresponde a quatro deles: Lugo, Braga, Santarém e Beja. [Teyssier, 1984, p. 3-4.]

A romanização da Península foi profunda e geral, mais rápida, ampla e sólida no sul do que no norte, onde não conseguiu dobrar a resistência dos bascos, sediados ao pé dos Pireneus ocidentais, que ainda hoje falam língua não indo-européia, pré-romana, o *basco* ou *vasconço*, e que modernamente vieram a constituir o País Basco. [3.1.4] Então os romanos construíram praças, templos, balneários e estradas, tendo subsistido numerosos resíduos em toda a Península. No Portugal de hoje, tais obras e monumentos são abundantes, sobretudo em Braga, Coimbra, Lisboa, Évora e na província do Algarve. Segundo texto do grego Estrabão, [séc. I dC], e de milhares de inscrições encontradas na Península, todos os povos, exceto os bascos, adotaram o latim, que foi introduzido a partir de soldados, colonos, funcionários e comerciantes. Mais tarde, os peninsulares adotaram o Cristianismo, cuja pregação se valeu do latim popular, como atestam os nomes do apóstolo São Tiago, de Compostela, e dos santos Orósio, [início do séc. VI], e Isidoro de Sevilha. [†636]

Fatores da romanização das populações nativas: a) o parentesco lingüístico entre *latim* e *celta*; b) o retorno dos jovens recrutas militares às províncias após o serviço em quartéis romanos; c) o sistema viário, marítimo e rodoviário, que facilitava o intercâmbio das províncias com a metrópole; d) a extensão do direito de cidadania a todos os súditos do

Império pelo Imperador Caracala; [211-217] e) a difusão do Cristianismo, pregado em latim popular, que contribuía para unir todos os segmentos sociais no mesmo ideal de amor e fraternidade. Tão perfeita foi a romanização da Península, que, segundo o grego Estrabão, [58 aC-25 dC], "os turdetanos e mormente os ribeirinhos do rio Bétis adotaram os costumes romanos, a tal ponto de já não se lembrarem da própria língua". [Estrabão, Geographia, III, II, 15. 4.1.1.]

3.1.4 Galiza e Lusitânia, berço do galego-português	
1. Geografia (Plínio, o Naturalista) [c. 70 dC]	
1. Prima Hispania terrarum est Ulterĭor appellata (...) Ulterior in duas per longitudinem provincias dividĭtur, Baetĭca et Lusitanĭa. [Plínio, Naturalis Historia, III, 6.]	**1.** A primeira dessas terras foi chamada Hispânia Ulterior. A Ulterior está dividida, longitudinalmente, em duas províncias: a Bética e a Lusitânia.
2. A Durĭo Lusitania incĭpit: (...) Excurrit in altum promontorium, quod multi Olisipponense ab oppido appellavere, terras, marĭa, caelum discrimĭnans. [Plínio, ibidem, IV, 113-114.]	**2.** Desde o Douro é que começa a Lusitânia. Ela estende-se para alto promontório, que muitos denominaram a partir da fortaleza lisboense, que descortina terras, mares e céu.
2. Resistência dos lusitanos ao domínio de Roma (Floro, Valério Máximo, Orósio)	
1. Igitur in Hispania Sergius Galba praetor Lusitanos citra Tagum flumen habitantes, cum voluntarios in deditionem recepisset, per scelus interfecit. [Orosius, 4, 21, 10.] **2.** Trium enim Lusitaniae civitatum convocato popŭlo tamquam de commŏdis eius actūrus, VIII milĭa in quibus flos iuventutis consistebat, electa et armis exūta, partim trucidavit, partim vendĭdit. [Valério Máximo, 9.6.2.] **3.** Lusitanos Viriatus erexit; (...) non contentus libertatem suorum defendĕre, per quattuŏrdecim annos omnĭa [Romanorum] citra ultraque Ibērum et Tagum igni ferroque populatus est. [Floro, 1, 33, 15.] **4.** Interĕa [Decimus Junius] Brutus [Callaicus] in Ulteriore Hispania LX milia Gallaecorum, qui Lusitanis auxilio venĕrant, asperrimo bello et difficili, quamvis incautos circumvenisset, oppressit, quorum in proelio L milia occisa, sex milia capta referuntur, pauci fugā evaserunt. [Orósio, 5, 5, 12.]	**1.** Portanto, na Hispânia, o pretor Sérgio Galba, quando recebeu como voluntários à rendição os habitantes lusitanos aquém do rio Tejo, matou-os criminosamente. **2.** Pois, convocado o povo de três cidades da Lusitânia, como se houvesse de tratar-se de interesses deles, um total de oito mil, entre os quais se encontrava a flor da juventude, escolhida e despojada de armas, trucidou uma parte e vendeu a outra. **3.** Viriato sublevou os lusitanos; não satisfeito de defender a liberdade dos seus, devastou, a ferro e fogo, por 14 anos, todos os empreendimentos dos romanos aquém e além do Ebro e do Tejo. **4.** Entrementes, Brutus atacou de surpresa, na Hispânia Ulterior, 60 mil galegos, que tinham vindo em auxílio dos lusitanos, em combate duríssimo e muito difícil, embora os tenha cercado como incautos. Conta-se que, entre eles, 50 mil foram mortos em combate, seis mil foram aprisionados e poucos escaparam por fuga.

3. Romanização em Évora (Garcia de Resende, †1536)	
Iussit idem Sertorius muris urbem cingi ex lapĭde quadrato: qui muri hodiēque multis in locis ad vetĕra moenia spectantur. Ad haec aquam Prattae quae dicĭtur, ad portĭcum usque, qui excelsĭor urbis locus est, unde in omnes urbis regiones divideretur, deduxit. De antiquitatibus Lusitaniae, I, 304. *Apud* Camões, s.d., p. 278, comentários de S. Bueno.	O mesmo Sertório mandou cercar a cidade com muros feitos de pedra quadrada: esses muros ainda hoje estão voltados, em muitos lugares, para as antigas muralhas. A estas fez conduzir água, que se chama do Prado, até ao pórtico, que é o lugar mais alto da cidade, do qual seria repartida em todas as regiões da cidade.

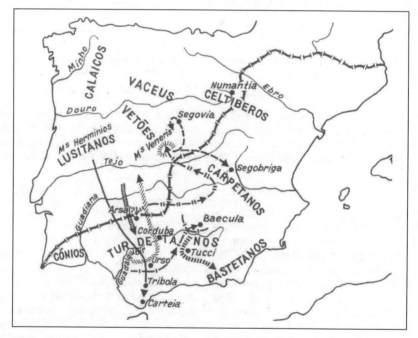

27. *Gallaecia* e *Lusitánia*, terra de *Lusus*, donde *Lusíadas*, filho de *Bacchus*, berço do galego-português. Mapa das campanhas de Viriato (Gundel). (Alarcão, p. 33).

3.2 Lingüística: gramática, etimologia e semântica

"A Lingüística, como qualquer outra ciência, constrói sobre o passado; e assim o faz não só desafiando e refutando doutrinas tradicionais, mas também desenvolvendo-as e reformulando-as". Lyons, John, 1979, p. 3. Por isso, no intuito de elucidar os primórdios da escalada da Lingüística, resenha-se, aqui, a contribuição dos gregos e romanos, em especial no que tange a conceitos e teorias de língua e gramática, alguns dos quais anteciparam temas básicos da Lingüística moderna. [0.1: 4-5]

3.2.1 Contribuição e influência dos gregos

1. Interesses primordiais – Diz-se comumente que a lingüística enquanto estudo científico da linguagem começou com o *Curso de Lingüística Geral* de Ferdinand de Saussure em 1916. Mas, desde a Antigüidade, os estudiosos foram reunindo significativa soma de observações e explicações, algumas das quais anteciparam conceitos e princípios da Lingüística moderna. [II. 3, 10, 11.]

Três preocupações principais originaram, em épocas diferentes, três tipos de estudos: a) a interpretativa ou exegética de textos sagrados, evidenciadora da evolução diacrônica da língua, originou a Filologia; b) a resistência a mudanças em textos antigos gerou atitude normativa, purista e conservadora da linguagem, que, através das gramáticas latinas, alcançou as gramáticas de cunho tradicionalista de hoje; c) a interpretação da linguagem como criação humana integrou seu estudo na Filosofia.

Na área da literatura e da lingüística, tais preocupações e estudos tiveram manifestação perfeita na obra dos filólogos da colônia grega de Alexandria desde o séc. III aC. Eles, desconsiderando as relações entre a língua escrita e a falada e a evolução delas, se propunham restaurar o texto original dos corrompidos manuscritos dos textos antigos, a começar pelos de Homero. A admiração das obras clássicas gerou neles a crença de que elas foram escritas em linguagem "mais pura e mais correta" do que a da fala coloquial de então. Desde o início, a cultura lingüística grega se interessou sobretudo pela língua escrita, como evidencia o étimo do termo *gramática*. [Lyons, 1979, p. 9.]

2. Étimo de *grammatica* – Do radical gr. *grápho*, "risco, escrevo", deriva *grámma, -atos*, "letra, escrita", donde *grammatikós*, "relativo à arte de ler e escrever", que integra a expressão *tékhne grammatiké*, "arte, técnica, ciência de ler e escrever; gramática". O correspondente latino (*ars* ou *institutio grammatica*), designativo de "ciência gramatical dos textos, das letras", ocorre já em Cícero e Quintiliano e concorre com *líttera*, "letra" e *litteratura*, "arte de escrever, gramática". O termo *grammatica*, porque sempre foi usado nas escolas medievais, aparece como eruditismo nas línguas de cultura desde o século XII. Enc. Mir., 1994, gramática.

3. Dupla articulação lingüística – No Ocidente, o estudo da linguagem começou na Grécia pelos filósofos do séc. V aC. Foi no terreno da gramática, baseada no modelo *vocábulo / paradigma* que os gregos alcançaram maior notabilidade. Segundo os funcionalistas modernos (Martinet à frente), a linguagem humana estrutura-se em duas articulações: a 1ª, em frases e locuções ou *sintagmas*, cujos menores segmentos são os *morfemas*; [1.2] a 2ª, em unidades mínimas do sistema de sons ou *fonemas*.
1.1.1 e 0.1: 6.1

a) Frases e sintagmas ou 1ª articulação – Os gregos esboçam a classificação formal ou funcional das palavras com a pesquisa e a elaboração das "partes da oração" (classes gramaticais). **Platão** [427-347] intui a frase como unidade do discurso e a divide em componente *nominal* e componente *verbal*, que se conservaram como distinção primária para a posterior análise sintática e classificação dos vocábulos. **Aristóteles** [384-322], na *Poética*, [1456 b], reduz a frase a estas partes: letra, sílaba, conjunção, artigo, nome (adjetivo e pronome) e verbo; distingue verbo e nome como sendo compostos significativos de sons, que indicam ou não "idéia de tempo"; define o vocábulo como componente da frase, com significado próprio e indivisível em elementos significativos menores, conceito que será capitalizado por Meillet. [1866-1936] Expressa as variações relevantes da forma básica de um vocábulo mediante o termo *ptôsis*, de πίπτω, "cair", donde *"caso"*, que fundamentou a distinção entre nomes, flexionáveis por declinação de casos gramaticais, e verbos, flexionáveis por conjugação. Assenta as bases de uma análise sintática bipolar com uma *teoria da estrutura frasal* em sujeito e predicado, que será desenvolvida por Apolônio Díscolo, no séc. II dC. Mounin, 1968, p. 95-96; Enc. Mir., 1994, vol. 10, gramática.

b) Fonemas ou 2ª articulação – Pela primeira vez os gregos, buscando um sistema para escrever sua língua, acrescentaram vogais, segundo determinado princípio, ao alfabeto semítico-fenício, o que lhes confere a paternidade de um alfabeto completo e verdadeiro, cujas letras denominaram pelo processo de acrofonia, segundo o qual "a letra anota o som inicial do seu próprio nome": $\alpha = alfa$, $\beta = beta$, $\gamma = gama$, etc. Tal aperfeiçoamento, eles o alcançaram porque a natureza da sua língua os levou a contribuírem significativamente para a tomada de consciência da segunda articulação. Mounin, 1968, p. 90-93. Platão, sobretudo em *Crátilo*, debatendo sobre a origem da linguagem e as relações entre as palavras e seus significados, pela primeira distingue entre vogais, mudas e semivogais. Para Aristóteles, *Poética*, "as letras compreendem vogais, semivogais e mudas", hoje *consoantes*; elas "diferem de acordo com a forma que a boca toma e o lugar em que elas se produzem, conforme sejam fortes ou fracas, longas ou breves, agudas, graves ou intermédias"; "a sílaba é um som desprovido de significação" e se compõe de muda e vogal. Mounin, 1968, p. 94.

4. A primeira gramática grega: de Dionísio Trácio – Todas essas noções, retomaram-nas depois os estóicos (discípulos de Zenão, [† 264 aC]) e a escola de Alexandria. Essa elaboração desembocou na primeira descrição gramatical ampla e sistemática do mundo ocidental, a de Dionísio da Trácia, [170-90], que foi traduzida para o armênio e o siríaco e passou de lá para os judeus e os árabes. Mounin, 1968, p. 96.; Lyons, 1979, p. 10-13. No fim dos acontecimentos, a teoria que o mundo antigo nos legou é obra de dois manualistas alexandrinos: Dionísio, dito "da Trácia", em morfologia, no 2º século aC, e Apolônio Díscolo, em sintaxe, no 2º dC.

a) Dionísio da Trácia, [170-90], que se estabeleceu no centro de pesquisas literárias e lingüísticas de Alexandria e depois lecionou gramática e retórica em Rodes, com o olhar voltado para a língua grega, vê na frase e no vocábulo as duas unidades básicas da descrição gramatical. Distribui os vocábulos em oito classes gramaticais ou "partes da oração": *artigo, nome, verbo, particípio, pronome, preposição, advérbio* e *conjunção*. Define o verbo como parte do discurso desprovido de flexão casual, mas variável em tempo, pessoa e número e que significa uma atividade ou processo, praticado ou sofrido, e o advérbio como parte invariável do discurso, que acompanha ou modifica o verbo. De cada classe, Dionísio dá a relação das respectivas categorias gramaticais e seus tipos (flexionais e derivativos). Assim, a dos nomes são cinco (gênero, tipo, forma, número e caso); a dos verbos são oito (modo, voz, tipo, forma, número, pessoa, tempo e conjugação). A sintaxe não foi tratada explicitamente por Dionísio, mas será tratada, quanto ao grego, três séculos depois, por Apolônio Díscolo. *Id., ibid.*

Entre os conceitos de Dionísio, sobressai aquele que **define gramática** *(grammatiké tékhne)* como "conhecimento prático dos usos lingüísticos, tanto dos poetas quanto dos prosadores", cuja validade é questionada pela Lingüística moderna. Dionísio divide a gramática em seis partes, concluindo que "a apreciação dos textos literários... é a parte mais nobre da gramática". Por efeito desse conceito e da profunda influência que os gregos exerceram através dos romanos na cultura ocidental moderna, persistiu, até hoje, no espírito dos filólogos e gramáticos de cunho tradicionalista, a idéia de que o estudo das línguas faladas não interessa, pois elas representariam deturpação dos usos legítimos da língua e de que a função da gramática é estabelecer normas que, em cada época, "representam o ideal da expressão correta", a saber, "as aceitas pelos grupos mais cultos da sociedade". *Id., ibid.*

Dividiu as duas unidades básicas da descrição gramatical em sentença (*lógos*) e vocábulo (*léxis*). Distribui as "partes do discurso" em oito classes, ainda atuais: *ónoma / nome*, elemento declinável, significando pessoa ou coisa, geral ou particular; *rhêma / verbo*, elemento conjugável, significando um fazer ou um ser feito; *metokhé / particípio*, elemento que participa do verbo e do nome; *árthron / artigo*, elemento declinável, posto antes ou depois do nome (artigo e relativo); *antonymía / pronome*, elemento empregado no lugar do nome, que faz uma referência pessoal ou específica; *epírhema / advérbio*, elemento inflexionado, que especifica sobretudo o verbo; *próthesis / preposição*, elemento que precede outros, sintaticamente combinado com eles, e que entra na formação vocabular; *sýndesmos / conjunção*: elemento conectivo entre as partes do pensamento. ■ A cada classe acrescentou uma relação das respectivas categorias gramaticais. O termo *parepómena* (atributos) incluía os fenômenos flexionais e derivativos. Para os nomes eram, ao todo, cinco: 1) *génos* (gênero: masculino, feminino e neutro); 2) *éidos* (tipo: primitivo ou derivado); 3) *schéma* (forma: simples ou composta); 4) *arithmo* (número: singular, plural, dual); 5) *ptõsis* (caso: nominativo, genitivo...). Os *parepómena* verbais eram: modo, voz, tipo, forma, número, pessoa, tempo e conjugação. Enc. Mir., 1994, gramática.

b) Apolônio Díscolo, séc. I dC, apoiado nas oito partes do discurso, ocupou-se dos aspectos sintáticos. Mantendo a binariedade *nome / verbo* como base da estrutura frasal, descreveu as relações dessas classes entre si. Com isso, avançou na análise da relação linear entre os vocábulos e antecipou-se às teorias sintagmáticas ou de constituintes imediatos da Lingüística do século XX. Com os filósofos estóicos dos séculos IV e III aC e a sistematização de Dionísio Trácio e Apolônio, ganhou forma o pensamento lingüístico do Ocidente. "Durante séculos, a obra dos gregos seria o modelo que, copiado pelos gramáticos latinos, atravessaria a Idade Média, atingindo os tempos modernos". Enc. Mir., 1994, v. gramática. A parte mais original da obra deles é a fundação, no Ocidente, da noção de <u>Filologia</u>: para resolverem problemas filológicos é que codificaram a gramática propriamente dita. Mounin, 1968, p. 98.

5. Controvérsias teóricas seculares – As duas questões mais básicas traduzem-se nestas perguntas:

1ª) A significação dos seres pelas palavras é natural ou convencional? – Alguns filósofos <u>naturalistas</u> gregos (à frente Platão, *Crátilo*) diziam que as palavras significam de modo necessário, que elas são apropriadas por natureza (*phýsei*) às coisas que significam, segundo princípios eternos e imutáveis, isto é, refletem, quer por sua origem onomatopaica, quer por sua estrutura etimológica, a realidade que nomeiam.

Mas tal teoria explica só alguns fenômenos lexicais, como o das poucas onomatopéias. ■ Os convencionalistas (Aristóteles à frente) defendiam que as palavras significam por convenção (*thései*), por acordo (*homología*) ou por consenso (*syndiké*) entre os falantes, conforme costumes tradicionais, que poderiam ser violados. Por séculos, tal controvérsia dominou a especulação acerca da origem da língua e da relação entre as palavras e o seu significado. Deu origem a pesquisas sistemáticas no sentido de resgatar o significado verdadeiro das palavras, isto é, seu étimo, e classificar as relações entre as palavras, o que contribuiu para a evolução da teoria gramatical. Mounin, 1968, p. 98-99; Lyons, 1979, p. 4-6.

2ª) A língua é sistema de analogias ou de anomalias? – A 1ª questão derivou para outra, que foi debatida desde o séc. II aC até ao fim do I dC: a de saber se os fenômenos do sistema lingüístico se operam com regularidade (ex.: *lobos / lobas*) ou com irregularidade (ex.: *fértil / férteis, boi / vaca*), termos equivalentes aos gregos *analogia* e *anomalia*.

Os analogistas empenhavam-se por estabelecer modelos ou "paradigmas" segundo os quais a maioria das palavras, por eles chamadas "regulares", podiam ser classificadas. Isso os levava a corrigirem tudo o que lhes parecia irregular, sem darem-se conta de que aquilo que é irregular por um lado, pode ser regular por outro lado. As pesquisas dos analogistas muito contribuíram para o estabelecimento da gramática. Mounin, 1968, p. 98-99. Dubois, 1978, analogistas. ■ Os anomalistas (à frente a escola de Pérgamo, na Ásia Menor) não negavam haver regularidades, mas davam maior peso às irregularidades na forma (ex.: *este, esta, isto*; *o poeta*), na relação entre forma e significado (os *plurália tantum* designativos de um só objeto: *Atenas, férias, óculos*) ou na existência de sinônimos (duas ou mais palavras com um só sentido: *branco* e *alvo*) e homônimos (dois ou mais sentidos para uma só palavra: *manga, pena*).

Tais questões, os antigos nunca as resolveram satisfatoriamente porque não distinguiram bastante entre gramática *descritiva* (a das reais variantes da linguagem) e *gramática prescritiva* ou *normativa* (a dos usos dos autores clássicos). Faltava-lhes descobrir quais são, na verdade, os padrões "regulares". Tanto os *analogistas* quanto os *anomalistas*, quaisquer que tenham sido os seus posicionamentos teóricos, admitiam haver regularidades na língua e ambos contribuíram para a sistematização da gramática. Os estóicos, anomalistas, assentaram os fundamentos da gramática tradicional, por seus estudos sobre etimologia, [Lyons, 1979, p. 8; Mounin 1968, p. 98-99], enquanto que "os analogistas são os fundadores das teorias gramaticais modernas, todas voltadas para a visão das línguas como sistemas". [Enc. Mir., 1994, gramática.] Em suma, "do conjunto das pesquisas helênicas [assimiladas pelos latinos], resultaram conquistas ainda úteis à Lingüística moderna: noções de frase, sujeito, objeto, partes do discurso, relações de parentesco entre as línguas, etc." [Dubois, 1978, lingüística.]

3.2.2 Contribuição e influência dos romanos

A *grammatiké tékhne*, transliterada para *ars grammatica*, donde *gramática*, entrou em Roma depois de Dionísio, no 1º século aC. Depois, durante cinco séculos, desde Varrão até Prisciano, os textos gramaticais latinos ficaram destruídos, exceto as amostras da recensão de Henrique Keil. Com essas amostras se desenha a figura do que ela teria sido, mediante informações de *Cicero*, *Quintilianus*, *Suetonius*, *Gelius* e outros. Pela influência, se entre os gregos avultaram Dionísio Trácio e Apolônio Díscolo, entre os 24 latinos – editados no *Corpus Grammaticorum Latinorum ex recensione Henrici Keilii*, Leipzig, sete volumes publicados entre 1856 e 1880 – avultam Varrão, Donato e Prisciano, todos manualistas, exceto Varrão, um literato.

1. Assimilação criativa da lingüística helência – Se os gramáticos romanos merecem destaque na história da lingüística, o mérito cabe mais ao fato de eles terem aplicado à língua latina os conceitos, as categorias e os termos gramaticais emitidos pelos gregos do que ao de terem produzido algo de novo. Eles nada acrescentaram à contribuição dos gregos no que tange à descrição do sistema de sons (2ª articulação). [3.2.1] Mas, na descrição da frase decomponível em sintagmas (1ª articulação), suas gramáticas fundamentaram todo o ensino tradicional posterior. Deram à gramática importância tal, que *grammaticus* significa mestre da linguagem, homem de letras, erudito, crítico e filólogo. Entre os gramá-

221

ticos e críticos citam-se, nos dias de Augusto: Vérrio Flaco, *De verborum significatione*, e, desde o século II dC, Sexto Festo, Nônio Marcelo e, sobretudo, Donato, Prisciano e Santo Isidoro de Sevilha. [0.3.2] Eles assimilaram a tradição gramatical helênica quando revisaram a controvérsia sobre analogia e anomalia dos fenômenos lingüísticos.

Os romanos, tendo adotado os modelos intelectuais, literários e artísticos dos gregos, neles calcaram os modelos de suas gramáticas, não divergindo daqueles senão nos pontos de evidente diferença entre as duas línguas. Consideraram universais, isto é, de todas as línguas, tanto as categorias gramaticais gregas, quanto as "partes do discurso" (classes lexicais), mas não tiraram partido das comparações que os parentescos entre grego e latim podiam sugerir (exceto que este não tem artigo nem número dual). Em consonância com os conceitos gramaticais dos gregos, os romanos descreveram nas gramáticas o *sermo urbanus*, *eruditus* ou *perpolitus*, não o *vulgaris* ou *plebeius*. [0.2; 4.1] A gramática de Dionísio da Trácia serviu de base para as gramáticas de Donato e de Prisciano, que fizeram sucesso nas escolas até ao séc. XVII. [Enc. Mir., 1994, v. lingüística.] Foi a expansão do Império Romano o fator que perpetuou a influência dos gregos na formação do pensamento lingüístico ocidental.

2. Descrições do latim – Sobre a língua latina há passageiras análises nos tratados de retórica, como em *Orator* de Cícero, [†43 aC], em *Institutiones oratoriae* de Quintiliano, [†96 dC], em *Somnium Scipionis* de Macróbio.[†422] Aulo Gélio, [125-175], elo entre o arcaísmo latino e o aticismo grego do séc. II dC, escreveu *Noctes Átticae*, 20 livros (todos conservados, exceto o 8º). Estes, celeiro de informações, tratam de matéria religiosa, jurídica, mas sobretudo literária e gramatical, tanto que citam 250 autores, desde Catão, Ênio, Plauto, até Virgílio. Gélio foi dos primeiros a usar a expressão *classicus scriptor* para designar aquele que, pela correção da linguagem, pode ser considerado de primeira classe ou ordem. Foi muito apreciado na Idade Média, inclusive por Santo Agostinho. O estudo focaliza, aqui, cinco lingüistas que escreveram tratados breves (Donato, Agostinho) ou longos (Prisciano e Isidoro de Sevilha), focalizando ora alguns dos tópicos que vieram a subsistir na gramática latina tradicional, ora a maioria deles. Nos séculos IV e V dC, Donato e Prisciano consolidaram a contribuição grega. Também no latim, eles depreenderam oito partes do discurso, pois contam a *interjeição* em lugar do *artigo* grego. [1.2.1]

3. Varrão, ***De Língua Latina*** *– Marcus Terentius Varro,*[116-26], enciclopedista, "é o gramático latino mais original". Em *De língua latina*, 25 livros (restantes só fragmentos do 4º ao 9º), investiga a etimologia, [3.2.4], a sintaxe e sobretudo a morfologia do latim. Os exemplos que aduz, tomou-os todos de antigos escritores, pelo que servem de fonte para estudar a história do latim. [3.2.2: 2] Na querela relativa às condições do enriquecimento lexical da língua, coloca-se entre os *anomalistas*, por oposição aos *analogistas*, [3.2.1: 5], entre os quais se contava Caio Júlio César. Inspirando-se em Dionísio, conceitua gramática como "o conhecimento sistemático dos usos da maioria dos poetas, historiadores e oradores". Distingue entre derivação, que, por ser facultativa, denomina *derivátio voluntária*, e flexão, que, por ser obrigatória e mais regular, designa *derivatio naturalis*. Descreve o sistema dos verbos pela oposição aspectual entre *infectum* e *perfectum*, isto é, entre tempos imperfectivos, os de ação não concluída, e os perfectivos, os de ação concluída, assunto que a Lingüística de hoje trata como *aspecto verbal*. [1.8.2] Defende que, se não houvesse declinações, o número de palavras excederia a capacidade da memória, revelando intuir a função do princípio da economia lingüística. Seguindo Dionísio Trácio, classifica as palavras em quatro espécies formais: as de casos, de tempos, de casos e tempos, sem casos e sem tempos. Varrão, De língua latina, liv. VIII, *apud* Mounin, 1968, p. 101-103.

4. Gramáticas de Donato e de Prisciano *– Aelius Donatus,* [c. 350 dC], foi professor de gramática e retórica, no que teve como aluno São Jerônimo.[†420] Sua *Ars grammatica*, em versão *minor* e *maior*, teve tamanha difusão na Europa Ocidental, durante a Idade Média e mesmo em épocas posteriores, que *Donatus* se tornou sinônimo de gramático e gramática. Enc. Mir. 1994, v. Roma, e Spalding, 1968, p. 73. Ver excertos em 3.2.5. ■ **Prisciano** de Cesaréia (*da Capadócia) tinha, em 525, célebre escola em Constantinopla. Sua obra *Institutiones grammaticae*, "doutrinas/instruções gramaticais", 18 vol., [sumário em 3.2.5] foi "o mais completo tratado deixado pela

Antigüidade sobre a matéria e de grande uso em toda a Idade Média". Ele transcreve numerosos textos, depois extraviados, de autores antigos e dedica 16 volumes às classes de palavras e dois à sintaxe. [Enc. Mir., 1994, v. lingüística.] Define vocábulo, *díctio*, e frase, *oratio*, nos mesmos termos de Dionísio Trácio. Estabelece as variações mórficas do vocábulo, elegendo formas canônicas, isto é, regulares, para os nomes – o *nominativo* – e para os verbos – a 1ª pessoa do singular do presente do indicativo. As designações e os conceitos das sete primeiras das oito partes do discurso, que tratam da morfologia, são versões da designação de Dionísio e definições de Apolônio Díscolo: *nomen, verbum, participium, pronomen, adverbium, praepositio, coniunctio, interiectio*. Os accidentes, "fenômenos que acontecem" às palavras, designam, para ele, as categorias formais relevantes para cada classe delas e incluem tanto fenômenos flexionais, quanto derivacionais, conforme prática grega, embora Varrão as tenha distinguido. Na descrição sintática, classificou os verbos ainda segundo o modelo grego: *ativos* (transitivos), *passivos* e *neutros* (intransitivos); embora essa classificação levasse em conta as noções de *sujeito* e *objeto*, este último não aparece em Prisciano, enquanto que o primeiro designa apenas o sujeito lógico das orações. [Edição de Keil, 1855.]

5. Língua, um sistema de signos – Aurélio Agostinho, [354-430] bispo de Hipona, na Numídia, norte da África, em *De magistro*, [389] apresenta a língua como sistema de signos, conceito que fundamenta a Lingüística moderna, a partir de Saussure, 1916, e, em *Confessiones*, [400] uma reflexão sobre a natureza do tempo, que é objeto de interesse da Teoria Literária moderna. [3.2.3]

6. Etimologias de Santo Isidoro – A referência a esse arcebispo de Sevilha, [560-636], e doutor da Igreja do limiar da Idade Média, justifica-se pelo interesse e pelas fontes antigas da sua obra. Escreveu a enciclopédica *Orígines* ou *Etymológiae*, 20 livros, que tratam de gramática,[livro 1º] retórica e didática,[2º] línguas,[9º] e incluem um dicionário.[10º] Baseando-se quase sempre em glossários, comentários e escolhos de autores técnicos da Antigüidade, conservou muitas amostras de textos clássicos, desconhecidas por outras fontes. Em meio de suas *Etymologiae*, dá informações sobre a língua ou os usos lingüísticos de sua época.

7. Continuísmo das gramáticas latinas às medievais e às modernas – Durante o milênio medieval, [476-1493], a evangelização dos povos pagãos da Europa motivou a tradução de textos da Bíblia. A par do uso geral do alfabeto latino, criaram-se então alfabetos para as várias línguas (celtas e germânicas, em particular o gótico). Em alguns, os caracteres gregos básicos foram acrescidos de outros, o que levou a uma reflexão acerca dos sons das línguas.

No que tange à **frase** (1ª articulação), muitos gramáticos, como Isidoro de Sevilha, [séc. VI], e Alexandre de Villedieu, [séc. XII], limitaram-se a copiar a gramática do latim. Repetem Dionísio Trácio, Donato e Prisciano. Até o séc. XVIII ou mais, os latinistas não atribuíam às línguas regionais (neolatinas) o *status* de língua, em virtude do que alguns gramáticos se empenharam por demonstrar que elas continham as propriedades do latim (declinações, casos, gênero neutro) e, portanto, o *status* dele. Esse preconceito retardou o surgimento das gramáticas e dicionários das línguas neolatinas, tanto que Dante, [c. 1305], em seu *De vulgari eloquentia*, caracteriza 14 dialetos itálicos, mas o faz para condená-los como idiomas mistos, não para promovê-los.

Apesar disso, a Idade Média refletiu muito sobre a linguagem, mas em função da Lógica, que então se desenvolveu muito. O debate que dominou essa época foi o dos realistas e dos nominalistas, que renovou a antiga polêmica entre naturalistas e convencionalistas. O desenvolvimento dos estudos gramaticais decorreu do papel que o latim desempenhou nas atividades intelectuais, como as da filosofia, ciências, artes, religião e educação, bem como dos postulados do sistema filosófico-teológico da Escolástica, nos séculos IX a XVII, que efetuou a harmonização da lógica aristotélica com a teologia católica.[0.2.3] O latim, prestigiado como meio de expressão da civilização que se impusera à Europa e do Cristianismo, foi adotado pelos grandes autores medievais e posteriores, a tal ponto que, no Renascentismo, todo homem culto lia e escrevia latim. A necessidade de divulgá-lo explica a proliferação de gramáticas do latim, todas baseadas nos trabalhos de Prisciano e Donato. Segundo Curtius,[1979, p. 45] "a gramática romana antiga foi marcada pela filologia da escola estóica dos gregos.

Os conceitos de *analogia, etimologia, barbarismo, solecismo, metaplasmo*, bem como toda a explanação, desde letras e sílabas até às partes da oração (classes lexicais), procedem da terminologia técnica grega. Conservam-nos todas as gramáticas romanas até Donato e Prisciano".

A sintaxe, que Apolônio Díscolo e Prisciano haviam considerado como parte distinta da gramática, foi negligenciada pelos medievos, bem como pelos renascentistas. [Buescu, *apud* Barros, 1971, p. 349.] "Os gramáticos quinhentistas aspiram a dar à sua língua a regularidade e a sistematização que os alexandrinos haviam dado ao grego, e os gramáticos da época imperial ao latim." [*Idem, ibidem*, 1971, p. XXXVII.] Tal aspiração vem explícita na primeira *Gramática* da língua portuguesa, de João de Barros, editada em Lisboa em 20.12.1539, onde ele, ao dizer, no preâmbulo, que irá tratar das quatro partes da gramática (ortografia, prosódia, etimologia e sintaxe), declara que irá seguir não a gramática *especulativa*, mas a *preceptiva*, "usando dos termos da Gramática latina, cujos filhos nós somos, por nam degenerár dela." [Barros, 1971, p. 294.] Ao conceituar os "casos do nome", ele acrescenta: "Como já disse, por sermos filhos da Língua latina, temos tanta conformidade com ela, que convém usarmos dos seus termos, principalmente em cousas que tem seus próprios nomes, dos quáes nam devemos fogir." [Barros, 1971, p. 311.] Efetivamente, João de Barros usa os mesmos conceitos e termos técnicos das gramáticas latinas: *acidentes* (das classes gramaticais), *nome patronímico, casos do nome, declinações, figuras simples e compostas, construção das partes da oração, figuras e vícios de linguagem*. [*Idem, ibidem*, p. 293-357.]

8. Subsistência da gramática tradicional(ista) – O continuísmo, relativamente aos conceitos e termos gregos e latinos, alcançou o século XIX e se reflete até em nossos dias, tanto assim que em 1725, quando o lisboeta Jerônimo Contador de Argote, para demonstrar que a língua portuguesa tem *status* idêntico ao da latina, descreve-a como língua de declinações e casos e chega a denominá-la *Gramática da língua portuguesa, espelho da língua latina*. O conceito de gramática como conjunto de preceitos ou normas, que verte de Dionísio Trácio e Varrão, subsistiu até aos nossos dias, tanto que, segundo Ernesto Carneiro Ribeiro, 1890, "Grammatica portugueza é a disciplina ou arte de ler, fallar e escrever corretamente a língua portugueza", [4. ed., p. 3] e que uma gramática brasilei-

226

ra, em re-edição há mais de meio século por méritos em outros aspectos, se intitula *Gramática normativa da língua portuguesa*. Por isso, merecem aplauso iniciativas recentes de descrever a língua dentro dos conceitos e princípios lingüísticos hodiernos. [Perini, 1985 e 1996. Luft, 2002.]

3.2.3 Língua: sistema de signos e sua tradução (Agostinho, Jerônimo)

1. Em *De magistro*, diálogo de 14 capítulos, cerca de 60 páginas, *Aurelius Augustinus* [354-430] procura iniciar nas Letras o filho Adeodato. Fugindo ao uso de textos gramaticais da época, dialoga com ele sobre o sentido da <u>língua</u> e da sua natureza <u>como sistema de signos</u>, [0.1:2], o que formará o ponto de partida do sistema estruturalista de Saussure, 1916, <u>marco inicial da Lingüística moderna</u>. Nessa reflexão, ele salienta a realidade gramatical e semântica da palavra humana e o modo de lhe dar plenitude de significação quando proferida por Deus.

3.2.3.1 Língua, sistema de signos (S. Agostinho)	
1a Recordor aliquandiu nos quaesisse quam ob causam loquamur, inventūmque esse docendi commemorandīve gratiā nos loqui. **1b** Deinde satis constitutum est verba nihil aliud esse quam <u>signa</u>, ea vero quae non alīquid significent, signa esse non posse. **1c**. Ex quo admonīti sumus aut signis signa monstrari, aut signis alīa quae signa non sunt, aut etiam sine signo res quas agĕre post interrogationem possŭmus.	1a Recapitulo que, por algum tempo, nós indagamos por qual razão falamos e que se descobriu que falamos para ensinar ou recordar. **1b** Depois ficou evidenciado bastante que as palavras não são outra coisa do que <u>signos</u>, mas que aqueles signos que nada significam não podem ser signos. **1c**. A partir disso, fomos advertidos que ou signos são mostrados mediante signos, ou mediante signos (se mostram) outras coisas que signos não são, ou também, sem um signo, (podemos mostrar) as coisas ue podemos fazer após uma interrogação.
2a Unde manifestum est plus <u>signum</u> valere quam verbum, plura scilicet illis duabus syllabis, quam istis significantĭbus. **2b** Tamtumdem autem valet generale verbum et generale nomen. Docŭit enim ratio omnes partes orationis etiam nomĭna esse, quod et pronomina his addi possunt, et de omnĭbus dici potest quod alīquid nomĭnent, et nulla earum sit quae non, verbo adiuncto, enuntiatum possit implēre. [Agostinho, De magistro, VII, p. 64-69.]	**2a** Daí fica evidenciado que o <u>signo</u> tem maior poder (semântico) do que a palavra, ou seja, aquelas duas sílabas (*signum*) significam mais coisas do que estas (as palavras). **2b** Mas têm valor idêntico, entre si, *palavra* em geral e *nome* em geral. Pois o raciocínio ensinou que todas as partes da frase também são nomes, porque pronomes podem substituir a todas, e de todas pode dizer-se que designam algo, e não há nenhuma que, acrescentado um verbo, não possa completar um enunciado.

2. Desafios da tradução – O maior mérito de São Jerônimo [Dalmácia, 347 – Belém, 420] – doutor da Igreja latina, isto é, emérito em santidade, saber e doutrinas – reside em haver ele traduzido para o latim os livros bíblicos do Antigo Testamento, integrantes da *Bíblia Vulgata* (ver 3.5.1). Ele trata, na carta 57, dos desafios com que se deparam todos os tradutores, o que vale mais ainda para a moderna tradução automática, tanto que a arte de bem traduzir consiste em trair o mínimo possível, o que traz à baila o aforismo italiano *traduttore, traditore*.

3.2.3.2 Línguas: desafios da tradução (S. Jerônimo)

1. Difficĭle est alienas linĕas insequentem non alicŭbi excidĕre; ardŭum, ut quae in alĭa lingua bene dicta sunt, eundem decorem in translatione conservent. Significatum est alĭquid unīus verbi proprietate: non habĕo meum, quo id effĕram, et, dum quaero implēre sententĭam, longo ambĭtu vix brevis viae spatĭa consummo.

■ 2. Accedunt hiperbatorum anfractus, disssimilitudĭnes casŭum, varietates figurarum, ipsum postremo suum et vernaculum linguae genus: si ad verbum interprĕtor, absurde resŏnant, si ob necessitatem alĭquid mutavĕro, ab interprĕtis videbor officio recessisse.
■ 3. Et post multa, quae nunc persĕqui otiosum est, etiam hoc addĭdi: "Quodsi cui non videtur linguae gratiam interpretatione mutari, Homerum ad verbum exprĭmat in Latinum – plus alĭquid dicam –, eumdem sua in lingua prosae verbis interpretetur: videbit ordĭnem ridiculum et poetam eloquentissimum vix loquentem". Jerônimo, Epistulae, 57, 5. *Apud* Cravino, p. 248.

1. É difícil ao tradutor de textos alheios não se desviar em alguma passagem: é árduo (conseguir) que aquilo que em outra língua foi adequadamente expresso conserve a mesma elegância na tradução. Foi expresso algo na propriedade de uma só palavra: não tenho a minha palavra pela qual traduza isso, e, enquanto procuro traduzir plenamente o pensamento, a custo perfaço os espaços de um curto caminho mediante longo circunlóquio. ■ 2. Achegam-se as inversões dos hipérbatos, as diferenças dos casos (gramaticais), as diferenças das figuras, enfim a própria e vernácula natureza da língua: se interpreto palavra por palavra, soa absurdo; se, por necessidade, eu mudar algo, darei a impressão de haver-me afastado da função de intérprete. ■ 3. E, depois de muitas dificuldades, que agora é ocioso apresentar, acrescentei também isto: "Se a alguém não parece que a beleza da língua é mudada pela interpretação e se ele exprime, ao pé da letra, Homero em latim – digo algo mais – e o interpreta em sua própria língua, sob forma de prosa, verá que a ordem (se tornou) ridícula e que um poeta eloqüentíssimo (se tornou) nada eloqüente."

3.2.4 Etimologia e semântica (Varrão)

1. Conceitos – a) Etimologia é o estudo da história das palavras, ou seja, das relações que elas têm com outras unidades mais antigas, das quais se originam. Para gregos e latinos, é a pesquisa do *étimo*, i.é, do "sentido verdadeiro" ou fundamental que serve para revelar a verdadeira natureza das palavras, a partir da idéia de que sua forma corresponde, efetivamente e de modo natural, aos objetos que designam. Vocábulos impossíveis de filiar a onomatopéias, buscaram associá-los a outros vocábulos, no que incorreram em não poucas explicações fantasiosas, como em *cadáver*, cognata de *cado*, "cair", filiada por eles a *caro data vérmibus*, "carne dada aos vermes". [Dubois, 1978, v. etimologia.] Entre os latinos, a origem das palavras foi estudada por Varrão, Gábio Basso, autor de *De orígine vocabulorum*, e sobretudo por Quintiliano e, entre o século VI e VII, por Santo Isidoro de Sevilha. ■ **b) Semântica**, em gr. "técnica da significação", é o estudo das mudanças ou translações sofridas, no tempo e no espaço, pela significação das palavras; ou também, o estudo da relação de significação nos signos e de representação do sentido dos enunciados. Nesta matéria, a literatura latina apresenta duas obras notáveis: uma de Varrão, outra de Santo Isidoro de Sevilha. [3.2.2]

2. Etimologia e semântica em Varrão – Sobre Varrão,[116-27 aC] o *sapientissimus romanorum*, ver 3.2.2, item 3. Em *De lingua latina* estuda etimologia, sintaxe, sobretudo morfologia (declinação e conjugação). No livro 5° e 6° trata da etimologia e semântica das palavras, incorrendo amiúde em explicações cerebrinas, que não resistem à crítica científica, como o fará depois Santo Isidoro de Sevilha. No início do 5° livro define o objeto dele, bem como do 6° e do 7°.

3.2.4 Etimologia e semântica (Varrão)

1. Quemadmŏdum vocabŭla essent imposĭta in lingua Latina, sex libris exponĕre institui. De his, tres ante hunc feci, quos Septumio misi: in quibus est de disciplina quam vocant etymologikén: quae contra eam dicerentur, volumĭne primo, quae pro ea, secundo, quae de ea, tertio.

2. In his ad te scribam, a quibus rebus vocabŭla imposĭta sint in lingua et ea quae sunt in consuetudĭne apud poetas. V, 1,1.

3. Cum uniuscuiusque verbi naturae sint duae, a qua re et in qua re vocabulum sit impositum (...), priorem illam partem, ubi, cur et unde sint verba scrutantur, Graeci vocant etymologían, illam álteram perí semainoménon. De quibus duabus rebus in his libris promiscŭe dicam, sed exĭus de posteriore. V, 1,2, *ibid.*, p. 2-4.

4. In haec sunt tripertita verba: quae sunt aut nostra, aut aliena, aut oblivĭa. De nostris dicam cur sint, de alienis unde sint, de oblivĭis relinquam. V, 10, *ibid.*, p. 8.

5. In hoc libro dicam de vocabulis locorum et quae in his sunt, in secundo de vocabulis tempŏrum et quae in his fiunt, in tertio de utraque re a poetis comprehensa. V, 10, *ibid.*, p. 8.

1. De que modo os vocábulos foram impostos às coisas na língua latina (eis o que) empreendi expor em seis livros. Sobre isso, escrevi três livros antes deste, que dediquei a Septúmio. Neles se trata da ciência que os gregos chamam etimologia: os argumentos que poderiam alegar-se contra ela, no volume primeiro; os argumentos em favor dela, no segundo; o que sobre ela, no terceiro.

2. Nestes livros, que a ti dedico, examinarei os fenômenos a partir dos quais os vocábulos foram impostos na língua latina, tanto nos vocábulos de uso corrente, quanto nos vocábulos de uso poético.

3. As características essenciais de cada palavra são duas: a partir do quê (de qual coisa) e em que sentido o vocábulo foi imposto. Aquela parte anterior, onde são pesquisados o *porquê* e o *donde* nascem as palavras, os gregos chamam etimologia (origem verdadeira); aquela outra, semântica (significado). Dessas duas matérias tratarei em conjunto nestes livros, mas da segunda, de modo mais sucinto. V, 1,2, *ibid.*, p. 2-4.

4. As palavras dividem-se nestas três classes: as nossas (as vernáculas), as tomadas de empréstimo e as obliteradas (esquecidas). Direi a razão de ser das vernáculas, a origem das tomadas de empréstimo, mas as obliteradas, deixá-las-ei de lado.

5. Neste livro falarei dos nomes que designam os espaços e do que neles se contém. No segundo, dos nomes que designam os tempos e do que neles acontece; no terceiro, das duas categorias conjuntas, expressas na linguagem poética.

3.2.5 Gramática: a de Donato e a de Prisciano

1. Conceito de língua e gramática – Os alexandrinos dos séculos III aC até I dC, em especial Dionísio Trácio, entendiam que a linguagem dos escritores consagrados representava a forma pura e autêntica da língua, enquanto que as variantes populares seriam deturpações dela e, como tais, estariam eivadas de "vícios de linguagem". Com base em tais conceitos, entendiam que gramática é o "conhecimento prático dos usos lingüísticos, tanto dos poetas quanto dos prosadores". Esta deveria prescrever como norma a variante literária e condenar como "vícios de linguagem" os desvios dela. [0.1:5; 3.2.1] Tais conceitos, questionados pela Lingüística moderna, é que serviram de base para as gramáticas de Donato e de Prisciano, que foram utilizadas nas escolas da Europa até ao século XVII. As gramáticas de cunho tradicionalista das línguas neolatinas, incluída a portuguesa, têm reproduzido servilmente tais conceitos, desde, por exemplo, Ernesto C. Ribeiro, [1890, p. 580-589], até a gramáticos hodiernos. [Luft, 1967, p. 220. Cf. 3.2.2.]

2. Gramática de Donato – Donato, [séc. IV], já apresentado, [3.2.2, item 4], trata, na *Ars Grammatica Maior*, que resume na *Minor*, dos seguintes tópicos: *de voce* (da palavra), *de littĕra, de syllaba, de pedĭbus* (dos pés métricos), [0.3.4] *de tonis, quos alĭi accentus nomĭnant, qui sunt acutus, gravis, circumflexus* (dos tons, que outros denominam de acentos, que são agudo, grave e circunflexo), *de positūris* (dos sinais gráficos), *de octo partĭbus orationis, id est, de nomĭne, de pronomĭne, de verbo, de adverbĭo, de participĭo, de praepositione, de coniunctione, de interiectione* (das oito partes da oração...), *de barbarismo, de soloecismo, de cetĕris vitĭis* (dos demais vícios, 12 dos quais Donato conceitua e exemplifica, todos de étimo grego, menos *barbarismus*), *de metaplasmo, de schematĭbus* (*id est, de figuris verborum et sensuum*, ou seja, das figuras retóricas), *de tropis*. [*Apud* Keil, 1864, p. 367-402. Il. 12.]

3.2.5.1 Das partes da oração (Donato)

1. **Partes oratiōnis** sunt octo: nomen, pronomen, verbum, adverbĭum, participium, coniunctĭo, praepositio, interiectio. Ex his, duae sunt principales partes orationis: nomen et verbum. Latini articŭlum non adnumĕrant; Graeci, interiectiōnem. Multi plures, multi pauciores partes orationis putant. Verum ex omnĭbus tres sunt, quae sex casĭbus inflectuntur: nomen, pronomen et participium. *Keil, 1864, p. 372.*

2. **Nomen** est pars orationis cum casu, corpus aut rem proprĭe communitērve significans. Nomĭni accĭdunt sex. Quae? Qualĭtas, comparatĭo, genus, numerus, figura, casus. *p. 355* Qualitas nomĭnum bipartita est: aut enim unĭus nomen est et proprium dicitur, aut multorum et appellativum. *Ibid., 355.*

3. **Pronomen** est pars orationis quae, pro nomĭne posĭta, tantumdem paene significat, personāmque interdum recĭpit. Pronomini accidunt sex: qualitas, genus, numerus, figura, persona, casus. *Keil, 385.*

4. **Verbum** est pars orationis cum tempŏre et personā sine casu aut agĕre alĭquid aut pati aut neŭtrum significans. Verbo accidunt septem: qualĭtas, coniugatio, genus, numĕrus, figura, tempus, persona. *Ibid., 381* Qualitas verborum in modis est et in formis. Modi sunt indicativus, ut *lego*, imperativus, ut *lege*, optativus, ut *utĭnam legĕrem*, coniunctivus, ut *cum legam*, infinitivus, ut *legĕre*, impersonalis, ut *legĭtur*. Formae verborum sunt quattuor: perfecta, ut *lego*, meditativa, ut *lecturĭo*, frequentativa, ut *lectĭto*, inchoativa, ut *fervesco, calesco*. *Ibid. 359.*

1. **As partes da oração** (classes lexicais) são oito: nome, pronome, verbo, advérbio, particípio, preposição, conjunção, interjeição. Dessas, duas são as partes principais: nome e verbo. Os latinos não incluem artigo; os gregos, interjeição. Muitos contam mais partes; muitos contam menos. Mas, de todas, há três que se flexionam por seis casos: nome, pronome e particípio.

2. **Nome** é a parte da oração que admite (a categoria de) caso, significando ou um objeto ou uma coisa de modo próprio ou de modo comum. Ao nome acontecem (eles admitem) seis (categorias): qualidade, comparação, gênero, número, figura, caso. (...) A qualidade dos nomes está bipartida: pois ou o nome é um só e se diz próprio [prenome, nome, sobrenome e apelido (alcunha)] ou é de muitos e se diz apelativo (comum) (...).

3. **Pronome** é a parte da oração que, posta em lugar do nome, significa quase tanto quanto ele e, às vezes, denota a pessoa. Ao pronome acontecem seis (categorias): qualidade, gênero, número, figura, pessoa, caso.

4. **Verbo** é a parte da oração que admite tempo e pessoa, não tem caso e significa ou um fazer algo ou um padecer ou nenhum dos dois. Ao verbo acontecem sete (categorias): qualidade, conjugação, gênero, número, figura, tempo e pessoa. A qualidade dos verbos está nos modos e nas formas. Os modos são estes: indicativo, como *leio*, imperativo, como *lê tu*, optativo, como *oxalá eu lesse*, conjuntivo (subjuntivo), como *embora eu leia*, infinitivo como *ler*, impessoal, como *lê-se*. As formas dos verbos são quatro: perfeita, como *leio*, meditativa, como *penso ler*, freqüentativa, como *agito*, incoativa, como *começar a ferver, começar a aquecer*.

5. Adverbium est pars orationis quae, adiecta verbo, significationem eius explanat atque implet. *Ibid.*, p. 362.	**5. Advérbio** é a parte da oração que, aposta a uma palavra, lhe explana e completa a significação.
6. Participium est pars orationis partem capĭens nomĭnis, partem verbi: nominis, genĕra et casus; verbi, tempŏra et significationes; utriusque, numĕrum et figuram. *Ibid.*, p. 363.	**6. Particípio** é a parte da oração que participa do nome e do verbo: do nome, toma gêneros e casos; do verbo, tempos e significações; de ambos, número e figura.
7. Praepositio est pars orationis quae, praeposita aliis partibus orationis, significationem earum aut complet aut mutat aut minuit.	**7. Preposição** é a parte da oração que, anteposta às outras partes, completa ou muda ou diminui a significação delas.
8. Coniunctio est pars orationis adnectens ordinansque sententiam. Coniunctioni accidunt tria: potestas, figura, ordo.	**8. Conjunção** é a parte da oração que conecta e ordena a sentença. À conjunção acontecem três (categorias): poder, figura, ordem.

3. Gramática de Prisciano: sumário – Prisciano, [491-518], apresentado em 3.2.2, item 4, define o vocábulo (*díctio*), a frase (*oratio*) e os conceitos de sete das oito partes do discurso, não em tópicos separados, mas nos mesmos tópicos relativos às classes lexicais e flexões (*accidentes*), que então designavam as categorias gramaticais e incluíam tanto os fenômenos flexionais, quanto os derivativos, conforme prática grega. Tratando de sintaxe, classifica os verbos ainda pelo modelo grego: verbos *ativos* (transitivos), *passivos*, *neutros* (intransitivos). Embora essa classificação leve em conta as noções de *sujeito* e *objeto*, este último termo não aparece em Prisciano, enquanto que o primeiro (*subiectum*) designa apenas o sujeito lógico das frases. [3.2.1]

3.2.5.2 Gramática de Prisciano: sumário

1. Primus liber contĭnet de voce et eius speciēbus; de littera: quid sit littera, de eius generĭbus et speciēbus, de singularum potestate, quae in quas transĕunt per declinationes vel compositiones partĭum orationis. **2.** Secundus de syllaba: quid sit syllaba, quot litteris constare potest et quo ordine et quo sono, de accidentĭbus singŭlis syllabis; de dictione: quid sit dictĭo, quae eius differentia ad syllabam; de oratione: quid sit oratio, quot eius partes, de earum proprietate; de nomĭne: quid sit nomen, de accidentĭbus ei, quot sunt species propriorum nomĭnum, quot appellativorum, quot adiectivorum, quot derivativorum; de patronymĭcis: quot eorum formae, quomŏdo derivantur, ex quibus primitivis; de diversis possessivorum terminationĭbus et eorum regŭlis. **3.** Tertius de comparativis et superlativis et eorum diversis extremitatĭbus: ex quibus positivis et qua ratione formantur; de deminutivis: quot eorum species, ex quibus declinationibus nominum, quomŏdo formantur. **4.** Quartus de denominativis et verbalibus et participialibus et adverialibus: quot eorum species, ex quibus primitivis, quomodo nascuntur. **5.** Quintus de generĭbus dinoscendis per singŭlas terminationes; de numeris; de figuris et earum compăge; de casu. **6.** Sextus de nominativo casu per singŭlas extremitates omnĭum nomĭnum, tam in vocales quam in consonantes desinentĭum, per ordĭnem; de genetivorum tam ultĭmis quam paenultĭmis syllăbis. **7.** Septimus de cetĕris obliquis casĭbus, tam singularĭbus quam pluralibus. **8.** Octavus de verbo et eius accidentĭbus. **9.** Nonus de regŭlis generalĭbus omnĭum coniugationum. **10.** Decimus de praeterito perfecto. **11.** Undecimus de participio. **12-13.** Duodecimus et tertiusdecimus de pronomine. **14.** Quartusdecimus de praepositione. **15.** Quintusdecimus de adverbio et interiectione. **16.** Sextusdecimus de coniunctione. **17-18.** Septimusdecimus et octavusdecimus de constructione sive ordinatione partĭum orationis inter se. [Prisci]ano, Institutiones grammaticae, texto estabelecido por Martin Herz, 1855, *apud* Keil, vol. 2, p. 3-4.

1. O primeiro livro trata da palavra e das espécies dela; da letra: o que ela é, de seus gêneros e espécies, do poder delas singularmente, de quais derivam para quais por declinações ou composições das partes da oração. **2.** O segundo trata da sílaba: o que ela é, de quantas letras ela pode constar, em que ordem e em que som, do que acontece (das categorias acidentais) às sílabas singulares; do vocábulo: o que é ele, qual a diferença dele em relação à sílaba; da oração: o que é ela, quantas são as partes dela, da propriedade delas; do nome: o que é nome, dos acidentes a ele, quantas são as espécies do nomes próprios, quantas dos comuns, quantas dos adjetivos, quantas dos derivados; dos patronímicos: quantas as formas deles, de que modo derivam, de quais primitivos; das diversas desinências dos possessivos e das regras deles. **3.** O terceiro trata dos comparativos, dos superlativos e de suas diversas desinências: de quais positivos e de que modo são formados; dos diminutivos: quantas suas espécies, de quais declinações dos nomes e como são formados. **4.** O quarto trata dos denominativos, dos deverbais, dos participiais e dos adverbiais: quantas suas espécies, de quais primitivos, como nascem. **5.** O quinto trata dos gêneros a serem reconhecidos pelas desinências de cada um; dos números, das figuras e da junção delas; do caso. **6.** O sexto trata do caso nominativo pelas desinências, uma a uma, de todos os nomes, tanto os terminantes em vogais quanto em consoantes, por ordem: das últimas e penúltimas sílabas do genitivo. **7.** O sétimo trata dos demais casos oblíquos, tanto singulares quanto plurais. **8.** O oitavo trata dos verbos e dos seus acidentes. **9.** O nono, das regras gerais de todas as conjugações. **10.** O décimo, do pretérito perfeito. **11** O undécimo, do particípio. **12-13.** O duodécimo e o décimo terceiro, do pronome. **14.** O décimo quarto, da preposição. **15.** O décimo quinto, do advérbio e da interjeição. **16.** O décimo sexto, da conjunção. **17-18.** O décimo sétimo e o décimo oitavo, da construção, ou seja, da ordenação das partes da oração entre si.

3.2.6 Etimologia dos nomes do calendário (Isidoro de Sevilha)

Muitos povos indo-europeus (germanos, gauleses, eslavos, gregos...) designaram os dias da semana e alguns nomes do ano a partir dos nomes de astros e/ou deuses.

1. Nomes latinos dos meses – O sistema primitivo de ano lunar, de dez meses, substituído depois pelo solar, de 12 meses, começava por março: *Martius*, mês de *Mars*, *Mar-tis*, deus da guerra, pai de Rômulo e do povo romano; *Aprilis*, *-is* e *Maĭus,-i*, de étimo incerto; *Iunĭus,-i*, mês de *Iuno, -ōnis*, filha de Saturno, irmã e esposa de Júpiter, rainha dos deuses e protetora do casamento e do nascimento (*Lucina*); *Iulius,-i*, antes chamado *Quintílis*, mês de Caio Júlio César; *Augustus,-i*, antes *Sextilis*, mês do Imperador Otaviano Augusto; *September,-bris*, *October*, *November* e *December* derivam de numerais relativos à posição deles no calendário; *Ianuarius*, mês de *Ianus, -i*, deus das portas, *ianŭa, -ae*, do tempo e, por conseguinte, do começo do ano e do dia; *Februarius*, mês das *febrŭa, orum*, festividades religiosas de purificação e expiação, celebradas todos os anos a 15 de fevereiro, donde o nome (*mensis*) *februarius*. – O primeiro dia do mês era o das *Calendae* (*Kal-*), donde *calendarium,-i*, "livro de contas"; o dia da ida para a 2ª metade do mês era o dos *Idus*, a saber, o dia 15 nos meses de março, maio, julho e outubro, e 13 nos demais; o nono dia antes dos idos, portanto, o 5º dia do mês, era o das *Nonae*, "nonas".

2. Nomes latinos dos dias da semana – Os romanos os relacionaram a nomes de astros e/ou deuses: *Solis dies*, *Lunae dies*, *Martis dies*, *Mercurĭi dies*, *Iovis dies*, *Venĕris dies*, *Saturni dies*. Tal sistema encontra correspondências em outras línguas indo-européias, como no alemão (*Sonntag, Montag, Dienstag, Mittwoch, Donnerstag, Freitag, Samstag*) e no inglês (*monday, tuesday, wednesday, thursday, friday, saturday, sunday*) e teve continuidade em línguas neolatinas, como no italiano (*lunedí, martedí, mercoledí, giovedí, vendredí, sábato, doménica*), no espanhol (*lunes, martes, miércoles, viernes, jueves, sábado, domingo*) e no francês (*lundi, mardi, mercredi, jeudi, vendredi, samedi, dimanche*).
■ Na Espanha Medieval, Santo Isidoro, [570-636], bispo de Sevilha e espíri-

to enciclopédico, "restaurou os estudos" e escreveu, além de livros sobre cosmografia, história e teologia, também uma enciclopédia, *Orígines* ou *Etymológiae*, em 20 livros, que então tinha a importância da *Encyclopaedia Britannica* e do *Larousse* e que respondeu ao seu princípio de que o aprofundamento das ciências deve partir do étimo das palavras: 1º, Gramática; 2º, Retórica e Dialética; 9º, Línguas, povos, estados e famílias; 10º, Dicionário. Embora a maioria dessas etimologias seja fantasiosa, "Isidoro prestou enormes serviços à cultura de seu tempo e foi logo celebrado como o *doctor egregius*, doutor [docente] por excelência". Enc. Mir., v. 12, p. 6.693.

3.2.6 Étimo dos nomes latinos dos dias da semana (Isidoro de Sevilha)	
1. Dies dicti sunt a deis quorum nomĭna Romani quibusdam stellis dedicaverunt. **2**. Primum diem a *Sole* appellaverunt, qui princeps est omnĭum stellarum (...). Secundum diem a *Luna* appellaverunt, quae ex Sole lucem accēpit. Tertium ab stella *Martis*, quae Vesper appellātur. Quartum ab stella *Mercurii*. Quintum ab stella *Iovis*. Sextum a Venēris stella, quam Lucifĕrum appellaverunt (...). Septimum ab stella *Saturni*, quae dicĭtur cursum suum triginta annis explēre. **3**. Apud Hebraeos autem, dies primus dicĭtur unus dies sabbăti, qui apud nos dies dominĭcus est, quem pagani Soli dedicaverunt. S. Isidoro, Orígines, v. 30.	**1**. Os dias foram denominados a partir dos deuses cujos nomes os romanos dedicaram a algumas estrelas. **2**. O primeiro dia, chamaram-no a partir do Sol, que é a principal de todas as estrelas (...). O segundo, chamaram-no a partir da Lua, que recebe do Sol sua luz. O terceiro, a partir da estrela de Marte, que é chamada Vésper (Estrela d'Alva). O quarto, a partir da Estrela de Mercúrio. O quinto, a partir da estrela de Júpiter. O sexto, a partir da estrela de Vênus, que chamam Portadora de Luz. O sétimo, a partir da estrela de Saturno, que se diz perfazer seu curso em trinta anos. **3**. Mas, entre os hebreus, o primeiro dia chama-se um dia de repouso (sábado), que, entre nós, é o dia dominical, que os pagãos dedicaram ao Sol.

3. Étimo dos nomes portugueses dos dias da semana – O português: a) derivou do latim os nomes das horas e meses; b) denominou os dias úteis a partir da lexia latina popular *féria*, "dia de repouso, feriado, festa, feira": *secundam feriam, tertiam –, quartam –, quintam –, sextam –*; c) analogamente a outras línguas neolatinas, derivou *sábado* do hebraico *shabbáth*, "lazer, repouso", pelo latim *sabbătum*, assim como derivou *domingo* e *dominga* a partir da lexia latina [*diem*] *domínicum* ou *dominicam*, "dia dominical, do Senhor, *dominga*", porque Cristo ressus-

236

citou no 1º dia da semana. A denominação do período semanal, *hebdômada*, o latim derivou-a do grego *hebdomádos*, "setenário", que subsistiu no português em *hebdômada e hebdomadário*. Do termo latino *septimana*, "série setenária", é que o português derivou *semana*.

3.3 Literatura: teoria, crítica, retórica e mito

3.3.1 Teoria e crítica literária (Cícero e Horácio)

1. Contribuição dos gregos – A Crítica, conceituada em 0.1:7-9, surgiu na Grécia, com Platão $^{427\text{-}347}$ e Aristóteles,$^{384\text{-}322}$ depois que se escreveram os primeiros poemas e peças de teatro. "Tão lúcidas, embora parciais e truncadas, foram suas ponderações na matéria, que implantaram os dois padrões básicos de crítica literária válidos até hoje", o de Platão e o de Aristóteles. $^{\text{Moisés, 1974, crítica.}}$ Depois deles veio o retórico Longino, $^{213\text{-}273}$, presumido autor de *O sublime*, onde, pela primeira vez, se propõe interpretação psicológica do fato literário e se determina o objeto próprio da crítica.

28. Mitologia: **nove musas** das artes e ciências: Clio, história; Euterpe, música; Tália, comédia; Melpômene, tragédia e lírica; Terpsícore, dança; Érato; lírica; Polímnia, mímica; Urânia, astronomia; Calíope, lírica e eloqüência (Gaffiot).

Platão, em seus diálogos (*Íon* e *Fedro*), *República* e *Leis*, com base em sua teoria das idéias inatas, depois adotada por Santo Agostinho, viu

237

na poesia a função de despertar o leitor para a beleza absoluta entrevista pelo seu criador, donde o <u>desempenho</u> <u>ético</u> <u>(moralizador)</u> <u>do</u> <u>poema</u>, e o conceito de oposição entre poética e filosofia. ■ **Aristóteles**, contrapondo-se à teoria de Platão, move-se dos objetos para as idéias, posição seguida depois por Santo Tomás de Aquino, conforme o princípio gnosiológico "Nada está no intelecto que antes não tenha estado nos sentidos", *Nihil est in intellectu quod prius non fuerit in sensu*. Ele reuniu essas especulações na *Retórica* e na *Poética*. Esta se tornou a primeira obra no gênero a levantar questões fundamentais de teoria literária, o que transformou esse filósofo em pai da Teoria da Literatura ou da Crítica Literária. O alvo de sua indagação é ontológico, não normativo, isto é, busca saber <u>como</u> <u>são</u> <u>os</u> <u>objetos</u>, não como <u>devem</u> <u>ser</u>. Daí, nota que as obras criadas obedecem ao princípio da <u>imitação</u> <u>da</u> <u>realidade</u>, não enquanto cópia, mas enquanto recriação, *mímesis*, em português *mimese*, que Sêneca depois traduziu pelo princípio "Toda arte é imitação da natureza", *Omnis ars imitatio est naturae*. ^{Sên., Epist., 65, 3.} Daí a análise a fazer dos elementos constitutivos da tragédia e da epopéia, às quais ele agrega outra noção importante: a da <u>catarse</u>, isto é, da purgação dos sentimentos do espectador através da comiseração e do terror.

2. Contribuição dos romanos – As teorias adotadas dos gregos pelos latinos procederam de <u>Platão</u>. A especulação crítica e teórica teve expoentes em Tácito, Cícero, Quintiliano, entre os quais sobressai Horácio. [†8 aC] O conceito bem difundido entre os antigos, segundo o qual os poetas são seres inspirados e a poesia é um ministério sacerdotal às musas, é frisado por Cícero, na defesa que fez, em 62 aC, do poeta e gramático Árquias, ameaçado de expulsão por ser grego, e, depois, por Horácio, numa de suas odes. [3.4.4.1:2]

3.3.1.1 Conceito de poeta como um ser inspirado (Cícero)

1. Sic a summis hominibus eruditissimīsque accepĭmus, ceterarum rerum studia et doctrinā et praeceptis et arte constare; poetam naturā ipsā valēre et mentis virĭbus excitari et quasi divino quodam spirĭtu inflari.	**1.** Assim aprendemos dos homens mais notáveis e mais eruditos: o conhecimento das demais matérias consta tanto de doutrina, quanto de preceitos, quanto de técnica; o poeta vale pela sua própria natureza, é excitado pelas forças da mente e é inspirado por certo espírito como que divino.
2. Quare, suo iure, noster ille Ennius sanctos appellat poetas, quod quasi deorum alĭquo dono atque munĕre commendati nobis esse videantur.	**2.** Por isso, de direito, o nosso famoso Ênio chama de santos os poetas, porque parecem haver-nos sido confiados quase que por dádiva dos deuses.
3. Sit igitur, iudices, sanctum apud vos, humanissimos homines, hoc poetae nomen, quod nulla unquam barbaria violavit. Saxa et solitudines voci respondent, bestiae saepe immanes cantu flectuntur atque consistunt: nos, instituti rebus optimis, non poetarum voce moneamur?	**3.** Ó juízes, seja, pois, sagrado entre vós, homens muito humanos, este nome de poeta, que nenhuma barbárie alguma vez violou. As pedras e os desertos respondem à palavra, muitas vezes os animais ferozes se dobram pelo canto e sossegam; nós, instruídos nos melhores ensinamentos, não seríamos comovidos pelas palavras dos poetas?
4. Homerum Colophonĭi civem esse dicunt suum, Chii suum vindĭcant, Salaminĭi repĕtunt, Smyrnaei vero suum esse confirmant, itaque etiam delubrum eius in oppido dedicaverunt; permulti alii praeterea pugnant inter se atque contendunt.	**4.** Os Colofônios dizem que Homero é seu, os Quienses reivindicam-no como seu, os Salamínios exigem-no, os Esmirnenses, em verdade, confirmam ser seu, e, por isso, lhe dedicaram templo na cidade; além disso, muitíssimos outros disputam-no e brigam por ele.
5. Ergo illi alienum, quia poeta fuit, post mortem étiam expetunt: nos hunc vivum, qui et voluntate et legibus noster est, repudiemus? ^{Pro Archia, VIII, 18-19.}	**5.** Portanto, aqueles disputam um estrangeiro, até após a morte, porque foi poeta: nós, este, ainda vivo, que é nosso concidadão não só por vontade, mas também pelas leis, haveríamos de expulsá-lo?

3. Arte Poética de Horácio – Horácio, [† 8 aC], quando já era autor consagrado de *Odes*, *Epodos*, *Sátiras* e *Epístolas*, escreveu a *Epístola aos Pisões*, [65-68 aC], de 476 hexâmetros, enobrecida por Quintiliano, [30-100], em Institutiones Oratoriae, VIII, 3 com o título de *Arte Poética*. Inspirado na *Poética* do gramático alexandrino Neoptólemo, [séc. III aC?] codificou as teorias platônicas da arte poética (clássica), em especial as da poesia dramática: a existência de fins éticos para o exercício da literatura; o alcance moral da arte mediante regras precisas e inflexíveis, o que transforma a crítica em disciplina normativa, didática e apriorística; concepção pragmática da atividade teorizante, transferida para a área da criação literária por meio de normas e diretrizes; caráter absoluto do belo; complementação entre inspiração e trabalho como fatores de sucesso; defeitos do poema a evitar; supremacia da razão, da naturalidade e da verossimilhança; rigor na distinção dos gêneros; unidade de tema e adequação entre ele e a forma; inspiração nos modelos e na linguagem dos gregos. Em suma, para Horácio, é através de <u>regras</u> <u>racionais</u> <u>e</u> <u>inflexíveis</u> que o poema atinge seus objetivos. Com isso, a teoria e a crítica se constituem em <u>disciplina</u> <u>normativa, didática e apriorística</u>. [Il. 29.]

Os preceitos contidos nessa obra contemplam a arte de escrever (v. 1-72), a poesia épica e a poesia dramática (73-294), o talento e a inspiração poética (v. 295-476). Alguns princípios: a) cabe ao poeta o direito de usar neologismos (v. 49-71); b) os gêneros devem ser respeitados, pois a dicção cômica é diferente da trágica: o poeta deve sentir as emoções que pretende comunicar (99-113); c) os caracteres dramáticos devem ser verdadeiros (155-178 e 310-318), no que Horácio permanece vinculado à tradição da teoria da mimese. [Enc. Mir., 1999, v. crítica.] – Sua obra, diferente da aristotélica na ressonância ética e metafísica, foi "tão influente quanto a de Aristóteles". "Esse intuito propedêutico e normativo explica as preocupações éticas que informavam as idéias e as regras defendidas pelos críticos greco-latinos. Daí sua vinculação com a filosofia, a gramática e a eloqüência". [Moisés, 1974, crítica.]

4. Influência nos clássicos dos séculos XVI a XVIII – Os modelos literários dos gregos e latinos renasceram no Classicismo Moderno e tiveram sua codificação mais notável na *Arte Poética* do francês <u>Boileau,</u> [†1674], inspirada em Aristóteles, [384-322 aC], em Longino, Quintiliano, [30-100], e, sobretudo, em Horácio. [65-08 aC] Até início do século XX, o conceito predominante de literatura e de crítica literária foi o que verte de Platão e Horácio. Desde então, com o advento do Idealismo e Esteticismo e com a correta interpretação da *Poética* de Aristóteles por Butcher, já descoberta no Renascimento, passou a prevalecer o conceito de que a obra de arte vale não tanto por seu <u>conteúdo</u> destinado a "ser útil e/ou deleitar" (teoria de Horácio), quanto por sua <u>urdidura</u>, pelo prazer estético que ela causa ao leitor (teoria de Aristóteles).

Em Portugal, só entre 1758 a 1853, as traduções da *Arte Poética* de Horácio ultrapassam uma dúzia. [Figueiredo, 1973, p. 307.] Na obra de Horácio, diretamente e/ou através de Boileau, inspiraram-se os teorizadores do Classicismo luso-brasileiro: o português Cândido Lusitano, para sua *Arte Poética*, e o brasileiro Silva Alvarenga, para sua *Epístola a José Basílio da Gama*, inspirada na de Horácio aos Pisões. [Furlan, 1975.]

3.3.1.2 Arte poética: princípios básicos (Horácio) [Versos hexâmetros]	
1. Função lúdica e educativa	
1. Āut prōdēssĕ vŏlūnt āut dēlēctārĕ pŏētāe / āut sĭmŭl ēt iūcūnda ĕt ĭdōnĕā dĭcĕrĕ vītāe. [v. 333-334]	**1.** O que os poetas querem é ou ser úteis ou deleitar ou, simultaneamente, dizer coisas agradáveis e úteis à vida.
2. Omne tulit punctum, qui miscuit utile dulci / lectorem delectando pariterque monendo. [343-344]	**2.** Toda a vantagem levou quem misturou o útil ao agradável, deleitando o leitor e, ao mesmo tempo, admoestando-o.
3. Non satis est pulchra esse poemata; dulcia sunto / et, quocumque volent, animum auditoris agunto. [99s]	**3.** Não basta que os poemas sejam belos: também sejam doces e conduzam o espírito do ouvinte para onde quer que eles queiram.
2. Caráter racional e unitário	
1. Sūmĭtĕ mātĕrĭām vēstrīs, quī scrībĭtĭs, āequām / viribus et versate diu quid ferre recusent, quid valĕant humĕri. [38-40]	**1.** Ó vós que escreveis, escolhei matéria adequada às vossas forças e ponderai diuturnamente o que vossos ombros conseguem carregar e o que eles recusam suportar.
2. Ordinis haec virtus erit et venus, aut ego fallor, / ut iam nunc dicat iam nunc debentia dici, / pleraque diffĕrat et praesens in tempus omittat, / hoc amet, hoc spernat promissi carminis auctor. [42-45]	**2.** A virtude e a beleza da ordem consistirão – salvo engano meu – em que se diga logo o que deve ser dito, pondo muitos pormenores do lado e omitindo-os de momento: que o autor do poema prometido, ora escolha este aspecto, ora despreze aquele.
3. Scribendi recte sapĕre est et principium et fons. [309]	**3.** Ter bom senso é o princípio e a fonte de escrever corretamente.
4. ...pictoribus atque poetis / quidlibet audendi semper fuit aequa potestas. [9-10]	**4.** Aos pintores e aos poetas foi sempre dado igual poder de tudo ousar.
5. Denique sit quod vis, simplex dumtaxat et unum. [23]	**5.** Enfim, seja (a obra) o que tu queiras, desde que (seja) simples e una.

3. Poema, fruto de talento e arte

Nātūrā fíĕrēt lāudābĭlĕ cārmĕn ăn ārtĕ, / quāesĭtŭm ēst; ĕgŏ nēc stŭdĭŭm sĭnĕ dĭvĭtĕ vēnā / nec rude quid prosit video ingenium; alterius sic / altera poscit opem res et coniurat amice. [408-411]	Foi discutido se o poema se torna louvável pela natureza ou pela arte. Não vejo que seja proveitoso nem o estudo sem rica veia, nem o talento não aprimorado; assim cada coisa requer o auxílio da outra e coopera amigavelmente.

4. Aprimoramento do texto

1. ...carmen reprehendite quod non / multa dĭēs ēt mūltă lĭtūră cŏērcŭĭt ātquĕ / praesectum decies non castigavit ad unguem. [292-293]	**1.** ...censurai o poema que muitos dias (de trabalho) e muito polimento não corrigiram e, após havê-lo retocado dez vezes, não castigaram à unha.
2. Vos exemplarĭa Graeca nocturna versate manu, / versate diurna. [268-269]	**2.** Vós [poetas], compulsai de dia e de noite os modelos gregos.
3. ...mediocribus esse poetis / non homines, non di, non concessere columnae. [372s]	**3.** ...nem os homens, nem os deuses, nem as colunas (estantes dos livreiros) permitiram aos poetas serem medíocres.
4. ...indignor quandoque bonus dormitat Homerus. [359]	**4.** Indigno-me cada vez que o bom Homero cochila.
5. Tu ne invita dices faciesve Minerva; / id tibi iudicium est, ea mens. Si quid tamen olim / scripseris, in Metii descendat iudicis aures. [385-387] ...delere licebit / quod non edideris: nescit vox missa reverti. [389-390]	**5.** Tu não dirás nem farás nada contra a vontade de Minerva [deusa da sabedoria]; a decisão está em teu bom senso e espírito. Mas tudo o que vieres a escrever, desça aos ouvidos de Mécio (crítico de teatro) ...sempre poderás apagar aquilo quenão publicaste: palavra emitida não sabe retornar.

5. Criatividade nas palavras

1. Ĭn vērbĭs ĕtĭăm tĕnŭĭs cāutūsquĕ sĕrēndĭs / hoc amet, hoc spernat promissi carminis auctor. Dixeris egregie, notum si callida verbum / reddiderit iunctura novum. [46-49]	**1.** Além disso, nas palavras a serem encadeadas, o autor de um poema prometido seja subtil e cauteloso. Tu terás escrito com excelência, se uma junção engenhosa tiver tornado novo um termo corrente.
2. Multa renascentur quae iam cecidere, cadentque / quae nunc sunt in honore vocabula, si volet usus, / quem penes arbitrium est et ius et norma loquendi. [70-73]	**2.** Muitos vocábulos que já caíram em desuso renascerão, e cairão os que agora estão em honra, se quiser o uso, em poder do qual se acham a decisão, o direito e a norma de falar.

6. Normas para poemas épicos e dramáticos

1. Vērsĭbŭs ēxpōnī / trăgĭcīs rēs cōmĭcă nōn vūlt.[89]	**1**. Assunto cômico não quer ser exposto em versos trágicos.
2. Res gestae regumque ducumque et tristia bella / quo scribi possent numero, monstravit Homerus.[73-74] Semper ad eventum festinat, et in medias res, / non secus ac notas, auditorem rapit.[148-149]	**2**. Homero mostrou em que verso podem ser escritos os grandes feitos dos reis e generais e as tristes guerras (o hexâmetro ou heróico). O autor apressa-se em chegar ao desfecho e arrebata o ouvinte para o meio da ação, como se esta já lhe fosse conhecida.
3. ...non tamen intus / digna geri promes in scaenam multaque tolles / ex oculis, quae mox narret facundia praesens.[180-182]	**3**. Mas não apresentarás em cena ações dignas de serem praticadas atrás dos bastidores; e suprimirás aos olhos muitas ações que, em breve, a eloqüência de uma testemunha possa relatar.
4. Ne pueros coram populo Medea trucidet.[185] Neve minor neu sit quinto productior actu / fabula, quae posci vult et spectanda reponi. Nec deus intersit, nisi dignus vindĭce nodus / inciderit; nec quarta loqui persona laboret.[189-192]	**4**. Que Medéia não degole os filhos ante o povo.[3.4.3.2] Nem menor nem maior seja do que o quinto ato a peça que quer ser pedida e reprisada em espetáculo. Nem um deus (*ex máchina*) intervenha, a não ser que ocorra impasse digno de tal interventor; nem procure um 4º ator participar do mesmo diálogo.
5. Actoris partes chorus officiumque virile / defendat, neu quid medios intercinat actus, / quod non proposito conducat et haereat apte. Ille bonis faciatque et consilietur amice / et regat iratos et amet peccare timentes.[194-198]	**5**. Que o coro atue como ator e exerça função de um varão; que não cante, nos entreatos, o que não se relacione nem se adapte ao drama. Que ele favoreça os bons e aconselhe amigavelmente os espíritos irritados e ame os que temem pecar.

3.3.2 Linguagem: poder, figuras e vícios (Cícero, Donato)

1. **Retórica** é, na linha da tradição antiga, a análise e o estudo dos três componentes do discurso (deliberativo, judiciário e panegírico) e dos recursos a explorar para elaborá-lo e nele ter êxito, a saber: a) *invéntio*, descoberta ou definição do tema, objetivos e argumentos; b) *dispositio*, disposição das partes, que são exórdio, desenvolvimento e peroração; c) *elocutio*, escolha e disposição das palavras, que inclui a *pronun-*

tiatio, "prolação", e *memoria*, "memorização". A *elocutio*, "elocução", objeto principal da retórica, define-se essencialmente pelo estudo das figuras ou tropos.

29. **Horácio**, 65-8 aC, o maior lírico latino; escreveu *Epístolae*, cartas, sobressaindo a *Arte Poética*, *Cármina*, odes, *Sermones*, sátiras (Morisset, p. 607).

2. **Contribuição dos gregos e latinos** – ■ **a) Entre os gregos**, Platão,[427-347], discutiu nos diálogos (*Fedro*, *Górgias*, *Íon* e *Banquete*), a par de pontos de doutrina filosófica, questões relacionadas com a arte e a eloqüência. Aristóteles,[384-322], em *Retórica* e *Poética*, deu-lhe fundamentos e estatutos universais, definindo-a como arte da dialética ou do raciocínio lógico destinado a convencer. Mas o Estagirita, com base na idéia da verossimilhança (*mimese*), ocupou-se de todas as formas então conhecidas de manejar eficazmente a linguagem, a saber: oratória, poesia, história e teatro. ■ **b) Entre os romanos**, a retórica foi separada da poética e passou a ser entendida como arte de discursar. Cícero e Quintiliano dedicaram a ela especial atenção: o 1º, com *De rhetorica*, *De inventione rhetorica*, *De oratore*, *De claris oratoribus*, *Orator*, *De optimo genĕre oratōrum*; o 2º, com *Institutiones oratoriae*, o tratado de oratória e pedagogia mais completo que a Antigüidade nos legou. – A quase totalidade das denominações das figuras, em especial as dos 13 tropos, é de étimo grego, traduzindo a helenização retórica de Roma. As denominações e os conceitos emitidos por Quintiliano,[98 dC], *Institutiones oratoriae*,

VIII, 6, e os emitidos por Donato, [séc. IV], *Ars grammatica*, III, 5,6, coincidem em quase tudo, denotando continuísmo. Keil, 1864, p. 399-402. Il. 13.

3.3.2.1 Poder de linguagem (Cícero)

1. Nihil mihi praestabilĭus vidētur quam posse, dicendo, tenēre homĭnum coetus, mentes allicĕre, voluntates impellĕre quo velis. Quid enim est tam iucundum cognĭtu atque auditu quam sapientĭbus sententiis gravibūsque verbis ornata oratĭo et polita? aut tam potens tamque magnificum quam popŭli motus, iudĭcum religiones, senatus gravitatem unīus oratione converti? Hoc enim uno praestamus maxime feris: quod colloquĭmur inter nos, et quod exprimĕre dicendo sensa possŭmus. Orator, I,8.

1. Nada me parece mais útil do que poder, falando, manter os homens em assembléia, cativar as mentes, impelir as vontades para onde queiras. Pois o que há de tão agradável de ser conhecido e ouvido do que um discurso ornado e polido com frases sábias e com palavras ponderadas? Ou de tão poderoso e grandioso do que virar, pelo discurso de uma só pessoa, as comoções do povo, os escrúpulos dos juízes, a ponderação do senado? Nisto é que nos avantajamos maximamente às feras: que conversamos entre nós e que, falando, podemos exprimir os sentimentos.

2. In oratore acumen dialecticorum, sententiae philosophorum verbo prope poetarum, memoria iurisconsultorum, vox tragoediorum gestus paene summorum actorum est requirendus. Quam ob rem nihil in hominum genĕre rarīus perfecto oratore inveniri potest. De orat., 1, 28.

2. No orador devem encontrar-se a agudeza dos dialéticos, os pensamentos dos filósofos como que na palavra dos poetas, a memória dos juristas, a voz dos atores trágicos, quase que os gestos dos maiores líderes. Por isso, nada de mais raro pode encontrar-se na família humana do que o perfeito orador.

3. Optimus est enim orator qui dicendo anĭmos audientium et docet et delectat et permŏvet. Docēre debĭtum est; delectare, honorarium; permovere, necessarium. De óptimo génere oratorum, 1.

3. Ótimo é, pois, o orador que, discursando, ensina, encanta e move os espíritos dos ouvintes. Ensinar é dever; deleitar, honra; mover, necessidade.

4. Is enim est elŏquens, qui et humilĭa subtiliter, et magna graviter et mediocrĭa temperate potest dicĕre. Orator, 29. **5.** Variare orationem magnopĕre oportebit. Nam omnibus in rebus similitudo est societatis mater. De inventione rhetorica. I, 41. **6** Probare, necessitatis est; delectare, suavitatis; flectĕre, victoriae. Orator, 21.

4. Porque eloqüente é aquele que consegue dizer delicadamente coisas humildes, vigorosamente coisas grandes e moderadamente coisas medianas. **5.** Será muito necessário variar (a prolação de) o discurso. Porque, em tudo, a monotonia é mãe do fastio. **6.** Provar é próprio da necessidade; deleitar, da suavidade; dobrar, da vitória.

3. Figuras de retórica são os aspectos de que as diferentes expressões do pensamento se revestem no discurso: a) as de pensamento, por imaginação (ex.: prosopopéia), raciocínio (concessão) e desenvolvimento (descrição); b) as de significação ou *tropos*, por mudança de sentido das palavras (ex.: metonímia, metáfora e sinédoque); c) as de expressão, por ficção (ex.: alegoria), reflexão (litotes) e oposição (ironia); d) as de dicção (prolação), por alterações fônicas (prótese, epêntese, apócope, metátese, crase, etc.); e) as de construção, por alteração da ordem natural das palavras (inversões, aposições, elipses); f) as de elocução, pela escolha das palavras adequadas ao pensamento (epíteto, repetição, sinonímia, assíndeto, aliteração); g) as de estilo, pela expressão das relações entre idéias (enumeração, apóstrofe, interrogação, comparação, antítese, harmonia imitativa). [Dubois, 1978, figura.] ∎ A retórica antiga opunha os tropos ou figuras de palavras às figuras de pensamento (litotes, ironia, pergunta retórica, etc.) e às figuras de construção (elipse, silepse, etc.). Mas ele acabou por aplicar-se a todas as espécies de figuras que se podem considerar como desvio (em gr. *trópos*, port. *tropo*) do sentido da palavra. [Dubois, 1978, v. tropo.]

3.3.2.2. Figuras de linguagem (Quintiliano e Donato)

1. Trŏpus est verbi vel sermonis a propria significatione in alĭam cum virtute mutatĭo. [Quintilianus, Institutiones Oratoriae, VIII, 6,1] Tropus est dictio translata a propria significatione ad non propriam similitudinem ornatūs vel necessitatis causa. Sunt autem tropi tredĕcim: metaphora, catachrēsis, metalepsis, metonymia, antonomasia, epitheton, synedoche, onomatopoeĭa, periphrasis, hyperbaton, hyperbole, allegorĭa, homoeŏsis. [Donato, Ars Grammatica, III, 5.6.] **2. In totum, metaphora** brevĭor est similitudo, eāque distat quod illa comparatur rei quam volŭmus exprimĕre, haec pro ipsa re dicitur. [Quint., Institutiones Oratoriae, 6,8] — Metaphŏra est rerum verborumque translatio. [transferência. Donato, *ibid.*, III, 5.6.]

1. Tropo é um desvio vigoroso de uma palavra ou expressão a partir de sua própria significação para outra. [Quintiliano] — Tropo é uma expressão desviada de sua própria significação para uma expressão semelhante não própria, por causa de ornamentação ou necessidade. São 13 os tropos: metáfora, catacrese, metalepse, metonímia, antonomásia, epíteto, sinédoque, onomatopéia, perífrase, hipérbato, hipérbole, alegoria, assimilação. [Donato] **2.** No todo, a **metáfora** é um símile mais breve e se diferencia dele porque este faz comparação com a coisa que queremos exprimir, aquela se diz em lugar da própria coisa. [Quint.] — Metáfora é a transferência (desvio) de significados e palavras. [Donato]

3. Comparatĭo est, cum dico fecisse quid hominem ut leonem; **translatio**, cum dico de homine "leo est". [Quint, ibid.] **4. Synedŏche** variare sermonem potest, ut ex uno plures intelligamus, parte totum, specie genus, praecedentĭbus sequentia, vel omnĭa haec contra. [Quint., ibid., 6,19.] **5.** Nec procul ab hoc genĕre discēdit **metonymia**, quae est nomĭnis pro nomĭne positĭo [(...)] Haec inventas ab inventore [(...)] significat. [Quint., ibid., 6, 23.] **6. Hiperbŏle** est dictio fidem excedens augendi minuendĭve causa. [Donato, ibid., 3,6.] – Hiperbole est decens veri superiectio. [Quint., ibid., 6, 67-69.] **7. Metonymĭa** est dictio quaedam veluti transnominatio. [Donato, ibid., III, 5.6.] **8. Antonomasia** est significatio vice nominis posita. [Idem, ibid.] **9. Epithĕton** est praeposĭta dictĭo proprio nomĭni. [Idem, ibid., III, 6.] **10. Onomatopoeĭa** est nomen de sono factum. [Idem, ibid., III, 6.] **11. Periphrăsis** est circumlocutĭo. [Idem, ibid.] **12. Hyperbaton** est transcensio quaedam verborum, ordinem turbans. [Idem, ibid., III, 6.] **13. Allegorĭa** est tropus quo aliud significatur quam dicitur. [Idem, ibid., III, 6.] **14. Homoeŏsis** est minus notae rei per similitudinem eius quae magis nota est demonstratio. [Idem, ibid., III, 6.]

3. Comparação pratica-se quando digo que o homem fez algo como (à semelhança de) um leão; **translação** (metáfora), quando digo do homem "ele é um leão". [Quint.] **4.** A **sinédoque** pode variar a linguagem, como quando de um entendemos muitos, da parte o todo, da espécie o gênero, dos precedentes os subseqüentes, ou vice-versa. [Quint.] **5.** Desse tipo de figura não se distancia muito a **metonímia**, que consiste na transferência de denominação. Esta significa as descobertas em lugar do descobridor. [Quint.] **6. Hipérbole** é uma expressão que exagera a fidelidade no sentido de aumentar ou diminuir o conceito. [Don.] – Hipérbole é um gracioso exagero da verdade. [Quint.] **7. Metonímia** é certa expressão que transfere a denominação. [Don.] **8. Antonomásia** é o uso da significação em lugar do nome. [Don.] **9. Epíteto** é uma qualificação (cognome) anteposta ao nome próprio. [Don.] **10. Onomatopéia** é uma denominação feita a partir do som. [Don.] **11. Perífrase** é um circunlóquio. **12. Hipérbato** é certo deslocamento das palavras que perturba sua ordem. [Id.] **13. Alegoria** é um tropo pelo qual se significa algo diferente daquilo que se diz. [Idem.] **14. Assimilação** é a denotação de uma coisa menos conhecida através de analogia àquela que é mais conhecida. [Don.]

4. "Vícios" de linguagem – *Vício*, termo que a NGB/1959 conserva, denota defeito ou imperfeição moral e, por extensão, "erro contra as regras de linguagem". [Houaiss, 2001.] Na gramática tradicional, designa qualquer infração habitual às normas lingüísticas; em sentido lato, qualquer erro de linguagem, habitual ou fortuito. [Luft, 1967, p. 220.] Entre eles, os gramáticos têm salientado o *barbarismo* e o *solecismo*. O 1º denota erros crassos, próprios dos bárbaros por oposição aos romanos, e designa formas de palavras geradas com infração de regras morfofonológicas da língua (*fazerei, ponharei*). O 2º, derivado de *Sóloe*, cidade do Chipre, designa estruturas inadequadas, por infringirem regras sintáticas da língua (*Vende-se casas. É para mim vender*).

3.2.5.3 "Vícios" de linguagem (Donato)

1. Cum barbarismo et soloecismo, <u>vitia duodĕcim</u> <u>numerantur</u> hoc modo: barbarismus, soloecismus, acyrologĭa, cacemphăton, pleonasmus, perissologĭa, macrologĭa, tautologĭa, eclipsis, tapinōsis, cacosynthĕton et amphibologĭa, [Keil, p. 394.]

1. Com o barbarismo e o solecismo, <u>mencionam-se</u> <u>12 vícios,</u> do seguinte modo: barbarismo, solecismo, acirologia, [impropriedade], cacófato, [evocação de algo obsceno,] pleonasmo, [exagero, redundância,] perissologia, [circunlóquio,] macrologĭa, [prolixidade,] tautologia, [redundância,] elipse, [omissão de termo para fins de economia,] tapinose, [expressão chula,] cacossintaxe, [construção inadequada,] anfibologia, [ambiguidade.] ∎

∎ 2. **Barbarismus** est una pars orationis vitiosa in communi sermone (...); fit duobus modis: pronuntiatione et scripto. His bipertitis quattuor species subponuntur: adiectĭo, detractio, immutatio, transmutatio littĕrae, syllăbae, tempŏris, toni, adspirationis. [Ibid., 392.] ∎ 3. **Soloecismus** est vitium in contextu partĭum orationis contra regŭlam artis grammaticae factum. Fit aut per partes orationis aut per accidentĭa partĭbus orationis. [Ibid., p. 393.]

2. **Barbarismo** é uma parte viciosa da frase na linguagem comum (...); acontece de dois modos: por pronúncia e por escrito. A essa subdivisão submetem-se quatro espécies: acréscimo, subtração, alteração, transferência de letra (som), de sílaba, de tempo, de acentuação e de aspiração. [(Exprime-se por h: philosophia).] ∎ 3. **Solecismo** é um vício no contexto das partes da fala (ou frase) cometido contra uma regra da técnica gramatical. Acontece ou através das partres da oração ou dos acidentes (flexões e derivações) a elas.

---

5. Retórica na modernidade – **a)** <u>Em</u> <u>Portugal,</u> o estudo da retórica enquanto teoria da oratória floresceu desde o Renascimento, com traduções de textos clássicos e com elaboração de várias obras, como a *De arte rhetorica,* [1562], do Pe. Cipriano Soares, e do *Verdadeiro método de estudar*, de Verney [1746-1868]. **b)** <u>No Brasil,</u> ele floresceu desde meados do séc. XVIII (1782) até início do séc. XX, nos centros culturais, sobretudo os eclesiásticos, sobressaindo os nomes de Cândido Lusitano, *Arte Poética*, e Silva Alvarenga, *Epístola a José Basílio da Gama*. **c)** <u>Nos</u> <u>Estados</u> <u>Unidos,</u> a retórica, posta em descrédito pelo Romantismo (séc. XVIII e XIX), foi instaurada sob novo conceito, de base aristotélica, pelo *New Criticism* da década de 1930. Então ela voltou a interessar, tanto no sentido literal quanto no literário, a estudiosos em várias partes do mundo.

3.3.3 Imitação dos modelos clássicos (Quintiliano)

Em *Institutiones oratoriae*, "instruções/doutrinas oratórias", 12 livros, *Marcus Fabius Quintilianus*, [30-100], legou à posteridade o maior e talvez o único tratado sistemático de oratória e pedagogia da Antigüidade. [Spalding, 1968, p. 184.] Nelas ele radicaliza a tendência romana de análise gramatical. <u>Sumário</u>: gramática; arte da palavra; cinco partes do discurso: invenção, disposição, elocução, memorização, prolação; virtudes do orador (canonicidade, lucidez, ornamentação e propriedade). No 10º livro, um tratado sucinto da literatura grega e da latina, programa leituras para formar o orador perfeito, eloqüente, dotado de todas as virtudes, e indica os modelos que este deve imitar. Dá-lhe orientações sobre como redigir, corrigir e improvisar. O princípio normativo da <u>imitação</u> <u>ou</u> <u>da</u> *mimese* <u>dos</u> <u>clássicos</u> antigos (em particular do modelo ciceroniano de oratória), inculcado por ele, foi preconizado e perseguido pelos clássicos dos séculos XVI a XVIII.

3.3.3 Imitação ou mimese dos modelos clássicos (Quintiliano)	
1. Neque enim dubitari potest quin artis pars magna contineatur imitatione. Nam, ut invenire primum fuit estque praecipŭum, sic, ea quae bene inventa sunt, utile sequi. ■ **2**. Atque omnis vitae ratio sic constat, ut quae probamus in alĭis, facĕre ipsi velimus. Sic litterarum ductus, ut scribendi fiat usus, puĕri sequuntur; sic musici vocem docentĭum, pictores opĕra priorum, rustĭci probatam experimento culturam in exemplum intuentur. ■ **3**. Necesse est aut simĭles aut dissimiles bonis simus. Simĭlem raro natura praestat, frequenter imitatio. Quint., Inst. orat., X, 2, 1-3.	**1**. Pois não se pode duvidar de que grande parte da arte esteja contida na imitação. Pois, como inventar foi a primeira coisa e é a principal, assim é útil seguir (como modelo) o que foi bem inventado. ■ **2**. Também a regra de toda a vida é constituída de tal modo que queremos fazer nós mesmos aquilo que aprovamos nos outros. Assim, para que seja formado o hábito de escrever, as crianças reproduzem os traçados das letras; assim os músicos imitam a voz dos mestres, os pintores imitam as obras dos predecessores, os camponeses olham como exemplo a cultura (que foi) aprovada pela experiência. ■ **3**. É necessário sejamos (dis)semelhantes aos bons. Raramente a natureza ultrapassa a semelhança; a imitação (a ultrapassa) amiúde.

3.3.4 Mito e arte na teoria literária (Ovídio)

1. Importância do mito – A humanidade, por desconhecer, temer e/ou reverenciar fenômenos da natureza e da existência, tem criado e acumulado, em sua consciência, grande volume de mitos (do gr. *mýthos*, lenda, fábula), isto é, narrativas (de ficção) que, apresentadas como revelações sagradas e verdadeiras, se reportam a indagações existenciais e universais: origem do mundo e da humanidade, escatologia, razões da morte, binômios tais como os do desejo e repúdio, bem e mal, recompensa e castigo. Protagonizado por (semi)deuses e heróis, o mito descortina o penoso caminhar do homem nas várias fases do processo civilizatório e funciona como mediação simbólica entre o sagrado e o profano, condição necessária à ordem do mundo e às relações entre os seres. O mito, em sua forma principal, é cosmogônico ou escatológico, tendo o homem como ponto de interseção entre o estado primordial da realidade e sua transformação última, dentro do ciclo permanente de nascimento e morte, origem e fim. Com isso, o mito tem sido fonte perene de arte e eterno modelo dos artistas de todos os gêneros. Por isso, modernamente, o mito tem interessado aos filósofos, lingüistas, psicólogos, teólogos, antropólogos e, em especial, aos teóricos da Literatura, que vêm investindo no sentido de desvendar as relações entre mito e linguagem. Enc. Mir., 1994, v. mito; Spalding, 1965, p. V-VIII. ■ "Em termos de narração, **mito é** a imitação das ações que raiam pelos limites concebíveis do desejo ou que se situam nesses limites." – "Segue-se que o modo mitológico, as histórias sobre deuses, nas quais as personagens têm a maior força de ação possível, é o mais abstrato e convencionalizado de todos os modos literários." – "O mito, portanto, é um extremo da invenção literária; o naturalismo é o outro." Frye, 1973, p. 136-138. ■ Graças aos estudos de Carl Jung 1875-1961 acerca do inconsciente coletivo – depositário de resíduos psíquicos acumulados no inconsciente da humanidade através dos séculos e relatados como imagens primordiais ou *arquétipos* (tipos iniciais) que ressurgem, sempre de novo, na intuição dos poetas, independentemente do tempo e lugar –, o mito passou a ser objeto de grande interesse para a teoria e a crítica da literatura. Depois, Robert Chase, valorizando Aristóteles e a idéia de que o mito supervaloriza a dimensão mágica das coisas, define o mito como "um conto, uma narrativa, um poema: mito é literatura e deve ser considerado como criação estética da imaginação humana". Moisés: 1974, v. mito e arquétipo. 3.4.6.3 (Ovídio); 3.5.3 (Bíblia).

250

2. Mitologia grega e latina – À semelhança de outras culturas, também a grega criou um mundo teogônico fantasioso e fantástico, cujos protagonistas são (semi)deuses antropomórficos e heróis no palco dos seres humanos. Esse panteão permeou a cosmovisão, a literatura e as demais artes. O apogeu da arte, alcançado nos séc. V e IV aC, coincidiu com o da mitologia. A Hélade, conquistada pelos romanos, [146 aC], ensinou aos rústicos pastores do Lácio as artes e os mitos, que Roma arremedou, pouco desenvolveu e tornou utilitários. A mitologia permeia amplamente de preocupações estéticas a literatura latina, do que são exemplos as *Metamorfoses* e *Fastos*, obras-primas de Ovídio, [43 aC-18 dC], as obras de Virgílio, o *Carmen Saeculare*, "O canto do século", de Horácio (Odes, IV), sem falar no *Satíricon* de Petrônio e no *Asno de Ouro*, de Apuleio. [3.4.7] [Il. 15, 23-25, 28, 30, 33].

3.3.4 Mito: atributos das divindades gregas e latinas

Romani duodĕcim deos maxĭme colunt. **Iuppĭter**, *Iovis*, rex deorum et pater homĭnum, fulmĭna in terras de caelo iacit. **Iuno**, *Iunōnis*, dearum regina, Iovis soror et uxor est. **Minerva**, littĕris et pacis artĭbus scientiĭsque praeest. **Venus**, *Venĕris*, dearum pulcherrima, Amoris mater est. **Mars**, *Martis*, belli deus, Romuli, Romae conditoris, est pater. **Mercurius**, deorum nuntius, viatores iuvat atque mercatoribus favet. **Vulcanus**, Iovis atque Iunonis filius, fabrorum deus est. **Ceres**, *Cerĕris*, agri culturae praeest frugēsque hominĭbus praebet. **Diana**, Apollĭnis soror, est Lunae dea, atque in silvis feras sagittis vulnĕrat. **Apollo**, *Apollĭnis*, deus musicae et poĕsis, oraculis suis responsa hominibus dat atque eis res futuras apĕrit. **Neptunus**, Iovis Plutonisque frater, maris aquarumque omnium est rex. **Pluto**, *Plutōnis*, in infĕris cum Proserpina coniŭge regnat. – **Bacchus**, seu **Liber**, est Iovis filius, deus vini culturae, cuius filius et comes **Lusus**, Lusitaniam habitat (cuius populus vocatur *Lusitanus* et in saeculo XVI° vocatus est *Lusíadas* in camoniano carmine). **Vesta**, est dea foci, id est, laris et familiae.	Os romanos cultuam sobretudo doze deuses. **Júpiter**, [Zeus], rei dos deuses e pai dos homens, lança raios do céu sobre a terra. **Juno**, [Hera], rainha dos deuses, é irmã e esposa de Júpiter. **Minerva**, [Atena], preside à literatura e às técnicas da paz e às ciências. **Vênus**, [Afrodite], a mais bela das deusas, é a mãe do Amor. **Marte**, [Ares], deus da guerra, é pai de Rômulo, fundador de Roma. **Mercúrio**, [Hermes], mensageiro dos deuses, ajuda os viajantes e favorece aos comerciantes. **Vulcano**, [Hefesto], filho de Júpiter e de Juno, é deus dos artesãos. **Ceres**, [Deméter], preside à agricultura e proporciona cereais aos homens. **Diana**, [Artemis], irmã de Apolo, é deusa da Lua e flecha os animais nas selvas. **Apolo**, [Apolo], deus da música e da poesia, dá, em seus oráculos, respostas aos homens e lhes revela coisas futuras. **Neptuno**, [Posídon], irmão de Júpiter e de Plutão, é rei de todos os mares e das águas. **Plutão**, [Hades], reina nos infernos (no orco) com a esposa Proserpina. – **Baco**, [Dionísio], ou **Livre**, é filho de Júpiter, deus da cultura do vinho, cujo filho e companheiro **Luso** habita a Lusitânia (cujo povo se chama *Lusitano* e, no século XVI, foi chamado *Lusíadas* no poema camoniano). **Vesta**, [Héstia], é deusa da lareira, isto é, do lar e da família.

Adaptado a partir de Jabouille, 1983, p. 17.

251

3.4 Literatura como criação artística

3.4.1 Conceito e contribuição dos gregos e latinos

1. Conceito – Em sentido amplo, <u>literatura</u> é "o conjunto de trabalhos literários dum país ou duma época"; [Ferreira, 1999.] em sentido estrito, é o conjunto das obras produzidas com preocupações artísticas. [0.1: 7] A diferença entre o conceito de arte literária, emitido, de um lado, por Platão e Horácio, e, de outro, por Aristóteles, é explanada em 3.3.1.

30. Mitologia: **Apolo**, deus da luz, poesia, medicina, oráculos, e regente do coro das musas (Morisset, p. 683).

Que diferenças há entre **texto técnico e texto artístico**? – Os textos são tanto mais técnicos quanto mais unívocos e próprios são os sentidos dos signos (verbais e não-verbais) que os traduzem. Em sentido contrário, eles são tanto mais poéticos (*poiéo*, gr., "fazer, produzir"), quanto mais polivalentes são os sentidos dos signos que os traduzem. [0.1] Portanto, a literatura como criação artística e poética é um tipo de conhecimento expresso por <u>palavras</u> <u>de</u> <u>múltiplos</u> <u>sentidos</u> (polivalentes), isto é, por metáforas, que permitem dar aos termos ou à obra inteira um caráter aberto a múltiplas interpretações, donde o conceito de <u>obra</u> <u>aberta</u>. [Eco, 1971.] Com efeito, a metáfora, transferindo termos para um âmbito de significação que não é o seu e distinguindo-se da comparação por suprimir o conectivo comparativo (*a voz dela soa como cristal – soa o cristal de sua voz*), gera múltiplos sentidos (polissemia) e surpreende o leitor. Portanto, a metáfora representa a realidade não como ela é em sentido objetivo e direto, mas como ela é produzida e expressa pela imaginação do artista. (Note-se, de passagem, que a metáfora se esvazia na medida que ela entra no uso comum, quando passa a ser *catacrese*, isto é, simples alusão: *pernas da mesa, mão de pilão, embarcar num trem, cabeça de prego*.) ■ Logo, <u>uma</u> <u>obra</u> <u>de</u> <u>arte</u> <u>literária,</u> <u>em</u> <u>especial</u> <u>a</u> <u>poética,</u> <u>é</u> <u>obra</u> <u>de</u> <u>fantasia,</u> <u>de</u> <u>ficção</u> <u>ou</u> <u>imaginação</u>. Em última análise, se o tipo de conhecimento que se exprime pela literatura opera por via da imaginação, segue-se que a literatura exprime conteúdos da ficção por meio de palavras polivalentes ou metáforas. [Luft, 1971 e Dubois, 1978, metáfora.] "Considera-se comumente <u>palavra</u> <u>poética</u> aquela que, pondo numa relação absolutamente nova som e conceito, sons e palavras entre si, unindo frases de maneira incomum, comunica, juntamente com um certo significado, uma emoção inusitada: a tal ponto que a emoção surge, ainda quando o significado não se faz imediatamente claro." [Eco, 1971, p. 107; p. 83-90.]

2. Literatura latina – A <u>prosa</u> latina de caráter técnico, como a de história, filosofia, direito, política e retórica, pouco ou nada preocupada com fins estéticos, compreende vasto acervo. Entre as poucas <u>obras</u> <u>em</u> <u>prosa</u> portadoras de preocupações artísticas, sobressaem o *Satíricon* de Petrônio e *O asno de ouro* de Apuleio, a serem apresentadas em 3.4.7. Em contrapartida, <u>a</u> <u>literatura</u> <u>em</u> <u>verso</u> (lírica, épica, satírica, dramática, didática), inspirada nos ideais estéticos e gêneros literários dos gregos, referida em 0.1: 7 e 8, em 3.1.3, produziu, sobretudo em seu período áureo, acervo considerável de obras de valor perene e universal, em todos os seus gêneros, como atestam os nomes de Plauto, Terêncio e Sêneca, Catulo e Lucrécio, Virgílio, Horácio, Ovídio, Tibulo e Propércio, Juvenal e Marcial, que muito influenciaram os clássicos modernos e que serão apresentados em 3.4.2 até 3.4.6.

3.4.2 Poesia satírica: epigrama (Marcial)

1. Conceito – Sátira (do lat. *satĭra*, *de lanx satura*, prato de frutos a ser oferecido a Ceres, deusa dos cereais) é o gênero que censura e/ou ridiculariza defeitos ou vícios, costumes, instituições e idéias mediante linguagem irônica e mordaz. A sátira, vizinha da comédia, do humor e do burlesco, pressupõe atitude ofensiva, ainda que dissimulada: o ataque é sua marca indelével, assim como a insatisfação perante o estabelecido é sua mola básica. Daí o substrato moralizante da sátira, inclusive nos casos em que a invectiva parece gratuita ou fruto do despeito. [0.1; 7.] O tipo de sátira criada por Menipeu, *sátira menipéia*, da qual é exemplo o *Satíricon* de Petrônio, [3.4.7.1], caracteriza-se por ser sério-cômica, misturar prosa e verso, apresentar variedade de temas e cativar pela exposição das idéias. Foi Varrão, [126-17 aC], quem a introduziu em Roma.

2. Sucesso do gênero satírico em Roma – Embora a comédia grega primitiva tivesse ostentado traços de sátira (a *diatribe*), sua criação deve-se a Roma: *Sátira tota nostra est*, "A sátira é toda nossa". [Caius Lucílius, 180-103, *apud* Quintilianus, *Institutiones Oratoriae*, X, 1, 93.] Com Ênio, ela passou a exprimir-se em verso. Lucílio, autor de 30 livros de sátiras, fixou-a como gênero literário autônomo. Com Horácio, [65-8 aC], ela alcançou o mais alto grau de perfeição, mas perdeu em virulência crítica. Com Juvenal, [60-128], ela se tornou um dos gêneros mais respeitáveis e apreciados na literatura latina. Na forma de epigrama, em gr. "inscrição", depois poema minúsculo e mordaz, a sátira teve por mestres Juvenal e Marcial.[38-104] Este último, preciso nas observações de traços físicos, chega a criar caricaturas inesquecíveis.

3.4.2 Sátira: epigrama (Marcial)	
1. Contra mau declamador	
Quem recĭtas, meus est, o Fidentine, libellus; / Sed male cum recĭtas, incĭpit esse tuus. [1, 39]	O livrinho que recitas é meu, ó Fidentino (de Fidência, na Gália); / mas, quando o recitas mal, começa a ser teu.
2. Contra escritor sem talento	
Cur non mitto meos tibi, Pontiliane, libellos? / Ne mihi mittas, Pontiliane, tuos. [7,3]	Por que, ó Pontiliano, não remeto a ti meus livrinhos? / Para que tu não me remetas os teus.
3. Contra comensal parasita	
Nunquam se cenasse domi Philo iurat, et hoc est: / Non cenat, quotĭens nemo vocavit eum. [5, 47]	Filão jura nunca ter ceado em casa; isto significa: / todas as vezes que ninguém o convidou, não ceia.
4. Contra um par de namorados	
Petit Gemellus nuptias Matronillae Et cupit et instat et precatur et donat. Adeōne pulchra est? Immo foedius nil est. Quid ergo in illa petĭtur et placet? Tussit.	Gêmeo pede Matronila em casamento / e cobiça e insiste e pede e dá. / A tal ponto é ela bonita? Pelo contrário, nada é mais feio. / O que, portanto, nela é procurado e agrada? Ela tosse.

3.4.3 Poesia dramática: comédia (Plauto) e tragédia (Sêneca)

A dramaturgia prosperou mais na Grécia do que em Roma. Desde Terêncio, [190-159 aC], os atores usavam: a) <u>máscaras</u> (*persona*, cognato de *per-sonare*) trágicas ou cômicas; b) como na Grécia, usavam calçados: *crepĭda*, "sandálias", na tragédia; *soccus*, "pantufas", na comédia. Nos casos de impasses dramáticos, os autores recorriam ao artifício da entrada de um deus a partir de uma máquina, *deus ex machĭna*, cujo emprego a *Arte Poética* de Horácio desaconselha, salvo para casos insolúveis. [0.1: 7 e 3. 3.1] Da influência da dramaturgia grega e latina nos clássicos dos séculos XVI a XVIII são exemplos os tragediógrafos Shakespeare, 1564-1616, Corneille, 1606-1684, Racine, 1639-1699, e o comediógrafo Molière, †1673, cujo *L'Avare* calcou na *Aululária* de Plauto.

31. **Cena cômica** da *palliata* (< *pállium*): tranqüilização de um ancião; castigo de um escravo. Notar: máscara (*persona*) e pantufa, *soccus* (Morisset, p. 45).

1. **Comédia** – ■ **a) Na Grécia**, a comédia tomou nome a partir de *kómos*, gr., "festim popular", ou de *kómas*, "aldeia", pois os comediantes, menosprezados nas cidades, apresentavam os espetáculos nas aldeias (Aristóteles, *Poética*) e designa gênero de origem obscura. Na Grécia, ela evoluiu em três fases: a *antiga*, estruturada em prólogo, párodo, episódios, êxodo e parábase; a *medieva*, de tema mitológico e, depois, social; e a *nova*, que versa sobre paixões, sobretudo o amor, e costumes, prima pela economia das ações.^{Moisés, 1974, v. comédia.} – Na Grécia, <u>Aristófanes,</u> cujas *Nuvens* fazem injusta caricatura de Sócrates e dos sofistas, sobrepuja a todos, graças à imaginação com que arquiteta cenas fantásticas, ao lirismo das *Aves*, da *Paz* e das *Rãs*, à veia cômica com que ridiculariza pessoas e situações, à técnica com que adapta os meios aos fins em *Lisístrata*, à verborréia que inventa os mais surpreendentes neologismos e à pureza ática da sua linguagem.^{Freire, 1961, p. 315.} ■ **b) Em Roma**, a comédia teve estas modalidades: as *atelanae* (de Atela, vila da Itália Central), peças burlescas e grosseiras, de cunho político; a *palliata* (< *pállium* < *palla*, "toga ampla"), que seguia o modelo grego da comédia nova, a *togata* (< *toga*, veste do cidadão romano em tempo de paz) e a *praetexta*, toga tecida na orla. A comédia não alcançou em Roma os níveis atingidos na Grécia, apesar dos nomes respeitáveis de Plauto, Terêncio e outros: *In comoedia maxime*

claudicamus, "na comédia mancamos ao máximo". Quint., Inst. Orat., X, 1, 99. – A comédia latina preferiu temas gregos e teve por expoentes Terêncio, †159 aC, do qual subsistem seis comédias, entre as quais *Os irmãos* (*Adélphoe*), e Plauto, †184 aC, o único que alcançou popularidade e do qual subsistem 20 peças, as mais famosas das quais são *Anfitrião*, aventuras de dois sósias, e *Aululária* (de *olla*, "pote, marmita, cofre"), ridicularização da avareza, personificada por Euclião, em gr. "glorioso, ilustre", que, ao descobrir que lhe haviam furtado o pote cheio de ouro, perde as estribeiras e vê ladrões até onde não existem.

3.4.3.1 Comédia: Aululária, ridicularização da avareza (Plauto)	
1. Perĭi, interĭi, occĭdi! Quo curram? Quo non curram? Tene, tene! Quem quis? / Nescio. Nil vidĕo, caecus eo; atque equĭdem quo eam, aut ubi sim, aut qui sim, / Nequĕo cum anĭmo certum investigare. Obsĕcro vos ego, mi auxílio, / Oro, obtestor, sitis, et hominem demonstretis qui eam abstulĕrit. / Quid est quod ridetis? Novi omnes: scio fures esse hic complures. [713-717]	1. Pereci, perdi-me, estou morto! Para onde correrei? Para onde não correrei? Pega (o ladrão)! Pega! Quem a quem? Não sei. Nada vejo, ando cego; e, em verdade, para onde vou ou onde estou, ou como estou, não consigo atinar com certeza em meu espírito. Peço-vos, rogo e suplico, que me auxilieis e mostreis o homem que roubou (o cofre). Por que motivo estais rindo? Conheço todos: sei haver aqui muitos ladrões.
2. Perditissimus ego sum omnium in terra. Quid mi opus est vitā, qui tantum auri / Perdĭdi, quod custodivi sedŭlo? Egŏmet me defraudavi. / Animūmque meum geniūmque meum. Nunc adĕo alĭi laetificantur / Meo damno et malo. Pati nequĕo! [v. 723-726,] *apud* Morisset, 1964, p. 46-47.	2. Sou o mais perdido de todos na terra. Que necessidade tenho da vida, eu que perdi tanto ouro, que guardei com afã? Eu me defraudei a mim mesmo, o meu espírito e a minha natureza. A tal ponto que, agora, outros se alegram com meu dano e meu mal. Não consigo suportar!

2. Tragédia – ■ **a) Na Grécia**, segundo Aristóteles, o gênero tragédia – de *trágos*, "bode" + *oidé*, "ode, canção" – se teria originado de ritual dedicado a Dionísio – deus dos ciclos vitais, alegria e vinho, o *Bacchus* dos romanos – no qual atores trajados de bode lhe cantavam hinos, enquanto a ele se imolava um bode, símbolo da vida. Peças escritas pelos gregos: i) Ésquilo: [525-456], *Prometeu Acorrentado, Agamêmnon, Coéforas* e *Eumênides*; ii) Sófocles: [494-406], *Édipo Rei* e *Antígona*; iii) Eurípides: [480-406], *Ifigênia, Electra, Alcestes, Hipólito, Medéia*. ■ **b) Em**

Roma, a tragédia, iniciada no séc. II aC por Pacúvio e Ácio, alcançou o apogeu e a extinção com Sêneca, †65 dC, autor de dez peças, que, por efeito de míngua de ação dramática, se prestam para leitura mais do que para representação, tais como: *Hércules furioso, Fedra, Édipo, Troianas* e *Medéia*. Dramatizam a filosofia estóica, cujo lema é *Sustĭne et abstĭne*, "suporta e abstém-te" para venceres; baseiam-se em temas do mito e traduzem-se em cenas cheias de brutalidade, horror e magia negra. – Sêneca, tendo-se inspirado em obra de Eurípides e de Ovídio, criou *Medéia*, que dramatiza a vingança de uma esposa traída. A mágica Medéia, ao saber que seu marido, Jasão, quer abandoná-la para desposar Creusa, filha de Creonte, rei de Corinto, fá-la perecer, junto com o pai desta, e mata os dois filhos que tivera com Jasão. Neste monólogo ilustrativo, ela hesita entre a vingança e o amor materno, mas acaba por decidir-se pelo crime.

3.4.3.2. Tragédia: Medéia, vingança de esposa traída (Sêneca)	
1. Quid, anĭme, títŭbas? Ora quid lacrimae rigant? Variamque nunc huc ira, nunc illuc amor Didūcit? Anceps aestus incertam rapit.	1. Por que titubeias, ó minha alma? Por que as lágrimas irrigam as faces? Ora a ira me conduz hesitante para cá, ora o amor para lá? Um impulso bidirecional me arrasta insegura.
2. Ut saeva rapidi bella cum venti gerunt, / utrimque fluctus marĭa discordes agunt / dubiūmque pelăgus fervet, haud alĭter meum / cor fluctuatur. Ira pietatem fugat / iramque piĕtas. Cede pietati, dolor.	2. Como, quando os ventos fortes trazem guerras cruéis, e os mares agitam ondas de discórdia, e o pélago borbulha a dúvida, assim também meu coração flutua. A ira afugenta a piedade, a piedade a ira. Cede à piedade, ó dor!
3. Huc, cara proles, unicum afflictae domus / solāmen, huc vos ferte et infusos mihi / coniungĭte artus. Habĕat incolŭmes pater, / dum et mater habĕat. Urget exilium ac fuga.	3. Para cá, queridos filhos, consolo único de uma casa aflita, achegai-vos aqui e entrelaçai vossos braços aos meus. Tenha-os incólumes o pai, enquanto a mãe os tem. Urge o exílio e a fuga.
4. Iamiam meo rapientur avulsi e sinu, flentes, gementes exŭlis: perĕant patri; periēre matri. Rursus increscit dolor et fervet odium; repĕtit invitam manum / antiqua Erīnys. *Medéia, 937-953.*	4. Logo, arrancados ao meu seio, serão arrebatados, chorando e gemendo a (sorte da) exilada: pereçam para o pai os que pereceram para a mãe. Novamente cresce a dor e ferve o ódio; a antiga Cólera retoma-me a mão que resiste.

c) Influência – Da influência da dramaturgia grega e latina nos clássicos dos séculos XVI a XVIII são exemplos os tragediógrafos Shakespeare, 1564-1616, Corneille, 1606-1684, Racine, 1639-1699, e o comediógrafo Molière, †1673, que calcou *L'Avare* na *Aululária*. [II, 29]

3.4.4 Poesia lírica

O termo *lírico*, em sua origem, designava canção que se entoava ao som da lira, em espontânea aliança entre música e poesia, entre melodia e palavras. Essa modalidade poética, inaugurada pelos gregos já no século VII aC e adotada pelos romanos, subsistiu até à Renascença, quando o significado de poesia cantada entrou em desuso. Já os gregos, ao distinguirem entre o *poema lírico*, criado e executado por uma só pessoa, e a *choréia*, entoada por um *chorus*, apontavam como componente básico daquela a preocupação do poeta com seus sentimentos subjetivos, não com as realidades objetivas do mundo que o cerca. [0.1: 7-8]

Na dezena de grandes **líricos gregos**, sobressaem Safo, [630-580 aC], Anacreonte, [570-485 aC], Píndaro, [518-438 aC], o maior de todos eles, e Teócrito, [séc. III aC]. Píndaro, de exuberante veia poética e portentosa fantasia, compôs 45 odes triunfais, cerca de 600 versos, celebrando vitórias desportivas, nas quais ele recorda a vitória, elogia o vencedor, busca na mitologia a ascendência do campeão e da cidade anfitriã dos jogos (Olímpia, Delfos, Neméia e Istmo) e dá conselhos a ele. Os maiores **líricos latinos** foram Catulo, [87-54], Virgílio, [70-19], Horácio, [65-8], e Ovídio. [43-17 dC]

3.4.4.1 Ode (Catulo e Horácio)

1. Catulo, *Publius Valerius Catullus*, [c. 87-57], imitou os alexandrinos, isto é, os poetas gregos que floresceram nos séculos III e II aC em Alexandria, Antioquia e Pérgamo, e inspirou-se em Homero, Hesíodo, Píndaro, Safo, Ésquilo, Sófocles, Eurípides e Teócrito. Erudito e refinado, satírico e lírico, via na arte a mais elevada forma da elegância mundana. Privou da amizade de ilustres literatos e políticos em Roma desde 66 e cantou, sob o nome de *Lésbia*, aquela que foi a paixão de sua vida em

62-58. Seus 116 poemas, de dois a 408 versos, podem dividir-se em: **a)** poemas de inspiração erudita, caracterizados tanto pelo culto à forma quanto pela preferência por pequenos gêneros e por assuntos relacionados com vida campestre e com lendas míticas, como as *Núpcias de Tétis e Peleu*; **b)** peças de inspiração pessoal, como as líricas, em que traduz seu amor por Lésbia, amor que fez do poeta mundano o mais terno poeta lírico de Roma. O tema dos três seguintes poemetos são: amor e ódio, paixão, reconciliação.

3.4.4.1.1 Odes: paixão por Lésbia (Catulo)	
1. Odi et amo. Quare id facĭam, fortasse requiris. / Nescĭo: sed fiĕri sentĭo et excrucior. ^{Cármina, 5.}	**1.** Odeio e amo. Por que razão faço isso, talvez indagues. Não sei, mas sinto acontecer isso e sou torturado.
2. Vivamus, mea Lesbia, atque amemus, rumoresque senum serveriorum omnes unĭus aestimemus assis. Soles occidĕre et redire possunt: nobis, cum semel occĭdit brevis lux, nox est perpetŭa una dormienda... ^{Carm. 5, v. 1-6.}	**2.** Vivamos, minha Lésbia, e amemos: levemos em conta de um só asse (isto é, de nada) os murmúrios dos anciãos mais severos. Os sóis podem pôr-se e retornar: nós, quando uma vez morre a breve luz (da vida), devemos dormir uma só noite perpétua.
3. Iucundum, mea vita, mihi proponis amorem / hunc nostrum inter nos perpetuumque fore. / Dei magni, facĭte ut vere promittĕre possit, / atque id sincere dicat et ex anĭmo, / ut licĕat nobis tota perducĕre vita / aeternum hoc sanctae foedus amicitiae. ^{Carm., 109.}	**3.** Ó minha Lésbia, prometes-me que este nosso amor será, entre nós, agradável e perpétuo. Ó grandes deuses, fazei que ela possa prometer em verdade e diga isso com sinceridade e de coração, para que nos seja dado, em toda a vida, levar a termo esta eterna aliança de santa amizade.

2. Horácio, *Publius Horatius Flaccus*, [65-8 aC], foi "baixo e gordo de físico, porco do rebanho de Epicuro, sóbrio cultuador dos deuses", *habĭtu corpŏris fuit brevis atque obesus*, [Suetônio], *Epicuri de grege porcus*, [Hor., Epist. 1, 14], *parcus deorum cultor*. [Ovídio, Fastos] Privou da amizade de Varrão, [115-26], Virgílio, [70-19], Mecenas, [65-8], e Augusto. [63-14 dC] Eclético e versátil, "criou um dicionário e uma linguagem poética que se iriam converter em patrimônio da literatura universal, legando a seus herdeiros de todos os tempos uma infindável coleção de versos e expressões memoráveis, os quais se tornaram frases feitas e lugares comuns," *tópoi*. [Enc. Mir., 1994, v.]

latim. Obras: *Epodos*, invectivas violentas e grosseiras, *Sermones*, "sáti-ras", *Cármina*, "odes", e *Epístolae*, "cartas", entre as quais sobressai a dedicada aos Pisões, chamada por Quintiliano de *Arte Poética*. [3.3.1 e 3.2.2]

■ Com os quatro livros das **Odes**, Horácio quis realizar sua maior aspi-ração: dar a Roma poesia lírica que pudesse competir com a dos gregos. Inspirou-se mais nos eólios Alceu e Safo do que em Píndaro. Nas odes cívicas e religiosas, de sabor estóico, celebra os grandes acontecimentos contemporâneos, faz o elogio das antigas instituições e exalta o passa-do de Roma, como no hino oficial *Carmen Saeculare*, "Ode secular" escrita para os jogos centenários de 16 aC, na qual exalta a mítica "era de paz" restaurada por Augusto, também decantada por Ovídio, *Meta-morfoses*. [I, 89-162] Mas a perfeição das demais odes reside no espírito ín-timo, de tom epicurista, nas quais faz apologia de motivos ou temas tradicionais (topos), explorados também pelos clássicos dos séculos XV a XVIII: 1) gratificante cultivo das letras; 2) poesia, ministério sa-cerdotal às musas; 3) fugacidade do tempo e fruição do momento pre-sente, *carpe diem*; 4) busca do áureo meio-termo, *áurea mediócritas*; 5) imortalidade da obra de arte: *monumentum aere perénnius*, [Hor., Carm., III, 30; Ov., Met., 15, 871;] 6) moderação dos apetites; 7) encantos da vida no campo. Verg. Geórgica, em 3.4.6.2.

3.4.4.1.2 Odes: temas comuns à literatura (Horácio)	
1. Gratificante cultivo das Letras verso asclepiadeu menor	
1. Maēcē/nās ătă'vis // ēdĭtĕ / rēgĭ/būs, / ō ēt / prāesĭdĭ/um ēt // dūlcĕ dĕ/cūs mĕ/ūm: / sunt quos curricŭlo pulvĕrem Olympi-cum / collegisse iuvat... [v. 1-4]	**1.** Ó Mecenas, nascido de ancestrais ré-gios, ó meu amparo e minha doce honra: existem aqueles a quem agrada ter le-vantado o pó olímpico...
2. Me doctarum hedĕrae praemĭa fron-tĭum / dis miscent supĕris, me gelĭdum nemus / nympharumque leves cum saty-ris chori / secernunt populo... [v. 29-32]	**2.** A mim, as heras, prêmio das doutas frontes, misturam-me aos deuses supre-mos; um bosque fresco e os coros leves das ninfas com os sátiros me distinguem do povo...
3. Quod si me lyricis vatĭbus insĕres, / sublimi ferĭam sidĕra vertĭce. [Horácio, Odes, I,1, 35-36.]	**3.** Pelo que, se me inserires entre os va-tes líricos, alcançarei os astros com a ca-beça altaneira.

2. Poeta, ministro sacerdotal das musas ^{versos alcaicos}

O͞/d̄i pro͞/fānūm / vūlgŭs ĕt / ārce͞/ō. Fă/vētĕ / l̄ingŭis: / cārmĭnă /nōn prĭ/ūs Au͞/d̄ită / mūsā/rūm să/cērdŏs Virgĭnĭ/būs pŭĕ/r̄isquĕ /cāntō. ^{Odes, III, 1.}	Odeio o profano vulgo e dele me afasto. Favorecei com as línguas. ^{guardai silêncio.} Eu, sacerdote das musas, canto, para donzelas e rapazes, poemas antes não ouvidos. ^{III, 1}

3. Fugacidade e fruição do tempo presente

1. Eheū fŭgācēs, Pōstŭmĕ, Pōstŭmĕ, labuntur anni, nec pietas moram rugis et instanti senectae adferet indomitaeque morti. ^{Odes, II, XIV, v. 1-4.}	**1.** Ai! Ó Póstumo, Póstumo, correm velozes os anos: nem a religiosidade trará demora às rugas e à velhice iminente e à indômita morte.
2. ...O beate Sesti, / vitae summa brevis spem nos vetat inchoare longam. / Iam te premet nox fabulaeque Manes / et domus exĭlis Plutonia, quo simul mearis, / nec regna vini sortiere talis. ^{Carm., I, 4, 15-18.}	**2.** Ditoso Séstio, a breve duração da vida proíbe-nos começar longa esperança. A noite, os Manes da fábula e a sombria morada de Plutão já haverão de oprimir-te: já não tirarás, com dados, à sorte o reinado do vinho (como se fazia nos banquetes).
3. Tū nĕ /quaēsĭe͞/r̄is, // sc̄irĕ ne͞/fās, / quēm mĭhĭ, / quēm tĭ/b̄i, / finem di dederint, Leuconoe, nec Babylonios / temptaris numeros. Ut melius, quidquid erit, pati, / seu plures hiemes seu tribuit Iuppiter ultimam, / quae nunc oppositis debilĭtat pumicĭbus mare / tyrrhenum. Sapias, vina liques, et spatio brevi / spem longam resĕces. Dum loquĭmur, fugĕrit invĭda / aētās: cārpĕ d̄iēm: / quām mĭnĭmūm / crēdŭlă pōstĕrō. ^{Odes, I, 11, 1-8, completa.}	**3.** Ó Leucônoe, não indagues – não é permitido saber – qual fim os deuses deram a mim, qual a ti; nem tentes os números babilônios. Quanto é melhor suportar tudo o que venha a acontecer, quer Júpiter te conceda muitos invernos, quer seja o último este que agora cansa o mar Tireno contra os rochedos opostos. Tem bom senso, côa os vinhos e corta a longa esperança. Enquanto falamos, o tempo invejoso terá fugido. Aproveita o dia, acreditando minimamente no dia seguinte.

4. Busca do áureo meio-termo

1. Rectĭus vives, Licini, neque altum semper urgendo neque, dum procellas cautus horrescis, nimĭum premendo litus iniquum...	**1.** Ó Licínio, mais sabiamente viverás, nem sempre procurando o alto(-mar), nem, enquanto tímido receias as procelas, te abeirando demais da costa irregular.
2. Aurĕam quisquis mediocritatem dilĭgit, tutus caret obsoleti sordĭbus tecti, caret invidenda sobrius aula. ^{II, 10, 1-8}	**2.** Todo aquele que ama o áureo meio-termo, seguro carece das imundícies de um teto velho, e sóbrio não necessita da corte, digna de fazer inveja.

5. Imortalidade da obra de arte	
1. Exēgī mŏnŭmēntūm āerĕ pĕrēnnĭŭs Rēgaīĭquĕ sĭtū pȳrāmĭdŭm āltĭŭs, Quod non imber edax, non aquĭlo impŏtens Possit diruĕre aut innumerabilis Annorum series et fuga tempŏrum. 2. Non omnis morĭar, multāque pars mei vitabit Libitinam... ^{Odes, III, 30, 1-7.}	1. Ergui monumento mais perene do que o bronze e mais excelso que a massa régia das pirâmides, o qual nem a chuva erosiva, nem o violento Aquilão ou a inumerável série dos anos e a fuga dos tempos poderão destruir. 2. Não morrerei por inteiro: grande parte de mim evitará a Libitina... ^{deusa dos mortos e dos funerais.}

6. Encantos da vida campestre	
Bĕātŭs īllĕ quī prŏcūl nĕgōtĭīs, Ut prisca gens mortalium, Paterna rura bobus exercet suis, Solūtus omni faenŏre, Neque excitatur classico miles truci, Nec horret iratum mare Forumque vitat et superba civium Potentiorum limĭna. ^{Horácio, Epodos II, 1-8.}	Feliz daquele que, longe dos negócios (estressantes), agindo como os antigos (romanos), amanha os campos paternos com os próprios bois, livre de toda preocupação de lucro, nem é acordado como o soldado pela trombeta ameaçadora, nem teme (como o marinheiro) o mar irado, e evita a praça e os soberbos umbrais dos cidadãos mais poderosos.

32. Virgílio lê a *Eneida* a Augusto: Otávia desmaia ao ouvir da morte precoce do filho Marcelo (Firmino, p. 182).

263

3.4.4.2 Bucólica (Virgílio)

O gênero *bucólica cármina*, "poemas bovinos < *gr*. boukolikós" ou pastoris, entrou no Ocidente porque Virgílio, tendo-o adotado de Teócrito, da Sicília, séc. III aC, o transformou, incluindo nele estes temas: seu próprio destino, a figura de Augusto como restaurador do período de paz no mundo, [3.4.6.3], a estrela de César e a história de Roma. Suas *Bucólica* constam de dez *éclogae*, *"églogas"*, em grego "poemas selecionados", escritos em hexâmetros. "A influência das éclogas sobre a posteridade é pouco menos importante do que a da epopéia." [Cúrtius, 1979, p. 197.] Personagens: pastores evoluindo num universo rústico, confidenciando entre si seus dramas amorosos, preocupações, esperanças. Temas: são variados, mas predominam tom realista da natureza e tom mítico (mitologia latina em sentido amplo) e simbólico, idealizador da realidade, a exemplo do visionário e suprabucólico poema IV, que anuncia a restauração da vaticinada fase áurea da história humana, por um enviado do céu, nascido de uma virgem. Os romanistas advogam que Virgílio, inspirado em Hesíodo e Teócrito, imprimiu a esse poema caráter político; os orientalistas, que ele imprimiu traços do messianismo judeu, então efervescente. Na primeira, Virgílio agradece, através do pastor *Tityrus*, a Augusto por este haver-lhe restituído, através de Mecenas, um terreno em Mântua, após a batalha de Filipos, [31 aC], enquanto que *Moeliboeus* representa os camponeses que sofreram confisco das terras. A paisagem que aí se apresenta é exemplo do *locus amoenus*, que se tornará tema ou motivo comum entre os clássicos modernos, tais como, em Portugal, Sá de Miranda, Camões, Antônio Ferreira, Andrade Caminha, Diogo Bernardes e Rodrigues Lobo. No Brasil, *Libertas*, *quae sera*, *tamen*, do verso 27, foi tomado, por eruditos magistrados e clérigos de 1789, como lema da Conjuração Mineira, ainda adotado por Minas Gerais. [II. 33]

3.4.4.2 Églogas: bucolismo [hexâmetros]	
1. Moeliboeus: Tĭtўrĕ, tū pătŭlāe // rĕcŭbāns sūb tēgmĭnĕ fāgĭ sĭlvēstrēm tĕnŭĭ mūsām mĕdĭtārĭs ăvēnā; nōs pătrĭāe // fĭnēs // ĕt dūlcĭă lĭnquĭmŭs ārvă...	**1**. Melibeu: Ó Títiro, tu repousando sob a copa de frondosa faia, celebras a silvestre musa com a tênue flauta. Nós estamos abandonando as fronteiras da pátria e as doces searas.
2. Tĭtўrus: O Moeliboee, deus nobis haec otia fecit, namque erit ille mihi semper deus. ...	**2**. Títiro: Ó Melibeu, um deus (Augusto) nos concedeu estes lazeres, pois ele será sempre um deus para mim. ...
3. Moeliboeus: Et quae tanta fuit Romam tibi causa videndi?	**3**. Melibeu: E que razão tão grande houve de ires ver Roma?
4. Tityrus: Libertas, quae sera, tamen respexit inertem. <small>Virgílio, *Églogas*, I, v. 1-3; 6-7; 26-27.</small>	**4**. Títiro: A liberdade, que, embora tardia, contudo contemplou o desprovido de recursos.

3.4.4.3 Elegia (Ovídio)

A *elegia*, obscura no étimo e nos primórdios, despontou na Grécia com caráter melancólico e sombrio através de Arquíloco e Simônides, nos séculos VII e VI aC, tendo derivado da poesia épica, com a qual manteve apreciável semelhança. Transitando para os romanos, ela alcançou a máxima perfeição de forma e conteúdo com Tibulo, [51-19], Propércio, [50-15], e Ovídio, que a estenderam para a temática amorosa. ■ **Ovídio**, *Públius Ovídius Naso*, [47-17 dC,] tornou-se o poeta favorito da sociedade mundana de Roma, cujos gostos, qualidade e defeitos refletiu em obras como *Amores*, elegias em 5 livros, e em *Ars amandi* ou *amatoria*. Em 8 aC foi exilado, por razões políticas e/ou morais, para Tomos, no inóspito Mar Negro, *Pontus Euxinus*, [Ovídio, Tristia, 2.197,] onde, após ter sofrido por 18 anos, morreu. Em condições semelhantes, também Camões, [1524-1580], virá a ser exilado em 1547 para Ceuta. Mas, enquanto este foi contemplado com a fortuna do regresso, Ovídio não alcançou anistia nem a preço das *Trístia*, "tristezas", 5 livros de elegias escritas em dísticos, [0.1:8 e 0.3.4], endereçadas aos amigos deixados em Roma. Nelas personaliza a miséria, angústia, dor e nostalgia de exilado, que não a curaram nem o tempo, nem as cartas *Epístulae ex Ponto*, 4 livros sobre o mesmo tema. Exemplo de dístico elegíaco de *Tristezas*: *Dōnĕc ĕrīs fēlīx, mūltōs nŭmĕrābĭs ămīcōs*; // *Tēmpŏră sī fŭĕrīnt / nūbĭlă, sōlŭs ĕrīs*, "Enquanto estiveres feliz, contarás muitos amigos; se os tempos ficarem nublados, ficarás sozinho". Ovídio, Trístia, I, 8, 5-6. Il. 1, 39.

3.4.4.3 Elegia: Tristezas do exílio (Ovídio) dísticos elegíacos	
1. Cūm sŭbĭt īllĭūs / trīstĭssĭmă nōctĭs ĭmāgo, quāe mĭhĭ sūprēmūm / tēmpŭs īn ūrbĕ fŭĭt, cūm rĕpĕtō nōctēm / quā tōt mĭhĭ cāră rĕlīquĭ, lābĭtŭr ēx ŏcŭlĭs / nūnc quŏquĕ gūttă mĕĭs.	**1**. Quando me vem à memória a tristíssima imagem daquela noite que foi para mim o último tempo na Cidade, Roma, quando recordo a noite na qual abandonei tantas coisas caras a mim, uma lágrima me escorre dos olhos ainda agora.
2. Non alĭter stupŭi quam qui, Iovis ignĭbus ictus, vivit et est vitae nescius ipse suae. Uxor amans flentem flens acrius ipsa tenebat.	**2**. Fiquei estupefato, semelhantemente àquela vítima que, atingida pelos raios de Júpiter, vive, mas está inconsciente de sua vida. A própria esposa, chorando com mais amargor, retinha aquele que chorava.
3. Quocumque aspicĕres, luctus gemitūsque sonabat, formaque non tacĭti funĕris intus erat. Ovídio, Trístia, I, 3.	**3**. Para onde quer que olhasses, soavam choros e gemidos. E, dentro de casa, o ambiente era de funeral nada silencioso.

3.4.5 Poesia épica (Virgílio)

Conceito – O poema épico, uma das mais antigas manifestações estéticas da humanidade, deve girar em torno de assunto ilustre, sublime, solene, vinculado a cometimentos bélicos e ligado a acontecimentos históricos remotos. O protagonista deve ser herói de superior força física e psíquica. O amor, terno e magnânimo, insere-se na trama heróica, mas em forma de episódios isolados, complementando as façanhas de guerra. Sua estrutura compreende três momentos: a **introdução**, constituído de proposição do tema e invocação aos deuses para que auxiliem o poeta na empreitada criadora; a **narração**, o relato central e mais extenso, que contém detalhes da ação do herói, seguindo a ordem lógica, sendo a cronológica substituída pela artificial de surpreender a ação em curso já avançado do seu decorrer, isto é, introduz-se o leitor *in medias res*; [Hor., AP, 148]; o **epílogo**, desfecho surpreendente e feliz da ação. Ele se caracteriza também pelo impacto de forças sobrenaturais na ação das personagens, tradutoras do conceito de que a vida dos homens e do universo depende de forças transcendentais e possibilitam a sobre-humanização dos atos e das virtudes dos heróis ou, mesmo, sua divinização. Os épicos, para exprimirem a majestade, a gravidade e a magnitude da ação heróica, empregaram, a par de grandiloqüência, o tipo marcial de verso, a saber: o hexâmetro ou "verso heróico" na Antigüidade Clássica, o decassílabo no Classicismo Moderno. [Moisés, 1974, épica. Hernâni Cidade, 1953, 1953, p. 26-27.]

3.4.5.1 Contribuição dos gregos e romanos

1. Épica grega – Ela tem como matrizes iniciais os dois poemas atribuídos a Homero, cerca de 850 aC, a *Ilíada* e a *Odisséia*, que serviram de modelo e ideal para todas as epopéias posteriores, à frente de todas, a muitos títulos, a *Eneida*, de Virgílio. ▪ A **Ilíada**, 24 cantos, mais de 15.000 hexâmetros, decanta a guerra dos gregos contra *Ilium*, em gr. *Ílion* (do fundador *Ílio*), antigo nome de *Tróia* (de *Trós*, pai dele), no estreito dos Dardanelos. <u>Argumento</u>: Aquiles, insultado por Agamêmnon, chefe dos exércitos gregos, que há dez anos cercavam Tróia, retira-se ao seu acampamento, jurando desistir do auxílio às forças sitiantes. Mas as tropas gregas, desprovidas do apoio de Aquiles, sucumbem ao ataque dos troianos. Pátroclo, amigo de Aquiles, socorre os gregos, bate-se com valentia, mas é morto por Heitor, o mais bravo dos defensores de Tróia. Aquiles, para vingar a morte do amigo, lança-se ao combate em perseguição de Heitor e acaba por matá-lo. Tróia é destruída pelos gregos, no reinado de Príamo, por volta de 1180 aC. ▪ A **Odisséia**, 24 cantos, mais de 12.000 hexâmetros, exalta as peripécias do príncipe *Odysseus*, Ulisses, ao regressar de Tróia recém-destruída para sua ilha de Ítaca, na Grécia. Enquanto Telêmaco procura seu pai (cantos 1º-4º), Ulisses, recolhido após naufrágio por Alcínoo, rei dos Feácios, conta suas aventuras, desde a partida de Tróia (5º-13): passou do país dos Lotófagos ao dos Ciclopes, esteve por algum tempo na ilha de Circe, navegou no mar das Sereias, entre Caríbdis e Cila, e foi retido, vários anos, por Calipso. A terceira parte (14-24) narra a chegada de Ulisses a Ítaca e a astúcia que empregou para afastar os pretendentes que cortejavam sua esposa Penélope.

2. Épica latina: **Virgílio** – Entre os latinos, muito acima de Névio, Ênio e Lucano, autor de *Pharsália*, poema sobre a guerra civil entre César e Pompeu, sobressai *Publius Vergilius* (ou *Virgilius*) *Maro*, 70-19, de Mântua, príncipe dos poetas romanos, que era *corpŏre et statura grandi, aquĭlo colore, faciĕ rusticana*, "de corpo e estatura grande, cor morena e aparência rústica". [Donato] Privou da amizade de todos os intelectuais da sua época: Augusto, Mecenas, Tito Lívio e Horácio, que a ele se refere como sendo *anĭmae dimidĭum meae*, "metade da minha alma". [Hor., Carm., III, 8.] O epitáfio de Virgílio: "Mântua gerou-me; em Calábria, roubado à vida, exalei; tem-me agora Partênope; a grei, os campos e os heróis cantei", *Mántua me génuit, Cálabri rapuére, tenet nunc Pathénope; / Cécini páscua, rura, duces*. Na *Aeneis*, "Eneida", retoma lenda antiga de Enéias, protagonista da epopéia, de cujo grupo de heróis pretendia descender grande parte da aristocracia de Roma. [Il. 6, 25, 26, 34, 35.]

3. *Eneida* de Virgílio – Entre os romanos, a *Eneida* entrou na tradição como modelo de poema épico, de interesse não só nacional, mas também universal, porque prima pela delicadeza, força e piedade na descrição de todos os sentimentos humanos. ■ **A 1ª parte**, cantos 1º-6º, correspondentes aos da *Odisséia*, canta as <u>peripécias de Enéias, de Tróia ao Lácio</u>: 1º, Enéias chega a Cartago, onde o acolhe a rainha Dido, pela qual o herói se apaixona; 2º, Enéias relata a Dido a cilada do cavalo de Tróia, o incêndio desta e a fuga dele com o pai Anquises e o filho Ascânio; 3º, Enéias relata suas peripécias desde Tróia até Cartago; 4º, Dido e Enéias projetam casar-se, mas os deuses fazem Enéias embarcar para o Lácio, o que leva Dido a suicidar-se; 5º, na Sicília, jogos em memória de Anquises; 6º, em Cumas, na Itália, Enéias desce à mansão dos mortos e dos futuros heróis de Roma (o orco ou os infernos), no interior da Terra. ■ **A 2ª parte**, cantos 7º a 12, correspondentes aos da *Ilíada*, <u>guerras de conquista do Lácio</u>: 7º, *Latinus* promete a Enéias a filha Lavínia, que é disputada por *Turnus*, rei dos rútulos; 8º, Enéias recebe apoio do Rei

Evandro, a intercessão de Vênus e armas de Vulcano; 9º, na defesa do acampamento troiano, notabilizam-se Ascânio Julo, Niso e Euríalo; 10º, por decisão de Júpiter, ficam ausentes da grande batalha *Turnus* e Enéias; 11º, *Turnus* recusa proposta de paz oferecida por *Latinus* e faz os latinos recuarem; 12º, desfeito por Juno um acordo de duelo entre *Turnus* e Enéias, trava-se batalha final: Júpiter submete Juno aos Fados; Enéias, inicialmente ferido, acaba por transpassar *Turnus* em combate singular.

4. Influência das epopéias gregas e latinas – Nessas epopéias antigas, escritas em versos hexâmetros ou heróicos, [0.3.4], inspiraram-se todas as epopéias posteriores. **a)** Epopéias dos séculos XVI a XVIII: *Orlando Furioso*, de Ariosto,[1516] *Jerusalém Libertada*, de Torquato Tasso, [1580] *Paraíso Perdido*, de Mílton, [1667] *Henriade*, de Voltaire, [1723-1728] e *Messíada* de Klopstock. [1748-1773] **b)** Epopéias em língua portuguesa: *Os Lusíadas*, [1572] de Luís Vaz de Camões, [1524-1580] a *Prosopopéia*, de Bento Teixeira, [1601] o *Caramuru*, de Frei José de Santa Rita Durão. [1781] ■ Fontes de inspiração e genealogia das epopéias luso-brasileiras: *Ilíada* e *Odisséia*, de Homero,[séc. IX aC] => *Eneida*, de Virgílio,[29-19 aC] e *Farsália* de Lucano, [séc. I aC] => *Os Lusíadas*, de Camões, [1.572] => *Prosopopéia*, de Bento Teixeira,[1601] e *Caramuru*, de Frei José de Santa Rita Durão.[1781]

3.4.5.2 Eneida (Virgílio)

3.4.5.2 Epopéia: Eneida (Virgílio) [hexâmetros]	
1. Proposição do tema	
Armă vĭrūmquĕ čanō, / Trōīae quī prīmŭs ăb ōrīs Itălīam, fātō / prŏfŭgūs, Lāvĭnĭăquĕ vēnĭt lĭtŏră: mūltum ïlle ēt / tērrīs iāctātŭs ĕt āltō vī sŭpĕrūm, sāevāe mĕmŏrēm Iūnōnīs ŏb īrăm; multa quoque et bello passus, dum condĕret urbem, inferrētque deos Latio: genus unde Latinum, Albanīque patres atque altae moenia Romae. [I, 1-7]	Canto as armas e o varão (Enéias), que, movido pelo destino a fugir, veio, por primeiro, das orlas de Tróia para o litoral de Lavínia, na Itália. Ele passou por muitas peripécias, tanto em terras quanto em alto(-mar), por causa da violência dos deuses e da ira inesquecida da cruel Juno. Ele padeceu muito também na guerra, até que fundou Roma e introduziu os deuses no Lácio, donde (procedem) a raça latina e os antepassados albanos (os reis de Alba Longa), bem como as muralhas da altiva Roma.

269

	2. Invocação à musa
Mūsă, mĭhĭ cāusās / mĕmŏrā quō nūmĭne lāesō, quidve dolens regina deum tot volvere casus insignem pietate virum, tot adire labores impulĕrit. Tantaene animis caelestĭbus irae? [2, 8-11]	Ó Musa (Calíope), recorda-me as causas: lesado qual nume ou doendo-se do quê, a rainha dos deuses (Juno) impeliu um varão insigne pela piedade a passar tantas desgraças, a enfrentar tantos sofrimentos. Acaso tamanhas iras (cabem) em espíritos celestes?

	3. Enéias narra a Dido, rainha de Cartago, a ruína de Tróia
Cōntĭcŭēre ōmnēs, / ĭntēntĭquĕ ōră tĕnēbānt; inde toro pater Aeneas sic orsus ab alto: "Infāndŭm, rēgĭnă, iŭbēs rĕnŏvārĕ dŏlōrĕm, Troianas ut opes et lamentabile regnum Eruĕrint Danai, quaeque ipse miserrima vidi, Et quorum pars magna fui... Quis talia fando tempĕret a lacrĭmis?"... [3, 1-8]	Calaram-se todos e, atentos, retinham as palavras; então, do alto leito, assim começou o pai Enéias: "Mandas, ó rainha, renovar indizível dor: como os gregos arruinaram o poder troiano, o lamentável reino e as coisas misérrimas que eu mesmo vi e das quais tomei grande parte... Quem, relatando tais fatos, poderia conter as lágrimas?"

3.4.6 Poesia didática

Alguns poemas gregos e latinos visam, ao mesmo tempo, instruir e deleitar: 1) Fedro, [c. 15 aC-50 dC], nas *Fábulas*, visa divertir e dar conselhos. 2) Lucrécio, [99-55 aC], em *De natura rerum*, propõe-se cantar o sistema que nada cria e tudo transforma; 3) Virgílio, em *Geórgicas*, [37-30 aC], ministra ensinamentos técnico-científicos sobre agricultura; 4) Ovídio, [43-17 dC], em *Fastos* e *Metamorfoses*, canta antigas lendas romanas.

3.4.6.1 Fábula (Fedro)

1. Contribuição dos gregos e latinos – Fábula é narrativa curta, não raro identificada com o apólogo e a parábola, em razão da moral implícita ou explícita e de sua estrutura dramática. Em geral, os protagonistas são animais, cujo comportamento faz transparecer alusão, ora satírica ora pedagógica, aos seres humanos. De longeva origem, ela foi cultivada na Grécia por Esopo, [séc. VII-VI aC], e em Roma por Fedro. [séc. I dC] Este escreveu 135 fábulas em cinco livros em versos senários jâmbicos, chamados também *trímetros jâmbicos*, porque dois jambos são tomados como

270

pés duplos (dipódias). As primeiras 47 traduzem fábulas de Esopo. Pela maneira de escrever e pela intenção de introduzir em Roma um gênero literário desdenhado até pelos escritores da época de Augusto, Fedro é epígono do período clássico; mas ele se liga a seu tempo pela tendência à sátira política. ■ **2. Influência** – Na <u>França</u>, La Fontaine, 1695, transformou a fábula didática de Esopo e de Fedro. – Em <u>Portugal,</u> a fábula foi apreciada desde a Idade Média, mas só no século XVIII é que entrou em moda, graças ao exemplo de La Fontaine. Os árcades cultivaram-na, ora vertendo narrativas gregas e latinas, ora compondo espécimes originais: Bocage, [†1907], Diogo Bernardes, [†1605], Garret, [†1885], João de Deus, [†1955], e Cabral do Nascimento. [†1955] – No <u>Brasil,</u> a fábula frutificou desde o Romantismo com Anastácio Luís do Bonsucesso, [†1860], Coelho Neto, [†907], Monteiro Lobato, [†1921], e Maximiano Gonçalves. [†1950]

3.4.6.1 Fábulas (Fedro) senários jâmbicos, com tradução	
1. Prologus	*1. Prólogo*
Aēsōpŭs āuctōr / <u>quām mătēriām</u>, repĕrĭt, <u>hānc</u> ĕgŏ <u>pōlĭvĭ</u> / <u>vērsĭbŭs sēnārĭĭs</u>. Duplex libelli dos est: quod risum movet et quod prudenti vitam consilio monet. [I, Prológus.]	A matéria que Esopo descobriu (inventou), eu a poli com versos senários (*de seis pés jâmbicos*). Dupla é a dádiva do livrinho: que provoca riso e que admoesta a vida mediante conselho prudente.
2. Vulpes ad personam tragicam	*2. A raposa para certa máscara trágica*
Personam tragicam forte vulpes vidĕrat: "O quanta species", inquit, "cerebrum non habet!" Hoc illis dictum est quibus honorem et gloriam Fortuna tribŭit, sensum communem abstŭlit. [1,7]	A raposa tinha visto, casualmente, certa máscara trágica.: "Oh! aparência tão grande", disse, "não tem cérebro!" Isto foi dito àqueles aos quais a natureza conferiu honra e glória, (*mas*) tirou o senso comum.
3. De vulpe et uva	*3. Da raposa e da uva*
Fame coacta, [cogo] vulpes alta in vinea Uvam appetebat, summis salĭens virĭbus; Quam tangĕre ut non potŭit, discedens ait: "Nondum matura est, nolo acerbam sumĕre." Qui facĕre quae non possunt, verbis elĕvant, Adscribĕre hoc debebunt exemplum sibi. [IV, 3]	Coagida pela fome, uma raposa procurava apanhar uva em alta videira, saltando com o máximo de forças. Como não conseguiu alcançá-la, indo embora diz: "Ainda não está madura: não quero apanhá-la azeda." Aqueles que, por palavras, desprezam as coisas que não conseguem fazer, deverão aplicar este exemplo a si mesmos.

4. Mons parturiens	4. O monte em parto
Mons parturibat, gemĭtus immanes ciens: erat in terris maxima exspectatio. At ille murem pepĕrit. Hoc scriptum est tibi, Qui magna cum minaris, extricas nihil. <small>4,24</small>	O monte paria, emitindo gemidos imensos: havia na região a maior expectativa. Mas o que ele pariu foi um ratinho. Isto foi escrito para ti, que, tendo prometido grandes coisas, nada destrinças.
5. Lupus et agnus	5. O lobo e o cordeiro
1. Ad rivum eumdem lupus et agnus venĕrant, siti compulsi: superior stabat lupus, longeque inferĭor agnus. Tunc fauce imprŏba latro incitatus, iurgĭi causam intŭlit.	**1**. O lobo e o cordeiro tinham vindo a um mesmo rio, compelidos pela sede: mais acima estava o lobo e, muito mais abaixo, o cordeiro. Então, com fauce (voracidade) perversa, o ladrão excitado introduziu um motivo de litígio.
2. "Cur, inquit, turbulentam fecisti mihi aquam bibenti?" Lanĭger contra timens: – "Qui possum, quaeso, facĕre quod querĕris, lupe? A te decurrit ad meos haustus liquor."	**2**. – Por que, diz, turvaste a água a mim que estou bebendo? O lanígero, temendo, contra-argumenta: – Como posso, por favor, fazer aquilo de que te queixas, ó lobo? De ti (*é que*) corre aos meus sorvos o líquido.
3. Repulsus ille veritatis viribus: – "Ante hos sex menses" ait "maledixisti mihi." Respondit agnus: – "Equĭdem natus non eram." – "Pater hercle tuus," ille inquit, "male dixit mihi."	**3**. Repelido pelas forças da verdade, diz: – Antes dos últimos seis meses, falaste mal de mim. Respondeu o cordeiro: – Então eu ainda não tinha nascido. – Teu pai, por Hércules, disse ele, falou mal de mim.
4. Atque ita correptum lacĕrat, iniusta nece. Haec propter illos scripta est homines fabula, Qui fictis causis innocentes opprĭmunt. <small>I,1</small>	**4**. E assim dilacera, com morte iníqua, aquele que tinha sido arrebatado. Esta fábula foi escrita por causa daqueles homens que, por razões fingidas, oprimem os inocentes.

3.4.6.2 Fábulas (Fedro) senários jâmbicos, sem tradução paralela	
6. Canis per fluvium carnem ferens	*7. Rana rupta et bos*
Amittit [a-mitto] merito proprium qui alienum appetit. Canis, per flumen carnem dum ferret [fero] natans, Lympharum in speculo vidit simulacrum suum. Aliamque praedam ab alio cane ferri putans, Eripere voluit; verum [mas] decepta aviditas Et quem tenebat ore dimisit cibum, [alimento] Nec [nem] quem petebat adeo [sequer] potuit tangere. [I,4]	Inops, [in-ops] potentem dum vult imitari, perit. In prato quodam rana conspexit bovem Et tacta [tango] invidia tantae magnitudinis Rugosam inflavit pelem. Tum natos suos Interrogavit, an [se] bove esset latior. Illi negarunt. [negaverunt.] Rursus intendit cutem Maiore nisu et simili quaesivit modo, Quis maior esset. Illi dixerunt bovem. Novissime indignata dum vult validius Inflare sese, rupto [rumpo] iacuit corpore. [I, 24]

3.4.6.2 Geórgica (Virgílio)

As *Geórgicas*, poema dos "trabalhos do campo" (gr.), em quatro livros e versos hexâmetros, foi considerado por muitos a obra-prima de Virgílio, ou até uma das obras-primas da literatura universal. Foi sugerida por Mecenas e inspirada em autores gregos, como Hesíodo, e latinos, como Catão e Varrão. Com esse poema, o Mantuano quis apoiar a política de Augusto, que queria reavivar nos súditos o amor às tarefas da paz, sobretudo o amor à agricultura, abandonada por efeito das guerras civis de 44-31 aC. A influência delas nos clássicos modernos, sobretudo nos árcades, foi notável, emparelhando com a das *Bucólicas*. ■ Argumento: 1º, proposição do tema, divisão, invocação aos deuses, incluído Augusto; 2º, invocação a Baco, reprodução das árvores, enxertos, cultivo da vinha e oliveira, elogio da vida campestre; 3º, invocação a Mecenas, reprodução dos touros e cavalos, vida sexual dos animais, combate dos touros e furor das éguas, ovelhas e cães, lã e leite, cuidados dos animais; 4º, abelhas, colméias, enxames, trabalho e função das abelhas, em especial da rainha, colheita do mel. Spalding, 1968, Geórgicas.

33. Fertilidade da Mãe Terra, no Altar da Paz, *Ara Pacis*, em Roma (Richards, p. 47).

3.4.6.2 Geórgicas (Virgílio) hexâmetros	
1. Proposição do tema e invocação às musas	
1. Quĭd făcĭāt laētās / sĕgĕtēs, quō sidĕre tērrām / vērtĕrĕ, Maēcēnās, / ūlmĭsque ădiūngĕrĕ vītēs / convenĭat, quae cura boum, qui cultus habendo / sit pecŏri, apibus quanta experientia parcis, / hinc canĕre incipĭam. Vos, o clarissima mundi / lumĭna, labentem caelo quae ducĭtis annum, / Liber et alma Ceres,... [1,1-7]	1. Ó Mecenas, o que torna vicejantes as sementeiras, em que fase astral convém revolver a terra e amarrar as videiras aos olmos, qual o cuidado com os bois, qual o cuidado a ter com a pecuária, quanta experiência com as pequenas abelhas – a partir daqui começarei a cantar. Vós, ó claríssimos luzeiros do mundo, que conduzis no céu o ano cadente, ó Baco e nutridora Ceres...
2. Et vos, agrestĭum praesentĭa numĭna, Fauni... / munĕra vestra cano. [Georg., I, 10-12]	2. E vós, ó Faunos, numes protetores dos camponeses, vossas funções é que passo a cantar.

2. Felicidade da vida campestre	
1. O fōrtūnātōs nĭmĭūm, sŭă sĭ bŏnă nōrĭnt, / agricolas! Quibus ipsa, procul discordĭbus armis, / fundit humo faci-lem victum iustissima tellus. (II, v. 458-460).	1. Ó demais afortunados (*seriam*) os agri-cultores se conhecessem seu bem-estar! Para eles, distantes das armas da discór-dia, a justíssima terra espalha no solo o fácil alimento.
2. Agricola incurvo terram dimōvit aratro: / hinc anni labor, hinc patriam parvos nepotes / sustĭnet, hinc armenta boum meritosque iuvencos. (II, 513-515).	2. O agricultor revolve a terra com curvo arado: daí o trabalho do ano, daí ele sus-tenta sua gente e seus pequenos netos; daí alimenta seu gado e seus merecidos novilhos.
3. Hanc olim vetĕres vitam coluēre Sa-bini, / hanc Remus et frater: sic fortis Etruria crevit / scilĭcet, et rerum facta est pulcherrima Roma. (II, 531-534)	3. Essa foi a vida que os antigos Sabinos e que Remo e seu irmão *Rômulo* culti-varam. Assim cresceu forte a Etrúria (*Tos-cana*), e Roma se tornou belíssima em adornos.

3.4.6.3 Mitologia: Metamorfoses (Ovídio)

1. Ovídio, *Publius Ovidius Naso*, [43-17 dC], em *Metamorfoses*, sua obra-prima, 15 livros, perpassa a galeria pitoresca das *"transformações"* míticas romanas e helênicas. Começando do caos e da criação, conduz sua obra até à apoteose de César. [100-44] Nessa enciclopédia de mitos e lendas, entram as de *Fastos*, catálogo épico dos mitos religiosos de Roma em que se mencionam cerimônias, monumentos e tradições que a elas se relacio-nam. Essas obras, bem como *Amores* e *Trístia*, *"amores* e *tristezas"*, exer-ceram ampla influência em Sá de Miranda, Camões, Castilho e, por trans-plante, nos árcades brasileiros. [3.3.4; 3.5.3. II. 15, 23-25, 28, 30.]

2. *Metamorfoses* – Este poema, escrito em hexâmetros, com inspira-ção em escritores da escola de Alexandria, é uma coletânea de lendas re-lativas à transformação de deuses ou de heróis em animais, plantas, ro-chedos, desde a origem do mundo. Entre elas sobressaem as narrativas do caos inicial, separação dos elementos e criação do homem, privilegiado pela possibilidade de elevar os olhos às alturas e nelas vislumbrar o Cri-ador; do dilúvio e da arca de Deucalião e Pirra; de Cadmo, fundador de Tebas, na Beócia; de Dédalo e Ícaro fugindo de Creta, de Perseu e

34. **Enéias**, guiado por Sibila, vai consultar Anquises, nos Infernos, sobre a futura missão dos romanos (Firmino, p. 161).

Andrômeda; de Filêmon e Báucis, de Orfeu e Midas, de Enéias e de narrativas hauridas na *Ilíada* e na *Odisséia* de Homero.

3. *Fastos* – São um calendário romano, no qual Ovídio revisa as festas religiosas e nacionais, lembra os aniversários que elas celebram, procura a origem dos cultos (festa do deus *Ianus*, aniversário da morte dos 306 Fábios, festa nacional de Quirino, etc.). Ovídio procurou apoiar-se em documentação precisa e salientar aspectos pitorescos. O exílio ao Mar Negro suspendeu a obra no sexto volume e mês. [3.4.4.3]

4. **Influência** – Nos séculos XVI a XVIII, com o renascer da cultura greco-latina, a mitologia voltou a assumir sua função. "O exilado do Ponto foi, depois de Virgílio, o poeta latino que deixou nos *Lusíadas* sulco mais vincado." Nele é que Camões "hauriu, em grande parte, o *mecanismo mitológico* da sua epopéia". [Silva, 1931, p. 10.] – Das *Metamorfoses*, eis excertos da proposição do tema, da criação do homem e do mito das quatro idades do mundo.

3.4.6.3.1 Mitologia: Metamorfoses (Ovídio) [hexâmetros]

1. Proposição do tema e invocação aos deuses

In nŏvă fĕrt ănĭmūs / mūtātās dĭcĕrĕ fōrmās / corpora. Di, coeptis (nam vos mutastis et illa) / adspirate meis, primaque ab origine mundi / ad meã perpetuum deducite tempora carmen. [I,1-4]

O espírito leva a cantar as formas mudadas em novos corpos. Ó deuses, favorecei às minhas iniciativas (pois vós submetestes os corpos a mutações) e conduzi um poema perpétuo desde a origem do mundo até aos meus tempos.

2. Origem do mundo e da humanidade

1. Antĕ mărĕ ēt tērrās /ēt, quōd tĕgĭt ōmnĭă, caēlŭm / unus erat toto naturae vultus in orbe, quem dixēre <u>chaos</u>, rudis indigestaque <u>moles</u>. [I, 5-7] / Terra feras cepit: volŭcres agitabĭlis aer.

1. Antes do mar, das terras e do céu, que tudo cobre, um só era o aspecto da natureza em todo o orbe, ao qual chamaram de *caos*, massa rude e desordenada. A terra teve animais: o agitável ar, voadores.

2. Sanctĭus his animal, mentisque capacĭus altae / deĕrat adhuc, et quod dominari in cetĕra posset. / Natus <u>homo</u> est: sive hunc divino semĭne fecit / ille opĭfex rerum, mundi melioris origo, / sive recens tellus, seductaque nuper ab alto / aethere, cognati retinebat semĭna caeli. [I, 75-82]

2. Faltava a eles um animal mais nobre, capaz de inteligência superior e que pudesse dominar sobre os demais. Nasceu o <u>homem</u>: este, ou o fez, de um germe divino, o criador de tudo, origem de um mundo melhor, ou a Terra, há pouco separada do alto céu, retinha sementes dele, de igual origem à dela.

3. Prōnăquĕ cūm spēctēnt ănĭmālĭă cētĕră tērrăm, / ōs hŏmĭnĭ sūblīmĕ dĕdĭt, / caēlūmquĕ tŭērī / iussit et erectos ad sidĕra tollĕre vultus. / Sic modo quae fuĕrăt rudis et sine imagĭne tellus / indŭit ignotas homĭnum conversa figuras.

Ov., Metam., I, v. 85-89.

3. Conquanto os outros animais olhem inclinados para a terra, esse criador deu ao homem rosto elevado e mandou-o contemplar o céu e erguer olhares aos astros. Assim a terra, que há pouco estivera rude e sem imagem, transformada, vestiu desconhecidas figuras humanas.

3.4.6.3.2 Quatro períodos da terra: ouro, prata, bronze e ferro (Ovídio)

1. Prima aetas erat aurĕa. Saturnus erat rex deorum et homĭnum. Omnes homines iusti erant. Nec naves in mari erant, nec per marĭa lata homines navigabant. Bellum non erat, nec milĭtes, nec arma; pax et concordia omnes terras ligabant. Gentes mollĭa otĭa agebant; praticavam lazeres agradáveis terra sine cultu frumentum e omnĭa utilia dabat. Neque hiems neque aestas erat: ver erat aeternum. **2** At mas Iuppiter rex fuit. Tum vēnit aetas argentĕa, durĭor quam prima, gratior tamen quam tertia. Tum aetas et hiems esse incipĭunt. Tum in agris boves pressi iugo laborant. **3** Tertia aetas aenĕa brônzea durĭor quam secunda. **4** Aetas ferrĕa durissima omnĭum est. Poenas gravissimas homines statŭunt, sed homines alios homines interficĭunt interficio, matar et rapiunt. Terras alienas vincĕre maturant. Nihil sacrum est. Nautae ad ultima loca navĭgant. Omnes bella cruentissima parant. Iustitia terras relinquit. Ovídio, Metamorfoses, I, 89-162. Compilação de Figueiredo, s.d., p. 86.

3.4.6.4 Visão epicurista da natureza (Lucrécio)

Em *De natura rerum*, seis livros, 7.400 hexâmetros, Lucrécio, 99-55 aC, trata da origem dos seres [vácuo e átomos], da natureza do homem, do mundo exterior e dos fenômenos naturais. Adota as teorias hedonistas de Epicuro e as teorias físicas de Demócrito, 460-370, ambas materialistas. Anuncia que a alma, composta de átomos, se dissolve com o corpo. Incentiva viver feliz e evitar temores, sobretudo os resultantes de crendices. Alguns estudiosos, Tosi, 1996, nº 313 e Magne, 1946, p. 208, interpretaram como se tivessem sido ditos em homenagem a Epicuro e Lucrécio os hexâmetros das *Geórgicas*, II, 489-491, nelas extrapolantes: *Felix qui potuit rerum cognoscere causas / atque metus omnes et inexorabile fatum / subiecit pedibus strepitumque Acherontis avari*, "Feliz aquele que pôde conhecer as origens das coisas e que submeteu todos os medos e o inexorável destino aos pés ruidosos do avarento Aqueronte", rio do orco ou dos infernos (ver mapa). 3.3.4; 3.4.6.3.

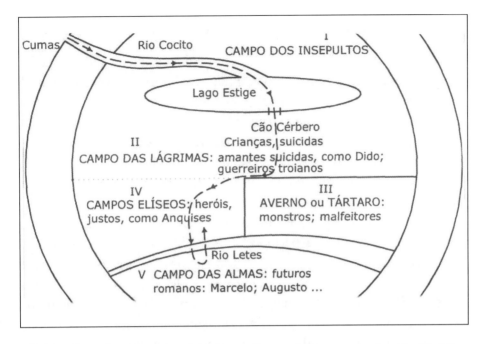

35. **Mansão dos mortos** e futuros heróis, no Orco ou Infernos, segundo a *Eneida*, VI.

3.4.6.4 Nada se cria, tudo se transforma (Lucrécio) [hexâmetros]

1. ...de summa caeli ratione deumque / Dissĕrēre incĭpiam ēt / rērūm prīmōrdĭă pāndām, / unde omnes natura creet res, / auctet alātque, / quove eadem rursum natura perempta resolvat. [I, 4-7]	1. Começarei a dissertar sobre a mais alta ordem do céu e dos deuses e revelarei os primórdios das coisas: de onde a natureza cria, aumenta e alimenta todas as coisas e de que modo a mesma natureza dissolve de novo as coisas mortas.
2. Principium cuius hinc nobis exordia sumet: / Nullam rem e nihilo gigni divinĭtus umquam. [I, 149s] / Huc accēdit uti quidque in sua corpŏra rursum / Dissolvat natura, neque ad nihĭlum interĕmat res. Lucrécio, De natura rerum, I, 215s. *Apud* Morisset, 1964, p. 95.	2. O princípio disso há de levar-nos a começar a dizer que nada é criado do nada por um ser divino. Aqui acresce este outro princípio: que a natureza dissolve tudo em seus elementos, mas não aniquila nada.

279

3.4.7 Prosa de ficção na latinidade argêntea (Petrônio e Apuleio)

1. Contexto – A literatura latina entrou em decadência no século II, o dos imperadores Antoninos; no III não recobrou vigor senão nas províncias ocidentais e em Cartago. Só depois de Constantino,[306-337], que liberou o Cristianismo, é que se restabeleceu a relação entre as idéias políticas e a produção literária. Características? – Divórcio entre a literatura e a evolução política; desequilíbrio entre a literatura e a evolução social; esterilidade nos gêneros tradicionais, máxime na poesia e oratória; gosto por compilações; elaboração de epítomes, penetração de religiões orientais (de Cibélis, Mitra e Sol), universalistas e salvacionistas. Entre os lampejos literários desse período, sobressaem: na história, Suetônio; [69-160] na erudição e prosa técnica, os gramáticos e os juristas; na oratória e prosa artística, Apuleio, [125-170], cuja obra de ficção se focaliza abaixo, a par da de Petrônio, [†65 dC], a qual, embora anterior, contém traços comuns com os daquela. [Bayet, 1996, p. 400-404.] ■ O Cristianismo distinguia-se dessas religiões por repudiar todos os demais deuses, no que se contrapunha aos hábitos romanos tradicionais. Por isso ele, perseguido, motivou a associação em grupos e criação de senhas, como a do peixe (em gr. *ichtýs*, cujas iniciais gregas formam o acróstico *Iesus Christus*, *Dei filius salvator*, "Jesus Cristo, filho salvador de Deus").

3.4.7.1 Romance de costumes: Satíricon (Petrônio)

1. Petrônio, *Cáius Petrónius Árbiter*, [†65] conhecedor da vida de prazeres da corte de Nero, escreveu *Satíricon* ou *Saturarum libri*, "livros de sátiras", uma das obras mais originais e divertidas da literatura latina. É um romance de costumes, parte em prosa parte em verso, combinação que atesta influência da sátira menipéia dos cínicos gregos e, mais diretamente, das *Sátiras Menipéias* de Varrão. "Obra realista e licenciosa, o *Satíricon* constitui um dos mais ricos painéis da sociedade romana da época com seus *novos-ricos*, burgueses acomodados, parasitas, pederastas e prostitutas. A ambientação é quase atual, quase uma réplica do que hoje se convencionou chamar "sociedade alta", ociosa e corrupta. [Enc. Mir., 1994.] Epicurista eclético, salienta o ridículo da atividade humana: vã retórica do teatro, pregação dos filósofos, caráter grotesco dos novos-ricos, miséria moral e material do povo, preciosismos da corte, etc.

2. Enredo – Encolpo narra as aventuras burlescas que praticou com dois amigos inescrupulosos, Ascilto, Gitão, entre Nápoles e Tarento e, por fim, em Crotona. As personagens são transviados, libertinos, ricos estúpidos, homossexuais. A classe alta ostenta luxo e consome-se em banquetes. Os episódios são variados e ligam-se entre si como na narrativa picaresca. O mais importante deles é o ridículo festim ou ceia em casa do liberto Trimalquião (cap. 26-28). Então ele relata, em linguagem vulgar, pitoresca e desinibida, como, tendo sido escravo, conseguiu captar a confiança total de seu senhor e como, através da sorte, heranças e comércio incríveis, fez fortuna. Duas novelas do tipo milésio intercalam-se no relato, ambas de conteúdo escabroso, sendo a mais conhecida a da matrona de Éfeso.

3.4.7.1 Satíricon: ceia de Trimalquião, de escravo a novo-rico (Petrônio)

1. In his eramus lautítiis, cum ipse Trimálchio ad symphóniam allatus est, positúsque inter cervicália minutíssima expressit imprudentibus risum. Habebat in mínimo dígito sinistrae manus ánulum grandem subauratum, extremo vero artículo dígiti sequentis minorem, totum áureum sed plane férreis véluti stellis ferruminatum. [32, 1]

2. "Quemádmodum di volunt, dóminus in domo factus sum. Accepi patrimonium laticlávium. Quinque naves aedificavi, oneravi vinum, misi Romam. Omnes naves naufragaverunt. Álteras feci maiores et meliores et feliciores. Oneravi rursus vinum, lardum, fabam. Aedífico domum, cóemo servos et iumenta; quidquid tangebam crescebat tamquam favus. Cito fit quod di volunt.

3. Postquam coepi plus habere quam tota patria mea habet. Praetérea cito accipiam hereditatem. Ínterim, dum Mercurius vígilat, aedificavi hanc domum. Ut scitis, cásula erat; nunc templum est. Habet quattuor cenationes, cubícula viginti, pórticus marmoratos duos... Et multa ália sunt, quae statim vobis ostendam." [Petrônio, Satíricon, 86-87, excertos. *Apud* Morisset, 1964, p. 986-990.]

1. Estávamos nessas lautezas, quando o próprio Trimalquião foi trazido, ao som da orquestra. Posto entre almofadas finíssimas, expressou sorriso aos convivas que não o esperavam. Tinha no mínimo da mão esquerda um anel grande dourado, bem como na última articulação do dedo seguinte um anel menor, todo dourado, mas embutido como que com estrelas de ferro.

2. "Como os deuses querem, fui feito dono na casa (do meu patrão). Recebi um patrimônio senatorial (de um milhão de sestércios). Construí cinco navios, carreguei neles vinho, enviei-os a Roma. Todos os navios naufragaram. Fiz outros maiores, melhores e de mais sorte. Carreguei novamente vinho, toucinho e fava. Construo uma casa, compro escravos e jumentos: o que quer que eu tocasse crescia tanto quanto um favo de mel. O que os deuses querem, não tarda a acontecer.

3. Depois comecei a possuir mais do que toda a minha terra possui. Além disso, cedo receberei uma herança. Nesse ínterim, enquanto Mercúrio vigia, edifiquei esta casa. Como sabeis, era uma cabana, agora é um templo. Tem quatro refeitórios, 20 quartos, dois pórticos de mármore... E há muitas outras coisas, que logo mais haverei de vos revelar."

3.4.7.2 Relato de aventuras: O Asno de Ouro (Apuleio)

1. **Apuleio**, *Lucius Apuleius*, [c. 125-180], revela-se filósofo viajado e observador ávido de detalhes pitorescos, ansioso por enigmas, iniciado nos mistérios religiosos greco-orientais, amante da diversidade, de vez que mistura verso e prosa, grego e latim. Suas *Metamorfoses* ou *Asno de Ouro*, em 11 livros, inspirada no *Lúcio*, de Luciano de Samósata, [†192], na Síria, "constitui o relato de aventuras fantásticas, burlescas e fesceninas de um homem [o próprio autor] que, pelas artes da magia, é convertido em asno. Produto típico do sincretismo religioso dos tempos da decadência, o romance chega, às vezes, a antecipar certas visões surrealistas, mas com forte nota humorística, também presente, aliás, em Luciano. De certo modo, Apuleio já preludia a dissolução final do mundo romano ou greco-romano, cada vez mais asiático, africano e, enfim, cristão". Enc. Mir., 1994, v. Roma.

2. **Enredo** – O jovem Lúcio, de viagem pela Grécia e rodeado de narrativas de magia e de bandidos, descobre que sua hoteleira é uma bruxa: quer transformar-se em pássaro, mas, equivocando-se na pomada, converte-se em asno (liv. 1-3). Desde então realizou a aprendizagem da vida dos animais, mantendo, porém, seu espírito crítico. Numa corja de bandidos, ouve uma anciã narrar a história de Psique, que perde Cupido, mas que o recupera através de prestação de provas (4-6). Ele, a serviço de sacerdotes de uma deusa síria, de um moageiro, jardineiro, soldado, pasteleiro e cozinheiro, escapa cheio de desgosto e desespero (7-10). Mas a bondade da deusa Ísis devolve-lhe enfim a forma humana. Lúcio, purificado de corpo e alma, inicia-se no cultivo de Ísis e de seu esposo Osíris, e se consagra ao serviço dele (11). – **Interpretações**: punição da alma aprisionada; espelho da vida humana; reação contra a corrupção do mundo romano; beleza da religião como recurso para sanar os males sociais. – **Influências**: em La Fontaine, †1695; em G. Reynier, em sua obra *Les origines du roman réaliste*, 1912; no paulista Leo Vaz, que recriou o conto em *O burrico Lúcio*, 1951.

3.4.7.2 Asno de Ouro: seu desejo de comer rosas (Apuleio)	
1. Cum in isto cogiationis salo fluctuarem, aliquanto longius vidi frondosi némoris convallem umbrosam; cuius inter várias hérbulas fulgéntium rosarum nímínius color renidebat. Tum cursu me cóncito prorípio. 2. Iam loco proximus, non illas rosas, nisi tantum fluvialem márginem densis arbóribus septam vídeo. Hae árbores cuncto pécori cibus letalis est. 3. Tálibus fatis implícitus, étiam ipsam salutem recusans, sponte illud venenum rosarum súmere gestiebam. 4. Tum hortulanus, cum grandi báculo furens, decurrit; arreptumque, me totum plagis obtundit ad usque vitae ipsíus periculum. Nam lumbis elevatis in altum, pedum posteriorum cálcibus iactatis in hortelanum, fugā me liberavi. ^{Apuleio, Metam, IV, 2-3. *Apud.* Azevedo, p. 482-483.}	1. Enquanto flutuava nesse mar de cogitação, vi, pouco mais longe, um vale umbroso de um frondoso bosque, entre cujos vários arbustos brilhava a cor viva de rosas fulgentes. Então lanço-me em corrida precipitada. 2. Já próximo a tal lugar, não vejo aquelas rosas tenras e amenas, mas só a margem de um rio isolada por sebe de densas árvores. Estas árvores são alimento mortífero para todo animal. 3. Enredado por tais fatalidades, recusando até a própria salvação, espontaneamente ansiava por apanhar aquele veneno das rosas. 4. Então o hortelão, ardendo em fúria com grande bastão, tendo-me agarrado, bateu-me todo com pancadas até ao perigo da própria vida. Pois, elevando o dorso para o alto, impelidas as patas posteriores contra ele, livrei-me por fuga.

3.5 Literatura latina cristã

3.5.1 Importância e influência da literatura cristã

1. **Contexto geral** – O período inicial da literatura latina cristã caracterizou-se pela defesa ou "apologia" do Cristianismo, com explanação da fé e da moral e análise dos fenômenos psicológicos em linguagem popular, como nas de Tertuliano e Minúcio Félix. Os teólogos, para atraírem os pagãos cultos e os cristãos instruídos, investiram cedo no uso do latim erudito (na arte poética e na retórica), gêneros que renovaram com esplendor, como o fizeram Arnóbio, Lactâncio e os santos Cipriano, Ambrósio, Jerônimo e, mais do que todos, Santo Agostinho (354-430). ^{Bayet, 1996, p. 400-404.} Entre os séculos III e VII, a primitiva literatura latina cristã produziu textos religiosos (hinos, apologias, tratados filosófico-teológicos, biografias...), coletâneas poéticas, a par de imenso acervo de obras em prosa, algumas de valor universal e perene, com apogeu nos séculos IV e V. ■ Ela começou por uma <u>fase</u> <u>apologética</u>, no

283

norte da África, com Tertuliano, [c. 155-240], muito erudito, polêmico e original, Minúcio Félix, [170-258], em cujo *Octávius* se revela apologeta de estilo clássico, e São Cipriano, [200-258], bispo de Cartago e autor de *De catholicae Ecclesiae unitate*. A <u>fase</u> áurea, 313-430, cultivou vários gêneros literários, em prosa e verso, indo desde o tratado doutrinário à homilia, da história ao ensino teológico. Essa floração de escritores ilustres atingiu o norte da África, a Itália, a Gália e a Espanha, tendo-se destacado quatro grandes nomes, todos santos Pais e doutores da Igreja, isto é, pessoas notáveis pela santidade de vida e expressão correta e elevada doutrina teológica: Hilário, [315-367], bispo de Poitiers, na França, autor de vários tratados teológicos, como *De Trinitate* e *De fide*; Ambrósio, [340-397], bispo de Milão, autor de hinos (supõe-se ser dele o de ação de graças *Te Deum laudamus*), cartas e homilias; Jerônimo da Dalmácia e Agostinho. Duas circunstâncias contribuíram para esse apogeu: a liberdade da Igreja advinda por Constantino em 313; maior expansão da fé cristã entre as classes mais elevadas da sociedade, suscitando a produção de obras de alto valor teológico e literário. [II. 36, 37, 39]

2. São Jerônimo, *Eusébius Hierónymus*, [Macedônia, 347 – Belém, 420], aluno de Donato, [3.2.5], profundo conhecedor da Bíblia, das literaturas e do grego, hebraico e aramaico, deixou-nos *De viris illústribus*, um catálogo de 137 escritores cristãos do seu tempo, a par de 120 cartas e vários tratados teológicos. Seu maior mérito consiste em ter traduzido para o latim 39 livros do Antigo Testamento e ter revisado 34 (os sete dêutero-canônicos e os 27 do Novo Testamento, obra que ficou conhecida como *Bíblia Vulgata*. A necessidade de tal tradução impôs-se em virtude da difusão do Cristianismo no Ocidente. A tarefa foi-lhe confiada, em 382, pelo Papa Dâmaso. O trabalho, feito à base dos códices mais antigos, ele o iniciou em Roma em 383 e o concluiu em Belém, da Judéia, em 406. Sua tradução, para a qual ele se valeu do saber dos lingüistas mais ilustres da época, caracteriza-se pela fidelidade ao pensamento e pela elegância na forma, pelo que foi reconhecida, no Concílio de Trento, [1546], como "autêntica" para ensino e pregação, pela Igreja Católica, sempre ciosa da fidelidade doutrinária. [3.2.3]

284

3. **Santo Agostinho**, *Aurélius Augustinus*, [354-430], bispo de Hipona, na Numídia, foi "um dos mais vigorosos pensadores de todos os tempos". [3.2.3] "A influência que exerceu na história da cultura foi tamanha, que só é comparável à de Aristóteles. Sua obra é tão vasta e variada, que é difícil resumi-la ou dividi-la segundo os gêneros tradicionais." Com ele a literatura cristã dos primeiros séculos alcança o apogeu. [Enc. Mir.. 1994, v. latim.] Entre seus 16 volumes, o *De magistro* trata da linguagem humana. [3.2.3] Obras-primas: *De civitate Dei*, uma interpretação filosófico-teológica da história humana, com vitória do bem sobre o mal, e *Confessiones*, "a todos os respeitos, um dos grandes livros do Ocidente", [Cúrtius, 1979, p. 77], em que narra, com acuidade psicoteológica, seu processo de conversão do Maniqueísmo para o Cristianismo, salientando a misericórdia de Deus, glorificando-o e agradecendo-lhe os benefícios. Na conversão, foi-lhe importante a pregação de Santo Ambrósio, bispo de Milão. "Sua humildade e amorosa lucidez torna-o o livro mais emocionante da literatura cristã antiga, enquanto história interior de uma alma." [Enc. Mir., 1994, v. latim. 3.2.3.]

3.5.2 Cristo e os cristãos em relatos de pagãos (Plínio e Tácito)

Entre as referências que vários historiadores pagãos antigos fazem a Cristo e aos cristãos, encontram-se as do judeu Flávio Josefo e dos romanos Plínio o Jovem e Tácito. ■ **Flávio Josefo**, [37-100], em *Antigüidades Judaicas*, [20,9,1], mencionando o martírio do apóstolo São Tiago, apresenta-o como "irmão daquele Jesus que é chamado Cristo". ■ **Plínio**, [61-114], *proconsul et legatus* romano na Bitínia, Ásia Menor, nas cartas n. 96 e 97 das *Epistularum libri decem*, trocadas com o Imperador Trajano, informa-o que os cristãos *erant sóliti, stato die, ante lucem, convenire carmenque Christo quasi deo dicĕre secum invĭcem*, "estavam habituados a reunir-se, ao surgir do sol, e a proclamar entre eles um hino a Cristo como se este fosse um deus". Na 2ª, Trajano responde: *Conquirendi non sunt*; *si deferantur et arguantur, puniendi sunt*, "Não devem ser perseguidos; mas se forem denunciados e inculpados, devem ser punidos". [Morisset, 1964, p. 1181, Spalding, 1968, p. 170; Born, 1987, p. 779.] ■**Tácito**, *Cornélius Tácitus*, [75-120 dC], o mais ilustre historiador do séc. I, analisa, em *Annales*,

[117 dC], a história romana, desde Tibério até Nero. Ao relatar o incêndio de Roma, faz a Cristo e aos cristãos a seguinte referência:

3.5.2 Cristo e cristãos em relatos de pagãos (Tácito)	
1. Sed non ope humana, non largitiónibus príncipis aut deorum placamentis decedebat infâmia quin iussum incéndium crederetur. Ergo, abolendo rumori, Nero súbdidit reos et quaesitíssimis poenis adfecit quos per flagítia invisos vulgus <u>christianos</u> appellabat.	**1.** Mas nem por recurso humano, nem por dádivas do príncipe [Nero] nem por aplacamento dos deuses, se abafava o boato de que o incêndio fosse crido ser ordem dele. Então Nero, para abafar o rumor, forneceu réus e castigou com penas muito requintadas aqueles que, malvistos por causa dessas torpezas, o povo chamava de <u>cristãos</u>.
2. Auctor nóminis eius <u>Christus</u>, Tibério imperante, per procuratorem Póntium Pilatum supplício adfectus erat.	**2.** O autor do seu nome, <u>Cristo</u>, por ordem de Tibério, havia sido supliciado pelo procurador Pôncio Pilatos.
3. Primum correpti [sunt] qui fatebantur, deinde indício (...) Pereúntibus áddita [sunt] ludíbria, ut, ferarum tergis contecti, laniatu canum interirent, aut crúcibus affixi, aut flammandi atque, ubi defecisset dies, in usum nocturni lúminis uterentur. ^{Tácito, Annales, 3, 15, 44.} *Apud* Cravino, p. 199.	**3.** Primeiro foram presos os que confessavam; depois, os indiciados (...) Aos que estavam perecendo, foram adicionadas zombarias, de tal modo que, encobertos por peles de feras, morressem pela dilaceração dos cães ou fossem afixados em cruzes, ou fossem transformados em chamas e, logo que o dia tivesse terminado, fossem usados como tochas noturnas.

3.5.3 Simbolismo, arte e mito

Os textos bíblicos, traduzindo expectativa do Messias, incluem vários gêneros (relatos, poemas, hinos, preces, visões), que foram vivenciados e pregados até por séculos antes de terem sido escritos. Muitas passagens trazem <u>valores</u> estéticos e <u>traços</u> míticos que estão despertando crescente interesse de críticos literários, historiadores e teólogos, como se explana em 3.3.4. Em confirmação disso, pode-se recorrer à *Anatomia da Crítica* de Frye. Este, para explanar o "mito dos dois mundos [o desejável e o indesejável] não deslocados", que se preocupa com deuses ou demônios, identificável com o dos céus e infernos existenciais, "vale-se bastante da Bíblia, a fonte principal [desse mito], em nossa tradição": "Neste ensaio estaremos usando o simbolismo da Bíblia, e em menor extensão a mitologia clássica, como uma gramática dos arquétipos literários". – "A cidade, o jardim e o aprisco são as metáforas que organizam a Bíblia e a maior parte do simbolismo cristão; e são levados a completa identificação metafórica no livro explicitamente chamado o *Apocalipse* ou Revelação, cuidadosamente destinado a dar conclusão mítica não deslocada ao conjunto da Bíblia. Isso significa que o Apocalipse bíblico é a nossa gramática das imagens apocalípticas." Em especial, a figura de um monstro esterilizador, a ser morto pelo Messias, é identificado com o Faraó do Egito por Ezequiel, e com a Babilônia (Ez 29–32). Enquanto a figura messiânica de Moisés conduz os israelitas para fora do Egito, Josué, cujo nome é o mesmo de Jesus, os introduz na Terra Prometida. ^{Frye, 1973, p. 141-143 e 188-189.}

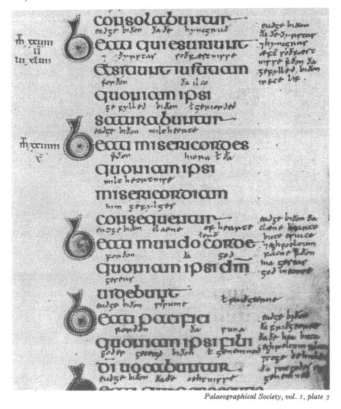

Palaeographical Society, vol. 1, plate 3

35. **Texto latino do evangelho de Mateus, 5,5-9:** ... consolabuntur.
Beati qui esuriunt et sitiunt iustitiam, quoniam ipsi saturabuntur.
Beati misericordes, quoniam ispi misericordiam consequentur.
Beati mundo corde, quoniam ipsi Deun videbunt.
Beati pacifici, quoniam ipsi filii Dei vocabuntur.

36. Cristo: Sermão das bem-aventuranças (Mt 5,6-9): manuscrito com glosas em dialeto úmbrio, de 700 dC, seguido pelo texto impresso. Museu Britânico (Richards, p. 178).

287

Também alguns bibliólogos católicos estão reconhecendo que **há traços míticos em narrativas e textos bíblicos**, cabendo ao leitor a difícil tarefa de distinguir entre a mensagem divina e a mensagem humana. Born, 1987, v. mito. Como a importância deles vem interessando sobremaneira aos estudiosos da teoria e da crítica literária, assim aos lingüistas interessam os textos bíblicos acerca da origem e comunicação lingüística, bem como os desafios do processo da tradução, ver 3.2.3, enfrentados pelos tradutores, em especial daqueles que traduziram a Bíblia (no todo ou em parte) para mais de mil das cerca de cinco mil línguas conhecidas. Cabe salientar que os temas bíblicos, expressos amiúde por imagens míticas e por textos carregados de interesse artístico (ex.: Gênese, Salmos, Apocalipse, em especial seus hinos e poemas), têm sido tema de obras de arte de valor perene e universal, em todos os seus gêneros (pintura, escultura, música, literatura e cinema), tanto que os monumentos e museus da Europa estão repletos deles e que Guttenberg, 1448, para testar seu invento que se revela sempre mais importante, elegeu um texto bíblico. Nessa perspectiva estética e mítica é que serão transcritos abaixo alguns textos. Il. 39.

3.5.4 Expectativa do Messias (Bíblia Vulgata, trad. S. Jerônimo)

O Professor francês Pe. Carlos Francisco Lhomond, 1727-1794, escreveu, em latim simples, claro e elegante, *De viris illustribus urbis Romae, Grammática Latina* e *Epítome historiae sacrae*, da qual se extraem as seguintes narrativas, salvo a 5ª, que reproduz o texto original da Bíblia Vulgata.

3.5.3 Expectativa do Messias: Antigo Testamento (trad. São Jerônimo)
1. Origem do mundo e do homem
1. Deus creavit caelum et terram intra sex dies. Primo die fecit fácio, *fazer* lucem. Secundo fecit firmamentum, quod vocavit caelum. Tertio coēgit cogo, *juntar* aquas in unum locum, et eduxit e terrā plantas et arbŏres. Quarto fecit solem et lunam, et stellas. Quinto, aves quae volĭtant in aĕre et pisces qui natant in aquis. Sexto fecit omnĭa animantĭa, postremo enfim homĭnem, et quiēvit quiesco, *repousar* die septĭmo. **2.** Deus finxit fingo, *plasmar* corpus homĭnis e limo terrae: dedit illi anĭmam viventem; fecit illum ad similitudĭnem suam, et nomināvit illum Adāmum. homem de terra, *hebr.* Deinde depois immīsit im-mitto, *introduzir* sopōrem in Adamum, et detraxit unam e costis eius dormientis dele que dormia. Ex ea formavit mulĭĕrem, quam dedit socĭam Adamo: sicque e assim, instituīt matrimonĭum. Nomen primae mulĭĕris fuit Eva. Mãe dos viventes. Vulg.: Gn 1,1-25.

288

2. Das delícias do paraíso à luta pela sobrevivência

1. Deus posŭit ᵖᵒⁿᵒ, ᵖᵒʳ Adamum et Evam in horto amoenissimo, qui solet appellāri ᵃᵖ⁻ᵖᵉˡˡᵒ, ᶜʰᵃᵐᵃʳ paradisus ʲᵃʳᵈⁱᵐ, ᵖᵒᵐᵃʳ, ᵖᵃʳᑫᵘᵉ terrestris. Erant ibi omnes arbŏres iucundae aspectu et fructus gustu suaves. Inter eas arbor scientiae boni et mali. Deus dixit ᵈⁱᶜᵒ, ᵈⁱ⁻ᶻᵉʳ homĭni: "Utĕre, ᵘᵗᵒʳ, ᵘˢᵃʳ fructĭbus omnĭum arbŏrum paradisi, praeter ᵉˣᶜᵉᵗᵒ fructum arbŏris scientiae boni et mali; nam, si comĕdas illum fructum, moriĕris". ᵐᵒ́ʳⁱᵒʳ, ᵐᵒʳʳᵉʳ. Serpens, qui erat callidissimus omnĭum animantĭum, dixit muliĕri: "Cur non comĕdis ᶜᵒ́ᵐᵉᵈᵒ, ᶜᵒᵐᵉʳ fructum instĭus arbŏris?" Mulĭer respondit: "Deus id prohibŭit. ᵖʳᵒ⁻ʰⁱ́ᵇᵉᵒ Si tetigerĭmus ᵗᵃⁿᵍᵒ, ᵗᵒᶜᵃʳ illum, moriēmur. **2**. Minĭme, inquit serpens, non moriemĭni, sed erĭtis simĭles Deo, scientes bonum et malum." Mulĭer, decepta ᵈᵉᶜⁱ́ ᵖⁱᵒ, ᵉⁿᵍᵃⁿᵃʳ his verbis, decerpsit ᵈᵉᶜᵉʳᵖᵒ, ᶜᵒˡʰᵉʳ fructum et comēdit; deinde obtŭlit ᵒ́ᶠᶠᵉʳᵒ, ᵒᶠᵉʳᵉᶜᵉʳ viro, qui parĭter comēdit. ᴳⁿ³'¹⁻¹³ **3**. Deinde Dominus dixit serpenti: Quia decepisti mulĭĕrem, eris odiosus, reptabis ʳᵉᵖᵗᵒ, ʳᵃˢᵗᵉʲᵃʳ super pectus et comĕdes terram. Deinde dixit muliĕri: Parĭes libĕros ˡⁱ́ᵇᵉʳⁱ, ᶠⁱˡʰᵒˢ in dolore et eris in potestate viri. Deinde dixit Adamo: Habebis terram infestam. Quaeres ex ea victum ᵛⁱᵛᵒ, ᵛⁱᵛᵉʳ, ᵃˡⁱᵐᵉⁿᵗᵃʳ⁻ˢᵉ cum multo labore, donec abeas ᵃ́ᵇ⁻ᵉᵒ, ᵖᵃʳᵗⁱʳ ᵖᵃʳᵃ in terram e qua ᵈᵃ ᑫᵘᵃˡ ortus es ᵒ́ʳⁱᵒʳ, ᵒʳⁱᵍⁱⁿᵃʳ⁻ˢᵉ ᴳⁿ ³'¹⁴⁻²⁰.

3. Dilúvio: o problema do bem e do mal

1. Postquam numĕrus homĭnum crevit, ᶜʳᵉˢᶜᵒ, ᶜʳᵉˢᶜᵉʳ omnĭa vitĭa invaluerunt ⁱⁿ⁻ᵛᵃˡᵉˢᶜᵒ, ᶠᵒʳ⁻ᵗᵃˡᵉᶜᵉʳ⁻ˢᵉ. Quare Deus statŭit perdĕre homĭnum genus diluvio. Tamen pepercit ᵖᵃʳᶜᵒ, ᵖᵒᵘ⁻ᵖᵃʳ familiae Noēmi, quia colēbat virtutem. Noemus, admonĭtus a Deo, exstruxit ᵉ́ˣ⁻ˢᵗʳᵘᵒ, ᵉᵈⁱᶠⁱᶜᵃʳ ingentem arcam in modum navis et in eam induxit par unum omnĭum avĭum et animantĭum. **2**. Postquam ᵈᵉᵖᵒⁱˢ ᑫᵘᵉ Noēmus ipse ingressus est ⁱⁿ⁻ᵍʳᵉ́ᵈⁱᵒʳ, ⁱⁿᵍʳᵉˢˢᵃʳ arcam, pluvĭa ingens cecĭdit ᶜᵃᵈᵒ, ᶜᵃⁱʳ per quadraginta dies et quadraginta noctes. Aqua operŭit universam terram. Arca autem sublevata fluitabat in alto. Mense undecimo, Noemus aperŭit fenestram arcae et emīsit ᵉ⁻ᵐⁱ́ᵗᵗᵒ, ᵉⁿᵛⁱᵃʳ corvum, qui non est reversus ʳᵉ⁻ᵛᵉʳᵗᵒʳ, ʳᵉᵗᵒʳⁿᵃʳ. Deinde emīsit ᵉ⁻ᵐⁱᵗᵗᵒ, ᵉⁿᵛⁱᵃʳ columbam, quae attŭlit ᵃ́ᶠ⁻ᶠᵉʳᵒ, ᵗʳᵃᶻᵉʳ in ore suo ramum olivae virentis, quo ᵖᵉˡᵒ ᑫᵘᵉ finis diluvii significabatur. ᴳⁿ ⁶'¹⁻²²

4. Abraão: sonho de um mundo feliz

1. Noēmus egressus est ex arcā, postquam ibi inclūsus fuĕrat per annum totum ipse et familĭa eius; edūxit secum aves et cetĕra animalĭa. Tum erexit ᵉ́⁻ʳⁱᵍᵒ, ᵉʳᵍᵘᵉʳ altare et obtŭlit ᵒ́ᶠ⁻ᶠᵉʳᵒ, ᵒᶠᵉʳᵉᶜᵉʳ sacrificium Domino. Deus dixit illi: "Non delēbo deinceps ᵈᵉ ⁿᵒᵛᵒ genus homĭnum; ponam arcum meum in nubĭbus, et erit signum foedĕris quod facio vobiscum. Nunquam diluvium erit ad perdendum ᵖᵃʳᵃ ᵖᵉʳᵈᵉʳ orbem terrarum". **2**. Omnes gentes propagatae sunt a ᵃ ᵖᵃʳᵗⁱʳ ᵈᵉ filiis Noemi. Semus ˢᵉᵐ incolŭit Asiam, Chamus ᶜᵃᵐ Africam, Iaphetus ʲᵃᶠᵉ́ Europam. Denŭo ᵈᵉ ⁿᵒᵛᵒ homines oblĭti sunt ᵒᵇˡⁱᵛⁱˢᶜᵒʳ, ᵉˢᑫᵘᵉᶜᵉʳ⁻ˢᵉ Dei Creatoris: adorabant solem et lunam; non verebantur ᵛᵉ́ʳᵉᵒʳ, ʳᵉᵛᵉʳᵉⁿᶜⁱᵃʳ parentes; dicebant mendacium; faciebant fraudem, furtum, homicidium: uno verbo, se contaminabant omnĭbus vitiis. Quidam tamen ᵐᵃˢ ᵃˡᵍᵘⁿˢ sancti viri coluerunt veram religionem et virtutem, inter quos fuit Abrahamus ᴬᵇʳᵃᵃ̃ᵒ, ᵈᵉ ᵁʳ, ⁿᵃ ᶜᵃˡᵈᵉ́ⁱᵃ, ¹⁸⁵⁰ ᵃᶜ e genĕre Semi ᵈᵉˢᶜᵉⁿᵈᵉⁿᵗᵉ ᵈᵉ ˢᵉᵐ. **3**. Deus fecit foedus cum illo his verbis: "Exi ᵉ́ˣ⁻ᵉᵒ, ˢᵃⁱʳ e ᵉˣ domo paterna, desĕre ᵈᵉ́⁻ˢᵉʳᵒ, ᵃᵇᵃⁿᵈᵒⁿᵃʳ patriam, et pete ᵖᵉᵗᵒ, ⁱʳ ᵖᵃʳᵃ regionem quam datūrus sum postĕris tuis; augēbo te prole numerosa; eris pater multarum gentĭum, et per te omnes orbis nationes erunt bonis ᵈᵉ ᵇᵉⁿˢ cumulatae. Aspĭce caelum; dinumĕra stellas, si potes; tua progenĭes eas aequabit numĕro. ᴳⁿ ⁸'¹¹⁻⁹'¹⁷

5. Babel: confusão das línguas e dispersão dos povos

1. Hae sunt familiae Noĕmi iuxta ^segundo^ popŭlos et nationes suas. Ab his divisae sunt dí-vido, *dividir* gentes in terra post diluvium. **2**. Erat autem terra labĭi uníus ^de uma só língua.^ Cum proficiscerentur ^pro-fíciscor, *partir*^ de oriente, invenerunt ^in-vénio, *chegar a*^ campum in terra Sennaar et habitaverunt in eo. Dixitque alter ad proximum suum: "Veníte, faciāmus latĕres ^latus, *tijolo*^ et coquamus ^cóquo, *cozer*^ eos igni." Habuerūntque latĕres pro saxis et bitumen pro caemento. Et dixerunt: "Veníte, faciāmus nobis civitatem et turrim, cuius culmen pertingat ^per-tingo, *tocar*^ ad caelum et celebremus nomen nostrum antequam dividamur in universas terras." **3**. Descendit autem Dominus ut videret civitatem et turrim quam aedificabant filii Adam, et dixit: "Ecce, unus est popŭlus et unum labium ^língua^ ómnibus... Veníte, igitur, ^pois^ descendamus et confundamus ibi linguam eorum, ut non audíat unusquisque ^cada qual^ vocem proxĭmi sui." **4**. Atque ita ^e^ ^assim^ divisit ^dívido, *dividir*^ eos Dominus ex illo loco in univeras terras, et cessaverunt aedificare civitatem. Et idcirco ^por causa disso^ vocatum est nomen eius Babel, quia ibi confusum est labium universae terra: et inde dispersit eos Dominus super faciem cunctarum regionum. ^Vulgata: Gn 10,32–11, 9. Texto original da Vulgata^

6. Do Egito à Terra Prometida: dez mandamentos, penhor de fidelidade

1. Profecti sunt ^pro-fíciscor, *partir*^ Hebraei ex Aegypto ad sexcenta milĭa ^600.000^ virorum. Praeïbat ante eos columna nubis interdĭu, ^durante o dia^ et columna ignis noctu. Rex Aegypti eos ingenti exercĭtu persecutus ^pérsequor, *perseguir*^ est. Hebraei magno timore correpti sunt ^corrípio, *tomar*^. **2**. Tunc Deus Moysi: "Protende, ^pro-tendo, *estender*^ inquit, ^disse^ dextĕram tuam in mare rubrum et divĭde aquas." Tunc Hebraei transierunt ^tráns-eo, *transitar*^ mare siccum. Deinde aquae refluentes obruerunt ^ób-ruo, *encobrir*^ Aegyptios et eorum currus et equĭtes. Sic Deus liberavit Hebraeos ab iniusta servitute Aegyptiorum. Deinde conduxit eos per desertum et alŭit ^alo, *alimentar*^ eos per annos quadraginta. ^Ex 13,37–19,25.^ **3**. Mense tertĭo, Hebraei pervenerunt ad montem Sināi. Ibi Deus dedit ^do, *dar*^ eis legem cum apparatu terrifĭco. Deus in monte, media nube inter fulgŭra, haec protŭlit ^pró-fero, *proferir*^ verba: "Ego sum Domĭnus vester super omnĭa. Non usurpabitis nomen Dei vestri temĕre et sine causa. Sabbăto nullum opus facĭetis. Colĭte patrem vestrum et matrem vestram. Non occidētis. Non adulterabĭtis. Non faciētis furtum. Non dicētis falsum testimonium. Non concupiscētis rem alterĭus. ^Ex 20,1-17. Dt 5,6-21.^ **4**. Ut ^como^ Hebraei in terram promissam introducerentur, ^intro-duco, *introduzir*^ Iordanis erat traiiciendus ^tra-iício, *atravessar.*^ Deus vēnit eis auxilio. Tum, sicco pede traiecerunt Iordanem. Iosŭe duodecim lapĭdes erexit, ^é-rigo, *erguer*^ ut ^para que^ essent perenne rei monumentum. ^Vulg.: Josué 3 e 4.^ **5**. Erat in his locis urbs validissimis muris ac turribus munita, nomĭne Ierĭcho, quae nec expugnari, ^ex-pugno, *conquistar*^ nec obsideri ^ob-sído, *sitiar*^ facile potĕrat. Iosŭe divino auxilio fretus, ^confiado^ arcam circumferri ^circum-fero;^ iussit ^iúbeo, *determinar*^ circa muros, sacerdotesque antecedĕre, et tubā canĕre. Cum arca septies circumlata ^fero^ fuisset, muri et turres illĭco ^lá^ corruerunt. Urbs capta ^cápio, *conquistar*^ et direpta ^dirípio, *saquear*^ est. ^Vulg.: Josué 6.^

3.5.5 (Revel)ações do Messias (Quatro Evangelistas)

Entre os 27 livros do Novo Testamento sobressaem, pela importância das ações e dos ensinamentos do Messias, Jesus Cristo, os relatos dos quatro evangelhos, em gr. "boas notícias", escritos por Mateus, Marcos e João (Mt, Mc, Jo), discípulos do próprio Cristo, e pelo médico Lucas (Lc), que reproduziu os ensinamentos de São Paulo. Notáveis são também as cartas dos apóstolos às comunidades cristãs nascentes. A tradução latina desses 27 livros foi revisada, com a dos 46 do Antigo Testamento, por São Jerônimo. [3.5.4]

3.5.4 (Revel)ações do Messias (São Lucas)

1. Anúncio do nascimento do Messias

Missus ^{mitto, enviar} est angĕlus Gabrĭel a Deo in civitatem Galilaeae, cui nomen est Nazăreth, ad virginem desponsātam viro, cui nomen erat Ioseph, de domo David, et nomen virgĭnis erat Maria. Et ingressus ^{in-grédior, entrar} ad eam dixit: "Ave, gratiã plena, Dominus tecum." Ipsa autem turbata est in sermone eius et cogitabat qualis esset ista salutatĭo. Et ait angĕlus ei: "Ne timĕas, Maria; invenĭsti ^{in-vénio, encontrar} enim gratiam apud Deum. Et ecce concipĭes in utero et parĭes filium, et vocabis nomen eius Iesum. Hic erit magnus et Filius Altissimi vocabĭtur; et dabit illi Dominus Deus sedem David, patris eius; et regnabit super domum Iacob in aeternum, et regni eius non erit finis. ^{Lc 1,26-33}

2. Hino da mãe do Messias, o "Magníficat"

Magnifĭcat anĭma mea Domĭnum et exsultavit spirĭtus meus in Deo salutāri meo. Quia respexit ^{re-spício, contemplar} humilitatem ancillae suae. Ecce enim ex hoc beatam me dicent omnes generationes, quia fecit mihi magna qui potens est, et sanctum nomen eius. Et misericordia eius a progenĭe in progenĭes timentĭbus eum. Fecit potentiam in brachio suo; dispersit ^{dis-pergo, dispersar} superbos mente cordis sui; deposŭit potentes de sede, et exaltavit humĭles; esurientes ^{esúrio, passar fome} implēvit bonis, et divĭtes dimĭsit inănes. Suscepit ^{sus-cípio, amparar} Israĕl, puĕrum suum, recordatus misericordiae suae, sicut locutus est ad patres nostros, Abrăham et semĭni eius in saecŭla. ^{Cântico de Maria ao visitar a prima Isabel. Lc 1,46-55. Música de Bach, 1750.}

3. Nascimento do Messias entre os pobres

Exĭit ^{éx-eo, sair} edictum a Caesăre Augusto, ut describerētur universus orbis. Et ibant omnes, ut profiterentur ^{profiteor, recensear-se} singŭli in suam civitatem. Ascendit et Ioseph a Galilaeā, de civitate Nazăreth, in Iudaeam in civitatem David, quae vocatur Bethlĕhem, eo quod esset ^{porque era} de domo et familiā David, ut profiterētur cum Maria desponsata sibi, uxōre praegnante ^{praegno, estar prenhe.} Cum ^{quando} essent ibi, impleti sunt dies, ut parĕret, et pepĕrit filium suum primogenĭtum: et pannis eum involvit et reclinavit eum in praesepio, quia non erat eis locus in deversorĭo. Lc 2,1-7.

> ### 4. *Messias*: *auto-revelação*
>
> Iesus intravit die sabbăti, in synagogam et surrexit $^{surgo,\ levantar\text{-}se}$ legĕre librum. Et tradĭtus est illi liber prophetae Isaiae; et ut revolvit eum, $^{revolvo,\ desenrolar}$ invēnit locum, ubi scriptum erat: "Spiritus Domini est super me: propter quod $^{pelo\ que}$ unxit $^{ungo,\ ungir}$ me evangelizare pauperĭbus; misit me praedicare captivis remissionem et caecis visum, dimittĕre confractos in remissionem, $^{libertar\ os\ oprimidos}$, praedicare annum Domini acceptum". Tum Iesus coepit dicĕre ad illos: "Hodĭe implēta est haec Scriptura in aurĭbus vestris". $^{Lc\ 4,14\text{-}19.21}$

> ### 5. *Messias*: *vitória da vida sobre a morte*
>
> Postquam venērunt in locum, qui vocatur Calvarĭae, ibi crucifixerunt Iesum et latrones, unum a dextris et altĕrum a sinistris. Iesus autem dicebat: "Pater, dimitte illis non enim sciunt quid facĭunt". $^{Lc\ 23,33}$ Et erat iam fere hora sexta, et tenĕbrae factae sunt in universa terra usque in horam nonam; et obscuratus est sol, et velum templi scissum $^{scindo,\ cindir,\ rasgar}$ est medium. Et clamans voce magna, Iesus ait: "Pater, in manus tuas commendo spiritum meum". Et haec dicens, exspiravit. $^{Lc\ 23,44}$ Tertio die, duo angeli dixerunt mulierĭbus: "Quid $^{por\ que}$ quaerĭtis viventem cum mortuis? Non est hic, sed surrexit. $^{Lc\ 24,5\text{-}6}$ Et regressae a monumento, nuntiaverunt haec omnĭa illis undĕcim et cetĕris omnĭbus. $^{(...)}$ Petrus autem surgens cucurrit $^{curro,\ correr}$ ad monumentum et procumbens $^{pro\text{-}cumbo,\ prostrar\text{-}se}$ vidit linteamĭna sola; et redĭit ad sua, mirans [id] quod factum fuĕrat. $^{Lc\ 24,9\text{-}12}$

> ### 7. *Missão de evangelizar todos os povos*
>
> Undĕcim discipuli abiērunt in Galilaeam, in montem ubi constituĕrat illis Iesus. Et videntes eum adoraverunt. $^{(...)}$ Accedens, Iesus locutus est $^{lóquor,\ falar}$ eis dicens: "Data est $^{do,\ dar}$ mihi omnis potestas in caelo et in terra. Euntes ergo $^{indo,\ pois,}$ docēte omnes gentes, baptizantes eos in nomĭne Patris et Filii et Spiritus Sancti, docentes eos servare omnĭa quaecūmque $^{tudo\ o\ que}$ mandavi vobis. Et ecce, ego vobiscum sum omnĭbus diebus usque ad $^{até\ a}$ consummationem saeculi". $^{Mt,\ 23,16\text{-}20}$

3.5.6 Apocalipse e juízo final (S. João Evangelista)

Escatologia, do gr. *éschaton*, "último" + *-logia*, "tratado, ciência", designa: a) doutrina sobre a consumação dos tempos e do universo; b) tratado sobre os fins últimos do homem. O *Apocalipse*, em grego *revelação*, é obra do apóstolo São João, que a escreveu cerca do ano 100, sob a forma de carta dirigida às sete igrejas da Ásia Menor. Para confortar os cristãos perseguidos e já desesperançados pela demora do retorno glorioso de Cristo, João recorre ao gênero apocalíptico, presente em Daniel, apresentando ao leitor uma série de visões ou revelações simbólicas, de valor mítico. Trata-se de mensagem sobrenatural, velada sob símbolos que representam passado, presente e futuro. O caráter simbólico e mítico da narrativa escatológica tem interessado muito às artes em geral, e, em virtude da relação entre mito e linguagem, à teoria e crítica da literatura. [3.5.3] Eis a carta introdutória.

3.5.4 Apocalipse: juízo final (São João)

1. Ioannes septem ecclesĭis quae sunt in Asia. Gratia vobis et pax ab eo qui est et qui erit et qui venturus est et a septem spiritĭbus qui in conspectu throni eius sunt et a Iesu Christo, qui est testis fidelis, primogenitus mortuorum et princeps regum terrae, qui dilexit nos et lavit nos a peccatis nostris in sanguĭne suo et fecit nos regnum, et sacerdotes Deo et Patri suo: ipsi gloria et imperium in saecŭla saeculorum. Amen. *Assim é. (hebr.)* Ecce venĭet cum nubĭbus et videbit eum omnis ocŭlus, et qui eum pupungerunt *pungo, percutir.* Et plangent se super eum omnis tribus terrae. Amen. **2.** Ego sum alpha et omĕga, principium et finis, dicit Dominus Deus, qui est et qui erat et qui venturus est, omnipŏtens. **3.** Ego Ioannes, frater vester et partĭceps in tribulatione et regno et patientia in Christo Iesu, fui *estive* in insula quae appellatur Patmos, *ilha das Espórades* propter verbum Dei et testimonium Iesu. Fui in spirĭtu, in dominica die, et audivi post me vocem magnam tamquam tubae, dicentis: Quod vides, scribe in libro et mitte septem ecclesĭis, quae sunt in Asia: Ephĕso et Smyrnae et Pergămo et Thiatirae et Sardis et Philadelphiae et Laodicēae. **4.** Et conversus sum ut viderem vocem, quae loquebatur mecum. Et conversus vidi septem candelabra ex auro facta.
Ap 1,4-12

3.5.7 Hinos de louvor e esperança (textos bíblicos e patrísticos)

Inserem-se, aqui, algumas preces e hinos da liturgia cristã porque estes, reproduzindo textos de hinos e de poemas e traduzindo traços simbólicos e míticos, integram a literatura latina *stricto sensu* [0.3.2; 3.3.4; 3.5.1 e 3.5.3]. Por essas e outras razões, eles têm sido escolhidos como temas para obras artísticas imortais em todos os gêneros: literatura, música, pintura, escultura, cinema. Assim, por exemplo, os textos da missa (4, 5 e 6) foram musicados por Bach, Beethoven, Mozart, Haydn e, no Brasil, pelo Pe. José Maurício Nunes Garcia; a *Ave Maria*, por Bach-Gounod, Schubert e Carlos Gomes; o *Ave Verum*, por Mozart; o *Te Deum*, por Mozart, Haydn, Dvorak e Bruckner; o *Dies irae*, por Mozart. Da sílaba inicial dos versos do hino das vésperas da festa de São João Batista *Ut queant laxis* foi que Guido de Arezzo [†1038] tirou o nome para as sete notas musicais (*ut* [hoje *dó*], *ré*, *mi*, *fá*, *sol*, *lá*, *si*). – Os elementos sublinhados do texto representam morfemas nominais de caso.

3.5.5 Hinos e preces de louvor e esperança (fonte: textos bíblicos)

1. **In nomĭne Patris** et Filii et Spiritus Sancti. Amen. **Gloria Patri** et Filio et Spiritŭi Sancto, / sicut erat in principio et nunc et semper, / et in saecula saeculōrum. Amen. <small>Louvores a Deus trino. Vulg.: Mt 23,16-23.</small>

2. **Ave, Maria**, gratĭā plena; / Domĭnus tecum: / benedicta tu in mulierĭbus, / et benedictus fructus ventris tui, Iesus. Sancta Maria, mater Dei, / ora pro nobis peccatorĭbus, / nunc et in hora mortis nostrae. / Amen. <small>Vulg.: Lc 1,28.</small>

3. **Pater noster**, qui es in caelis, / sanctificētur nomen tuum, / advenĭat regnum tuum, / fiat voluntas tua, sicut in caelo et in terra. Panem nostrum cottidianum da nobis hodĭe / et dimitte nobis debĭta nostra, / sicut et nos dimittĭmus debitorĭbus nostris / et ne nos indūcas in tentationem, / sed líbĕra nos a malo. Amen. <small>Oração do Senhor, Mt 6,10.</small>

4. **Glorĭa in excelsis Deo**. Et in terra pax hominĭbus / bonae voluntatis. <small>Lc 2,14</small> Laudamus te. Benedicĭmus te. Adoramus te. Glorificamus te. Gratĭas agĭmus tibi / propter magnam gloriam tuam. Domĭne Deus, Rex caelestis, / Deus Pater omnipŏtens. Domĭne Fili unigenite, / Iesu Christe. Domine Deus, Agnus Dei, / Fílius Patris. Qui tollis peccata mundi, / miserēre nobis. Qui tollis peccata mundi, / suscĭpe deprecationem nostram. Qui sedes ad dextĕram Patris, / miserere nobis. Quonĭam tu solus sanctus. Tu solus Dominus. Tu solus altissimus, Iesu Christe. Cum Sancto Spiritu, in gloria Dei Patris. Amen. <small>Hino de glorificação a Deus.</small>

5. **Credo in unum Deum**: – **Patrem** omnipotentem, / factorem caeli et terrrae, / visibilĭum omnĭum et invisibilium. – Et in unum Dominum Iesum Christum, / **Fílium** Dei unigenĭtum; / et ex Patre natum ante omnĭa saecula. Deum de Deo, lumen de lumĭne, / Deum verum de Deo vero. Genitum, non factum, / consubstantialem Patri: per quem omnĭa facta sunt. Qui propter nos homĭnes / et propter nostram salutem descendit de caelis. Et incarnatus est de Spirĭtu Sancto / ex Maria Virgine: et homo factus est. Crucifixus etiam pro nobis: / sub Pontio Pilato passus et sepultus est. Et resurrexit tertia die, secundum Scripturas. Et ascendit in caelum: / sedet ad dexteram Patris. Et itĕrum venturus est cum gloria / iudicare vivos et mortuos: / cuius regni non erit finis. – Et in **Spiritum Sanctum**, domĭnum et vivificantem: / qui ex Patre Filioque procēdit. Qui cum Patre et Filio / simul adoratur et conglorificatur; / qui locūtus est per Prophetas. – Et in unam sanctam catholicam et apostolicam **Ecclesĭam**. Confitĕor unum baptisma / in remissionem peccatorum. Et exspecto resurrectionem mortuorum / et vitam venturi saecŭli. Amen. <small>Profissão de fé cristã. Mt 23,16-23.</small>

6. **Sanctus**, sanctus, sanctus, / Dominus Deus Sabăoth <small>dos exércitos</small>. Pleni sunt caeli et terra gloria tua. Hosanna in excelsis. Benedictus qui venit in nomine Domini. Hosanna in excelsis. <small>Glorificação a Deus.</small>

7. **Ave verum** corpus natum de Maria virgĭne: vere passum, immolatum in cruce pro homĭne; cuius latus perforatum fluxit aqua et sanguĭne. O Iesu dulcis, o Iesu pie, o Iesu, fili Mariae. <small>Autor desconhecido do séc. XIII. Música de Mozart. Cf. Apocalipse 4,8.</small>

8. **Te Deum** laudamus, / te Dominum confitemur. Te aeternum Patrem / omnis Terra veneratur. (...) Te gloriosus Apostolorum chorus, / Te Prophetarum laudabilis numerus, / te Martyrum candidatus laudat exercitus. Te per orbem terrarum sancta confitetur Ecclesĭa, Patrem immensae maiestatis; venerandum tuum verum et unicum Filium; sanctum quoque Paraclitum Spiritum. Tu rex gloriae, Christe. <small>Do hino de ação de graças (S. Ambrósio, 340-397).</small>

9. **Hino a São João Batista: nomes das notas musicais** – **Ut** queant (*para que possam*) lax**is** **re**sonāre fibris / **mi**ra gestōrum **fa**mŭli tuorum, / **sol**ve pollūti lab**ĭi** reātum, **sa**nctē Ioannes. <small>Do hino vesperal da festa de São João Batista. Vulg.: Mt 3,1-12.</small>

294

4 Do Latim ao Português
e vice-versa

1. A derivação do latim para as línguas neolatinas processou-se em dois períodos: **a)** aquele que vai, aproximadamente, de 200 aC (expansão do Império para fora da Itália) até fim do século V dC (invasão de tribos germânicas em 476), quando os falares regionais já teriam estado mais próximos dos idiomas românicos modernos do que do latim; **b)** aquele que vai desde final do século V, quando esses falares regionais se manifestaram como *romances* ou *romanços*, até o momento em que eles passaram a apresentar traços gerais de línguas neolatinas faladas. A partir de que data o romanço galaico-português poderia considerar-se como tendo o *status* de língua galaico-portuguesa? – Embora os primeiros documentos lavrados inteiramente em português datem do início do século XIII (1214), poder-se-ia dizer que o português falado se vestia de traços portugueses já no século IX (cerca de 870) ou, mesmo, no fim do V, dependendo do critério que se adota para língua falada recém-nascida.

Por que século IX? – Nos dois séculos e meio após a invasão dos bárbaros não subsistiram documentos lingüísticos que suportem afirmações nesta matéria. Mas, desde 870 até início do século XIII, se conservaram documentos cartoriais em cujos textos latinos os cartorários, já pouco conhecedores do latim, passaram a inserir expressões de cunho galego-português, ora como expressões a serem depois vertidas para o latim, ora como expressões latinas aportuguesadas, donde o rótulo de *latim bárbaro*. A emancipação de Portugal relativamente à Espanha, em 1143, traçou rumos diferentes para o galego e o português, mas estes conservaram tamanha similaridade em nível ortográfico, prosódico e gramatical, que, ainda hoje, se discute se o galego deveria considerar-se dialeto do português ou do espanhol.

2. Se "o português é o próprio latim modificado", [Coutinho, 1974, p. 46], então, reciprocamente, o latim é o próprio português antes de sua derivação. Por isso, um conhecedor do português, bem como de qualquer outra língua neolatina, encontra, nesse parentesco, meio caminho andado para aprender o latim. Além disso, a leitura de um quadro panorâmico do processo derivativo do latim ao português haveria de aumentar-lhe a facilidade da tarefa de aprender o latim e de levá-lo a entender muitos fenômenos estruturais e funcionais daquela que foi celebrada como "última flor do Lácio, inculta e bela". [Bilac, 1964, p. 262].

Um estudante que, iniciando um curso de latim, começasse por ler a seção 0, uma introdução à história da língua e literatura latina, e, em seguida, a presente seção, estaria abrindo horizontes que lhe aumentariam, ainda mais, a facilidade de aprender e a motivação para fazer o curso. Além disso, aprenderia que qualquer língua está estruturalmente ligada à da sua língua-mãe e que a sua história se encontra substancialmente ligada aos acontecimentos de natureza política, social e cultural do povo que dela se vale para expressar sua cultura.

3. **A presente seção pretende** surpreender esse processo derivativo desde o latim vulgar, em especial o hispânico, até ao surgimento dos primeiros textos escritos em português, focalizando seus vários momentos e subsistemas (fônico, ortográfico, morfossintático e lexicossemântico), ainda que o faça de modo sumário e pontual, à maneira de um documentário. Para os alunos de Letras Vernáculas, esta matéria reveste-se de tamanha importância, que ela se constitui em disciplina obrigatória de seu currículo acadêmico: a *História* (*externa e interna*) *da Língua Portuguesa*.

4. **A matéria será desenvolvida** em dois momentos: – **1º**) em 4.1, através de textos do latim vulgar, acompanha-se o processo diacrônico dessa derivação, perfilando a diferenciação entre português e espanhol, bem como o afloramento de expressões portuguesas em textos do latim notarial escritos na Lusitânia desde 870; – **2º**) em 4.2 até 4.7, apresentam-se, em quadros sinóticos, os resultados dessa derivação, focalizan-

296

do cada um dos subsistemas: fônico, morfossintático, lexicossemântico e ortográfico.

37. Difusão do Cristianismo no fim do séc. III (Morisset, p. 1187).

4.1 Do latim vulgar ao galego-português

A formação das línguas neolatinas ou românicas passou por dois momentos sucessivos fundamentais: a romanização e a latinização das províncias, em que as forças de unificação predominaram sobre as de dispersão; a fragmentação do Império, na qual predominaram as forças da diversificação sobre as da concentração. Como se processou a difusão do latim na Península Ibérica? Quais as características e as tendências daquela variante do latim que derivou para as línguas românicas, entre as quais a portuguesa? Quais foram as manifestações escritas do galego-português desde 870 até 1214 e o que revelam os primeiros textos vazados inteiramente em português? Que fatores levaram a diferenciar o português e o espanhol? [II. 1, 4, 5, 8, 10, 16, 27.]

4.1.1 Do latim hispânico ao galego-português e ao espanhol

1. Difusão do latim vulgar nas províncias – Alguns fatos contribuíram para o latim hispânico transformar-se em três línguas ibéricas (o galego-português, o castelhano e o catalão): a conquista romana da Península Ibérica, a perda progressiva do poder romano sobre as regiões conquistadas, o fracionamento da Romênia em conseqüência da invasão dos bárbaros e a constituição de impérios por eles (como o visigótico), o domínio árabe na Península, a luta da reconquista cristã, a formação do reino de Portugal, sem falar da posterior expansão ultramarina, temas estes que serão tratados apenas na medida em que se constituíram em fatores determinantes do nascimento das línguas em causa. [Buescu, 2004.]

O latim popular derivou de maneiras diferentes nas várias regiões do Império, por força de numerosos fatores lingüísticos, como a diversidade da época da romanização, da língua dos povos conquistados e dos traços lingüísticos dos imigrantes ou invasores. No quadro de uma dezena de variantes do latim, conceituadas em 0.2, o latim *corrente*, *popular* ou *"vulgar"*, que se contrapõe ao latim *erudito*, *polido* ou *urbano* e que se distancia do latim *clássico* ou *literário*, foi a variante que derivou para as línguas românicas. Entre as variantes regionais do latim vulgar, podem mencionar-se o *latim hispânico*, o *lusitânico* e o *galaico* ou *galego*. [Fonseca, 1986, p. 41-43.]

A conquista romana da Península Ibérica entre 218 e 19 aC, o processo de sua romanização e latinização, bem como, de outro lado, a resistência dos lusitanos e galegos ao domínio de Roma, já referidos em 0.2, são focalizados em 3.1.4 mediante relatos e textos latinos ilustrativos. Resenham-se, aqui, os fatos de maior interesse. Todos os povos da Península, exceto os bascos, adotaram o latim como língua e se cristianizaram. A romanização da Península foi mais profunda no sul do que no norte e fez praticamente desaparecer as línguas nativas. Os povos que habitavam a Península eram numerosos e apresentavam língua e cultura diversificadas. Havia duas camadas de população muito diferenciadas: a ibérica, mais antiga, e a celta, mais recente, ambas oriundas das Gálias. Muito pouco se conservou das línguas pré-romanas. Quando se deu a queda do Império Romano (476 dC), a Península Ibérica já se encontrava totalmente romanizada. Nesse quadro de caldeamento étnico, o latim apresentava feições particulares, mesclado de elementos celtas e ibéricos, basicamente no vocabulário. [3.1.4. II. 27]

2. Fatores da derivação do latim vulgar aos falares regionais ou românicos – A derivação centralizou-se no período que vai de, mais ou menos, 200 aC (expansão do Império para fora da Itália) até fins do século V dC (invasão dos bárbaros). Com a morte de Teodósio em 395, o Império Romano foi dividido entre os seus dois filhos, cabendo o Ocidente a um, e o Oriente ao outro. A parte ocidental, depois de sucessivas invasões dos bárbaros, sucumbiu, com o saque de Roma em 476, fato que marca o início da Idade Média; a parte oriental persistiu até 1453, tomada de Constantinopla pelos turcos, fato que marca o fim desse período da história humana.

Com essa divisão, as forças lingüísticas desagregadoras puderam agir livremente e de tal forma que, em fins do século V, os falares regionais do Império já teriam estado mais próximos dos idiomas românicos ou neolatinos do que do próprio latim. Começou então o período do romance ou romanço (de romaňĭce loqui, fabulare, parabolare, "falar à maneira romana"), denominação que os lingüistas dão "a cada uma das variedades surgidas da evolução do latim vulgar falado pelas populações que ocupavam as diversas regiões da Romênia e que se constitui na fase preliminar de uma língua românica" ou neolatina. [Ferreira, 1999, romance.]

Essa fase de transição termina com o aparecimento de textos redigidos em cada uma das línguas neolatinas: francês (séc. IX), espanhol (séc. X), italiano (séc. XI), sardo (séc. XI), provençal (séc. XII), rético (séc. XII), catalão (séc. XII ou princípios do séc. XIII), **português** (início do séc. XIII), franco-provençal (séc. XIII), dálmata (séc. XIV) e romeno (séc. XVI). [Cunha, 1982, p. 14-15; Fonseca, 1986, p. 85.]

O termo *romance* ou *romanço* **designa**, pois, cada uma das línguas derivadas do latim vulgar conservado naquelas regiões da *Romênia* acima citadas, no período que vai desde fim do século V (476) – para outros, desde o século VII ou IX (870) – até ao nascimento das línguas neolatinas ou românicas. Esse termo tem sido empregado como sinônimo de *dialeto* ou *língua românica*, isto é, língua vulgar, por oposição ao latim. [Fonseca, 1985, p. 51.] (Note-se que a Teoria da Literatura emprega o termo *romance* para designar uma espécie de poema ou de narrativa em prosa.) Os futuros renascentistas (em Portugal Fernão de Oliveira, 1536, e João de Barros, 1540), no intuito de convencerem os latinistas de que o jovem falar regional português tinha *status* idêntico ao da língua latina e de contribuir para a fixação da variante literária da língua, ousaram escrever-lhe as primeiras gramáticas, que, cedendo a termos e conceitos clássicos antigos, apresentaram como "espelho da língua latina". [3.2.5]

3. Fatores da diferenciação entre português e espanhol – Consolidada a romanização e a latinização, <u>tribos</u> <u>germânicas</u> – vândalos, suevos, alanos e visigodos – atuaram, durante os séculos V a VII (509-711), no sul dos Pireneus. Na busca de domínio, os suevos enfrentaram os visigodos, mas em 570 ficaram reduzidos à Galiza, Viseu e Coimbra. <u>A contribuição</u> <u>cultural</u> <u>germânica</u> e, portanto, lingüística deles, integrante do ramo germânico, entrou em forma alatinada através dos escritores da sua época e limitou-se ao seguinte: **a)** <u>mais</u> <u>de</u> <u>cem</u> <u>vocábulos</u> <u>de</u> <u>uso</u> <u>co-mum,</u> relativos sobretudo à arte bélica, costumes, objetos e utensílios do povo germânico (*albergue, branco, brandir, barão, dardo, escarnecer, fresco, saga, norte, sul, leste, oeste*), muitos dos quais se reconhecem no **g-** derivado de **w-** (guerra < *werra*, guardar < *wardōn*, galardão < **widarlōn*, guisa < *wisa*, guiar < *wīlan*, ganhar < *waidanian*, Guilherme < *Wilhelm*); **b)** <u>muitos</u> <u>antropônimos</u> (*Adolfo, Afonso, Álvaro, Araújo, Argemiro, Elvira, Frederico, Gonçalo, Godofredo, Ranulfo, Raimundo, Ricardo, Rodrigo, Rodolfo*) e <u>topônimos</u> (*Gondim, Gouveia, Guimarães*); **c)** <u>alguns</u> <u>sufixos:</u> *-engo, -engue, -arde, -ardo, -aldo,* como em *realengo, merengue, covarde, felizardo, Clodoaldo.* [Coutinho, 1974, p. 191-192.]

Em 711, o expansionismo árabe entrou a galope na Península, cujo domínio o Califado de Córdova levou ao auge no século X. Os árabes chegaram a apoderar-se inclusive da Lusitânia e da Galiza e a confinar os cristãos à faixa norte da Península. A reconquista do território pelos reis cristãos realizou-se devagar, a duras penas, de norte a sul. Fruto dessas bravuras na cruzada libertadora, no início século XII, em 1143, surgiu Portugal como reino independente, que já então ocupava uma faixa do Minho ao Tejo. Com a tomada de Coimbra (1064), Santarém e Lisboa (1147), Évora (1165) e Faro (1249), ele atingiu a dimensão atual do território português continental. Mas a reconquista da Península completou-se apenas em 1492, quando os reis católicos se apoderaram do reino de Granada. [Teyssier, 1984, p. 4-7; Cunha, 1982, p. 21-24. Il. 4, 8, 10, 16, 27.]

Para a formação das três línguas peninsulares (o galego-português no oeste, o castelhano no centro e o catalão no leste), a invasão muçulmana e a reconquista foram acontecimentos determinantes. Estas, tendo-se desenvolvido no norte, foram expandidas rumo ao sul no ritmo das reconquistas. [Teyssier, 1984, p. 4-7.] A influência árabe foi muito mais duradoura e profunda no sul do que no norte, como ainda hoje atestam os castelos de Sevilha, Córdova e Granada. Sua língua, já por ser do ramo semítico, influenciou quase só no vocabulário. A maioria dos mais de 600 arabismos entraram no português com a presença do artigo invariável **al** (*alface, alfândega, algodão*), cujo l se assimilou às subseqüentes consoantes dento-alveolares (r, z, ç, d): *arroz* (<*al-ruz*), *azeitona* (*al-zeitun*), *açougue* (<*al-çauc*), *aduana* (*al-diwān*). [Coutinho, 1974, p. 192-193.]

4. Formação e expansão do português, castelhano e catalão – A reconquista da Província aos mouros pelos cristãos começou nas montanhas das Astúrias e provocou importantes movimentos de populações. Ela, tendo partido de um núcleo de resistência (restos dos exércitos hispano-visigóticos e cristãos rebeldes), foi-se alastrando para o sul. Então se formaram os reinos de Leão, Aragão, Navarra e Castela. No reinado dos reis católicos da Espanha, Fernando e Isabel, encerrou-se o período de dominação árabe, que durou sete séculos e que exerceu relevante papel na formação de Portugal como Estado monárquico. Nobres de diferentes regiões, no intuito de contribuírem para libertar dos invasores maometanos o território ibérico, participaram da guerra santa. Dom Henrique, [†1112], conde de Borgonha (na França), pelos serviços prestados, recebeu de Dom Afonso VI, [1040-1109], rei de Leão e Castela, o <u>Condado Portucalense</u>, território desmembrado da Galiza em 1095, junto ao Rio Douro. A língua desse território era uma só, o galego-português. Coube a seu filho, Dom Afonso Henrique, iniciar a nacionalidade portuguesa como primeiro rei de Portugal, reconhecido por Afonso VII, rei de Leão, e pelo Papa Alexandre III. Portugal, ao separar-se da Galiza, foi estendendo o seu território através de lutas contra os árabes e, com a conquista do Algarve, fixou seus limites atuais. Com as reconquistas, à semelhança do que aconteceu com as línguas hispânicas, o galego-português foi difundido progressivamente sobre a parte meridional, absorvendo os romances que lá existiam, tendo penetrado no Algarve até 1249, ainda no reinado de Afonso III. O jovem país falava o galego-português, que apresentava relativa unidade e cuja separação entre galego e português foi determinada por fatores políticos. [Buescu, 2004.]

5. Diferenciação entre galego e português – A porta dessa diferenciação abriu-se com a independência política de Portugal, em 1143. Mas as diferenças podem considerar-se, ainda hoje, insignificantes, tanto que o turista brasileiro se sente na Galiza mais em Portugal do que na Espanha e que um secundarista brasileiro entenderia facilmente um texto como o da *Gramática Galega*, de Álvarez, Regueira e Monteagudo, 1989, 568 p.: *"Este libro presenta unha descrición do uso do galego, feita partindo dun esquema tradicional, e, através dela, aspira a mostrar um modelo de língua actual, viva e común a tódalas variantes xeográficas, sociais e estilísticas, de tal maneira que poida ser asumido por tódolos falantes da nosa língua. Sendo unha gramática do galego actual, escúsanse as referencias a variantes históricas."* [Álvarez, 1989, p. 7.] Há os que discutem se o galego é um dialeto do português ou do espanhol. Os principais cultores do galego defendem uma crescente aproximação ao português, até como forma de demarcar o castelhano e de sublinhar a identidade galega distinta da do resto de Espanha.

O conceito do português como "última flor do Lácio" poderia interpretar-se como expressivo de dois fatos notáveis da sua derivação: a) relativamente ao Lácio, ela nasceu na região ocidental mais distante de Roma, a saber, na Galiza, a noroeste da *Hispania Ulterior*; b) na ordem de surgimento dos mais antigos textos lavrados inteiramente nas línguas românicas entre os séculos IX a XVI, os do português ocupam o 8º lugar entre 11, tendo surgido em 1214. [4.1.1]

6. Reconstituição do latim vulgar, origem das línguas neolatinas – As muitas fontes podem resumir-se nestas **espécies**: a) <u>correções</u> de formas consideradas errôneas feitas <u>pelos gramáticos</u>; [3.2.5, "vícios" de linguagem.] b) <u>fala</u> <u>de</u> <u>personagens</u> <u>cômicos</u> <u>populares</u>; c) <u>inscrições</u> <u>parietais</u> de artistas plebeus de Roma, Pompéia, Herculano e alhures; d) textos <u>escritos</u> <u>por</u> <u>pessoas</u> <u>do</u> <u>povo</u>, como *De architectura*, de Vitrúvio, 1º séc. dC, *Peregrinatio ad loca sancta*, de uma freira hispânica do início do séc. V, e *Mulomedicina*, tratado de veterinária traduzido do grego por Quirão na 2ª metade do séc. IV dC; e) <u>glossários</u> do latim clássico com as palavras correspondentes em latim vulgar, como o do convento de Reichenau, junto ao lago de Constança, no sul da Alemanha, relativo à Bíblia, e o de Cássel, um "curso de latim sem mestre" com tradução de 245 palavras para o germânico, ambos dos séc. VIII ou IX; f) <u>cochilos</u> <u>dos</u> <u>escritores</u> <u>cultos</u> <u>tardios</u> ou dos próprios copistas. [Díaz, 1962, 239 p.; Fonseca, 1985, p. 34.]

A importância de tais documentos motivou sua reunião em <u>coletâneas</u>, entre as quais sobressaem: a) *Corpus Inscriptionum Latinarum*, 16 volumes, Berlim, 1863-1943, entre as quais há milhares de inscrições latinas encontradas na Península Ibérica, inclusive na Lusitânia; b) *Corpus Glossariorum Latinorum*, de G. Loewe e G. Goetz, Leipzig, 1889-1923, e *Glossaria Latina*, publicado por ordem da Academia Britânica em 1926-1931; c) *Portugaliae Monumenta Historica*, "Monumentos Históricos de Portugal", dos séculos IX (870) a XII, que encerram muitos documentos em latim bárbaro, nos quais afloram, cá e lá, vocábulos da fase pré-escrita do galego-português.

7. Tendências neolatinizantes do latim vulgar – Até ao final do século V, elas poderiam resumir-se neste quadro sinótico, ficando para 4.2 a 4.7 a descrição do resultado cumulativo dessa evolução até ao português moderno. ■ **1º, no léxico**: **a)** preferência por palavras compostas,

303

com atribuição de sentido especial a certos vocábulos, e por emprego de termos próprios na forma e/ou no sentido: *caballus, casa, maneanam, manducare* por *équus, mansionem, matutinam, édere*, respectivamente; para o povo, *cognatu*, "aparentado" significava "cunhado", assim como *parentes*, "pai e mãe", significava "parentes"; mas faltavam-lhe termos eruditos como *tellus, sidus, alvus, onus*, "terra, constelação, útero, peso"; **b)** formações diminutivas como *aurícula, genúculum, cultellus*, por *auris, genu* e *culter*; **c)** formas verbais iterativas, como *canto, ágito* e *verso* por *cano, ago e verto*; [1.14:.3] ■ **2º, na fonética e fonologia**: **a)** abandono do sistema de duração das vogais pelo de timbre fechado e aberto: *secrētum > segredo, rŏtam > roda*; **b)** redução dos ditongos e hiatos a vogais simples: *poenam > pena; ama-o > amo*; **c)** transformação ou queda de certos fonemas (*rivum > rium*); **d)** como no português atual, paroxitonização das proparoxítonas (*másculum > masclum*); **e)** desnasalação (*mensam > mesa*); **f)** assimilação (*personam > pessoa*); ■ **3º, na morfologia**: **a)** redução das cinco declinações do latim clássico em favor das três primeiras (*servam > serva; servum > servo; virtutem > virtude / spiritum > espírito, diem > dia*); **b)** redução dos seis casos a um só (acusativo na Península Ibérica, nominativo na Itália): *servam, servas >* serva, servas; *servum, servos >* servo, servos, etc.; [1.4 e 4.3] **c)** atribuição do gênero masculino a nomes neutros quando no singular (*lignus* por *lignum >* lenho) e do feminino quando no plural (*ligna > lenha*); **d)** preferência por formas analíticas no comparativo (*plus* ou *magis grandis* por *maior*) e na conjugação verbal (*sou amado* por *amor*); **e)** uso do demonstrativo *ille, illa* e do numeral *unus, una* como artigos; **f)** transferência de verbos de uma conjugação para outra (*florire* por *florere, ponēre* por *ponĕre*), tendo-se esvaziado a 3ª; **g)** formação analógica de alguns infinitivos irregulares (**essĕre*, de *esse*, "ser"; *potēre* "poder", que persistiu no italiano e francês, enquanto que o *ser* português derivou de *sedēre*, "estar sentado"); **h)** transformação dos verbos depoentes em ativos (*nasco* por *nascor*); **i)** transferência, perda e criação de formas de vários tempos verbais; [4.4] ■ **4º, na sintaxe**: a) aumento do uso de preposições para suprir a função das desinências dos seis casos, reduzidas às do acusativo: *mitto tibi librum* – "envio a ti um livro"; b) preferência pela ordem direta da estrutura frasal: *Agus lu-*

304

pum timet – "O cordeiro teme o lobo"; c) construções analíticas em lugar da construção acusativo com infinitivo: *credo quod terra est rotunda* por *credo terram esse rotundam.* [4.3]

4.1.2 Do latim hispânico ao romanço galego-português, até o ano 500

Os textos latinos, particularmente os do *latim hispânico, lusitânico* e *galego*, o que revelam desse processo derivativo do latim vulgar ao romanço galego-português? O processo será ilustrado através de três documentos: um, que se originou fora da Península; os outros dois, dentro dela.

1. Derivação neolatinizante no âmbito do Império (200 a 320) – Um lexicógrafo ainda desconhecido, oriundo da Itália ou do norte da África, escreveu, entre 200 a 320, uma coletânea de 227 formas lexicais do latim popular, que ele, por considerá-las errôneas, corrigiu pela respectiva forma do latim clássico. Esse miniglossário, por ter sido encontrado, talvez no século XIX, no palimpsesto (*gr.*, pergaminho escrito de novo, após ter-se apagado texto anterior) n. 17 de Viena, em anexo a um exemplar das *Instituta Ártium*, "ensinamentos dos ofícios, das profissões", de *Marcus Valerius Probus*, gramático do séc. I da era cristã, foi denominado *Appendix Probi*, "Apenso a Probo." Ele revela muitas tendências fonéticas e morfológicas do latim vulgar, mas nada da sintaxe e da semântica. Um dos principais fatores de interesse dele reside no fato de que as formas e tendências corrigidas é que acabaram, predominantemente, por derivar para as línguas neolatinas, como a galego-portuguesa, algumas das quais foram depois estancadas por influência dos retóricos e pregadores eclesiásticos, mas cuja maioria subsiste hoje em línguas neolatinas. [Díaz, 1962, 46-53; Fonseca, 1985, p. 54.] Eis algumas dezenas desses 227 verbetes, que aqui foram agrupados no sentido de ilustrar a derivação romanizante do latim popular:

a) paroxitonização das proparoxítonas mediante síncope da vogal postônica: artículus non articlus > *artelho* (*artigo*); speculum non speclum > *espelho*; masculus non masclus > *macho*; vetulus non veclus > *ve-*

lho; calida non calda > *calda*; frigida non fricda > *fria*; oculus non oclus > *olho*; tabula non tabla > *táboa*, fr. *table*; viridis non virdis > *verde*;

b) alterações vocálicas: a) vínea non vinia > *vinha*; senatus non sinatus > *senado*; lancea non lancia > *lança*; aquaeductus non aquiductus > *aqueduto*; b) columna non colomna > *coluna*, it. *colonna*; turma non torma > *turma*, it. *torma*; puella non poella (cf. *pueril*); cóluber non colober > *cobra*; passer non passar > *pássaro*; umbílicus non imbilicus > *umbigo*, popular *"imbigo"*;

c) elisão de consoante intervocálica (síncope): pavor non paor > *pavor*, it. *paúra*; rivus non rius > *rio*; favilla non faíla > *faísca*;

d) permuta entre /b/ e /v/: alveus non albeus > *albo-* e *alvo*; bravium non brabium > *bravio* e *brabo*; tolerabilis non toleravilis > *tolerável*;

e) desnasalação: ansa non asa > *asa*;

f) alterações consonantais: pérsica non pessica ^{assimilação} > *pêssego*; grúndio non grúnnio ^{palatalização} > *grunhir*; flagellum non fragellum > *flagelo*, pop. *fragelo* (como *clavum* > *cravo*); ^{rotacização}

g) diminutivos: auris non oricla > *orelha*; neptis non nepticla > *netinha*; catŭlus non catellus > **cadelo / cadela*;

h) mudança de gênero e/ou declinação: socrus non socra > *sogra*; nurus non nura > *nora*; pecten non pectinis > *pente, pétine*; pauper mulier non páupera mulier > *pobre mulher*; fácies non fácia > *face*, it. *fácia*.

i) alterações de forma: rábidus non rabiosus > *rabioso*; exter non extraneus > *estranho*; nobiscum non noscum > *(co)nosco*; vobiscum non voscum > *(con)vosco*.

**2. Derivação neolatinizante em documentos hispânicos de 381 a fim do séc. V – a) Na *Peregrinatio ad loca sancta*, a monja Etéria ou Egéria, provavelmente espanhola, talvez da <u>Galícia,</u> relata, entre 381 e 388, em latim simples e popular, sua peregrinação aos lugares santos da Bíblia (desde o Mar Vermelho até Constantinopla), salientando as celebrações litúrgicas em Jerusalém. As tendências neolatinizantes do latim hispânico revelam-se no uso de vocábulos populares, como *grandis*, na regência verbal pós-clássica e na simplicidade repetitiva de informações. Novak, 1971, p. 11. II. 37 e 39.

b) O manuscrito 1279 do Arquivo Histórico Nacional de Madri, escrito antes do século IX, <u>talvez</u> <u>no</u> <u>sul</u> <u>da</u> <u>Espanha</u>, descrevendo-lhe os rios, é ainda mais interessante na medida em que permite "caracterizar o latim quase *romance* dos últimos séculos dele na Espanha, onde são pouco freqüentes tais tipos de textos dentro dessas centúrias". Díaz, 1962, p. 200. O texto encerra estágio avançado da derivação, sobretudo em nível morfossintático: a) transferência de vocábulos de uma declinação para outra (*flúbius* por *flumen*); b) redução das desinências de caso às do acusativo, caso lexicogênico do português e do espanhol; c) compensação do abandono dos casos mediante uso da ordem direta das palavras na frase e aumento do uso de preposições; d) uso dos verbos depoentes nas formas da voz ativa (*nascit* por *náscitur*); 1.8.6 e) degeneração de /b/ para /v/ e vice-versa; f) falta de padrão ortográfico, traço típico do sistema foneticista da ortografia medieval. 4.7 Essas características aproximam bastante seu latim ao futuro galego-português.

4.1.2.1 Do latim hispânico ao romanço galego-português (381 a antes de 800)

O latim hispânico na *Peregrinatio ad loca sancta*: no alto do Monte Sinai (Egéria, 381-388)	
In eo ergo loco est nunc ecclesĭa non grandis, quonĭam et ipse locus, id est summĭtas montis, non satis grandis est; quae tamen ecclesia habet de se gratiam grandem. Cum ergo, iubente Deo, persubissemus in ipsa sumitate, et peruenissemus ad ostĭum ipsĭus ecclesiae, ecce et occurrit presbŷter veniens de monasterio suo, qui ipsi ecclesiae deputabatur, senex intĕger et monăchus a prima uita, et ut hic dicunt *ascitis*, et quid plura? Qualis dignus est esse in eo loco. Parte 1, 3. *Apud* Coutinho, 1974, p. 38-39.	Nesse lugar, pois, existe hoje uma igreja não grande, porque também o próprio local, isto é, o cimo do monte, não é muito grande; contudo, essa igreja tem, por si mesma, grande beleza. Como, pois, ordenando Deus, tivéssemos subido a esse cume e chegado à porta da igreja, eis que correu ao nosso encontro, vindo do seu mosteiro, um presbítero responsável pela mesma igreja, ancião íntegro e monge desde a juventude, *asceta* como aqui dizem, e o que mais? É homem digno de estar nesse lugar. Novak, 1971, p. 46.

4.1.2.2 Nomĭna flubiorum (autor desconhecido, antes de 800)	
1. Flubĭus qui inrigat Cordoba, qui dicĭtur Bete, nascĭtur in campo Spanie et cadit in mare in oceănum occidentale; currit milĭa ccccxii. **2**. Flubius Tagus, qui inrigat Toleto, nascit in campo Spaniae, occĭdit in mare occidentale. Currit milia cccii. **3**. Flubius Minon nascit prope Pereneum in rotunditate vertĭtur, ut Vegratium oppĭdum maritimum includit, et sic in oceanum mare precipitat et currit milia cccxii. **4**. Flubius Hiberus nascit sub Astoribus montis, inlustrat Spania, cadit in mare de Tortosa iuxta Terracona; currit milia ccxiiii. **5**. Flubius Rodănus currit milia dcccclxii. **6**. Flubius Garonna currit milia mille minus sexaginta vii. **7**. Flubius Dorius nascit in Discertii montis et deflŭit in occidentalem partem; cadit in mare oceanum; currit milia cclx. ^{Díaz, 1962, p. 200-201.}	**1**. O rio que irriga Córdova, que se denomina Bétis, nasce numa planície da Espanha e cai no mar no oceano ocidental; corre 412 mil passos. **2**. O rio Tejo, que irriga Toledo, nasce numa planície da Espanha, cai no mar ocidental; corre 302 mil passos. **3**. O rio Minho nasce perto dos Pireneus, faz volta nos seus arredores, de tal modo que inclui a fortaleza marítima de *Brigántium* (no noroeste da Península), e assim se precipita no mar oceano e corre 312 mil passos. **4**. O rio Ebro nasce ao pé do monte Astorga, torna viçosa a Espanha, cai no mar de Tortosa junto a Tarracona; corre 214 mil passos. **5**. O rio Ródano corre 962 mil passos. **6**. O rio Guadalquivir corre 933 mil passos. **7**. O rio Douro nasce no monte de Discerto e flui para a parte ocidental; cai no mar oceano; corre 260 mil passos.

4.1.3 Afloramento do português em textos latinos (870 a 1214)

Os três séculos que intermediaram a chegada dos bárbaros e a dos árabes à Península não deixaram documentos lingüísticos. Somente no século IX (870) é que começou a manifestar-se, em documentos notariais escritos em latim *bárbaro*, o romanço que veio formar a língua portuguesa, em decorrência da separação do Condado Portucalense dos reinos de Leão e Castela. No início do século XIII, surgiram os primeiros textos redigidos em galego-português, que há séculos vinha sendo empregado, em toda a Península, como veículo das cantigas trovadorescas (em verso) e em documentos notariais. Com a independência de Portugal, fatores políticos, econômicos e sociais determinaram a quebra da relativa unidade lingüística galego-portuguesa, que depois veio a ser fortalecida pela extinção, por volta de 1350, da escola literária galego-portuguesa. Já separado do galego por fronteira apenas política, o português, bastante diferenciado dos outros falares da região, seguiu o seu curso, tornando-se a língua de Portugal, cuja capital já era Lisboa (no início era Guimarães). Com a constituição da nova nacionalidade, iniciou-se a fase histórica do português.

1. **Afloramento do galego-português em glossários latinos dos séculos IV a IX** – Se nem todos os glossários são importantes, alguns são fontes insubstituíveis para estudar a emergência das línguas românicas, em especial o galego-português, em textos do latim vulgar. De especial valor são os encontrados na Alemanha, na abadia de Reichenau e na biblioteca de Cássel, oriundos de várias regiões da Europa, nem todos bíblicos, hoje conservados em Karlsruhe. Desses glossários, em especial o de n. 1558, eis sucinta amostra, na qual se ministra a forma latina clássica seguida da correspondente forma popular, cuja forma portuguesa lhe será acrescentada em itálico. [Díaz, 1962, p. 106-113; Coutinho, 1974, p. 40.]

4.1.3.1 Afloramento do galego-português em glossários latinos dos séc. IV a IX	
Abĕam (ab-ĕo): vadam > (*eu*) *vá*; ***adelfós gnésios***: *germanus* > *irmão*; **anus**: **vetŭla** > *velha*; **articulos**: digitos > *dedos*; **atram**: nigram > *negra*; **canĕre**: cantare > *cantar*; **crura**: tibia > *tíbia*; **demolire**: dissipare > *dissipar*; **demoni<za>tiones**: *subprestitiones* (sic) > *superstições*; **dilexi**: amavi >*amei*; **emit**: comparavit > *comprou*; **excidĕrat**: taliaverat > *talhara*; **favillam**: scintillam > *centelha*; **fallĕre**: mentire > *mentir*; **femur**: coxa > *coxa*; **flagĭtat**: rogat, petit > *roga, pede*; **flagrat**: ardet > *arde*; **forum**: mercatum > *mercado*; **Gallia**: *Frantia* > *França*; **grex**: pecunia > *pecúnia* (cf. *pecuária*); **hiems**: ibernus > *inverno*; **ictus**: colpus > *golpe*.	**iecŏre**: ficato > *fígado*; **ita**: sic > *sim*; **litus**: ripa > *riba, ribeira*; **mares**: mascŭli > *macho*; **optimum**: valde bonum > *muito bom*; **profŭgus**: fugitivus > *fugitivo*; **pulchra**: bella > *bela*; **polenta**: farina > *farinha*; **querelas**: murmurationes > *murmurações*; **res**: causa > *causa / coisa*; **rostrum**: becus > *bico*; **rupem**: petram > *pedra*; **segĕtes**: messes > *messes*; **semel**: una vice > *uma vez*; **spado**: castradus > *castrado*; **sus**: porcus > *porco*; **tugurĭum**: cavana > *cabana*; **ulciscĕre**: vindicare > *vingar*; **utĕre**: usitare > *usar*; **uva passa**: uva sicca > *uva seca*; **vocavi**: clamavi > *clamei* > *chamei*.

2. **Afloramento do galego-português em documentos cartoriais lavrados em *latim bárbaro*, desde 870** – Entre os séc. IX e XIII, os notários, por já não saberem bastante latim para nele lavrarem os documentos forenses, faziam uso de um complexo de fórmulas latinas que passavam de geração em geração, cujas lacunas preenchiam com termos da língua neolatina regional, para depois vertê-las ao latim, o que às vezes faziam, outras não. Nessas lacunas emergem as mais antigas expressões do galego-português, como estas, acrescido o acento: *abelia* (< *apícula*, por *apis*); *ad vobis* (> *a vós*) por *vobis*; *autario* ou *auteiro*, por *altárium*; *conélium* (< *cunículum*); *eglésie* por *ecclésiae*; *estrata* (<

strata); *mónagus* (< *mónachus*); *Ogenia, Olalia, Osebio*; *ovelia* (< *ovicula*, por *ovis*); *que* por *qui, quos, quae*; *vogábulo* (< *vocábulum*); etc. O escriba amiúde alatinava expressões ou frases portuguesas: *arias mauriniz qui erat nepos de cagido presbitero*; *forno telleiro*; *et vai infestum*, "e vai contra"; *et figet se in termino de barvudo*; *deslo rrivolo até no rego, que vai por a vila* (esta de 1161). Fonseca, 1986, p. 102; Teyssier, 1984, p. 13.

Essa mistura de formas latinas com formas romances, ou seja, formas romances alatinadas e formas latinas neolatinizadas, foi designada de <u>latim bárbaro.</u> [0.2] Em Portugal, esses numerosos documentos, lavrados desde 870 (doação de uma propriedade agrícola à igreja de Sozelo), integram a coletânea *Portugáliae monumenta histórica*, "monumentos históricos de Portugal", publicada sob orientação de Alexandre Herculano, pela Academia de Ciências desde 1856. Fonseca, 1985, p. 44. Dessas expressões serão apresentadas aqui 22, em ordem cronológica e alfabética, acompanhadas da data dos documentos e de interpretação delas. Huber, 1986, p. 21-22.

4.1.3.2 Palavras galego-portuguesas em documentos do latim bárbaro (870 a 1177)

1. *artigulo* (883), por *artículum*, articulação, artelho, manha;

2. *avellanales* (883), por *abellanales*, de *Abella*, vila na Campânia, avelanais;

3. *barvaras* (883: *terras bárvaras*), por *bárbaras*, brabas, incultas, bárbaras;

4. *colimbriense* (883), de *Colimbria*, hoje Coimbra, por *conimbricalensem*, de *Conímbrica* ou *Conimbriga*;

5. *dublado* (883), por *duplatum*, dobrado, de *duplare*;

6. *fer* (883), de *ferit*, 3ª pessoa de *ferir* (= confinar), por *fert*, de *ferre*, levar, trazer;

7. *paadulibus* (883, por *palúdibus*, de *palus*, hoje *paul*;

8. *parede* (883), por *paríete*, parede;

9. *ganare* (874), *ganavi* (924), ganhar, ganhei, do port. antigo *gãar*, do gótico *ganan*;

10. *bragarense* (907) e *bragalensis*, braguense, por *bracarense*, braguense, de *Brágaa* < *Brágala* < *Brágara* < *Brácara*;

11. *lenzo* (907), por *lintéolum*, diminutivo de *línteum*, lenço;

12. *portugalense* (907), por *portucalensem*, de *Portu Cale*, vila do Porto, > *portugaese* > *portugueese* séc. XIII > *português*;

13. *avio* (992), por *avum*, masc. de *avia*, avó;

14. *lagare* (992), por *lacare*, port. ant. *lagar* (1450), lagar;

15. *ortale* (992), por *hortalem*, de *hortum*, horto/ horta, jardim;

16. *pedazo de terra* (992), *por pittáccium terrae*, pedaço de terra;

17. *pomare* e *pumare* (992), por *pomárium*, pomar;

18. *almuzala* (1177), do árabe, almoçala, manta;

19. *cabra* (1177), por *capra*, cabra;

20. *gafo* (1177), do árabe *qufã*, leproso;

21. *manta* (1177), por *mantum*, manto;

22. *ovelia* (1177), por *ovem*, ovelha < *ovecla* < *ovicula*, ovelhazinha.

310

3. Um testamento escrito em latim bárbaro em 1177 (mas datado de 1215, ou seja, 1215 - 38 = 1177), extraído de um manuscrito do mosteiro de São Salvador de Souto, concelho de Guimarães, perto de Braga, é, provavelmente, um texto <u>antes</u> <u>escrito</u> <u>em</u> <u>português</u> <u>e</u> <u>depois</u> <u>vertido</u> <u>para</u> <u>o</u> <u>latim</u> <u>bárbaro</u>, porque contém traços do recém-nascido português em sua fase pré-escrita e porque revela influência árabe. ^{Vasconcellos, 1922, p. 13. 4.1.1.} A transcrição sublinhará formas que, alatinadas (note o grafema **u** por **v**) ou aportuguesadas, são mais portuguesas do que latinas.

4.1.3.3 Afloramento do galego-português em documentos cartoriais, 870-1177	
<u>Era</u> M.CC.X.V. Mando ego Horraca Petri meum corpus ad monasterium Sancti Salvatoris <u>de</u> <u>Sauto</u> et ipsum meum <u>casalem</u> <u>de</u> <u>Rial</u> integrum cum omnibus <u>que</u> ad illum pertinent, in quo <u>morauit</u> <u>Menendus</u> <u>Luz,</u> et meum lectum cum <u>almuzala</u> et cum mea <u>manta</u> <u>nova</u>. Ad Mariam <u>Pelagis</u> I <u>ouelia</u> et I <u>cabra</u> cum sua filia. Ad Mariam, filiam <u>de</u> <u>Petro</u> <u>Caluo</u>, I <u>ouelia</u> et I <u>capra</u> et II quartarios <u>de</u> <u>pan</u> et I arca et I <u>telega</u> <u>de</u> <u>pan</u> in quocumque anno donec habeat uirum. Mando ut Petrus <u>Pelagiz</u> teneat in uita sua ipsas <u>casas</u> in quibus <u>morat</u>. Ad Petrum <u>Gunsaluiz</u>, meum abbatem, I <u>ouelia</u> et I <u>capra</u>. Ad <u>gafos</u> <u>de</u> <u>Vimaranis</u> et de <u>Bragaa</u> et <u>de</u> <u>Barcelos</u> singulas <u>telegas</u>. Ad Sanctum Martinum de <u>Candaosu</u> II <u>morabitinos</u> de hereditate <u>de</u> <u>Portela</u> <u>de</u> <u>Lectões.</u> ^{Vasconcellos, 1922, p. 13-14.}	Era de mil duzentos e quinze. Eu, Horraca de Pedro, entrego o meu corpo ao mosteiro de São Salvador de Salto e minha própria casa inteira de Rialto com tudo o que pertence a ela, no qual morou Mendes Luz, meu leito com almoçala e com minha manta nova. Para a Maria do Pelágio, uma ovelha e uma cabra com sua prole. A Maria, filha de Pedro Calvo, uma ovelha e uma cabra e duas quartas partes de um moio de pão e uma arca e uma medida de pão em todo o ano, até que tenha marido. Determino que Pedro Pelágio tenha em sua vida as próprias casas em que mora. A Pedro Gonçalves, meu abade, uma ovelha e uma cabra. Aos leprosos de Guimarães, de Braga e de Barcelos, a cada qual uma medida. A São Martinho de Candaosu, duas moedas de ouro da herança de Portela de Leitões.

4.1.4 Primeiros documentos escritos em português (início do século XIII)

Do romance falado na *Gallaecia*, veio a constituir-se o *galego-português* em ambas as margens do Minho. O adjetivo *português* derivou de *portucalense*, que já ocorre na denominação *Condado Portucalense*, região sul da Galiza, desmembrada e doada, em 1095, por Dom Afonso VI, de Leão e Castela, a Dom Henrique, conde de Borgonha. *Portugal* deriva de *Portus Cale* (< gr. *kállaion*, "crista de galo, galego"), [3.1.1] nome de antiga povoação junto ao Porto, na foz do Douro: *Portus Cale* > *Portugale*, [séc. VI], donde *portucalense* > *portugalense* [907] > *portugalese* > *portugaese* > *portugueese* [séc. XIII] > *português*. A forma *portuga*[1899] é regressiva de *português*. [Cunha, 1982b, p. 625; Coutinho, 1974, p. 54-55.]

O português separou-se do galego a partir da independência do Condado Portucalense em 1143, quando começaram a desenvolver-se diferenças entre português e galego, que os portugueses, desde o século XVI, sentem como arcaico e provincial e que o brasileiro sente como tendo um passado cultural mais português do que espanhol, inclusive na sua ortografia. [4.1.1: 5.]

Os primeiros textos escritos em português revelam-no como língua românica, com traços próprios de sua fase arcaica, similares aos de outros textos da sua época. Eles deram continuidade aos que vinham se esboçando já nos textos do latim vulgar desde antes do século III, em especial desde 870, data do mais antigo documento lavrado em latim cartorial na Lusitânia (doação de área agrícola à igreja de Sozelo). [Fonseca, 1985, p. 45-47.] Esses textos são de relevante importância para conhecer o português arcaico em seus níveis ortográfico, fonológico morfossintático. [4.2 a 4.7] Para desvendá-la nessa fase, os historiadores geralmente transcrevem alguns dos documentos escritos mais antigos; entre tais historiadores, merece citar-se, pela amplidão e profundidade do estudo que deles faz, Clarinda de Azevedo Maia, 1986, cuja *História do galego-português*, de 1007 p., transcreve 167 documentos, que interpreta com mestria. [Maia, 1968, p. 41-295.]

Acreditou-se, por muito tempo, que os dois documentos provenientes do nortenho mosteiro de Vairão – o *Auto de Partilhas* e o *Testamento de Elvira Sanchez*, datados respectivamente de 1192 e 1193 – seriam os mais antigos textos escritos em português. Mas estudos recentes, do Pe. Avelino de Jesus da Costa, publicados em 1957 e 1979, comprovaram que esses textos eram traduções de textos latinos efetuadas no fim do século XIII. Com isso, os documentos mais antigos passaram a ser, dentro do estado atual dos conhecimentos, a *Notícia de Torto* (1214-1216),

proveniente desse mesmo mosteiro, e o *Testamento de Dom Afonso II*, rei de Portugal, [1211-1221], datado de 1214, isto é, de 1252 - 38 = 1214 dC
Teyssier, 1984, p. 101-102.

A ***Notícia de Torto***, ou seja, de dano, agravo, injustiça, é um rascunho sem data, escrito num pergaminho, hoje pertencente ao acervo do Museu Nacional da Torre do Tombo, em Lisboa. O autor inseriu, no meio das frases portuguesas, termos em latim bárbaro, com o fim de redigir depois o documento dentro do formulário latino-medieval. Mesmo assim, ele é importante para estudar a língua recém-nascida e o contexto sociocultural da Idade Média. Consiste numa queixa de Lourenço Fernandes contra extorsões, violências e espoliações de propriedades, de usufruto, de quinhões e muitos outros tipos de agressões que os filhos de Gonçalo Ramires (Ramiro, Gonçalo e Elvira Gonçalves) lhe fizeram, contra cláusulas constantes em escritura, que Gonçalo Ramires estabelecera entre seus filhos e o queixoso.

O ***Testamento de Dom Afonso II***, **datado de 1214**, consiste num pedido do Rei D. Afonso II ao Papa no sentido de que este tome sob sua proteção e defesa o reino, a rainha e os filhos, bem como estabelece várias disposições a serem cumpridas após o falecimento dele: a ordem de sucessão no trono, os legados, a guarda do seu tesouro e muitas outras. A origem cortesã revela a variante erudita da jovem língua portuguesa de então. Eis excerto da *Notícia*, bem como a parte inicial e final do *Testamento*. O primeiro ilustra a ocorrência de: grafias diferentes para as mesmas palavras, por falta de padrão ortográfico, formas arcaicas, ainda próximas às latinas, como *illos*, síncopes consonantais, que geraram ditongos. O segundo ilustra o caráter fonético da ortografia portuguesa, cuja preocupação consistia em facilitar a leitura, dando ao leitor uma impressão, tanto quanto possível exata da língua falada e cuja vigência subsistiu até o século XVI, quando foi substituído pelo etimológico e, no limiar do século XX, pelo histórico-científico simplificado. [4.7.1]

4.1.4 Os dois primeiros documentos escritos em português: excertos
1. Notícia de torto (1214-1216)

...E d'auer ^(haver, ter) que ouerũ de seu pater ^(pai) nun[n]qua ^(nunca) li ^(lhe) ĩde ^(disso) derũ parte. Deo Dũ Gôcauo a Laurẽco Fernãdiz e Marfĩ Gõcaluiz XII casaes ^(casas) por arras ^(penhor) de sua auóó, e filarũ-li ^(tomaram-lhe) illos ^(eles) ĩnde ^(disso, daí) VI casales cũ torto.^(sem direito) E podedes ^(podeis) saber como mando ^(mandou) Dũ Gôcauo a su morte: de XVI casales de Veracin que fructarũ ^(desfrutaram) e que li ^(lhe) nunqua ide derũ quinnõs; ^(quinhões) e de VII e medio casaes antre ^(entre) Goina e Bastuzio unde ^(de onde) li nunqua derũ quinõ; e de tres ĩ Tefuosa unde li nunqua ar ^(dessa coisa (< ad rem)) derũ nada; e II^(os) aqueles ĩ Figeerecdo unnde nũqua li derũ quinõ; e II^(os) ĩ Tamal ũde li ñ ar derũ quinõ; e da senara ^(seara) de Coina ũde li ñ ar derũ quinõ; e de uno casal de Coina que leuarũ ĩde III anos o fructo cũ torto. E por istes ^(estes) tortos que li fecerũ tem qua ^(quase) seu plazo ^(prazo) quebrãtado, ^(vencido) e qua li o devẽ por sanar... ^(Coutinho, 1974, p. 69. Vasconcellos, 1922, p. 15-16.)

2. Testamento de Dom Afonso II (1214)

1. En o nome de Deus. Eu rei don Afonso pela gracia de Deus rei de Portugal, seendo sano e saluo, temẽte o dia de mia morte, a saude ^(para salvação) de mia alma, e a proe ^(em) ^(prol) de mia molier raina Dona Orraca, e de meus filios, e de meus uassalos e de todo meu reino, fiz mia mãda, ^(testamento) per que de pos mia morte, mia molier e meus filios e meu reino, e meus uassalos, e todas aquelas cousas que Deus mi deu en poder sten ^(estejam) en paz e en folgãcia.^(tranqüilidade) – Primeiramente mãdo que meu filio infante don Sancho que ei ^(tenho) da raina Dona Orraca agia ^(haja, tenha) meu reino entegramente e en paz. E ssi este for morto sen semmel, ^(descendente) o maior filio que ouuer da raina Dona Orraca, agia o reino entegramente e en paz. (...)

2. E mandei fazer treze cartas cũ aquesta, tal una come outra, que per elas toda mia mãda segia cõprida, das quaes tem una o arcebispo de Bragáá, a outra o arcebispo de Santiago, a terceira o arcebispo de Toledo, a quarta o bispo do Portu, a quinta o de Lixbona, a sexta o de Coĩbria, a septima o d'Euora, a octava o de Viseu, a novea o maestro do tẽplo, a dezima o prior do espital, a undezima o prior de Santa Cruz, a duodecima o abade d'Alcobaza, a tercia dezima fazer guarda[r] en mia reposte. ^(gaveta secreta) E forũ feitas en Coinbria .iiij.^(or) dias por andar de Iunio ^(26 de junho) Era M^a. CC^a. L^a .ij^a. ^(Era 1252 – 38 = 1214 dC) (*Apud* Vasconcellos, 1926, p. 68 e 72-73; cf. Huber, 1986, p. 321-326)

4.1.5 Diferenciação entre português e espanhol (até cerca de 1200)

Na Península Ibérica, o latim originou três idiomas: no leste, o catalão; no centro, o castelhano; no oeste, o português. O espanhol (castelhano e catalão) e o português mantiveram-se mais próximos ao latim do que o francês e mais conservadores. Por quê? Porque o isolamento cultural favorece o conservadorismo. Assim, o fato de a Península (em especial a Lusitânia e a Galiza), tal como a Romênia, a Sardenha e a Sicília, estarem situadas em pontos distantes de Roma e/ou isolados dela, fez que nelas o latim evoluísse com mais vagar e ignorasse muitos neologismos em favor de arcaísmos. Como fatores de diferenciação entre esses idiomas, devem mencionar-se outros, como a influência da migração externa e o poder do substrato lingüístico dos povos conquistados. Quais? No norte de Portugal predominou o céltico, como revelam os topônimos e antropônimos locais; na Espanha, o ibero. Com a queda do Império, vieram vândalos, suevos, visigodos e, desde 711, os muçulmanos, que resistiram à expulsão até à tomada de Granada pelos cristãos em 1492. [4.1.1. II. 8, 27.]

1. Derivação até ao século VIII – a) Sistema vocálico – O sistema de duração breve ou longa das vogais derivou para o de timbre fechado e aberto: *secrētum* > *segredo*; *rŏtam* > *roda*; o acento tônico em geral não se deslocou, excetuada a forte e ainda atual tendência a paroxitonizar as proparoxítonas: *másculum* > *macho*; substituiu-se o quadro de dez vogais e dois dos ditongos do latim clássico pelo de sete vogais, subsistente até hoje no Brasil. [1.1.1 até 1.1.3.] Em relação ao latim e ao espanhol, o sistema fônico do galego-português, como os outros sistemas, revela caráter conservador. [Teyssier, 1984, p. 7-9; Huber, 1986, p. 18.]

b) Sistema consonantal – Entre as inovações fonéticas, sobressaem a palatalização de algumas consoantes latinas (*hoje* < *ho-die* < *ho-di-e*; *roxo* < *rus-seu* < *rus-se-u*; *filho* < *fi-liu* < *fi-li-u*, *tenho* < *te-neo* < *te-ne-o*), a queda do **n** antes de **s** (*mesa* < *mensa*) e a sonorização das surdas intervocálicas (*cabo* < *caput*, *amigo* < *amicu*). No século IX, vários fenômenos deram início à diferenciação entre galego-português e espanhol: a) o grupo -*cl*- das proparoxítonas (*oculum* > *oclu*> *oylo* > *olho*; *auriculam* > *orecla* > *oreila* > *orelha*) originou respectivamente *olho, orelha* e *ojo, oreja*; b) o grupo -*ct*- (*noctem, lectum, lactem, factum*) derivou respectivamente para *noite, leito, leite, feito* e *noche, lecho, leche, hecho*; c) as vogais breve **ĕ** e **ŏ** mantiveram-se abertas (*pedra, nove*) e se ditongaram (*piedra, nueve*) respectivamente. [Teyssier, 1984, p. 10-11.]

2. Desde o século IX até ao início do XIII surgiram outras derivações diferenciadoras. **a)** Os grupos iniciais de sílaba **cl, fl, pl** palatalizaram-se em **ch** no galego-português (*clamare* > *chamar*, *flama* > *chama*, *pluvia* > *chuva*, *implere* > *encher*) e em **ll** no espanhol (*llamar, llama, lluvia, llenar*). **b)** Pelo fim do século X, o **l** intervocálico sofreu síncope no galego-português, originando grande volume de iatos (*sa-li-re* > *sa-ir, dolorem* > *do-or* > *dor*), mas se manteve no espanhol (*salir, dolor*). **c)** Nos séculos XI e XII, o **n** intervocálico sofreu queda no galego-português (*corona* > *coroa*; *arena* > *area* > *areia*), mas se manteve no espanhol (*corona, arena*). [Teyssier, 1984, p. 11-13.]

O português ficou mais rico em timbres vocálicos do que o espanhol. Desde o início do século XIX, o português europeu apresenta um quadro de 8 vogais orais tônicas / i, e, ɛ, a, *a*, ɔ, o, u / e pretônicas / i, *e*, ɛ, a, *a*, ɔ, o, u /, 3 átonas finais / *e*, *a*, u / e 5 nasais /ĩ, ẽ, ã, õ, ũ /, enquanto que o do Brasil apresenta 7 vogais tônicas / i, e, ɛ, a, ɔ, o, u /, 5 átonas / i, e, a, o, u /, 3 finais / i, a, u / e essas mesmas 5 nasais. [Teyssier, 1984, p. 63; Cunha, 1982, p. 49-51.] O espanhol apresenta 5 vogais tônicas orais / i, e, a, o, u /, mas ganha em clareza e caráter oratório. As diferenças fônicas atuais mais salientes entre o espanhol e o português encontram-se resumidas neste quadro sinótico que as focaliza a partir do latim. [cf. Huber, 1986, p. 19.]

4.2.1 Do latim ao português e espanhol: quadro fonético			
latim	*português*	*espanhol*	*exemplos*
-ariu	-eiro	-ero	primariu > primeiro / primero
au, a + u	ou	o	auru > ouro / oro sapuit > soube / sope (*hoje* supo) habuit > houve / ove (huve) (*hoje* hubo)
al + cons.	ou	o	saltu > souto / soto (*hoje* salto / salto)
api	aib	ep	sapiat > saiba / sepa
ĕ	e	ie	caelu > ceo / cielo tenet > tem / tiene equa > egoa / yegua
ŏ	o	eu	bonu > bom / bueno corpu > corpo / cuerpo
-n-	ø	n	bona > boa / buena tenere > ter / tener
-l-	ø	l	caelu > ceo / cielo salire > sair / salir
cl-, pl-, fl-	ch	ll	clamare > chamar / llamar planu > chão / llano flamma > chama / llama
-ct-	it	ch	factu > feito / hecho pectu > peito / pecho nocte > noite / noche
-nn-	n	ñ	annu > ano /año pannu > pano / paño
-ll-	l	ll	caballu > cavalo / caballo gallu > galo / gallo

4.2 Sistema fônico: sinopse

A língua portuguesa acumula, em sua estrutura e funcionamento, os resultados do processo derivativo do latim vulgar ao português através do milênio e meio que precedeu a elaboração dos primeiros textos escritos inteiramente em português (1214), processo que o tópico 4.1 procurou acompanhar, embora a largos passos. O conhecimento de tal processo explica inúmeros fenômenos do português, bem como auxilia o luso-falante na tarefa de aprender latim. Como? No processo de aprender o latim, ele terá que percorrer, ao menos em tese, o caminho inverso ou regressivo àquele que foi percorrido pelo sistema fônico no milenar laboratório popular, se não em todos os passos, pelo menos no termo de partida e de chegada dos fenômenos evolutivos. Esse processo regressivo do português ao latim será apresentado neste tópico, embora se faça de modo sucinto e pontual e sem levar rm conta inovasões modernas do português europeu.

Como nas demais línguas, as evoluções ou derivações do latim ao português constituem resultado espontâneo, natural e universal de dois princípios opostos: a) o da economia lingüística no esforço do aparelho fonador; b) o do entendimento efetivo, pelo interlocutor, da mensagem do emissor. As modificações fônicas ou "metaplasmos" que mais interessam nesse processo, levando-se em conta a posição inicial, medial ou final dele, são estes: a) por aumento: pró(s)tese, epêntese, paragoge; b) por subtração: aférese, síncope, apócope; c) por permuta ou troca: sonorização, vocalização, consonantização, assimilação, dissimilação, nasalação, desnasalação, apofonia, metafonia; d) por deslocamento da sílaba tônica ou hiperbibasmo: sístole (recuo), diástole (avanço). Coutinho, 1974, p. 142-149.

No seguinte quadro sinótico e panorâmico dos resultados dessa derivação: **a)** não se pretende entrar em detalhes nem datá-los; **b)** o universo lingüístico focalizado compreende apenas as palavras derivadas do latim (cerca de 80,7% entre as palavras comuns a Portugal e Brasil) e do grego antigo advindas pelo latim (16,1%), que perfazem 96,8%, não as restantes 3,2%, adotadas de outras línguas (germânicas, afras, árabes, indígenas etc.); [4.6] **c)** na Península Ibérica, a forma latina dos nomes (substantivos e adjetivos) que derivou para as línguas neolatinas foi a do objeto direto, expresso pelo acusativo, o caso lexicogênico do português; porque a desinência -**m** do singular (*serva-m*) sofreu apócope já no latim vulgar, ao contrário do -**s** do plural (*servas*), que subsistiu, as formas nominais do acusativo serão aqui transcritas sem tal -**m**; **d)** da cadeia fônica evolutiva registrar-se-á, aqui, em princípio, só a forma inicial e a final, omitidas as intermediárias; **e)** os resultados da derivação vertem das próprias tendências do latim vulgar. [4.1.2: 1]

4.2.1 Vogais e ditongos

1. Vogais – As sete vogais orais tônicas do latim popular e do português / i, e, ɛ, a, ɔ, o, u / originaram-se de um quadro de 10 vogais do latim clássico, [1.1] através do seguinte processo derivativo:

1) As tônicas, por serem acentuadas, em geral subsistiram: água < *aqua*, paz < *pace*; névoa < *nébula*, segredo < *secretu*; ele < *ille*, rio < *rivu*; roda < *rota*, sabor < *sapore*; logro < *lucru*, seguro < *securu*. – As pretônicas e postônicas, por serem átonas, sofreram alterações e quedas. **2) A pretônica medial** sofreu síncope: bondade < *bonitate*, honrar < *honorare*, contar < *computare*. ■ **3) A postônica medial** contígua à tônica sofreu, em geral, síncope, resultado da tendência paroxitonizante, que, iniciada já no latim vulgar, persiste até hoje: verde < *víride*, lebre < *lépore*, obra < *ópera*, letra < *líttera*, fazer < facere <*fácere*, pôr < poor < pôer < ponere < *pónere*. **4) Postônicas finais**: **a)** i > e; u > o: disse < *dixi*, livro < *libru*; **b) e**, precedido de consoante capaz de formar sílaba com a vogal anterior, a saber, **l, n, r, s, z**, sofreu apócope (mal < *male*, bem < *bene*, amar < *amare*, mês < *mese* < *mense*, cruz < *cruce*), tendo-se tornado as únicas terminações neolatinas diferentes de **a, e, o**, que dão continuidade às vogais temáticas das três primeiras declinações latinas. [1.4.1 e 4.3.1.]

2. Ditongos – **1) latinos: ae**: > **é**: céu < *caelu*; **au > au** e **ou** ou **oi**: audaz < *audāce*, ouro < *auru*, coisa < *causa*; **oe > e**: pena < *poena*; **2) ditongações românicas**, isto é, da fase do *romanço*, [c. 500 a 1000,] resultaram

318

dos seguintes fenômenos fonéticos: **a)** síncope da consoante intervocálica: vaidade < *vanitate*; cai < *cadit*; **b)** vocalização: noite < *nocte*; reino < *regnu*; **c)** transposição (metátese): raiva < *rábia*; caibo < *cápio*; **d)** epêntese desfazedora de hiato: creio < creo < *credo*; **e)** o -**ão** representa as formas arcaicas -**ão**, -**am** e -**om**, correspondentes às latinas -**ānu**, -**āne**, -**ōne**, -**ĭne**, -**unt**, -**um** <-**unc**, -**on**, -**ant**, -**a(d)unt**: verão < *veranu*, pão < *pane*, cão < *cane*, oração < *oratione*, certidão < *certitúdine*, são < *sunt*, então < *in-tunc*, não < *non*, dão < *dant*, estão < *stant*, vão < *va(d)unt*.

4.2.2 Consoantes simples e grupos consonantais

1. Consoantes simples

1) Iniciais – Mantiveram-se (bem < *bene*, dever < *debere*), com poucas alterações, resultantes, talvez, de sua ocorrência em posição intervocálica: gato < *cattu*, bainha < *vagina*, boda < *vōta*, etc.

2) Mediais – **a) As surdas** intervocálicas sonorizaram-se: lobo < *lupu*, vida < *vita*, água < aqua, proveito < *profectu*, rosa [z] < rosa [s]; – **c** (ante **a**, **o**, **u**) > **g**: pagar < *pacare*; fogo < *focu*; agudo < *acutu*; mas **c** (ante **e**, **i**) > **z**: azedo < *acetu*, prazer < *placere*, dizer < *dicere* < *dícere*, donzela < *dominicella*; vazio < *vacivu*, vizinho < *vicinu*. **b) As sonoras**: ora sofreram síncope: ser < seer < *sedere*, fio < *filu*, ia < *ibat*, ler < leer < *legere* < *légere*, pessoa < *persona*, lã < *lana*, pôr < pôer < *ponere* < *pónere*; ora subsistiram: hora < *hora*; amor < *amore*, rogar < *rogare*; ora alteraram-se: fava < *faba*, cavalo < *caballu*; praia < *plaga*.

3) Finais – **a)** Por efeito da tendência de as línguas finalizarem as sílabas por vogal (ditas, por isso, *sílabas abertas*), as consoantes finais latinas em geral **sofreram apócope**: e < et, servo < *servum*; ama < *amat*. **b) Mas conservaram-se**: i) o -s, quer o morfema desinencial do acusativo plural (servas < *servas*, servos < *servos*, aves < *aves*) e da 2ª pessoa do singular dos verbos (amavas < *amabas*, amasses < *amavisses*), quer o de formas livres (mais < *magis*, menos < *minus*); ii) as nasais, mas só como ressonância nasal em monossílabos: com < *cum*, em < *in*; iii) a consoante final de latinismos: cor < *cor*, pólen < *pollen*, Deus < *Deus*,

319

Domingos < *Domínicus*, Marcos < *Marcus*. **c) As finais l, r, s, z** resultaram de apócope de **-e** latino: mal < *male*, amar < *amare*, mês < mese < *mense*, luz < luze < *luce*, feroz < feroze < *feroce*, dez < deze < *dece*, rapaz < rapaze < *rapace*.

2. Grupos consonantais

1) Grupos iniciais – 1º) Os grupos iniciais próprios, isto é, os formados das consoantes / **p – b; t – d; c – g ; f /** + líquida / **l, r /**, subdividiram-se: **a)** <u>os em **r**</u> <u>subsistiram</u>: breve < *breve*, cruz < *cruce*, dragão < *dracone*, fruto < *fructu*, grão < *granu*, prado < *pratu*, três < *tres*; **b)** <u>os mais antigos</u> <u>em **l**</u> palatizaram-se em **ch**: chamar < *clamare*, cheirar < *flagrare*, chão < chanu < *planu*; mas, no falar erudito posterior, **l** > **r**: cravo < *clavu*, frouxo < *fluxu*, prazer < *placere*; **c) bl-** e **gl-** ou originaram **br-** e **gr-** (brando < *blandu*, grude < *glute*), ou reduziram-se a **l-** : lastimar < *blasphemare*, latir < *glatire*. – **2º) Os grupos iniciais impróprios sc-, sm-, sp-, st-** tomaram **e-** protético: escudo < *scutum*; esmeralda < *smáragda*; espectador < *spectatore* (cf. expectativa < *ex-spectativa*), espontâneo < *spontaneu*; estrato < *stratu* (cf. extrato < *ex-tractu*). Mas, ante vogal, **sc-** reduziu-se a **c-**: ciência < *scientia*; cisma < *schisma*.

2) Grupos mediais – 1º) Os formados de consoantes geminadas reduziram-se às respectivas simples: boca < *bucca*, efeito < *effectu*, ela < *illa*, gota < *gutta*; mas excetuam-se os em **rr** e **ss**: correr < *cúrrere*; posso < *possum*. **2º) Os grupos consonantais próprios**, isto é, os formados de consoante + líquida / **l, r /**: **a)** os em **r** conservaram-se: membro < *membru*; mas, nos precedidos de vogal, a primeira consoante foi tratada como intervocálica: <u>sonorizou-se</u> (ladrão < *latrone*), <u>vocalizou-se</u> (inteiro < *intĕgru*), <u>sincopou-se</u> (quarenta < *quaraenta* < *quadraginta*) ou <u>conservou-se</u> (negro < *nigru*); **b)** os em **l** subdividiram-se: os grupos **cl, fl, pl** precedidos de consoante palatizaram-se em **ch**: macho < masclu < *másculu*, inchar < *inflare*, encher < *implere*; mas os precedidos de vogal palatizaram-se em **lh**: olho < oclu < *óculu*, orelha < ouricla < *aurícŭla*; **c)** os grupos **bl, gl, tl** precedidos de vogal palatizaram-se em **lh**: telha < tegla < *tégula*, coalhar < coaglar < *coagulare*, velho < vetlu < *vétulu*; ■ **3º) Os grupos impróprios**: **a)** os de oclusiva / p, b; t, d; k, g / + outra consoante receberam <u>vários</u> <u>tratamentos</u>: esse < *ipse*, oito < *octo*, aceito < *acceptu*, sete < *septe*, reino < *regnu*, lenho < *lignu*; os em **x** (= ks) > **ix** ou **ss**: seixo < *saxu*, disse < *dixi*; **b)** os formados de não oclusiva, isto é, de constritiva + outra consoante, <u>diversificaram-se</u>: pessoa < *persona*, sono < *somnu*; árvore < *árbore*; mesa < *mensa*; padecer < *patescere*, peixe < *pisce*; outro < *altru* < *álteru*, foice < *falce*, poupar < *palpare*; **c)** os de consoante + semivogal **i**: i) <u>palatizaram-se</u>: filho < fi-lio < *fí-li-u*; tenho < te-nio < *te-ne-o*; ii) <u>derivaram</u> <u>para</u> **c** <u>ou</u> **z**: faço < fa-cio < *fá-ci-o*; cabeça < cabí-tia < *capí-ti-a*; iii) <u>para</u> **ç** <u>ou</u> **j**: ouço < au-dio < *áu-di-o*, hoje < ho-die < hó-di-e; **d) gi** > **j**: fujo < fu-gio < *fú-gi-o*; **e) si** (cujo **i** é semivogal) > **ij**: beijo < baijo < ba-sio < *ba-se-u*; **ssi** > **ix**: paixão < pas-sio-ne < *pas-si-o-ne*.

4.3 Sistema nominal: morfologia e sintaxe

Em matéria de morfologia e sintaxe, a evolução que se processou do latim ao galego-português [4.1.2: 1] foi semelhante à que levou às outras línguas românicas, em especial ao castelhano.

4.3.1 Casos e declinações: de língua sintética a língua analítica

1. No latim, como os verbos, para exprimirem as categorias verbais (modo, tempo, número, etc.) se <u>conjugam</u> e compõem, pelo critério da vogal temática, um sistema de <u>quatro</u> <u>conjugações</u>, [1.8] assim também os nomes, para exprimirem a dezena de funções sintáticas que eles podem exercer na cadeia da frase, se <u>declinam</u>, por um sistema de desinências de <u>seis casos</u>, [1.3] e compõem, pelo critério da vogal temática, um sistema de <u>cinco</u> grupos, chamados <u>declinações.</u> [1.4]

As cinco declinações distinguem-se pela vogal temática e pelas desinências que os radicais recebem, como, por exemplo: a) pela desinência do caso genitivo singular desses mesmos nomes: 1ª, serv-**ae**, 2ª, serv-**i**, 3ª, virtūt-**is**, 4ª, fruct-**us**, 5ª, di-**ēi**; b) pelas desinências do termo que reproduz a função do objeto direto, que o latim exprime pelo caso acu-

321

sativo e que derivaram para o português, com apócope do -**m** no singular: 1ª, *servam, servas*; 2ª, *servum, servos*; 3ª, *vitutem, virtutes*; 4ª, *fructum, fructus*; 5ª, *diem, dies*.

2. Cedo o latim vulgar reduziu esse sistema de desinências (morfemas) de seis casos a apenas um. Qual? Como, na Itália, as formas se fixaram nas do caso nominativo (o do sujeito), assim, na Península Ibérica, os nomes se fixaram nas do acusativo (o do objeto direto). Por isso este se diz *caso lexicogênico do português* (e do espanhol). De outro lado, o latim popular reduziu o quadro de cinco declinações dos nomes ao das três primeiras, tendo transferido para a 1ª os nomes da 5ª e para a 2ª os da 4ª, fenômeno que se reflete na vogal temática **a, -o, -e** dos nomes no português: 1ª, *servam – servas*, 2ª, *servum – servos*, 3ª, *virtutem – virtutes*. O fato de alguns nomes da língua portuguesa terminarem pelas consoantes **l, r, s** e **z** resulta da perda (apócope) da vogal temática final -**e**, o que ocorreu na fase românica do latim, isto é, do final do século V a IX: fiel < *fiele* < *fidelem*; amor < *amorem*; mês < mese < mensem; feroz < feroze < ferocem.

3. Mas subsistem, no português, **resíduos dos casos**: **a)** Nominativo: nomes próprios (*Apolo, Cícero, César, Deus, Nero, Juno, Júpiter, Vênus*); nomes comuns (*ânus, câncer, júnior, ônus*), incluídas designações eruditas (*adverso, íntegro, lacuna, pélago, plaga, sigilo*); pronomes pessoais retos (*eu, tu, ele, nós, vós*) e demonstrativos (*este, esse, aquele*). **b)** Genitivo: patronímicos (Fernandez < *Fernándici*, Mendes < *Méndici*, Lopes < *Lúpici*, Nunes < *Núnici*); nomes comuns (indez < *indícii ovum*); nomes compostos (aqueduto < *aquae-ductus*; agricultura < *agri- cultura*; terremoto < *terrae motus*; jurisprudentia < *iuris prudentia*; fratricida < *fratris-cida* (< *frater, caedo*), mordomo < *maior domus*. **c)** Dativo: nomes compostos (crucifixo < *cruci fixus*, Deodato < *Deo datus*); pronomes (mim < *mihi*, ti < *tibi*, si < *sibi*, lhe < *illi*). **d)** Ablativo: advérbios (agora < *hac hora*, hoje < *hodie* < *hoc die*, somente < *sola mente*; vice-versa < *vice versa*); orações reduzidas de particípio no ablativo (feitas as partes < *partĭbus factis*; cessando a causa < *cessante causa*; nascendo o sol < *oriente sole*).

4. As palavras flexionais latinas, por efeito de suas desinências, incorporavam índices fortes de suas relações com os termos correlatos ou de *relações sintagmáticas*. Por isso o latim (como todas as línguas de casos nominais) se integra no grupo das <u>línguas sintéticas</u>, aquelas que, graças a muitos morfemas (desinências) flexionais dos nomes e verbos, conseguem transmitir conceitos em forma sucinta e precisa. [1.3] Por isso, as línguas sintéticas, como a latina, prestam-se para atividades culturais que requerem precisão, concisão e resistência a ambigüidades, como o Direito, a Filosofia e a Teologia. Para expressar essas relações sintagmáticas, a progressiva dialetação latina causada pelas diferenças culturais, regionais, temporais, etc. levou ao esmaecimento das distinções flexionais e, por compensação, à ampliação do uso de preposições e da ordem direta das palavras, o que acabou por imprimir às línguas neolatinas o caráter de <u>línguas analíticas</u>, isto é, cujas palavras são basicamente monomorfêmicas (de uma só forma), o que as torna menos concisas e menos precisas, fato que pode ser observado na extensão dos textos traduzidos em 3.

4.3.2 Gêneros: resíduos do neutro

Como outras línguas (grego, alemão...), ao gênero masculino e feminino, o latim contrapõe o neutro (<*ne-utrum*, "nenhum dos dois"). [1.2.3; 1.4.4] Os nomes vernáculos de gênero masculino e feminino conservaram, em geral, o mesmo gênero do latim: *serva, servo, virtude*. Já os nomes de <u>gênero</u> <u>neutro</u> assumiram em geral o gênero masculino: cabo < *caput*; corno < *cornu*, nome < *nomen*.

O fato de que, nas formas de gênero neutro, a do nominativo se repete no acusativo e no vocativo e de que a desinência plural desses casos é **-a** originou o seguinte resultado: as formas de nominativo singular em **-um**, por serem similares às do nominativo masculino em **-us** da 2ª declinação, assumiram, em geral, o gênero masculino, ao passo que as formas do plural em **-a** foram consideradas, por efeito de analogia, nomes femininos e foram integrados à 1ª declinação: lenho < *lignum* / lenha < *ligna*; senho < *signum* / senha < *signa*; cinto < *cinctum* / cinta < *cincta*; braço < *brachĭum*

/ braça < *brachĭa*; animal < *animal* / alimária < *animalĭa*. A idéia de plural permaneceu, ao menos durante algum tempo, no sentido coletivo que tiveram alguns desses nomes: *ova, ferramenta, vestimenta, lenha, alimária*. Entre os poucos vestígios de formas de gênero neutro no português, estão as dos pronomes: *tudo, isto, isso, aquilo, o* (= isso), *al, algo*.

4.4 Sistema verbal: preservação com alterações

Na evolução do latim ao português, o sistema de formas verbais foi consideravelmente simplificado. O dos tempos e modos alterou-se. Também nos verbos, o caráter sintético cedeu lugar à tendência analítica de formas perifrásticas.

4.4.1 Conjugações: de quatro a três

Pelo critério da vogal temática, presente ou ausente, o latim apresentava quatro conjugações, a exemplo destes verbos no infinitivo: *am-āre*, *mon-ēre, reg-ĕ-re, aud-īre* respectivamente. [1.8.1] Por efeito da perda da oposição quantitativa (longa e breve) das vogais já no latim vulgar, os verbos da 3ª foram incorporados à 2ª e a outras. As desinências remanescentes, **-are, -ere, -ire** apocoparam-se, originando *-ar, -er, -ir* do português.

Quais conjugações perderam verbos e quais ganharam? – **a) A 2ª** incorporou a maior parte dos verbos da 3ª: *regĕre* > *regēre* > reger; *capĕre* > *capēre* > caber; *legĕre* > *legēre* > leer > ler; *dicĕre* > *dicēre* > dizer; *facĕre* > *facēre* > fazer; *ponĕre* > *ponēre* > põere > poer (arc.) > pôr. Mas *dúcere* e *séqui* originaram compostos em *-ir*: *conduzir, produzir; perseguir, prosseguir*. **b) A 1ª** não só não perdeu verbos, mas incorporou alguns da 2ª e da 3ª: *torrēre* > torrare > *torrar*; *fidĕre* > fidare > fiar. **c) Alguns mudaram de conjugação** no próprio português: *cadĕre* > *cadēre* > caer (arc.) > *cair*; *corrigĕre* > *corrigēre* > correger (arc.) > corrigir. **d) Origem de verbos anômalos**: no português (e espanhol), *sedēre* > *seer* > *ser*, enquanto *esse* > *éssere* (italiano) e *être* (francês);

324

posse > potēre > poder; ferre > ferire > -ferir (= conduzir, levar): *conferir, diferir, aferir, preferir;* mas *sofrer < sufferre, oferecer < offerre.*

4.4.2 Vozes, tempos, modos: deslocamentos, perdas e criações

1. A relação entre o sujeito e a ação verbal, expressa, no português, pela voz ativa e pela passiva, era expressa, no latim, pelas **vozes**, portadoras de desinências distintivas: sujeito agente, *voz ativa;* sujeito paciente, *voz passiva;* forma verbal passiva, mas sujeito agente, voz depoente (*confiteor* = confesso; *nascor* = nasço). Ao longo do tempo, os verbos depoentes assumiram, pois, caráter e forma de verbos ativos. [1.8.5 – 1.8.7]

2. A derivação das formas e tempos verbais a partir de **três radicais** indicativos do aspecto (*ponh-o, pus-, post-o; faç-o, fiz-, feit-o*) está dando continuidade ao sistema latino: *pono* (*imperfectivo* ou *infectum*), *posŭ-i* (*perfectivo* ou *perfectum*) e *posĭt-um* (*supino*). [1.8.2]

3. Vários tempos perderam funções ou assumiram outras: [1.8] **– a)** Na voz ativa, a maioria das formas dos tempos derivados do radical do *infectum*, os de ação inacabada, mantiveram suas funções e formas. Mas as formas simples dos tempos derivados do *perfectum*, os de ação acabada, sofreram alterações. Assim: o futuro perfeito (*si amáv-er-o* > se eu amar, se tiver amado); o pretérito mais-que-perfeito do subjuntivo (*si amav-ísse-m* > se eu tivesse amado); o infinitivo perfeito (*amav-ísse* > ter amado).

b) As formas do pretérito imperfeito do subjuntivo latino (*ama-re-m* – amasse, amaria) foram substituídas pelas do pretérito mais-que-perfeito (amasse < *amav-ísse-m*, "tivesse amado"); mas, ao que parece, originaram as formas do infinitivo pessoal, peculiaridade ou idiotismo da língua portuguesa: *para eu amar, tu amares... eles amarem.*

c) Resultaram de composição românica, isto é, da fase do romanço, séc. V a IX, as formas do futuro do presente (*cantare hábeo* > cantare aio > *cantar-ei*) e as do futuro do pretérito (*cantare habebam* > cantar abéam > cantar-ea > *cantaria*).

325

d) O futuro do subjuntivo português (*se eu amar*), inexistente em latim, resultou de confusão entre dois tempos latinos similares entre si: o futuro perfeito do indicativo (*amav-ĕr-o*, "terei amado, tiver amado") e o pretérito perfeito do subjuntivo (*amáv-eri-m*, "eu tenha amado"). [1.8.5.c]

e) O imperativo futuro latino (*amato, amatóte...*) foi substituído pelas formas do futuro do presente (*Amarás o Senhor teu Deus...*).

f) Nos tempos do *infectum* da voz passiva, a substituição de formas sintéticas por analíticas foi praticada desde o latim vulgar: i) Indicativo: presente: *am-or* > *sum amatus* > *sou amado*; imperfeito, *ama-ba-r* > *eram amatus* > era amado; futuro, *amab-or* > *ero amatus* > serei amado; ii) Subjuntivo: *am-e-r* > *sim amatus* > seja amado; imperfeito, *ama-re-r* > *essem amatus* > fosse amado. [Coutinho, 1974, p. 270-305.]

4.4.3 Formas nominais do verbo: perdas e subsistências

As formas verbo-nominais latinas serão analisadas, aqui, apenas do ponto de vista de sua subsistência enquanto sistemas produtivos no português, de vez que, do ponto de vista da morfossintaxe e da semântica latina, são tratados em 1.8.4 e 2.8.

a) Infinitivo – O presente impessoal manteve-se (*ser, amar*); mas o pessoal (*para eu ser, tu seres...*) foi criado no próprio português, onde lhe é *idiotismo* (em *gr.*, peculiaridade). A do pretérito (*amav-isse*) foi substituída por locução: *ter / haver amado*. A do futuro (*amaturum esse*), pela locução *haver de* + infinitivo presente.

b) Particípio – O presente, admitido por quase todos verbos latinos, subsiste só na forma de adjetivo (substantivável) ou de preposição: *mediante, durante, amante*; *corrente, fluente, latente*; *ouvinte, seguinte, contribuinte*. O particípio futuro perdeu o sentido verbal e deixou resíduos como adjetivos ou substantivos: *nascituro, futuro, venturo / vindouro / ventura*. [0.1: 6.2.]

c) Gerúndio – As formas do genitivo e acusativo foram substituídas por locuções: *ars amandi*, "arte de amar"; *orátio ad petendam plúviam*, "oração para pedir chuva". [0.1: 6.2.]

326

d) Gerundivo – Deixou resíduos na função de substantivos e adjetivos: *merenda, oferenda, fazenda, lenda, moenda; memorando, vitando, infando, nefando, venerando, execrando, despiciendo, pudendo...* É calcado no sistema latino o uso moderno de formações cultas com -*ndo*: *formando, graduando, doutorando...*

e) Supino – Esta forma, da qual o latim deriva as formas do particípio passado e do particípio futuro, não deixou vestígios. Mas o conhecimento da forma dele, a par da dos outros dois radicais (*capĕre, cepi, captum*) é importante, porque das formas dele é que derivam substantivos latinos com o sentido de "ato ou efeito de", que produziram reflexos ortográficos e morfossemânticos no português: *ex-captum > exceptum – exceptiōne >* exceção; *ascensum – ascensione >* ascensão; *assumptum – assumptione >* assunção; *cessum – cessione >* cessão; *sectum – sectione >* seção; *sessum – sessione >* sessão; *confessum – confessione >* confissão; *progressum – progressione >* progressão; *impressum – impressione >* impressão; *consertum – consertu >* conserto; *versum – versione >* versão; *tensum – tensione >* tensão; *tentum – tentione >* tenção. [4.7.2]

4.5 Outras classes gramaticais

---

1. Artigos – A classe dos artigos apareceu apenas nos últimos tempos do latim vulgar e em escritores latinos tardios. **a) Os definidos** originaram-se, como nas demais línguas neolatinas, do demonstrativo *ille, illa*, e evoluíram assim: *illum > elo > lo > o; illam > ela > la > a; – illos > elos > los > os; illas > elas > las > as*. Da forma antiga *lo, la*, ainda hoje subsistem vestígios: *verlo > vello > vê-lo; perlo > pello > pelo*. **b) O indefinido** derivou do numeral latino: *unum > ũu > um; uma > ũa > uma; unos > ũos > ũus > uns; unas > ũas > umas*. [Coutinho, 1974, p. 251-252. 1.6; 1.7.2.]

2. Pronomes – Resíduos do sistema casual subsistem no português, embora com alterações de várias espécies. Exemplos: **a) pessoais**: eu < *ego*, me < *me*, mim < *mihi*, -migo < *mecu*; tu < *tu*..., ele, < *ille*, ela < *illa*; o < *illum* (*Ac.*); os < *illos*, as < *illas*; **b) demonstrativos**: este, esta, isto

327

< *iste, ista, istud*; esse, essa, isso < *ipse, ipsa, ipsu*; **c) possessivos**: meu... < *meu*; minha < *mĩa* < *mia* < *mea*... **d) relativos e interrogativos**: quem < *quem*, que < *quid*, cujo < *cuius*; qual < *quale*, quanto < *quantu*; **e) indefinidos**: algo < *áliquod*; nada < (*rem*) *natam*, em *non hábeo rem natam*, "não tenho coisa nascida (coisa viva)"; um < *unu*; cota ou quota < *quota*. Coutinho, 1974, p. 252-263. Cf. 1.7.

3. Advérbios – Derivam de formas do latim clássico ou de locuções do vulgar: **a) de lugar**: abaixo < ad **bássiu* por *bassu*; aqui < **accu hic* ou *ibi*; arriba < *ad ripam*; atrás < *ad trans*; avante < *ab ante*; dentro < *de intro*; detrás < *de trans*; **b) de tempo**: agora < *ad horam* (ou *hac hora?*); amanhã < *ad * manianam*; antes < *ante*; após < *ad post*; cedo < *cito*; depois < *de post*; então < **in tum*; hoje < *hodĭe* < *hoc die*; já < *iam*; jamais < *iam magis*; nunca < *nunquam*; ontem < *ad noctem*; ora < *ad horam*; sempre < *semper*; **c) de intensidade**: assaz < *ad satis* ou *ad sátiem*; demais < *de magis*; pouco < *paucum*; quase < *quasi*; tão – quão < *tam – quam*; **d) de modo**: assim < *ad sic*; como < *quómodo*; embora < *in bona hora*; talvez < *tali vice*. O ablativo de *mens, -tis*, "mente, intenção" subsiste como produtor de advérbios de modo: vilmente < *vili mente*; somente < *sola mente*; diuturnamente < *diuturna mente*. [1.9.1]

4. Preposições – A maior parte das preposições latinas entraram ora como prefixos na composição de palavras latinas e portuguesas, ora como preposições em forma livre: *ad* > a, *ad-iectivum* > adjetivo; *in* > em, *im-pónere* > impor. [1.10 e 1.14] O latim vulgar compôs algumas: após < *ad post*; até < *ad *tenes* por *tenus*; desde < *de ex de*; perante < *per ante*. O número delas cresceu mediante adjetivos (*segundo, conforme*), particípios passados (*salvo, exceto, junto*) e presentes (*consoante, tirante, mediante, durante*). Criaram-se muitas locuções: *em vez de, a par de, depois de*...

5. Conjunções – Entre as poucas conjunções latinas que derivaram para o português, destacam-se: e < *et*, ora < *ad horam*, mas < *magis*, nem < *nec*, que < *quid*, se < *si*, ou < *aut*, todavia < *tota via*, pois < *post*, também < *tam bene*, como < *quomodo*, quando < *quando*, não só... mas também < *non solum... sed etiam*. [1.11]

4.6 Elementos latinos no léxico português

1. Derivação do léxico latino ao português – O substrato do léxico latino da classe plebéia (*latim vulgar*) era, em essência, o mesmo da classe culta (*latim culto, erudito*) e do latim com preocupações estéticas (*latim clássico*). Mas, como em todas as sociedades, também na latina, cada classe (profissional) tinha vocábulos próprios: assim o latim culto e o literário tinham vocábulos de sentido abstrato que o povo desconhecia; este, por sua vez, empregava vocábulos de sentido concreto relativos à tecnologia das diversas profissões, que o falar da classe culta ignorava.

Quando se escreveram os primeiros textos em língua portuguesa, no início do século XIII, seu léxico hereditário, formador do padrão fonético e morfológico dela, constava, mais ou menos 80%, de palavras de origem latina e 20% de palavras predominantemente de étimo grego, acrescido, depois, pequeno percentual de termos de étimo germânico e árabe. Desde então, o contato da língua portuguesa com outros idiomas, sobretudo pela expansão ultramarina, motivou natural processo de adoção de significativo número de vocábulos originários dos falares das colônias, o que tem provocado enriquecimento incessante.

Por efeito disso, a língua portuguesa ostenta, em seu acervo lexical, vocábulos oriundos de sistemas lingüísticos diferentes, como o provençal, holandês, hebraico, persa, chinês, turco, japonês, alemão e russo, entre os quais sobrelevam os das culturas mais evoluídas e de maior contato com ela, como o francês, espanhol e italiano e, hoje, o inglês, por efeito do prestígio tecnológico (como na informática) e político-financeiro dos países de cultura inglesa.

2. O mais antigo dicionário do português foi luso-latino – Para a lexicografia da língua portuguesa, é significativo o fato de que seu mais antigo dicionário foi luso-latino: editou-se em Lisboa em 1562 (*Ulissipone, MDLXII*) sob o título de *Hieronymi Cardosi Lamacensis Dictionarium ex Lusitanico in Latinum Sermonem*, "Dicionário do português para o latim, de Jerônimo Cardoso de Lamego". Muitos dos seus verbetes permitem surpreender formas do português hoje arcaicas: "pera baixo, prep., *deorsum versus*; dinidade, f., *dignitas, -atis*; esprito, m., *spiritus, -us*; imigo, m., *inimicus, -i / hostis, -is*; preguntar, v., *interrŏgo*".

3. As fontes constitutivas do léxico (gr. *lexikón*, vocabulário) da língua portuguesa podem reduzir-se a três: derivação a partir do latim e do grego, criação ou formação vernácula, isto é, dentro da própria língua, e adoção estrangeira, rotulada de *empréstimos*, denominados pela língua de origem, como os *anglicismos, galicismos* e *germanismos*. Basta ligeiro cotejo do vocabulário português com o latino ou ligeira análise dos étimos registrados pelos dicionários para logo se concluir que "a principal fonte do léxico português é o latim", [Vasconcellos, 1926, p. 23] "tal o número de palavras comuns, semelhantes na forma e no sentido". [Coutinho, 1974, p. 164.]

O vocabulário fundamental do português – que compreende nomes de parentesco, de animais, partes do corpo e verbos muito usuais – é formado sobretudo de palavras latinas, de base hereditária. Dentro da contribuição pré-românica (camada do substrato), destacam-se vocábulos de origem: a) ibérica (*abóbora, barro, bezerro, cama, garra, louça, manteiga, sapo, seara*); b) céltica (*bico, cabana, caminho, camisa, cerveja, gato, légua, peça, touca*); c) grega (*farol, guitarra, microscópio, telefone, telepatia*). [Buescu, 2004.]

Quantos vocábulos do léxico português procedem do latino? – Antenor Nascentes [1955, p. XX] fez cálculo que, embora nada recente, conserva seu valor e significado. Baseia-se no *Novo dicionário da língua portuguesa* de Cândido de Figueiredo (Lisboa, 3. ed. [1920]), então o mais volumoso, de 140.000 vocábulos. Excluídos os arcaísmos, provincianismos e vocábulos só usuais nas ex-colônias portuguesas (10.000), os restantes 100.000 apresentam o seguinte quadro de origem: 80.703, do latim; 16.079, do grego antigo, por via latina, o que perfaz 96,782%; apenas 3,218% são de outras línguas, produto de *empréstimos* resultantes de contatos de múltipla natureza (políticos, sociais, tecnológicos), tomados de culturas e línguas entre as quais sobressaem, pelo volume de

330

vocábulos: árabe (609), francês (657), espanhol (400), italiano (383) e germânico (103). Nas últimas décadas, o poderio técnico, econômico e social dos países de língua inglesa, a capacidade de síntese de sua língua, a par de certa subserviência da cultura brasileira, tem ocasionado a introdução de uma enxurrada de *anglicismos* no português do Brasil.

Durante o Renascimento da cultura greco-latina, as obras de escritores romanos serviram de fonte para centenas de empréstimos eruditos. Por via erudita, desenvolveu-se um processo de derivar palavras do latim literário, não levando em conta o termo popular português derivado outrora por via de laboratório lingüístico popular. Desse fato cultural, a língua foi acrescida de uma série de adjetivos com radical distinto do respectivo substantivo: *ocular / olho, digital / dedo, capilar / cabelo, áureo / ouro, pluvial / chuva*. Esse processo é responsável pela coexistência de raízes distintas para termos do mesmo campo semântico. Houve também a substituição de muitos termos populares por termos eruditos (*palácio / paaço, louvar / loar, formoso / fremoso, silêncio / seenço, joelho / geolho*).

4. Assim, a origem e o processo de entrada dos elementos latinos dividem-nos em três espécies:

a) Vocábulos populares – São aqueles que derivaram do latim vulgar, os que deles derivaram e os que, embora não latinos (gregos, por exemplo), se introduziram cedo na língua, entraram no uso comum e se foram modificando de acordo com as tendências fonéticas da língua. Componentes da camada mais antiga, eles resultaram, pois, de transformações naturais e comuns à fala popular, num processo que vai desde o latim vulgar até ao português atual, tendo ocorrido metafonias ou "metaplasmos", tais como os de sonorização de / **p, t, k** / em / **b, d, g** / em posição intervocálica (*lupa* > loba; *metu* > medo; *vacat* > vaga) e de palatalização de / **cl, fl, pl** / em **ch** [š] (*clamare* > chamar; *inflare* > inchar; *implere* > encher. [4.2.2]

b) Vocábulos eruditos ou cultos – São aqueles que foram tomados diretamente do latim, *latinismos*, e do grego, *helenismos*, por procedimento visual, mediante simples aportuguesamento da desinência, sem terem passado pelo laboratório fonético da fala popular. Foram introdu-

331

zidos por homens e instituições de cultura, como a Igreja, desde a penetração deles no mundo latino, e, por efeito de ideais estético-literários, pelos escritores e tradutores dos séculos XIV a XVIII, a exemplo de *Os Lusíadas*, de Camões, que, entre 5.200 vocábulos diferentes, incluiu 478 latinismos, o que perfaz 9,2%, tais como *argênteo, belígero, cerúleo, crástino* (do amanhã), *ebúrneo* (de marfim), *ígneo, jucundo, natura, orbe*. A este propósito, merece citar-se obra de Correa da Silva, *Ensaio sobre os latinismos dos Lusíadas*, [1931, 221 p.] em cujas páginas 165-210 cita, localiza e interpreta estas classes de latinismos: expressões, substantivos, verbos e adjetivos compostos com os sufixos *-ĕus, -ōsus, -ĭdus, -dĭcus, -fĕr, -gĕr, -sŏnus, -văgus* ou particípios empregados como: a) particípios pretéritos passivos, b) particípios presentes ativos, c) vestígios de gerundivo e d) adjetivos em *-bundus*.

c) Vocábulos semi-eruditos – Entre os vocábulos primitivos vindos por via popular e os renascentistas vindos por via erudita, há os *semi-eruditos* ou *semicultos*, aqueles que, embora tenham ingressado no português por via erudita, sofreram pequenas adaptações fônicas: *humanitate* > humanidade, *defensa* > defesa; *articŭlum* > artigo (pop. artelho), *vitĭum* > vício (vezo), *regŭla* > regra (relha), *macŭla* > mágoa (malha).

5. Numerosos vocábulos latinos já representados em forma popular foram retomados do latim pelo movimento renascentista. Disso resultaram formas divergentes, abaixo citadas, antes na forma popular, depois na erudita. Eis amostra compilada a partir de Coutinho, [1974, p. 203-206], na qual as formas do acusativo, caso lexicogênico do português, são transcritas sem o -**m**, porque este havia sofrido apócope já no latim vulgar, antes, pois, do fim do século V:

actu > *ato / auto*; adversu > *avesso / adverso*; affectione > *afeição / afecção*; área > *eira / área*; arena > *areia / arena*; átriu > *adro / átrio*; captare > *catar / captar*; causa > *coisa / causa*; círculus > *circo / círculo*; clamare > *chamar / clamar*; clave > *chave / clave*; coagulare > *coalhar / coagular*; cogitare > *cuidar / cogitar*; cognatus > *cunhado / cognato*; computare > *comprar / comparar*; cremare > *queimar / cremar*; directum > *direito / direto*; duplu > *dobro / duplo*; factura > *feitura / fatura*; féria > *feira / féria*; finitu > *findo / finito*; frígidu > *frio / frígido*; fluxu >

frouxo / fluxo; generale > *geral / general*; hereditáriu > *herdeiro / hereditário*; implicare > *empregar / implicar*; inflatu > *inchado / inflado*; íntegru > *inteiro / íntegro*; laborare > *lavrar / laborar*; laicu > *leigo / laico*; legale > *leal / legal*; liberare > *livrar / liberar*; locale > *lugar / local*; másculu > *macho / másculo*; masticare > *mascar / mastigar*; matéria > *madeira / matéria*; matre > *mãe / madre*; mediu > *meio / médio*; minutu > *miúdo / minuto*; oculu > *olho / óculo*; operare > *obrar / operar*; palátiu > *paço / palácio*; pálidu > *pardo / pálido*; parábola > *palavra / parábola*; partícula > *partilha / partícula*; patre > *pai / padre*; peniténtia > *pendência / penitência*; palpare > *poupar / palpar*; pensare > *pesar / pensar*; primáriu > *primeiro / primário*; polire > *puir / polir*; pulsare > *puxar / pulsar*; ratione > *ração / razão*; recitare > *rezar / recitar*; recuperare > *recobrar / recuperar*; rígidu > *rijo / rígido*; rótula > *rolha / rótula*; rugitu > *ruído / rugido*; sanare > *sarar / sanar*; secretu > *segredo / secreto*; sensu > *siso / senso*; sigilu > *selo / sigilo*; solitáriu > *solteiro / solitário*; sólitu > *soldo / sólido*; summa > *soma / suma*; strictu > *estreito / estrito*; superare > *sobrar / superar*; tela > *teia / tela*; tensu > *teso / tenso*; traditione > *traição / tradição*; vigília > *vigia / vigília*; vítiu > *viço / vício*.

6. Prefixos e sufixos – As gramáticas, ao tratarem da formação das palavras (*lexicologia*), apresentam uma relação dos prefixos e sufixos, cuja fonte latina se focaliza em 1.10 e 1.14. Os <u>prefixos</u> derivaram todos do latim e do grego, na proporção aproximada de 3/2. Entre os <u>sufixos</u>, dos quais Allen, [1941, p. 108-109], refere 240, cuja grande maioria derivou do latim, são poucos os de outra origem: gregos (*-ia, -esa, -essa*; *-isa e -issa*; *-isco*; *-ismo*; *-ista, -ite* e *-ose*); ibéricos (*-arro, -orro, -urro*) e germânicos (*-ardo, -arde*).

4.7 Ortografia: da latina à portuguesa atual

4.7.1 Três fases e padrões ortográficos

A história da ortografia portuguesa desenvolveu-se em três períodos e padrões ortográficos: *fonético*, o da fase arcaica da língua, séc. XIII a XVI; *etimológico*, o de influência renascentista, entre os séculos XVI e

333

meados de XX; *histórico-científico simplificado*, o preconizado desde 1904, mas só oficializado em 1943 no Brasil e em 1945 em Portugal, vigente até hoje.

1. Ortografia fonética – O sistema adotado pelos escritores e copistas visava dar ao leitor uma impressão exata da língua falada: eles escreviam mais para a vista do que para o ouvido. Apesar disso, um latinista haveria de vislumbrar, na estrutura derivada, a forma ortográfica latina: seer < *sedēre*, coor < *colōre*, maa < *mala*; doncela < *dominicela*. A falta de norma ortográfica padrão, as variantes regionais, a rápida evolução oral da língua, sem falar de falhas de escritores e copistas e de influências do espanhol, impediram a uniformidade na transcrição das palavras. Até num mesmo documento há vocábulos com grafias diferentes; até um mesmo fonema era traduzido por grafemas diferentes, como o **i**, grafado também **y**, **j** e **h**. Com certeza, essa instabilidade e a multiplicidade gráfica deu força à tendência renascentista no sentido de derivar a ortografia a partir do étimo de cada palavra, que deu margem a grafias viciosas e fantasiosas. [4.1.4, in fine]

2. Ortografia etimológica – A influência do latim e do grego no português, presente em toda a sua história, tornou-se pujante desde o século XV, porque os renascentistas tomaram para si tanto os ideais estéticos e lingüísticos dos clássicos antigos, quanto seus modelos literários. O Renascentismo afetou o próprio sistema ortográfico: moveu os escritores a aproximarem, tanto quanto possível, a grafia das palavras vernáculas às letras do étimo delas. Durante os séculos XVI a XVIII, vários ortógrafos multiplicaram os estudos, a começar por Pero Gandavo, 1574, e Duarte Nunes de Leão, 1576; mas a falta de conhecimentos lingüísticos levou-os a proporem ortografia etimologicista, cheia de complicações inúteis, anacrônica, em total desacordo entre a língua falada e a escrita. Então, dando continuidade ao modo adotado pelos latinos para transliterar grafemas gregos, passou-se a reproduzir *por* **h** a fricção dos fonemas *teta*, *fi* e *qui*, bem como a aspiração do *rô* – *philosophia*, *theatro*, *chimica*, *technico*, *rheumatismo* – assim como por **y** o *ípsilon* – *typho*, *martyr*, *hydrophobia*. [1.1.2] Semelhantemente, passou-se a reproduzir com letra dupla (dígrafo) todos os numerosos casos de sua ocorrência na língua de origem, onde ela havia resultado, em geral, de processo de assimilação de um fonema a outro: [1.14] *approximar, abbade, bocca, gatto*, etc. O maior paladino da grafia etimologicista foi Castilho, 1875, que escrevia: *thio, poncto, ropto, septe, mulcta, mactar, amarhei* (de *amare hábeo*), etc. A pretexto de razões etimológicas, chegou-se a grafias injustificáveis: *author* (*actorem*), *authonomia* (*autonomiam*), *innundar* (*in-undare*), *dacta* (*data*), *querella* (*querelam*).

3. Ortografia histórico-científica simplificada – O sistema hoje vigente verte das seguintes propostas do português Gonçalves Viana, *Ortografia Nacional*, 1904: a) proscrição dos símbolos de etimologia grega (**th, ph, ch, rh e y**); b) redução das consoantes geminadas às respectivas simples, exceto **rr** e **ss** mediais; c) eliminação das consoantes nulas, quando não influam na pronúncia da vogal que as preceda; d) regularização da acentuação gráfica. Este sistema, embora se oriente pela pronúncia, "não descura também da *etimologia* e do elemento histórico". [Coutinho, 1974, p. 78.]

4.7.2 Elucidação de grafias complexas

A afirmação de que "o português é o próprio latim modificado", [Coutinho, 1974, p. 46], compreende também o sistema ortográfico vigente. Com efeito, as dificuldades ortográficas maiores e mais numerosas da ortografia portuguesa, relativas sobretudo aos fonemas / s, z, š, ž /, se desfazem na medida em que o escritor resgatar a forma latina, principalmente seus radicais verbais. A elucidação desta matéria é feita, cá e lá, em 4.2.2 e no *Glossário*. Por isso, não se focalizam aqui senão pontos especialmente complexos e corriqueiros do sistema ortográfico consonantal.

Grande volume desses desafios se resolvem a partir da grafia da forma do *perfectum* e do supino ou particípio passado dos verbos e dos seus respectivos derivados e compostos: *quaero, quaesivi, quaesitum* > *quero, quis, quesito*, donde *requisição, pesquisar*, etc. [1.8.2] O radical do supino termina em **t-**, que, por efeito de assimilação, aparece, em alguns contextos fônicos, como **s-**. Assim, **-tum/-tam** > **-to/-ta** e **-tiōnem** > **-ção**, assim como **-sum/-sam** > **-so/-sa** e **-siōnem** > **-são**. [1.8.4; 4.2.2.]

335

1. O fonema / *s* / do português grafa-se, dependendo do étimo e contexto fônico, como *ç, s, ss, sc, x* e *xc*. Quais são os fatores determinantes?

a) -tum > -to; tiōnem > -ção: *exceptum, excep-tiōnem* > exceto, exceção; *assumptum, assump-tionem* > assunto, assunção; *absorptum, absorptionem* > absorto, absorção; *conventum, conventionem* > convento, convenção; *sectum, sectionem* > -secto, seita, se(c)ção; *tortum, tortionem* > torto, torção, de *torquēre* (mas *torsum, torsionem* > torso, torsão), de *torrēre*; *tentum, tentionem* > tento, tenção, de *tendo* e de *tenĕo* (mas *tensum, tensionem* > tenso, tensão, de *tendo,3*);

b) s-sum > -s-so; -s-siōnem > -s-são: *prehensum, prehen-sionem* > preso, prisão; *impressum, impres-sionem* > impresso, impressão; *ascensum > ascen-sionem* > ascenso, ascensão; *pretensum > preten-sionem* > pretenso, pretensão; *sessum, ses-sionem* => assessor, sessão; *confessum > confes-sionem* > confesso, confissão; *missum, mis-sionem* => missiva, missa, missão;

c) vogal + s + vogal > -s-: *casum* > caso; *formosum* > formoso; *Aloísiu < Ludwig* > fr. *Louis* > Luís => *Luísa; Therésia,* gr., > Teresa;

d) ex- (prefixo) mantém-se: *ex-ceptum* (< *ex-captum*), *ex-ceptionem* > exceto, exceção (cf. *ex-cápio*); *ex-spectativa* > expectativa (de *ex-spectare,* "estar na espera, na expectativa"); *ex-cessum* > excesso; *ex-pulsionem* > expulsão; *ex-tensum, extensionem* > extenso, extensão (mas **esten**der, por efeito de longa tradição ortográfica); *ex-pectorare* > expectorar; *ex-tractum* (de *éx-traho*), *ex-tractionem* > extrato, extração;

e) s mudo + cons. > e + s + cons.: *stare* > estar, *spléndidum* > esplêndido; *spontáneum* > espontâneo; *spectatorem* > espectador; *spiralem* > espiral;

f) -sc- > sc-: a) (*im*)*marcescíbilem* > (i)marcescível; *scientia*: presciência: plebiscito, néscio... – *crescere* > crescer; *florescere* > florescer, que são formas eruditas, latinismos; **b)** mas, nas formações (i) populares ou do latim vulgar e (ii) vernáculas, > **c:** i) do latim vulgar: perecer (< *periscēre < perire*), falecer (*falescēre < fallĕre*), conhecer (<*cognoscēre < cognoscĕre*); ii) vernáculas: amanhecer < a + manhã + ecer; empobrecer < em + pobre + ecer); **sc- > c:** *scientia* > ciência.

g) **c** no contexto [vogal + **c** + **e** ou **i** tônicos] > **z**. Assim, **-ācem, -ēcem, -īcem, -ōcem, -ūcem > -az, -ez, -iz, -oz, -uz**: *falacem* > falaz, *decem* > dez, *felicem* > feliz, *ferocem* > feroz, *lucem* > luz, *vocem* > voz: *vacivum* > vazio; *vicinum* > vizinho; *acetum* > azedo.

2. **Fonema palatal surdo /š/** – a) **-sc-, -ps-, -ss**, **x** próximos a palatais sofreram palatalização, grafando-se **x**: *piscem* > peixe; *capsam* > caixa; *vessica* > bexiga; *mixere* > mexer. – b) **cl, fl, pl > ch**: *clamare* > chamar; *aflare* > achar; *implere* > encher, *planum* > chano > chão.

3. **O fonema palatal sonoro /ž/** grafa-se **j** naquelas palavras derivadas de palavras latinas em que o **i** ocorre como semivogal: *iam* > já; *ma-iorem* > major; *ma-iestatem* > majestade; *hodie* > hoje; *iectum* > jeito; *sub-iectum* > sujeito; *cerevisia* ou cervisia > *cereja*.

4. **O grafema h** manteve-se (*hominem* > homem; *hodie* (< *hoc die*) > hoje (cf. ontem < *ad noctem*); *habere* > haver); mas, por efeito de transformações fônicas e longa tradição gráfica, sofreu apagamento em algumas palavras: *Hispania* – Espa<u>nh</u>a; *herba* e *her<u>b</u>ívoro* (formas eruditas) – er<u>v</u>a, er<u>v</u>al, er<u>v</u>ateiro (forma popular); *humĕrus* – ombro; (*h*)*umidum* > úmido; *Hannibalem* > Aníbal.

38. Escola básica: os alunos copiam e juntam letras em mini-lousas (Magne, 1944, p. 181).

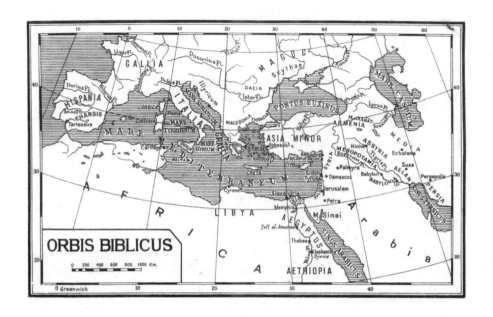

39. Mapa do universo bíblico.
(Bíblia Sacra Vulgatae Editionis. Vaticano: Marietti, 1959)

5 Glossário Lexicológico

1. O sistema de uma língua subdivide-se em dois: a) seu vocabulário ou acervo lexical *(*em gr. *lexikón)*, que é de número *aberto*, por admitir acréscimos e perdas, e que é formado de significantes (*lexemas*) e significados (*semantemas*); b) sua gramática, que é formada de sons (*fonologia*), formas *(morfologia)* – subsistemas *fechados* e portadores de sentido *interno* ou gramatical –, bem como de construções frasais (*sintaxe*) e processos de formação das palavras (*lexicologia*). [0.1:3-6.] O vocabulário, por ser portador de significação externa e de número aberto, é o constituinte que mais estampa as mudanças culturais da língua, as influências alienígenas e as modificações morfofonológicas diacrônicas. [Carvalho, 1989, p. 11-12.] O vocabulário que figura como apêndice a uma obra, para elucidar as palavras e expressões nela contidas, chama-se *glossário,* do gr. *glōssa*, "termo a explicar."

2. Este glossário das antologias desta obra, visando gerar "compreensão mais lúcida da própria língua portuguesa em sua história interna e seus recursos mórficos e semânticos" [Brasil, MEC, 1986, p, 31], inclui informações de caráter lexicológico, isto é, ministra, já na língua-mãe da "última flor do Lácio", dados relativos ao significado dos vocábulos, sua classificação, étimo, correlações semânticas, cognatos e derivação portuguesa. Seguindo tradição que verte dos gregos e latinos, [3.2.1] cita os verbos pelas três formas dos seus radicais *(delĕo, delēv-i, delēt-um)* [1.8.2] e os nomes pelas formas de nominativo e genitivo singular *(filĭ-a, fili-ae; filĭ-us, fili-i).* [1.4.3.] Um dos indicativos das quatro conjugações dos verbos é o tipo de sua vogal temática (ausente na 3ª), que precede a desinência do infinitivo ativo e passivo: 1ª -*āre/-āri;* 2ª -*ēre/-ēri;* 3ª -*(ĕ)re/-i;* 4ª

-īre/-iri.[1.8.1.] Um dos indicativos da declinação dos nomes é a desinência do genitivo singular: 1ª -*ae,* 2ª -*i,* 3ª -*is,* 4ª -*us,* 5ª -*ei.*[1.3.2.]

Ele inclui as palavras de significação externa (substantivos, adjetivos e verbos), mas não inclui todas as palavras de significação interna (gramatical), porque estas se encontram na *Gramática:* pronomes, [1.7,] preposições' [1.10,] e conjunções.[1.11.] Dos nomes próprios, inclui apenas aqueles cuja forma de genitivo difere da do nominativo, como *Iuppiter, Iovis.* Não inclui vocábulos de uso raro, sobretudo os ocorrentes em textos com tradução paralela. Omite o registro da regência verbal e nominal porque o contexto frasal e as informações da *Gramática* bastam para determiná-la. Tanto o *Glossário* quanto a *Gramática* devem ser consultados a cada momento em que a tarefa de interpretar textos o exigir.

3. Convenções: 1) hífen, embora não integre o sistema gráfico latino, é empregado, aqui, para assinalar composição lexical; [1.1.2] 2) asterisco anuncia registro de elementos lexicológicos (étimo, metafonias, prefixos, componentes, antônimos, etc.) do verbete em causa; 3) sublinhado salienta elementos úteis (sobretudo ortográficos) ao estudo do latim e do vernáculo; 4) números sobreescritos remetem às outras seções desta obra; 5) algarismos arábicos e letras acrescidos a verbos ou nomes indicam-lhes a declinação ou a conjugação (c = consonantal; 3m = 3ª conjugação mista com a 4ª; 3u = 3ª terminada em u-, como *statŭ-o*; d = deponente). [1.8.] Verbos cujos tempos primitivos não são citados devem considerar-se regulares e conjugar-se por estes paradigmas: os da 1ª, por *amo,1;* os da 2ª, por *delĕ-o, delē-re, delēv-i, delēt-um;* os da 4ª, por *audīo.* [1.8.] Para não deixar dúvidas sobre a incidência da tônica, registra-se largamente a duração, tema a rever em 1.1.3. Em suma: é paroxítona a palavra cuja penúltima sílaba é longa (*regīna, minīster);* é proparoxítona a palavra cuja penúltima sílaba é breve *(incĭpĭo, incĭpis, incipĭmus...)* A lista de sufixos derivacionais ministrada em 1.14:3 é de valia também para identificar a incidência da tônica.

340

a, ab, abs, prep, por [1.10.2]

Ab-rŏgo, 1, abrogar (leis). = de-rogo,1.

ab-rumpo, ĕre, rūpi, ruptum, romper, separar.

abs-condo, ĕre, con(dĭ)di, condĭtum (con-sum), esconder(-se); ficar absconso.

ab-s-ens, ab-s-ēntis, ausente. < ens. [1.8.7]

ab-s-entĭa, ae, ausência.*prae-s-entĭa,-ae.

ab-sōlvo, ĕre, solvi, solūtum, desligar; perdoar.

ab-sorbĕo, ēre, sorbŭi, absorver.

abs-que, *prep., abl.,* sem, fora de. [1.10.2]

abs-tinentĭa, ae, f., abstinência.*tenĕo.

abs-trăho, ĕre, trāxi, tractum, abstrair.

ab-sŭm, es, -esse, a-fŭi, estar ausente. [1.8.7]

ab-sūrdus, a, um, desafinado, disparatado.

ab-undantĭa, ae, f., abundância. < unda, -ae > *onda;*ab-undo,1.

ab-ūsŭs, ūs, m., desvio de uso. < utor,3.

ab-ūtor, i, ūsus sum, 3d, abusar.

ac-cēdo, ĕre, cēdi, cessum, acessar, acrescer. < ad.

ac-cessorĭus, a, um, acessório, superveniente. < ad-cessŭs,-ūs > *acesso.*

ac-cīdens, ēntis, n., acessório; acidental, não essencial, sinistro; *gram.,* categoria flexional; < ad, cado.

ac-cĭdo, ĕre, cĭdi, – , cair; acontecer. < ad, cădo.

acĕrbus, a, um, amargo; cruel.*acer, acris, acre.

acĭes, ēi, f., ponta, gume; frente de batalha. *acŭo,3, *aguçar;* acūmen,-ĭnis, n. > *gume.*

ac-quīro, ĕre, quisīvi, quisītum, adquirir.< ad, quaero.

actĭo, ōnis, f., ato, feito; ação, demanda.

actor, ōris, m., a(u)tor, agente; executor.

actŭs, ūs, m., a(u)to, ação.

acūmen, ĭnis, n., gume, perspicácia. * acŭo,3, *aguçar;* acŭs > acu-cŭla,-ae > *agulha.*

ac-cūso, 1, incriminar, acusar. < ad, cau-so,1.

ad-do, ĕre, dĭdi, dĭtum, ajuntar, adicionar.

ad-ĕo, īre, ĭi (īvi), adĭtum, ir a, enfrentar, suportar. [1.8.7]

ad-hĭbĕo, ēre, hibŭi, hibĭtum, aplicar, empregar, usar. < habĕo,2.

ad-huc, *adv.,* até aqui, até agora, ainda.

ad-iectivus, a, um, ajuntado ao *substanti-vus (sub-stare).* [3.3.5] < iacĭo,3m.

ad-iicĭo, iicĕre, iēci, iectum, ajuntar, acrescentar. < iacĭo.

ad-implĕo, implementar, encher.

ad-iungo, ĕre, iunxi, iunctum, ligar, (a)juntar.

ad-iŭvo, āre, iūvi, iūtum, ajudar.

ad-ministro, administrar. < minus.

ad-mītto, ĕre, mīsi, mīssum, admitir, aceitar.

ad-sum, -esse, -fŭi (> af-fŭi), estar presente, perto; socorrer. [1.8.7]

ad-vĕna, ae, m., estrangeiro, adventício.< venĭo.

ad-venĭo, īre, vēni, ventum, (ad)vir, chegar. *ad-ventŭs,-ūs, *vinda, advento.*

ad-verbiālis, e, derivado de advérbio. [3.2.5]

ad-verbĭum, i, n., advérbio, anexo a verbo (palavra). < verbum. [1.9]

ad-versus, *prep., ac.,* em frente de; para com, contra; *adv.,* em frente.

ad-versus, a, um, adverso > avesso, oposto. < verto.

aequālis, e, igual, equivalente, justo.

aequĭtas, ātis, f., eqüidade, retidão, com justiça.

aequĭo, 1, igualar, nivelar; adequar. *ad/ex-.

aequŭus, a, um, igual, imparcial.*in-iqŭus.

āēr, aĕris, m., ar, atmosfera. *aerĭus,a,um.

341

aes, aerĭs, n., cobre, bronze; moeda; *aerarĭum,-i.

aestas, ātis, f, versão, estio.

aestimatĭo, ōnis, f., avaliação. < aestimo.

aetas, ātis, f, idade, período; tempo, época.

aeternus, a, um, eterno, perpétuo, imortal.

aether, ĕris, n., *gr.,* éter, atmosfera.

aevum, i, n., idade, tempo.

afer, fra, frum, afro, africano.

af-fĕro, af-fērre, at-tŭli, al-lātum, levar, trazer; causar, aferir. < ad, fero.[1.8.7.]

af-firmo, 1, (a)firmar, assegurar. < ad.[1.10.1.]

ager, agri, m., campo. > agri-/agro-.

agnus, i, m., cordeiro, anho; *Agnus Dei,* – de Deus.

ăgo, ĕre, ēgi, actum, agir, fazer.*circum/per/ind-āgo. *ab/ad/amb/ex/red/prod/sub/trans-ĭgo. *cō-go,3 < cum, ago.

agrēstis, e, agreste, rústico, rural.

agri-cŏla, ae, m., agricultor. < ager, colo.

agri-cultura, ae, f.,agricultura.*agri-, agro-.

ala, ae, f., ala; asa. *alatus, a, um.

alĕa, ae, f., dados; sorte.*aleatorĭus,a,um.

alĭas, *adv.,* aliás; noutro tempo/lugar.

alĭ-bi, *adv.,*noutro lugar/passo. < alĭus, ibi.

al-licĭo, ĕre, lēxi, lēctum, seduzir, aliciar, laçar. < ad, lacĭo,3m, *fraudar.*

aliēnus, a, um, alheio, estranho.*alieno,1.

ali-quando, *adv.,* certo dia; às vezes. < alĭus.

ali-quāntus, a, um, um tanto, bastante grande.

alĭ-qui(s), qua, quid / quod, *pron.,* algum, alguém, algo *(< alĭquod).* [1.7.5.]

alĭus, a, ud, *pron.,*outro, o outro.[1.7.5.]

almus, a, um, alimentador, benfazejo < alo.

alo, ĕre, alŭi, al(ī)tum, nutrir, alimentar; fazer crescer. *alĭtŭs,-ūs; alūmnus,-i.

alt-āre, is, n., altar. < altus, ara,-ae.

alter, ĕra, ĕrum, o outro (entre dois).[1.7.5.]

altus, a, um, alimentado; alto, profundo; sublime; *in altum (mare),* para alto-mar.

amabĭlis, e, amável. *ama-bĭlis, e. [1.14:3.]

amb-igŭus, a, um, ambíguo, duplo, obscuro. < amb(i), ăgo,3; ambiguĭtas,-ātis.

amb-itiōsus, a, um, rodeador, desejoso, ambi-cioso. < amb(i), *ao redor* + ĕo, *ir.*

amīcus, i, m., amigo. *amica,-ae, *amiga;* amo,1. * in-imiius, i.

amicitĭa, ae, f., amizade, afeição.

a-mītto, ĕre, mīsi, mīssum, soltar, perder.

amo, 1, amar, gostar de.

amoenus, a, um, ameno, agradável.

amŏr, ōris, m., amor, namoro.

an, *part. interr.,* ou acaso, porventura.[1.9.1.]

ancīlla, ae, f.,serva. *ancŭlo,1, *servir.*

an-frāctŭs, ūs, m., circunlóquio, requebro, frase. < am(bo), frango,3c, *quebrar.*

angĕlus, i, m., *gr.,* anjo, mensageiro.

angūstus, a, um, apertado. *angīna,-ae.

anĭma, ae, f., brisa, sopro, alma, vida. *anĭmo,1.

anĭmal, ālis, n., animal, vivente.

anĭmans, āntis, animal.[1.8.4.] *anĭmo,1.

anĭmus, i, m., mente, intenção, ânimo.

annus, i, m., ano. *bi/tri/quadri/quinqu/sex/mill- ennĭum,-i

ante-cēdo, ĕre, cēssi, cēssum, 3c, preceder, anteceder. *antecessio,-ōnis.

antiqŭus, a, um, antigo, velho, passado.

anus, i, m., ânus, anel (< anēllum,-i).

anus, us, f ., mulher velha, bruxa.

apĕrĭo, īre, aperŭi, apertum, abrir. *operĭo,4.

apis, apis, f., abelha (< api-cŭla,-ae).[1.14.3]

ap-pařeo, ĕre, parŭi, parĭtum, ser evidente, manifesto. <ad. *apparescēre > *aparecer.*

ap-pellativus, a, um, designativo; substantivo comum.[3.2.5] < ad, pello,3, *impelir.*

342

ap-pēllo, 1, pedir; apelar, chamar.<ad-.

ap-pĕto, ĕre, petīvi, petītum, agarrar, ambicionar, apetecer. < ad, peto, *pedir.*

aptus, a, um, apto, apropriado, hábil.

apŭd, *prep. ac.,* junto a, em (casa, texto) de.

aquĭla, ae, f. águia; insígnia romana. *aqui-līnus,a,um > *aquilino.*

arbĭter, tri, m., árbitro, juiz.< arbĭtror, 1.

arbitrĭum, i, n., arbítrio, decisão.

arbĭtror, āri, arbitrātus sum, arbitrar, pensar. [1.8.6.]

arbor, ŏris, f., árvore, planta. *arbustum, -i.

arca, ae, f., cofre. *arx,-cis, *fortaleza.*

arcĕo, ēre, ŭi, –, afastar; impedir. *co-/ex-ercĕo, 2.

arcŭs, ūs, m., arco; arco-íris; abóbada.

argentum, i, n., moeda (de prata); argento. * argentĕus/argentīnus,a,um, *prateado.*

argumēntor, āri, ātus sum, argumentar.

argumentum, i, n., prova; assunto; motivo, razão.

argŭo, ĕre, argŭi, argūtum, acusar;argüir; refutar.

arma, ōrum, n. pl., armas, armada, poder militar. *armī-gĕr, a, um > *armígero.*

ars, artis, f., arte, técnica, ciência; oficina; habilidade.*in-ers,-ertis > *inerte, sem ação.*

articŭlus, i, m., articulação, juntura; crise; artigo. < artus,-us, + -cŭlus. [1.14.3.]

arvum, i, n. campo cultivado, seara. *aro,1.

as, assis, m., asse, moeda de 12 onças (< uncĭa,-ae, 12ª parte da libra, do asse).

a-scendo, ĕre, scendi, scensum, subir, elevar-se, ascender. *scando,3, *subir.*

a-scensĭo, ōnis, f., ascensão, subida . ad.

asĭnus, i, m, asno, jumento; estúpido.

aspĕr, a, um, áspero, grosseiro.[1.5.4.]

a-spicĭo, ĕre, spēxi, spēctum, olhar, avistar. < ad, spécĭo. *a/con/de/in/per/pro/re/su-spicĭo.

as-sĕro, serĕre, serŭi, sērtum, afirmar, asserir; assegurar. < ad. *dis/in-.

as-sentĭor, īri, sensus sum, assentir, consentir, aprovar. < ad, sentĭo, 4.

as-sertĭo, ōnis, f., afirmação, asserção.< ad, sĕro,3.

as-sūmo, ĕre, sumpsi, sumptum, assumir; arrogar-se. < ad.

as-sumptĭo, ōnis, f., assunção, elevação. < ad.

astrum, i, n., astro, estrela < *stella,-ae.*

astutĭa, ae, f., astúcia, esperteza, destreza.

at-que ou **ac,** *conj.,* e também, e até, e mesmo.[1.11.1.]

atrox, atrōcis, horroroso, brutal, atroz. *ater, atra, atrum, *preto;* atramentum, -i, *tinta.*

at-tōllo, ĕre, –, –, exaltar. < ad.

aucto, 1, aumentar, favorecer. < augĕo.

auctorĭtas, ātis, f., autoridade, poder.

auctor, ōris, m., autor, fundador, criador.

audax, ācis, ousado, destemido, audaz.

audĕo, ēre, ausus sum, ousar, atrever-se.

audĭo, īre, audīvi, audītum, ouvir, escutar, atender.*ex/in-.*ob-oedĭo,4, *obedecer.*

auditor, ōris, m., ouvinte, auditor, aluno.

auditŭs, ūs, m., ouvido; audição.

au-fĕro, -fērre, abs-tŭli, ab-lātum, levar, tirar, suprimir, auferir. < ab, fero.[1.8.7.]

au-fŭgĭo, ĕre, fūgi, fugĭtum, fugir, escapar. < ab.

augĕo, ēre, auxi, auctum, aumentar, avolumar.

augūstus, a, um, aumentado, augusto, majestoso, sagrado. *Ant.* angūstus, a, um.

aurĕus, a, um, de ouro, áureo.

auris, is, f., ouvido, orelha (< auri-cŭla,-ae).[1.14:3.]

aurum, i, n., ouro. *auri-fĕr,a,um.

autem, *conj.* mas, porém. < aut, -em.

auxilĭum, i, n., ajuda, socorro; *auxilio esse* (dat.), auxiliar. < augĕo, 2, *aumentar.*

avārus, a, um, avarento, cobiçoso.

ave, avēte, tem/tende saúde, bom-dia. [1.8.7] *avĕo,2.

avidĭtas, ātis, f., avidez, cobiça.

avis, avis, f., ave, pássaro. *avião, avestruz.

avus, i, m., avô; pl., os antepassados.

Bacŭlum, i, n., bastão, báculo.

bapfisma, ătis, n., gr., batismo, lavação.

beātus, a, um, feliz, bem-aventurado.

bēllo, 1, guerrear.*de/re-.

bellum, i, n., guerra. *belli-gĕro,3.

bene-dĭco, dicĕre, dĭxi, dĭctum, bendizer, louvar.

bene-dictĭo, ōnis, f., bênção, louvor.

bene-facĭo, facĕre, fēci, factum, fazer o bem, prestar serviços.

bene-ficĭum, i, n. benefício, favor. < bene, facĭo.

bene-volentia, ae, f., benevolência, amizade. < bene, volo. [1.8.7.]

bestĭa, ae, f., animal bruto, bicho, fera.

bi-partĭo (bi-pertĭo), 4, dividir em 2 partes. * pars.

bis, num., adv.,duas vezes. [1.6.]

bonum, i, n. coisa boa, o bem, vantagem.

bonus, a, um, bom, útil, agradável.

bos, bovis, m., boi.*bucolĭcus < gr.boukolikós., bovino.

brevis, e, breve, curto, estreito.

britannus, a, um, da Britannĭa, Inglaterra, bretão.

Cădo, ĕre, cecĭdi, cāsum, cair, perecer, acontecer. *ac/con/de/ex/in/inter/oc/pro/re/suc-cĭdo,3-. [1.14.2.]

caecus, a, um, cego. *ob-caeco,1 > obcecar.

caedo, ĕre, cecīdi, caesum, cortar, amputar, matar.*ac/circum/con/de/ex/in/inter/ prae-/re/suc-cĭdo,3. [1.14:2.] *fratri-, patri-, geno-, -cidĭum, -i.

caelestis, e, do céu, celeste, divino, atmosférico.

caelum/coelum, i, m., céu, ar.

Caesar, -ăris, m., Caius Iulĭus –; título imperial desde Augusto.*caedo,3.

caetĕrus, (cet-), a, um, restante, remanescente.*etc.

calămus, i, m., cana, caneta (de escrever).

calĕo, ēre, calŭi, estar (ficar) quente.

calēsco, ĕre, calŭi, aquecer-se (< ad-calescĕre), inflamar-se. < calĕo. [1.14.2.]

callidĭtas, ātis, astúcia, artimanha.*callum,-i.

callĭdus, a, um, calejado, astuto.*callĕo, 2.

campēster, tris, tre, campestre. < campus, -i..

canis, is, m./f., cão, cadela. *caninus,a, um.

cano, ĕre, cecĭni, cantum / cantātum, cantar, exaltar, glorificar.

cantŭs, ūs, m., canto, verso, poema. *accentŭs, ūs < ad, cantus.

capēsso, ĕre, īvi, ītum, tomar, agarrar. < capĭo., 3m.

căpĭo, ĕre, cēpi, captum, apanhar, pegar, cativar. *ac/ante/con/de/ex/in/inter/per/ prae/re/sus-cĭpĭo.

captivus, a, um, prisioneiro, cativo.

caput, capĭtis, n., cabeça, cabo, cume, chefe.< capĭo,3m; capitālis,e, cabedal.

carmen, ĭnis, n., canto, poema, ode. *cano,3.

carpo, ĕre, carpsi, carptum, colher (frutos); carpir. *de/dis/ex-cerpo,3.

carthaginiensis, e, cartaginês.

Carthāgo, ĭnis, f., Cartago, na Tunísia.

casfigo, 1, repreender, corrigir, castigar.

344

castra, ōrum, n. pl., acampamento militar. *castrēnsis, e > *castrense*.

casŭs, ūs, m., queda; ruína; (a)caso; categoria flexiva dos nomes.[1.3; 3.2.5] < cado,3.

cathĕdra, ae, f., *gr.*, cadeira, cátedra.

catholĭcus, a, um, *gr.*, católico, universal.

causa, ae, f., causa, razão; demanda judicial. *causi-dĭcus,-i > *causídico*.

cautēla, ae, f., cautela, precaução. *cavĕo.

cautĭo, ōnis, f., (pre)caução; garantia.

cavĕo, ēre, cāvi, cautum, 2, precaver-se, acautelar-se. *prae-cautĭo, -ōnis.

cēdo, ĕre, cessi, cessum, (con)ceder, fazer cessão; retirar-se, ir-se. *abs/ac/ante/con/de/dis/ex/in/ inter/prae/pro/re/retro/se/suc-.[1.14.2] *abs-cessŭs, -ūs > *abscesso*.

celĕber, bris, bre, freqüente, festejado.

celo, 1, ficar em clausura. *cella,-ae < cel-ŭla.

cena / caena / coena, ae, f., ceia, janta.

censĕo, ēre, censŭi, censum, opinar, pensar, re-censear. *re-; censŭs, -ūs > *censo*.

censor, ōris, m., crítico, censor.

cerĕbrum, i, n., cérebro, inteligência.

Ceres, Cerēris, f., deusa dos cereais; seara.

cerno, ĕre, crēvi, crētum, separar, distinguir; discernir. *de/dis/ex/se-.

certus, a, um, determinado, certo, seguro. *in-

cervicāle, is, n., travesseiro, almofada. *cervix, īcis, "cerviz".

cessĭo, ōnis, f., > cessão; ato de ceder. * cedo.

cesso, 1, cessar. *cēdo.[1.14:.3]

cetĕrum, *adv.*, no mais; de resto.

cetĕrus (caet-), a, um, restante, excedente.

charta, ae, f., *gr.*, documento, carta.

chorus, i, m., *gr.*, coro; grupo de dançarinos cantores, músicos.

Christus, i, m., *hebr./gr.*, ungido; Jesus Cristo.

cibus, i, m., comida, alimento (em cibório).

Cicĕro, ōnis, m., *Marcus Tullīus –.*[106-43 aC.]

ci(ĕ)o, ci(ĕ)re, civi, citum, movimentar, excitar, provocar. *concĭto,1.

circēnsis, e, circense, do circo, *circus,-i.*

circŭlus, i, m., órbita; circo. < circus, -i,+-ŭlus.[1.14:.3.]

circum-venĭo, īre, vēni, ventum, envolver, cercar; vir ao redor.

cito, 1, chamar, citar. *in/re/sus-.

citra, *adv.*, aquém; *prep.* aquém de.[1.10.1.]

civīlis, e, civil, dos cidadãos.

civis, is, m., cidadão, cidadã.

civĭtas, ātis, f., sociedade, Estado.

clāmo, 1, clamar > chamar; gritar, bradar. *ac/con/de/ex/in/pro/re-.[1.14.2.]

clarus, a, um, claro, evidente. *prae-.

claudĭco, 1, coxear, claudicar.

claudo, ĕre, clausi, clausum, fechar, enclausurar. *con/dis/ex/in/inter/oc/prae/re/se-cludo,3. *clavis,-is > *chave*.

coepĭo, coepĕre, coepi, coeptum, começar. < cum, apĭo, *ligar*; * in-cipĭo.

coeptum, i, n., empreendimento, projeto. *co-epĭo; in-cipĭo,3m.

co-ercĕo, ēre, cŭi, cĭtum, coagir, reprimir, refrear. < cum, arcĕo,2. *coertĭo,-ōnis > coerção.

coetŭs, ūs, m., junção, (re)união, sociedade, grêmio. < cum, eo > co-itus, -us, *coito*.[1.8.7.]

co-gĭto, 1, (ex)cogitar, pensar, refletir. < cum, agĭto,1 (<ăgo).

co-gnatus, i, m., consangüíneo, parente, cunhado. < cum, (g)natus (< nascor,3d).

co-gnitĭo, ōnis, f., ato de conhecer.

co-gnomĭno, 1, cognominar, denominar. < cum, (g)nomen,-ĭnis, *sobrenome*.

co-gnōsco, ĕre, gnōvi, gnĭtum, ser informado, conhecer, saber. < cum, (g)nosco,3.

cōgo, ĕre, ēgi, actum, forçar, coagir, obrigar. < cum, ăgo,3.

col-lĭgo, ĕre, lēgi, lectum. (re)colher, juntar, coligir. < cum, lĕgo,3.

col-lŏquor, lŏqui, locūtus sum, conversar, falar. < cum. *col-loquĭum,-i.

cŏlo, ĕre, colŭi , cultum, cultivar. *ac/ex/in/re-.

collum, i, n., pescoço, gargalo, colo.

color, ōris, m., cor, colorido, brilho.

colūmba, ae, f., pomba; *columbus,-i.

columna, ae, f., coluna, suporte, estante.

com-ĕdo, ĕre, ēdi, ēstum, 3c, comer.< cum.

com-mendo, 1, confiar, encomendar. < cum, manŭs, do,1.

com-mensalis, e, comensal, da mesma mesa, *mensa,-ae.*

com-mercĭum, i, comércio. *mercor,1d.

com-mŏdo, 1, emprestar; dar em *com-modātum,-i.*

com-mŏdus, a, um, conveniente.< cum.

com-movĕo, ēre, mōvi, mōtum, comover.

com-mūnis, e, comum, geral. < cum, munĭo, 4.

com-pāges, is, f., junção, união, articulação. < cum, pango,3, *pactuar*; pactum,- i.

com-paratĭo, ōnis, f., comparação, cotejo.

com-păro, 1, comparar; comprar.< cum, par, -ris.

com-plūres, -plūra, muitos, vários, em maior número. *plures,-ĭum.[1.5.4.]

compositĭo, ōnis, f., composição (texto).

com-promissum, i, n., compromisso, ajuste, convenção. *cum, pro, mitto,3.

con-cēdo, ĕre, cessi, cessum, fazer concessão, permitir. *concessionarĭus, a, um.

con-cĭpĭo, ĕre, cēpi, ceptum, receber, conceber, conceituar. *cum, capĭo,3m.

con-cordia, ae, f., harmonia, entendimento. < cŏr, cordis, n.

con-crētus, a, um, denso, espesso, concreto. < cum, cresco,3.

con-dēmno, 1, condenar. < damno,1.

con-dicĭo (-tĭo), ōnis, f. condição. < dico.

con-do, ĕre, dĭdi, dĭtum, 3, fundar, edificar; estabelecer (leis). < cum, do,1.

con-fessĭo, ōnis, f., confissão, ato/efeito de reconhecer. < cum, fatĕor,2d, *confessar.*

con-fĭcĭo, ĕre, fēci, fectum, acabar, matar, destruir. < facĭo,3m.

con-firmo, 1, confirmar, reforçar. *af/in-.

con-fitĕor, ēri, fessus sum, declarar, confessar, reconhecer. < cum, fatĕor,2d.

con-fŏdĭo, ĕre, fōdi, fossum, (per)furar, transpassar. *fossa, ae.

con-fringo, ĕre, frēgi, fractum, romper, fraturar, abater. < cum, frango,3c.

con-iūngo, ĕre, iūnxi, iūnctum, unir, juntar, conjugar. *con-iunctĭo,-ōnis.

con-iūro, 1, conjurar, conspirar. < cum, ius. *ab/ad/e/per-.

con-iugatĭo, ōnis, f., conjugação. [1.8; 3.2.5.]

con-iunctĭo, ōnis, f., conjunção. < iungo,3.

con-iuratĭo, ōnis, f., conjuração, conspiração.

con-nubĭum, i, n., casamento. < nubo,3c.

con-sĕquor, sĕqui, secūtus sum, (con)seguir, alcançar.

con-sensŭs, ūs, m., consenso.*sentĭo,4

con-sentĭo, īre, sensi, sensum, consentir, entrar em consenso/acordo.

con-sequentĭa, ae, f., seguimento, ilação, inferência, dedução. < cum, seqŭor,3d.

consilĭum, i, n., conselho, deliberação. *consŭlo, 3. *consilĭor, 1d; concilĭum,-i, *assembléia.*

346

con-sīsto, ĕre, stĭti, stĭtum, consistir de, assentar em. < cum, si-, sto,1.

con-sŏnans, āntis, que soa junto (com obstrução no conduto vocal), cosoante.

con-spĭcĭo, ĕre, ēxi, ēctum, enxergar, ver.

con-stans, āntis, constante, perseverante.< sto.[1.8.4.]

con-stitŭo, ĕre, stitŭi, stitūtum, constituir; determinar.< statŭo,3.

con-sto, āre, stĭti, stātum, 1, constar, ser evidente; custar. < cum, sto, stĕti,1.

con-strŭo, ĕre, struxi, structum, construir, edificar, compor.

con-sub-stantiālis, e, da mesma natureza (substância). < cum, sub, stantĭa, -ae.

con-suetūdo, ĭnis, f., costume, hábito, uso. *suēsco,3; solĕo,2.*consuetudinarĭus.

consŭl, is, m., cuidador; cônsul, supremo, magistrado. *consŭlo,3.

con-sŭlo, ĕre, sulŭi, sūltum, consultar, deliberar; cuidar de.*consilĭum,-i.

consūltum, i, n., deliberação, decisão; *senatūs* –, decreto do senado.

con-sūmo, ĕre, sumpsi, sumptum, empregar, gastar; consumir; morrer.

con-ticēsco, ĕre, conticŭi, –, calar-se, silenciar. < cum, tacĕo,2.

con-tĭnĕo, ēre, tinŭi, tentum, 2, conter, encerrar. < tenĕo,2.

con-tractus, us, m., contrato, convênio. < trăho,3.

con-trăho, ĕre, traxi, tractum, juntar; contrair; negociar, contratar.

contrarius, a, um, contrário, oposto.

con-vĕnĭo, īre, vēni, ventum, vir junto; convir.

con-ventĭo, ōnis, f., convenção, assembléia.

con-verto, ĕre, verti, versum, fazer conversão, voltar; transformar(-se).

con-vīvo, ĕre, vīxi, vīctum, conviver.

coquo, ĕre, coxi, coctum, cozinhar, cozer. *bis-coctum > *biscoito;* cocina > *cozinha.*

coram, *prep./adv.,* em presença de.[1.10.2]

cŏr, cordis, n., coração, coragem, inteligência, cor. *con/dis-; con-cordĭa,-ae.

corpus, ŏris, n., corpo (alma), matéria; conjunto; código. *corpus-cŭlum,-i˙

cor-rĭgo, ĕre, rēxi, rēctum, corrigir. < cum, rĕgo.

cor-rumpo, ĕre, rūpi, ruptum, corromper.

cor-ruptĭo, ōnis, f., corrupção.

corvus, i, m., corvo, urubu.

costa, ae, f., costela, flanco, lado.

cottidiānus, quotidianus, a, um, diário, cotidiano, quotidiano. < quot, dies,ēi.

cras, *adv.,* amanhã.[1.9] *pro-crastĭno,1.

crĕdo, ĕre, credĭdi, credĭtum, acreditar.

credŭlus, a, um, crédulo de crença fácil.

crĕo, 1, criar, gerar, produzir. *pro-.

cresco, ĕre, crēvi, crētum, crescer, fortalecer-se. < crĕo.[1.14.3]

crimen, -ĭnis, n., crime. *in/re-crimĭno,1.

cruci-figo, ĕre, fixi, fixum, pregar à cruz, crucificar. < crux, crucis + figo, 3.

crudēlis, e, cruel.*cruor; crudus, *cru.*

cruēntus, a, um, sanguinolento. *in-.

cruor, ōris, m., sangue derramado de ferida.

crus, cruris, n., perna; pé de árvore.

culpa, ae, f., culpa, delito, crime.

cultŭs, ūs, m., cultivo, cuidado. < colo.

cum, *prep.*[1.10.2;] *conj.;*[1.11.2;] *pref.*[1.14:2]

cumŭlo, 1, acumular. *ac-; cumŭlus,-i.

cunctus, a, um, todo, inteiro.

cunicŭlus, i, m., leito subterrâneo; coelho.[1.14:2.] *cunae,-ārum, *berço, ninho.*

cŭpĭo, ĕre, cupīvi, cupĭtum, desejar, cobiçar. *cupido, -ĭnis.

cura, ae, f., cuidado(r), cura(dor), vigia.

curĭa, ae, f., cúria, assembléia, senado.

cūro, 1, cuidar de, curar. *pro-/re-.

curri-cŭlum, i, n., curso, trajetória.[1.14.2]

curro, ĕre, cu-cūrri, cursum, 3c, correr. *ac/con/de/dis/ex/in/inter/oc/per/prae/pro/ re/suc/trans-.

custodĭo, 4, guardar, proteger; custodiar.

Damno, 1, condenar.*con-dēmno,1.

damnōsus, a, um, nocivo, prejudicial.

damnum, i, n., dano, prejuízo.

danăus, a, um, relativo a Dánao, rei de Argos, e aos argivos; grego.

datum, i, n. (pl. data,-ōrum), dado, data, dádiva.

de-bĕo, ēre, debŭi, debĭtum, dever, ter dívida. < habĕo,2.

debĭtor, ōris, m., devedor.

debĭtum, i, n., dívida, débito.

decet, decēre, decŭit, ser decente, convir.

de-cīdo, ĕre, decīsi, decīsum, separar, cortar. < de, caedo,3. *cf. decĭdo,3 < de, cădo, *decair.*

de-cĭpĭo, ĕre, cēpi, ceptum, enganar; decepcionar. < de, capĭo,3, *pegar.*

de-clinatĭo, ōnis, f., declinação (dos nomes).[1.3; 1.4]

decōrus, a, um, honroso, decoroso.*decet.

decus, decŏris, n., decoro, enfeite, honra.

de-fĕndo, ĕre, fendi, fensum, repelir, proteger, probir, fazer defesa; ser defeso.

de-fĕro, fērre, tŭli, lātum, levar, trazer, deferir; delatar.[1.8.7.] *fertĭlis,e.

de-fĭcĭo, ĕre, fēci, fectum, abandonar, faltar. < facĭo; *defĭcit, *falta.*

de-figo, ĕre, fixi, fixum, espetar, (a)fixar, enterrar.

de-finitĭo, ōnis, f., definição, delimitação.

de-fraudo, 1, fraudar, enganar.*fraus,-dis.

dēin-ceps, *adv.* depois. < dĕinde, capĭo,3.

de-īnde, *adv.,* então, depois.[1.9.]

delĕo, ēre, delēvi, delētum, apagar, delir, deletar, destruir; *(in)delebĭlis,e.

de-lēcto, 1, deleitar, encantar. < lego,3.

delĭctum, i, n., culpa, delito, crime.

de-līnquo, ĕre, līqui, līctum, cometer delito, delinqüir. *delictum,-i.

delirium, i, n. delírio. *delīro,1; lira,-ae.

de-mens, ēntis, desvairado, demente.

de-minutivus, a, um, diminutivo.[1.14:3.]

de-mōnstro, 1, demonstrar, provar.

denĭque, *adv.,* afinal, enfim. < de, ne, que.

de-nominativus, a, um, denominativo.

de-precatĭo, ōnis, f., prece, súplica.< prĕcor,1d.

de-relinquo, ĕre, relīqui, lictum, deixar, abandonar. *reliquĭae > *relíquias.*

de-rivativus, a, um, que deriva (< rivus,-i > *rio*).

de-scendo, ĕre, scendi, scensum, descer, descender. *scando,3; a-.

de-scrībo, ĕre, scripsi, scriptum, descrever.

de-sĕro, ĕre, rŭi, sertum, abandonar, desertar.

de-sidĕro, 1, desejar. < de, sidus, "cume".

de-sīno, ĕre, sĭi, sĭtum, deixar, abandonar.

de-spĭcĭo, ĕre, spēxi, spēctum, olhar de cima; despeitar; rebaixar. < specĭo,3m.

de-sŭm, esse, fŭi, – , não haver, faltar.[1.8.7.]

deterĭor, ĭus, pior, menor, inferior.[1.5.4]

de-trăho, ĕre, trāxi, tractum, tirar, extrair; detrair. *detractĭo, -ōnis.

deus, i, m., deus.*dea,-ae; divus.

de-verbalis, e, deverbal; de verbo.

de-versorĭum, i, n., hospedaria.< verto,3.

de-vōlvo, ĕre, volvi, volūtum, devolver.

de-vŏro, 1, devorar. *vorax,ăcis > *voraz.*

dextĕra, ae, f., mão direita, destra.*dextĕr,a,um.

dīco, ĕre, dīxi, dīctum, dizer, falar. *ab/contra/e/in/inter/male/prae/pro-.[1.14.2]

dictātor, ōris, m, ditador, magistrado supremo.

dictĭo, ōnis, f., ato/efeito de dizer (pronunciar); discurso; vocábulo.

dictum, i, n., dito, sentença.*dico,3.

di-dūco, ĕre, dūxi, dūctum, dispersar. < dis-.

dĭes, ēi, f./m., dia. *meri- (<medĭus), dies.

dif-fĕro, dif-fĕrre, dis-tŭli, di-lātum, ser diferente, divergir; dispersar. < dis, fero.[1.8.7.]

dif-ficĭlis, e, difícil, árduo. < dis, facĭo.

digĭtus, i, m., dedo, medida.*indicĭum,-i.

di-(g)nōsco, ĕre, nōvi, nōtum, discernir, distinguir. < dis, (g)nosco,3; a-.

di-ligentĭa, ae, f., cuidado, diligência, zelo.< dilĭgo,3 < dis, lego.

di-lucēsco, ĕre, di-lūxi, fazer-se luz, amanhecer. < dilucĕo < dis, lucĕo,2.

diluvĭum, i, n., dilúvio.< dis, lŭo,3 < dis, lavo,1.

di-mĭco, 1, combater.< dis, mĭco, *agitar.*

di-midĭum, i, n., metade. < dis, medĭus.

di-mītto, ĕre, mīsi, mīssum, dispersar; deixar partir; enviar, demitir. < dis-.

dir-ĭmo, ĕre, ēmi, emptum, separar, dirimir, dividir. <dis, ĕmo,3, *pegar.*

di-rŭo, ĕre, rŭi, rŭtum, arruinar, demolir. < dis-.

dis-cēdo, ĕre, cēssi, cēssum, dispersar-se.

disciplina, ae, f., instrução, ciência, aprendizagem, disciplina. *disco.

discipŭlus, i, m., aluno, discípulo.

disco, ĕre, didĭci, – , aprender; ser informado, ser discente. *ad/de/e/con-.

dis-cŭtĭo, ĕre, cūssi, cussum, afastar, separar sacudindo. *dis, quatĭo,3, *bater.*

dis-pōno, ĕre, posŭi, posĭtum, dispor.

dis-putatĭo, ōnis, f., disputa, discussão.

dis-pŭto, 1, disputar, discutir.*am/com/de/im-/re-.

dis-sĕro, ĕre, serŭi, sertum, dissertar, discorrer; explanar.

dis-simŭlo, 1, dissimular, encobrir.

dis-sōlvo, ĕre, solvi, solūtum, desligar, dissolver.

di-stinctĭo, ōnis, f., distinção, separação.

di-stingŭo, ĕre, tinxi, tinctum, separar, dividir, distinguir. < dis.[1.8.1]

diu, *adv.,* por (há) muito tempo; durante o dia. *dies,-ei.[1.9.1.]

dives, divĭtis, *adj.,* rico.*divitĭae,-ārum.

di-vĭdo, ĕre, vīsi, vīsum, fazer divisão, repartir.

divinus, a, um, divino, de deus. < divus,-i, *deus.*

divitĭae, ārum, f.pl., riquezas, bens.*dives, *rico.*

dō, dāre, dĕdi, dātum, dar, doar, ofertar. *ab-/ad/circum/con/de/in/ob/per/pro/re/satis/sub/tra- dĕre.

docĕo, ēre, docŭi, doctum, ensinar.*ad/de-/e/per-*docens,-ēntis; (in)docĭlis.

doctor, ōris, m., mestre, lente. < docĕo.

dolĕo, ēre, dolŭi, dolĭtum, sentir (causar) dor, doer, sofrer; deplorar.

dolor, dolōris, m., dor, aflição.[1.4.4.] *in-.

dŏlus, i, m., enganação, trapaça, dolo (ô).

domestĭcus, a, um, doméstico, de casa.

domĭna, ae, f., dona; senhora. *dominicella > *donzela.*

dominĭcus, a, um, do dono, dominical.

dominĭum, i, n., domínio, propriedade.

domĭnor, āri, ātus sum, dominar.

domĭnus, i, m., dono, senhor.

dŏmo, āre, domŭi, domĭtum, domar, amansar.

domŭs, ūs, f., casa, domicílio; família; *domi,* em casa. *casa,-ae, *choupana.*

349

donum, i, n., dom, dádiva. *dono,1.

dormĭo, 4, dormir. *dormitorĭum,-i.

dos, dotis, m., dote; mérito. *do,1.

dubĭto, 1, duvidar, hesitar (quin).

dubĭum, i, n., dúvida, hesitação.

dūco, ĕre, dūxi, dūctum, conduzir, levar, trazer; casar-se com. *ab/ad/circum/con/de/di /e/in/intro/ob/per/prae/pro/re/ se- sub/tra-. [1.14.2]

ductŭs, ūs, m., conduto, traço, risco. *duco,3.

dulcis, e, doce, agradável, suave.

dum-tāxat, adv., só; pelo menos. < dum, tango,3.

dūro, 1, endurecer, (per)durar. *per-.

dux, ducis, m., guia, líder, general.

Ebrĭus, a, um, ébrio, embriagado.

ec-ce, adv., eis (que, aqui, ali).

ec-clesĭa, ae, f., gr. ek-klesía, igreja.

e-dĭctum, i, n., determinação, edito. < e, dĭco,3.

ē-do, ĕre, dĭ-di, dĭtum, 3c, fazer (deixar) sair; dar à luz; editar.

e-ducatĭo, ōnis, f., educação, instrução.

e-dūco, ĕre, dūxi, ductum, extrair; produzir.

ef-fectŭs, ūs, m., efeito. *ex, facĭo,3.

ef-fĭcax, ācis, eficaz, produtivo. < ef-ficĭo.

ef-ficĭo, ĕre, fēci, fectum, efetuar, produzir.

elĕvo, 1, elevar, aliviar, relevar. < levis, e.

e-lĭgo, ĕre, elēgi, electum, escolher, eleger. < lĕgo.

e-loquentĭa, ae, f., eloqüência.

e-lŏquor, lŏqui, locūtus sum, falar.

e-mērgo, ĕre, mērsi, mērsum, fazer emersão, sair de. *de/e/im/sub-.

e-mĭtto, ĕre, mīsi, mīssum, soltar, fazer emissão, emitir, largar. < e (< ex), mitto,3.

emo, emĕre, ēmi, emptum, comprar.

ĕnim, adv., com certeza; conj., pois.

ens, entis, aquele que é, – existe, ente.[1.8.7.]

ĕo, īre, īvi (> ĭi), ĭtum, ir, andar. *ab/ad/ amb(io)/ante/circum/co/exin/inter/intro/ ob/per/prae/praeter/prod/red/sub/trans-. [1.8.7.]

e-quĭdem, adv., com certeza.< e, quĭdem.

equŭs, i, m., cavalo.*f., equŭa,-ae.

erga, prep., ac., perante, em relação a. [1.10:1.]

e-rĭgo, ĕre, rēxi, rēctum, erigir.< rĕgo.

e-rĭpĭo, ĕre, ripŭi, reptum, arrancar, tirar, arrebatar. < rapĭo,3.

erro, 1, vaguear, errar. *ab/de/per-

error, ōris, m., erro, falha, engano, desvio. < erro,1.

e-rŭo, eruĕre, erŭi, erŭtum, arruinar.

essentia, ae, essência.< esse, sŭm.[1.8.7.]

essentialis, e, essencial. *accidentalis,e.

esurĭo, 4, ter fome, desejar comer.

et-ĕnim, conj., pois, porque. [1.11.1.]

et-ĭam, conj. além disso, também, até.[1.11.1]

e-vanēsco, ĕre, evanŭi, frustrar, desvanecer.

ex-alto, 1, exaltar, louvar. *altus,a,um.

ex-cēllo, ĕre, ŭi, celsum, sobressair.

ex-celsus, a, um, elevado, excelso.

ex-ceptĭo, ōnis, f., exceção, defesa. < ex, capĭo,3m.

ex-cidĭum, i, n., queda, ruína. < ex, cădo,3.

ex-cĭpĭo, ĕre, cēpi, ceptum, excluir, excetuar, excepcionar. < ex, capĭo,3.

ex-cĭto, 1, provocar, estimular. *ex, ci(ĕ)o.

ex-clūdo, ĕre, clūsi, clūsum, excluir, expulsar, dar exclusão. < ex, claudo,3.

ex-cūdo, cudĕre, cūdi, cūssum, tirar batendo; forjar. *percussio, -ōnis.

ex-cūso, 1, escusar, < ex, causo. *ac-.

ex-emplar, āris, n., exemplar, modelo.

350

ex-emplum, i, n., modelo, amostra.

ex-ĕo, īre, īvi (> ĭi), exĭtum, sair de; ter êxito (saída); partir.[1.8.7]

ex-ercĕo, ēre, ercŭi, cĭtum, exercer.

ex-ercĭtŭs, ūs, m., exército; multidão. < arcĕo.

ex-hibĕo, ēre, ŭi, hibĭtum, exibir. < habĕo.

ex-īgo, ĕre, ēgi, actum, fazer sair; esculpir; produzir. < ex, ăgo,3.

ex-igŭus, a, um, pequeno, exíguo. < ex-ăgo.

ex-ilĭum / ex-silium, i, n., exílio, degredo.

ex-itŭs, ūs, m., saída, fim, êxito.

ex-ordĭum, i, n., início, exórdio. < ex, ordĭor,4.

ex-perientia, ae, f. experiência, destreza.

ex-perimentum, i, n. experimento, ensaio.

ex-plĕo, ēre, plēvi, plētum, perfazer, cumprir, exaurir. *com/im-pletivus,a,um.

ex-plicatĭo, ōnis, f., desdobramento, explicação, interpretação. *plĭco,1.

ex-spectatĭo, ōnis, f., expectativa, anseio. *specto,1, *esperar*; spectator,-ōris.

ex-specto, 1, estar em expectativa; aguardar. *specĭo,3m.

ex-spīro, 1, expirar, morrer.

ex-stingŭo, ĕre, tinxi, tinctum, extinguir, destruir.

ex-strŭo, ĕre, strūxi, strūctum, construir, edificar.

ex-(s)ŭl, is, m., exilado, banido.

extremĭtas, ātis, f., extremidade, desinência.

extrēmus, a, um, extremo.*extĕrus,a,um.

ex-trīco, 1, destrinçar, desenredar, desenrolar.

Faba, ae, f., fava. *fab(i)-; fabianus.

faber, bri, m., artesão, *fabrĭco(r),1.

fabŭla, ae, f. conversa, fábula, peça teatral. < fabulo(r) < for/fari,1d, *falar*.

facĭes, ēi, f., figura, aparência. < facĭo.

facĭlis, e, fácil. *dif-fĭcĭlis < dis.

facĭo, ĕre, fēci, factum, fazer, efetuar. *assue/cale/commone/labe/liue/made/mansue/obstupe/pate/rare/satis/stupe/treme/tume.*af/con/de/ef/of/per/iner/prae/re/suf- -fĭcĭo,3m.

factĭo, ōnis, f., conluio, facção, partido.

factor, ōris, m., criador, feitor. < facĭo,3.

factum, i, n. fato, feito, acontecimento.

facundĭa, ae, f., eloqüência, facúndia. < for,1, *falar*.

fagus, i, f., *gr.* faia.

fallo, ĕre, fe-fēlli, falsum, fazer cair; enganar. *fallax, -ācis > *falaz*.

falsus, a, um, iludidor, falso. < fallo,3.

fames, is, f., fome, avidez.

familia, ae, f., família.

fas, n., *indecl.,* o justo, o lícito.*ne-fas.

fastigĭum, i, n., cume, fastígio.

fatĕor, ēri, fassus sum, falar; manifestar. *con/in/pro-fĭtĕor,2.

fatum, i, n., fado, destino; predição.

favĕo, ēre, favi, fautum, favorecer, promover; – *linguis,* guardar silêncio.

favīlla, ae, f., faísca, brasa, fagulha.

favorabĭlis, e, favorável, favorecedor.

felis, is, f., gato, felino; fuinha.

felix, īcis, feliz, ditoso, favorecido.

femĭna, ae, f., mulher, fêmea. * mas, maris; mas-cŭlus,-i > *macho*.

fenestra, ae, f., fresta, janela.

ferĭae, ārum, f., repouso, férias, festas.

fĕro, fērre, tŭli, lātum, levar, trazer, produzir.[1.8.7.] *af/ante/au/circum/con/de/ di/e/ of//per/prae/pro/re/suf/trans-.*fructĭ-, aurī-fĕr, a, um.[1.8.7.]

351

fertĭlis, e, fértil, fecundo.< fero.[1.8.7.]

ferus, a, um, cruel. *ferox, -ōc̲is >*feroz.*

fictĭo, ōnis, f., fição, simulação.

fidēlis, e, fiel, leal, amigo. < fido,3, *ter fé.*

fides, ĕi, f., confiança, fé, fidelidade.

figo, ĕre, fixi, fixum, afix̲ar, cravar, furar. *af/com/de/in/prae/suf/trans-.

figura, ae, f., aparência; figura, tropo.

filĭus, i, m., filho.

filum, i, n., fio, linha; filamento, teia.

fingo, ĕre, finxi, fictum, inventar, fingir. *fictio, -ōnis > *ficc̲ão* (finta). *af/con-.

finĭo, ī̲re, finīvi, finītum, finalizar.

finis, is, m., fronteira, finalidade. *affinis,e.

finitĭmus, a, um, vizinho, limítrofe.

fio, fiĕri, factus sum, ser feito, tornar-se, originar-se, acontecer.[1.8.7.] *facĭo,3m.

firmamentum, i, n., suporte, céu.*in-firmo,1.

fiscus, i, m., cesta de vime; fisco, cofres do Estado, erário. *con-fisco,1.

flagitĭum, i, n., torpeza, suplício.

flagrans, āntis, flagrante. < flagro,1.

flammo, 1, queimar, inflamar. *flamma,-ae.

flecto, ĕre, flexi, flexum, dobrar, flexionar. *de/in/circum/re-.

flĕo, flēre, flēvi, flētum, chorar. *fle-bĭlis,e.

florĕo, ēre, florŭi, florir, prosperar, abundar. *flos, floris; flores̲co,3, *florescer.*

fluctŭs, ūs, m., onda, tempestade. *fluo,3.

fluĭto, 1, flutuar, boiar. < flŭo,3.[1.14:3.]

flumen, flumĭnis, n̲., rio. *flumin-ense.

flŭo, ĕre, fluxi, fluxum, fluir, *af/circum/con /de/e/in/prae/pro/re/super-.

fluvĭus, i, m., rio. *fluo, 3, *fluir.*

focus, i, m., fogo, lareira, lar.

fodĭo, ĕre, fōdi, fossum, cavar, fazer fos̲so.

foedus, a, um, feio.

foedus, ĕris, n̲., tratado, aliança, (con)fe-deração. < fido,3. *con-foedĕro,1.

fons, fontis, f., fonte, nascente, origem.

for, fāri, fatus sum, falar. *in-fans,-āntis.

forma, ae, f., forma, figura, aspecto.

formo, 1, formar, plasmar. *de/re/con/trans-.

formōsus, a, um, belo, formoso.

fortuna, ae, f., algo fortuito; fortuna, sorte, acaso; bens. *fero,3.

forum, i, n., praça; mercado; foro judicial.

fragĭlis, e, quebradiço, frágil. *frango,3.

frango, ĕre, frēgi, fractum, fraturar, quebrar. * con/in/per/re-fring̲o3.

frater, fratris, m., irmão, frade, frei.*sorŏr.

fraus, fraudis, f., engano, fraude, trapaça.

frequens, ēntis, freqüente, repetido.

frico, 1, esfregar, friccionar, polir. *fri-go,3c, *frigir.*

fructŭs, ūs, m., fruto. *fructi-fĕr,a,um.

frumentum, i, n., trigo.

frŭor, frui, fruĭtus/fructus sum, usar, fruir. *per-.

fŭgĭo, ĕre, fūgi, fugĭtum, fugir, evitar. *con/di/e/pro/subter-.

fugo, 1, afugentar. *fugĭo. *fugax,-āc̲is, *fugaz̲.*

fulgur, ŭris, n., lampejo, raio. *fulgŭ-ro, 1.

fumus, i, m., fumo, fumaça.

fundamentum, i, n., base, alicerce. *fun-do,1.

fundo, ĕre, fūdi, fūs̲um, derramar, fazer fus̲ão. *ad/con/di/e/in/per/pro/re/trans-.

fungor, fungi, funct̲us sum, exercer cargo/função. *de/per-.

funus, ĕris, n̲., funeral, enterro; morte.

fur, furis, m., ladrão; furtador.

furor, āri, ātus sum, roubar, furtar.

furtum, i, n., furto; subtração clandestina.

futūrus, a, um, que será; futuro.[1.8.4.]

Gallĭcus, a, um, da *Gallĭa,* gaulês; francês.

gallus, i, m., gaulês; galo. *gallĭna,-e.

gaudĕo, ēre, gavīsus sum, alegrar-se, regozijar-se.

gaudĭum, i, n., alegria, prazer, gáudio.

gemĭtŭs, ūs, m., gemido.< gemo,3.

genitivus, a, um, gerador, genitivo.

genĭus, i, m., caráter, pendor; gênio, talento.< gigno,3, *gerar.* *ingenĭum,-i.

gens, gentis, f., gente, raça, nação. *gentĭlis,e.

genus, ĕris, n̲., origem; raça; gênero. < gigno,3.

gĕro, ĕre, gessi, gestum, levar, trazer, produzir; *bellum –,* fazer guerra; *res gestae,* proezas bélicas.*/con/di/e/exa/in /sug-. *bellĭ-, lani-gĕr, a, um.

gestŭs, ūs, m., gesto. *gero,3.

gigno, ĕre, genŭi, genĭtum, gerar; criar. *pro-.

gladĭus, i, m., espada, gládio. *di-gladĭor,1d.

glori-fĭco, 1, glorificar, honrar. < glorĭa, facĭo.

glorĭor, āri, ātus sum, gloriar-se.

grădĭor, gradi, gre̲s̲s̲us sum, andar, progredir.*ag/con/di/e/in/prae-/pro/re/trans-grĕ̲dĭor. [1.8.6]

gradŭs, ūs, m., (de)grau, ordem.

graecus, a, um, grego.

grammatĭca, ae, f., *gr.,* gramática,[3.2.]

granum, i, n., grão, semente..

gratĭa, ae, f., graça; *gratias ago,* agradecer.

gratus, a, um, agradável, agradecido.

gravis, e, pesado; cheio, carregado, nobre.

gravĭtas, ātis, f., gravidade, dignidade.

grossus, a, um, espesso, grosseiro, grosso.

gustŭs, ūs, m., gosto, sabor.

gutta, ae, f., gota, lágrima, suor.

Habĕo, ēre, habŭi, habĭtum, ter, possuir, haver. *de/prae-bĕo. *ad/co/ex/in/per/prae/pro- hi̲bĕo.

habĭto, 1, habitar, residir. *habĕo; in-.

Hannĭbal, bălis, m., Aníbal, [†183.] *(sem *h-,* efeito de longo uso popular).

hasta, ae, f., h̲aste, lança; leilão.

haud, *adv.,* não, dificilmente.

hebraei, ōrum, m., pl., h̲ebreus.

herba, ae, f., er̲v̲a(l) (sem *h-,* derivação popular); h̲erbívoro (forma erudita). [4.7.2.]

heredĭtas, ātis, f., herança.

heres, herēdis, herdeiro.*hereditarius.

hic, haec, hoc, este, esta, isto.[2.7.2]

hiems, hiĕmis, f., inverno, mau tempo.

hinc, *adv.,* daqui, deste lugar/momento.[1.9.1.]

Hispania, ae, f., E̲spanha (forma popular sem *h-*); cf. h̲ispânico (forma erudita). – *ulterĭor, citerĭor.*

historia, ae, f., *gr.,* história, narrativa.

hodĭe, adv., hoje, neste dia. < hoc+die.

Homērus, i, Homero, da *Ilíada* e *Odisséia.*

homo, ĭnis, m., homem, o ser humano.

honestus, a, um, honrado, virtuoso, nobre.

honor/honos, ōris, m̲, honra, dignidade.

hora, ae, f., hora, tempo, estação. *ad horam > *agora*; * hac hora.

horribĭlis, e, horrível, abominável.

hortus, i, m., horto, horta, jardim, quintal. *hortulānus, a, um > *hortelão.*

hostis, is, m., rival, hostil. *hostĭlis,e.

humanus, a, um, humano. * in-.

humĭlis, e, próximo ao chão, humilde. < humus,-i; (h)umĭdus,a,um > *úmido.*

humus, i, f̲., solo, terra, chão. *humilĭtas, ātis.

Iacĕo, ēre, iacŭi, iacĭtum, 2, estar deitado, repousar, jazer. *ad/ob/sub-.

iăcĭo, ĕre, iēci, iactum, 3, lançar, impelir, atirar. *ab/ad/circum/de/e/in/ob/pro/sub/tra-iicĭo,3m.

ibi, *adv.,* aí, nesse lugar.

ibī-dem *adv.,* lá, no mesmo local / texto.

ico, icĕre, ici, ictum, bater, ferir, atordoar *ictŭs, ūs, *golpe, pancada.*

ĭdem, eădem, ĭdem, o mesmo. [1.7.2.]

idonĕus, a, um, apto, idôneo.

Iesus, u, m.*, hebr./gr.,* Jesus; salvador.

ignis, is, m., fogo, facho; raio. *ignĕus.

i-gnoro, 1, ignorar. *in, gnosco.

i-gnorantia, ae, f. desconhecimento.

il-latĭo, ōnis, f. conclusão, ilação. *in-fĕro,3.

ille, illa, illud, pr., ele, aquele. [1.7.2.]

il-lūstris, e, brilhante; célebre, ilustre.

il-lustro, 1, iluminar. *in, lustro,1.

imāgo, ĭnis, f., imagem, estátua.

imitatĭo, ōnis, f., imitação, cópia.

imĭtor, āri, imitātus sum, imitar.

im-mānis, e, enorme.< in, manus.

im-mēnsus, a, um, imenso. *in, metĭor, 4d, *medir.*

im-miñeo, ēre, estar próximo/iminente; ameaçar.

im-mītto, ĕre, mīsi, mīssum, enviar em missão; introduzir.

im-mortalis, e, imortal, não perecível.< in-.

im-pēllo, ĕre, pŭli, pulsum, dar impulso.

im-pĕro, 1, mandar, exigir. < in, paro,1.

im-pendĕo, ēre, estar pendente/iminente.

im-perĭum, i, n., poder soberano; comando militar; Estado. < in, păro,1, *alcançar, obter.*

im-pĕtus, us, m., impetuosidade, impulso, arremesso. < in, peto,3, *atacar.*

im-plĕo, ēre, plēvi, plētum, encher, realizar, implementar.

im-plĭco, 1, enlaçar, enroscar, enredar.

im-prŏbus, a, um, perverso, ímprobo, árduo.

im-pŭto, 1, contar, imputar. *com/de/re-.

īmus, a, um, mais baixo, ínfimo.*infĭmus, a,um.

in-carno, 1, encarnar-se. *caro, -nis.

in-cĭdo, ĕre, cĭdi, cīsum, 3c, cair em; acontecer, sobrevir.*in, cādo,3.

in-cĭpĭo, ĕre, cēpi, ceptum, iniciar, ser incipiente. < capĭo.

in-cumbo, ĕre, cubŭi, cubĭtum, deitar-se; inclinar-se; esforçar-se; incumbir.

in-debĭtus, a, um, que não é devido.

in-digestus, a, um, confuso, desordenado, não digerido. < in, dis, gĕro,3.

in-dignor, āri, ātus sum, indignar-se.

in-dūco, ĕre, dūxi, dūctum, induzir, persuadir.

in-dŭo, ĕre, dŭi, dūtum, 3c, (re)vestir.

in-ers, inērtis, inerte, sem recursos.< ars.

in-fandus, a, um, indizível, inefável. < in, for,1d.

in-fans, fāntis, m., f., que não fala, criança.< for.

in-fectus, a, um, não feito. < in, factus.

in-fĕro, fērre, tŭli, il-lātum, 3, introduzir, deduzir. [1.8.7.] *illatĭo, -ōnis, *ilação.*

in-fēstus, a, um, ameaçador, devastador. *ferĭae; mani-.

in-fīnitus, a, um, infinito, ilimitado.

in-firmo, 1, debilitar, enfermar. *con-

in-flecto, ĕre, flexi, flexum, flexionar.

in-formatĭo, ōnis, f., notícia, comunicação.

in-genĭum, i, n., caráter, talento, engenho.*gigno.

in-gens, ēntis, ingente, enorme.< gigno.

in-grĕdĭor, grĕdi, grēssus sum, entrar, ingressar.

in-iqŭus, a, um, desigual, iníquo. < in, aequŭus,a,um.

in-itĭum, i, n., início. *ire,4.[1.8.7.]

in-iurĭa, ae, f., injustiça, injúria. *ius.

in-ops, inŏpis, sem recursos, indigente. *ops,-is.

inquam, inquis, inquit, digo, dizes, diz / disse.[1.8.7.]

in-sĕro, ĕre, serŭi, sertum, inserir, incluir.

in-sipĭens, sipientis, insensato, insipiente, tolo. * sapĭens.

in-sŏlens, ēntis, insolente, arrogante. < solĕo.

in-stitŭo, ĕre, stitŭi, stitūtum, estabelecer, instituir.*statŭo

in-sto, āre, stĭti, stātum,1, instar, insistir.

in-strumentum i, n., instrumento. < strŭo,3.

in-tĕger, gra, grum, intacto, íntegro, inteiro; incorrupto. < in, tango,3c.

intel-lectŭs, ūs, m., inteligência. < inter, lĕgo.

intel-lĭgo (lĕgo), ĕre, lexi, lectum, compreender, entender. < inter, lego.

in-tēndo, ĕre, tendi, tentum, estender a; entesar; aplicar-se a.*cf. tendo,3.

in-tensĭo, ōnis, f., ação de estender, tensão. < tendo,3. *intensus,a,um.

in-tentĭo, ōnis, f., aplicação, intenção.

intĕr-ĕo, īre, ĭi, ĭtum, morrer, desaparecer.

inter-fector, ōris, m., assassino.< facĭo.

inter-fĭcĭo, ĕre, fēci, fectum, tirar, matar.

inter-iectĭo, ōnis, f., interjeição.

inter-ĭmo, ĕre, ēmi, ēmptum, destruir, matar.

internus, a, um, interno, interior.

inter-pōno, ĕre, posŭi, posĭtum, intercalar, entremear, misturar.

inter-pres, prĕtis, m., intérprete.

inter-pretatĭo, ōnis, f., interpretação.

inter-prĕtor, āri, ātus sum, interpretar.

inter-rŏgo, 1, interrogar, perguntar.

intĕr-sŭm, ēsse, fŭi, – , estar entre (presente).[1.8.7.]

inter-vallum, i, n., intervalo, distância.

intro-dūco, ĕre, dūxi, dūctum, introduzir.

intro-ĕo, īre, īvi, ĭtum, ir para dentro, entrar.[1.8.7.]

in-tuĕor, ēri, tuĭtus sum, 2d, ver, intuir.

in-tuĭtŭs, ūs, m., olhar, intuito, respeito.

intus, *adv.,* (de) dentro, no interior.*intu-.

in-ūltus, a, um, não vingado, impune.< ulcīscor, 3.

in-valēsco, ĕre, valŭi, fortalecer-se, crescer. *con-

in-vĕnĭo, īre, vēni, ventum, inventar, achar.

in-ventor, ōris, m., inventor, descobridor.

in-vĭdĕo, vīdi, vīsum, invejar; aborrecer.

in-vĭdus, a, um, invejoso, hostil. < vidĕo.

in-vītus, a, um, contrariado, < volo.

ipse, ipsa, ipsum, o mesmo, o próprio.[1.7.2.]

irāscor, irasci, irātus sum, ficar irado/irascível.

ir-reparabĭlis, e, irreparável. < in, re, paro,1.

is, ea, id, este, esta, isto; aquele.[1.7.2.]

iste, ista, istud, esse, essa, isso.[1.7.2.]

ita, *adv.* assim, desta maneira.[1.9.2]

itĕrum, *adv.,* pela 2ª vez, de novo; reiteradamente.

iter, itinĕris, n., caminho, viagem. < ĕo,4.

iubĕo, ēre, iūssi, iūssum, mandar, ordenar. *ius.

iucūndus, a, um, ameno, agradável.

iudex, -ĭcis, m., juiz, árbitro. *ius.

iudiciālis, e, judicial. *extra/intra-.

iu-dīco, 1, julgar, decidir, pensar. < ius.

iu-dicĭum, i, n., juízo, ação judicial.

iunctūra, ae, f., juntura; ligação, conexão.

iungo, ĕre, iunxi, iunctum, conjugar, juntar, unir. *ad/con/dis/in/se-.

iunĭor, iōris, m. mais jovem, *iuvĕnis.* *senĭor.

355

Iuno, ōnis, Juno.[3.3.4.] *iunius,-i, *junino.*

Iu(p)pĭter, Iōvis, m., Júpiter, Jove.[3.3.4.]

iurgĭum, i, n., altercação. < ius, ago.

iuris-consŭltus, i, m., jurista.

iūro, 1, jurar, apostar. *ab/con/in/per-.

ius-iurandum, i, n., juramento.< ius, iuro,1.

ius, iūris, n, direito, justiça, jus.

iussum, i, n., determinação, mandamento.

iustitĭa, ae, f., justiça, eqüidade. *ius.

iustus, a, um, justo, legítimo.*in-.

iuvĕnis, is, m.,f., jovem. *iunĭor.[1.5.4.]

Labĭum (labrum) i, n., lábio; língua.

lābor, i, lapsus sum, escorregar, deslizar. *col/e/pro-.

laboriosus, a, um, laborioso, trabalhador.

labor, ōris, m., trabalho, esforço, fadiga.

labōro, 1, trabalhar, esforçar-se.

lacĕro, 1, rasgar, dilacerar. *lacĕr, a, um.

laedo, ĕre, laesi, laesum, lesar, ferir. *col/e-līdo,3.

laeti-fĭco, 1, alegrar. < laetus, facĭo,3.

laetus, a, um, alegre, ledo.

lapis, ĭdis, f., pedra, lápide; lápis, marco.

lapsŭs, ūs, m., lapso, deslize *labor,3d.

laquĕus, i, m., laço, rede. < lacĭo,3, *laçar.*

lardum, i, n., toucinho. *it., *lardo.*

largitĭo, ōnis, f., largueza, liberalidade.

lar, laris, m., lar, lareira, casa; *lares,* deuses do lar.

latĕo, ēre, latŭi, estar escondido/latente; ocultar-se.

latinus, a, um, latino, relativo ao *Latĭum.*

Latĭum, i, Lácio, berço da latinidade.

latus, ĕris, n/m., lado, parede, tijolo.

laudo, 1, louvar, exaltar.

laus, laudis, f., louvor, elogio.

lautitĭae, arum, f.pl., luxo, suntuosidade, lauteza.[3.4.7.1.] *lautus,a,um > *lauto.*

lĕgo, ĕre, lēgi, lectum, ler; juntar; recolher. *al/de/di/col/ob/re-līgo.

lector, ōris, m., leitor, lente. < lego,3.

legālis, e, legal, conforme a lei. < lex, legis.

legatus, i, m., enviado, legado, emissário.

legĭo, ōnis, f., legião militar, tropas. < lĕgo,3.

leo, leōnis, m., leão (animal, constelação).

lepus, ŏris, m./f., lebre. *lepŏrinus,a,um, leporino.

levis, e, leve, ligeiro.*levo,1, *elevar.*

lex, legis, f. lei, contrato. < lĕgo,3.

libēllus, i, m., livrinho, libelo. < liberŭlus.[1.14:3.]

libĕr, a, um, livre. *libĕri,2, *filhos.*

liberalis, e, liberal.

libertas, ātis, f. liberdade. *libĕro,1.

libet, libēre, libŭit, libĭtum est, agradar, aprazer. *libīdo,-ĭnis.[1.8.7.]

licet, licēre, licŭit, licĭtum est, ser lícito/permitido.

lignum, i, n., lenho, lenha (< *ligna*).

limen, limĭnis, n., limiar, soleira; entrada.

limĭto, 1, (de)limitar. *limes,-ĭtis.

limus, i, m., limo, lama, sedimento.

linĕa, ae, f., linha, traço.*linum,-i.

linquo, ĕre, līqui, lictum, deixar, abandonar.*re-

linteāmen, ĭnis, n., roupa de linho. *lintĕum,-i; *linte-ōlum,-i >*lençol.*[1.14:3.]

lis, litis, f., debate, litígio, lide. *litĭgo,1.

littĕra, ae, f., letra; *pl.,* documento, literatura.

litūra, ae, f., untagem; rasura, correção, polimento. < lino,3c; politūra,-ae.

litus, litŏris, n., litoral.

lŏquor, lŏqui, locūtus sum, falar.*al/col/e/ob/pro-.

locuplĕto, 1, locupletar-se.

locus, i, m., lugar, região. * *in loco.*

lucĕo, ēre, luxi, luzir, brilhar.*lux,-cis.

lucī-fĕr, a, um, portador de luz. < fero.

lucrum, i, n., lucro, ganho, proveito.

luctŭs, ūs, m., dor, luto, mágoa. < lugĕo,2, *chorar.*

ludibrĭum, i, n., escárnio, zombaria. < ludo,3.

lūdo, is, ĕre, lūsi, lūsum, jogar, brincar. *al/de/e/il-.

lumen, ĭnis, n., luz; claridade. < lucĕo.

lupus, i, m., lobo. *lup(i), lupin(i).

Lusitanĭa, ae, f., Lusitânia; terra de *Lusus* (cf. *Os Lusíadas),* filho de Baco, deus do vinho.[3.3.4.]

lux, lucis, f., luz, claridade, brilho. *lucĭdus., a, um.

luxuriosus, a, um, vicejante. *luxurĭa,-ae.

lympha, ae, f., *gr.,* (deusa da) água, linfa.

Machinatĭo, ōnis, f., *gr.,* maquinação, trama.*machĭnor,1.

magīster, tri, m. professor, mestre. < magis.

magistratŭs, ūs, m., magistrado, juiz.

magni-fīcus, a, um, engrandecedor, magnificente. < magnus, facĭo.

magnus, a, um, grande, extenso, largo.

maiestas, ātis, f., majestade. < maior,-ōris.

maioratĭo, -ōnis, f., majoração, aumento.

male-fīcus, a, um, malfazejo. *facĭo.

malo, malle, malŭi, preferir. < mag(is) volo.[1.8.7.]

malum, i, n., o mal, calamidade; [1.5.4.] maçã. *malus,i, f., macieira.

man-dātum, i, n., mandato, incumbência. < manus, dare.

mănĕo, ēre, mansi, mansum, permanecer, perdurar. *e/re/per-; mansĭo,ōnis > *mansão.*

manifestus, a, um, palpável. < manus.

manŭs, ūs, f., mão, garra, pata.

mappa, ae, *gr.,*guardanapo, lenço, mapa.

mare, maris, n., mar, oceano. *mari-.

Mars, Martis, Marte, guerra.*martĭus.

martyr, -ris, m., *gr.,* mártir, testemunha.

mas, -ris, masculino, macho (< mascŭlus).

materĭa, ae / materĭes, ēi, f., matéria, madeira; tema.

mater, tris, f., mãe. *matrix,-īcis > *matriz.*

matrimonium, i, n., matrimônio.

maxĭmus, a, um, máximo.< magnus.

meātus, us, m., ato/efeito de passar; caminho, meato. < meo,1, *passar.*

medicāmen, ĭnis, / medicamentum, i, n., remédio.

medĭcus, i, m., médico.*medĕor, *medicar.*

mediŏcris, e, médio; medíocre, pequeno.

mediocrĭtas, ātis, f. meio-termo, mediania.

medĭtor, 1d, exercitar-se; refletir. < medĕor.[1.14.3:3.]

medĭus,a,um, meio. *medius > *mídia.*

mel, mellis, n., mel; doçura.

membrum, i, n., (cada) membro do corpo.

memĭni, īsse, īsti, –, lembrar-se. [1.8.7.]

memŏro(r), 1, recordar. *co/re-.

memor, ŏris, lembrado, agradecido, reconhecido.

memoria, ae, f., lembrança, recordação.

mendacĭum, i, n., impostura, mentira. *mendax, -ācis > mendaz.

mens, mentis, f., mente, ânimo, espírito.*a/de-.

mensura, ae, f., medida, dimensão, mesura. < metĭor,4, *medir.*

merĕo, ēre, merŭi, merĭtum, 2, merecer. < *merescere.*

mergo, ĕre, mersi, mersum, submergir; fazer imersão. *de/e/im/sub-.

meto, metĕre, messŭi, messum, ceifar, (re)colher. *messis,- is > *messe*.

metŭo, uĕre, ŭi, ūtum, recear, temer. *metŭs,ūs. m.

miles, milītis, m., militar. *milīto,1.

minĭmus, a, um, mínimo, o menor. [1.5.4.]

minister, tri, m., ministro. *minus.

mĭnor, āri, ātus sum, ameaçar.* minax, -ācis > *minaz*.

minor, minus, menor, inferior. [1.5.4.]

minŭo, ĕre, ŭi, ūtum, diminuir, minimizar.

mirabĭlis, e, admirável; digno de ver-se.

mīror, mirāri, mirātus sum, olhar, admirar, contemplar. *ad/de-.

miscĕo, ēre, miscŭi, mixtum /mistum,2, misturar.

misĕr, a, um, miserável, desgraçado. [1.5.4.]

miserĕo, ēre, rŭi, rĭtum ou **miserĕor, ēri, miserĭtus sum,** comiserar-se, compadecer-se.

miserĭa, ae, f., miséria, pobreza.

mītto, ĕre, mīsi, missum, mandar, comissionar. *a/ad/com/di/e/im/per/prae/praeter/pro/re/sub/trans-. * missĭo,ōnis.

mobĭlis, e, móvel. *perpetŭum mobĭle*.

mŏdus, i, maneira, medida, ritmo; modo verbal.

moenĭa, ĭum, n., muralha, fortaleza.

moles, is, f., massa, volume, mole; molhe. *mole-cula,-ae, *pequena massa*. [1.14:3.]

molestus, a, um, molesto. pesado.

mollĭo, 4, amolecer, amaciar.

mollis, e, mole, macio, brando, doce.

mŏnĕo, -es, -ēre, monŭi, monĭtum, admoestar, advertir. *ad/com/prae-.

mons, montis, m., monte, montanha. *montēnsis, e.

monstro, 1, mostrar. *de-.

monumentum, i, n., lembrança. *monĕo.

mora, ae, f., (de)mora. *(de)mōror,1.

morĭor, mori, mortŭus sum, 3d, morrer.

mors, mortis, f., morte, cadáver. *morti-fĕr,a,um.

morsŭs, ūs, m., mordida, dentada.

mortalis, e, mortal, perecível.*im-.

mos, moris, m., costume, modo.*moralis,e.

motŭs, ūs, m., comoção, agitação, motim.

mŏvĕo, ēre, mōvi, mōtum, mover, provocar. *a/ad/com/de/di/e/pro/re/sub-.

mox, *adv.,* em breve; depois, em seguida.

multi-plĭco, aumentar, multiplicar. < multus, plecto,3, *entrelaçar*.

multitūdo, ĭnis, f., multidão.

multus, a, um, muito.

mundus, a, um, limpo, puro. *im-.

mundus, i, m. mundo, terra, nações.

munus, ĕris, n., função, ofício; encargo, múnus. *re-munĕro,1.

murus, i, m., muro, muralha, parede.

musca, ae, f. mosca.

musĭcus, i, m., músico, poeta. < musa, -ae.

mūto, 1, mudar, trocar, alterar. *e/co/ in/ob/per-.

mus, muris, m., ratinho, camundongo.

Narro, 1, narrar, contar, relatar. *e-.

nascor, i, natus sum, nascer; originar-se. < gnascor. *ag/e/in/re-. co-gnatus,a,um.

năto, 1, nadar. < no,1; [1.14.3.] *navis, -is.

natūra, ae, f., natureza, caráter.

naturalis, e, natural. *praeter/super-.

nau-fragĭum, i, naufrágio, ruína, destruição. < navis,-is; frango.

nausĕa, ae, f., náusea, enjôo; repugnância.

nauta, ae, m., navegador. < navĭgo,1.

navālis, e, naval, marítimo.

navis, is, f., nave, navio, barco.

necesse, n., *ind.* necessário. < ne, cedo.

necessarius, a, um, necessário.

necessĭtas, ātis, f., necessidade.*necto, 3. *unir.*

neco, 1, matar. *nex, necis, *morte.*

ne-fas, n. *indecl.,* ímpio, ilícito, nefasto. < ne, fas.

nego, 1, negar, recusar. < nec.

nemo, nullĭus, ninguém. < ne, homo.[1.7.6.]

nemus, ŏris, n., *gr.,* bosque, floresta.

nepos, ōtis, m., neto; sobrinho. *-ismus.

nequĕo, īre, īvi, ĭtum, ser incapaz. < ne-que, eo, 4.

ne-scĭo, īre, scīvi, scītum, não saber, ignorar, ser néscio. *nescĭus,a,um.

ne-ŭter, utra, utrum, nenhum dos dois.

neve... neu (< neve), *adv.,* nem... nem. 1.11.2

nihil / nil, n., nada, coisa nenhuma.[1.7.5.]

nimĭum, adv. demais, nímio. < nimis.

nix, nivis, f., neve; brancura. *nivĕus.

nobĭlis, e, conhecível, nobre. *nosco,3.

nobilĭto, 1, enobrecer. *nobilĭtas,-ātis.

nocĕo, ēre, nocŭi, danificar, prejudicar.

nocīvus, a, um, nocivo, prejudicial.

nōdus, i, m., nó, laço.

nolo, nolle, nolŭi, não querer.< non, volo.[1.8.7.]

nomen, nomĭnis, n., nome (declinável).[1.3.2.]

nomĭno, 1, denominar, mencionar.

nominativus, a, um, (de)nominativo. [1.3.3.]

non-dum, *adv.,* ainda não.

non-ne, *interr.,* acaso não? [1.9.1.]

non-nunquam, *adv.,* não nunca, às vezes.

nosco, noscĕre, nōvi, nōtum, chegar a conhecer. *ag/co/di/ig/prae-.

notitĭa, ae, f., conhecimento, novidade. *notus,a,um, *conhecido, famoso.*

novissime, *adv.,* há pouco, recém.

nŏvus, a, um, novo, recente, inédito.

nox, noctis, f., noite.

nubes, is, f., nuvem.

nullus, a, um, nenhum.*non ullus.[1.7.6.]

numĕro, 1, contar, numerar. *e/di/re-.

numĕrus, i, m., número, quantidade; ritmo.

numen, numĭnis, n., aceno, nume.*ad-nŭo,3 > *anuir.*

nunc, *adv.,* agora, neste momento. < num, ce.

nunquam / numquam, *adv.,* nunca. < ne, unquam.

nuntiatĭo, ōnis, f., aviso, declaração, enunciação.

nuntĭo, 1, anunciar. *an/re/prae-.

nuptĭae, ārum, núpcias. *nubo,3c, *casar-se.*

nutŭs, ūs, m., aceno, poder.*annūo> *anuir.*

Ob-dūro, 1, endurecer, perseverar.

ob-iēctum, i, n., objeto, fato, coisa. *ob-iicĭo,3, *lançar objetos, objetar.*

ob-ligatĭo, ōnis, f., obrigação.

ob-līgo, 1, atar, prender, ligar, obrigar.

ob-livīscor, sci, oblītus sum, esquecer-se; obliterar.

ob-scūrus, a, um, obscuro, pouco claro.

ob-sĕcro, 1, rogar, suplicar. < sacro,1.

ob-tempĕro, 1, obedecer, conformar-se.

ob-tēstor, āri, ātus sum, suplicar. *testis.

ob-tĭnĕo, ēre, tinŭi, tēntum, (ob)ter, ocupar. < tenĕo.

oc-cĭdo, ĕre, cĭdi, cāsum, cair/pôr-se; morrer. < ob, cado. *oc-cāsus, -us.

oc-cīdo, ĕre, cīdi, cīsum,3, matar, arruinar. < ob-caedo,3. *-cidĭum,-i.

odi, odīsti, odīsse, odiar, ter ódio. [1.8.7.]

odiōsus, a, um, odioso, desagradável.

odĭum, i, n., ódio.

Odyssēus, i, m., Ulisses.*Odyssēa, -ae.

of-fĕro, of-fērre, ob-tŭli, ob-lātum, oferecer. [1.8.7.]

of-ficĭum, i, ofício, profissão, cargo. < opus (*obra*), facĭo,3m.

olĭva, ae, f., oliveira, azeitona.

omen, omĭnis, n., prognóstico, agouro. * omĭnor, 1d., *predizer.*

omni-pŏtens, ēntis, onipotente, todo-poderoso. *omnis,e + potens,-ēntis.

omnis, e, todo, inteiro. *omni-vŏrus/-parens.

onĕro,1, carregar de, onerar.*ex-.

onus, ĕris, n., carga, peso, ônus; obrigação.

opĕrĭo, īre, erŭi, ertum, cobrir, tapar; ocultar. *co-; *ant.* aperĭo.

opĕror, āri, ātus sum, ocupar-se, trabalhar; produzir. *opus,-ĕris.

opĭ-fex, fĭcis, m., obreiro, artífice. < opus, facĭo.

opinĭo, ōnis, f., opinião. *opĭnor,1.

opōrtet, ēre, ŭit, 2, ser oportuno.

op-prĭmo, ĕre, prēssi, prēssum, oprimir. < ob, premo,3.

op-pūgno, 1, atacar, cercar, sitiar. *im/re-; *pugna, -ae.

ops, ŏpis, f., recurso; *pl.*opes,-um.*in-.

optĭmus, a, um, ótimo, excelente.

opto, 1, optar, escolher, desejar. *ex/co/prae-. *optĭo,-ōnis, *opção.*

opulentus, a, um, opulento, rico, suntuoso. *ops.

opus, opĕris, n., trabalho; obra; livro; *opus est,* é necessário.

ora, ae, f., litoral, orla (< orŭla < os, oris).

oratĭo, ōnis, f., fala, discurso; oração, frase.< ōro,1.

orātor, ōris, m., orador. < ōro,1.

ordĭor, ordīri, orsus sum, urdir fios, começar a tecer/falar. *ordo, -ĭnis.

orĭgo, ĭnis, f., origem, raça, família.

orĭor, orīri, ortus sum, originar-se; nascer, surgir. *orĭens, -ēntis.

orno, 1, equipar; (ad)ornar.*ad/ex/re/sub-.

ōro, 1. orar, rezar, implorar. *ex/per-.

ōs, ōris, n., boca, face, fala. *orālis,e.

ŏs, ossis, n., osso. *ossum, -i, *pl.* ossa.

otĭum, i, n., ócio, lazer.*nec-otĭum.

ovis, ovis, f., ovelha (<ovicŭla). [1.14.3]

ōvum, i, n., ovo; *pl.,* ova. [4.3.2] *ovacionar.

Pactum, i, n., acordo, pacto. *paciscor,3.

palafinus, a, um, palatino, relativo ao monte *Palátium*, berço de Roma.

palūster, tris, tre, pantanoso, palustre.

pando, ĕre, pandi, passum / pansum, estender, desdobrar; fazer expansão. *ex-.

pango, ĕre, pepĭgi / panxi, pactum, fixar, pactuar.

panis, panis, m., pão. *panatarĭus,-i.

pannus, i, m., pano; trapo.

paradisus, i, m., paraíso, lugar de delícias.

parco, ĕre, pepērci, parcĭtum, conter, poupar.

parcus, a, um, brando, fraco.< parco,3.

parĭo, ĕre, pepĕri, partum, parir, gerar.

păr, păris, semelhante, par(alelo). *im-.

pars, partis, f. parte, porção, partido. [3.2.5]

parti-cipialis, e, participial. [3.2.5]

parti-cipĭum, i, n., particípio. *pars, capĭo.

parturĭo, īre, 4, estar em parto, parir.

partŭs, ūs, m., parto, prole.

pasco, ĕre, pavi, pastum, 3, apascentar.

passŭs, ūs, m., passo, pegada, rasto. < pando,3.

pastor, ōris, m., pastor. < pasco(r), 3d.

pater, tris, m., padre, pai. < parĭo, 4.

patientia, ae, f., paciência.< patĭor.

patĭor, păti, passus sum, padecer, sofrer. *patĭo-ōnem > *paixão.*

patrĭa, ae, f., pátria. < parĭo; *pater.

patro-nymĭcus, a, um, *gr.,* patronímico, gentílico. < pater, nomen.

patŭlus, a, um, largo, vasto, patente.*patĕo, *abrir.*

paucus, a, um, pouco, não numeroso.

paupĕr, a, um, pobre.[1.5.1.]

pax, pacis, f. paz. *paci-fĭcus,a,um.

peccator, ōris, m., pecador.

pecco, 1, pecar, cometer delito.

pectus, ŏris, n., peito. *ex-pectŏro,1.

pecus, ŏris, n., gado lanígero, rebanho.

pecus, ŭdis, f., gado (miúdo); rês.

pedester, tris, tre, peão.*pes, *pedis.*

pelăgus, i, *gr.,* n. (alto-)mar.

pēllo, ĕre, pepŭli, pulsum, rechaçar, expul-sar. *ap/com/ex/im/inter/re/ex-.

pendĕo, ēre, pepēndi, pensum, pender. *de/im-. pensĭlis, e, *pênsil.*

pendo, ĕre, pepēndi, pensum, pesar, pendurar.*ap/de/dis/ex/im/sus-. *pensio.

penes, *prep. ac.,* na posse de, em poder de. *penus,-i, *provisão.*

per, *prep.,ac.,* através de, entre; mediante. **per-fectus, a, um,* concluído.[1.14:2.]

per-do, ĕre, dĭdi, dĭtum, perder; destruir, arruinar. *do; dōno,1.

per-emptōrius, a, um, determinante, definitivo, peremptório. *emo,3.

per-ēnnis, e, duradouro. < annus,-i.

per-ĕo, īre, īvi (> ĭi), ĭtum, arruinar-se, perecer.

per-fectus, a, um, perfeito, completo. < facĭo.

per-fĕro, fērre, tŭli, lātum, levar a termo, suportar.[1.8.7.]

periculosus, a, um, perigoso, arriscado.

pericŭlum, i, n., perigo, risco. < per, eo,4.

per-ĭmo, ĕre, ēmi, ēmptum, destruir, aniquilar, perecer. < emo,3.

perītus, a, um, perito, hábil. *ex-perĭor,4.

per-mītto, ĕre, mīsi, mīssum, permitir.

per-niciosus, a, um, nocivo, maléfico.< nex, necis, *morticínio.*

per-petŭus, a, um, permanente, duradouro.

per-sequŏr, sĕqui, secūtus sum, (per)seguir; atingir; reivindicar.

per-sōna, ae, f., pessoa, máscara. < sono,1.

per-suadĕo, ēre, suāsi, suāsum, persuadir.

per-tĭnĕo, ēre, tinŭi, pertencer. *per, tenĕo.

pĕto, ĕre, īvi, ītum, dirigir-se a; atacar; pedir. *ap/ex/im/re/sup-.

philo-sŏphor, āri, ātus sum, *gr.,* filosofar, pensar.

philo-sŏphus, i, m. *gr.,* filósofo, do sabedor.

pictor, ōris, m., pintor. < pingo,3c, *pintar.*

piĕtas, ātis, f., piedade, compaixão.

pignus, ŏris, n., penhor, garantia.

pilus, i, m., pêlo, cabelo (<capĭlus,-i).

pingo, ĕre, pinxi, pictum, pintar.

pirata, ae, m, pirata, corsário.

piscis, is, m., peixe. *piscina,-ae, pisci-.

plăcĕo, ēre, cŭi, ĭtum, aprazer. *ap/com-; bene-.

plango, ĕre, planxi, planctum, prantear, lamentar. *planctŭs, us, *pranto.*

planta, ae, f., planta de vegetais e do pé.

planus, a, um, plano, chão; manifesto.

plaudo, ĕre, plausi, plausum, aplaudir. *ap/com-.

plebi-scītum, i, n., plebiscito, decisão da plebe. < scio.

plenus, a, um, cheio, pleno, completo.

pluralis, e, composto, plural.

plures, plurĭum, em maior número.[1.5.4.]

plurĭmus, a, um, muitíssimo, numeroso.[1.5.4.]

plus, pluris, n., em maior nº, mais.[1.9.2.]

pluvĭa, ae, f., (água de) chuva. *pluviālis,e.

poēma, ătis, n, *gr.,* poema, poesia.

poena, ae, f., pena, castigo.

poĕsis, is, f., *gr.,* poesia, arte poética.

poeta, ae, m., *gr.,* poeta, vate, criador.

polĭo, 4, polir, limar, lapidar.

pōno, ĕre, posŭi, posĭtum, pôr, colocar. *ante//ap/com/de/dis/ex/im/inter/op/post/ prae/pro/re/ sup-.

popŭlus, i, m., povo. *vulgus,-i.

porta, ae, f., porta. *porto,1.

posco, ĕre, popōsci, postulātum, pedir, postular.

positĭo, ōnis, f., colocação, uso, posição.

positivus, a, um, posto, colocado. [3.2.5.]

possessor, ōris, m., possuidor, detentor.

possibĭlis, e, possível. < possum; *im-

pos-sidĕo, ēre, sēdi, sessum, possuir, ter a posse. < potis,e, sedĕo.

pos-sum, pos-se, potŭi, poder. [1.8.7.]

post-ĕa, *adv.,* depois, além disso. [1.9.2.]

posterĭor, posterĭus, posterior. [1.5.4.]

postĕrus, a, um, póstero, futuro.

post-quam, *conj.,* depois (de) que. [1.11.2.]

postrēmo, *adv.,* enfim; em último lugar.

postŭlo, 1, postular, pretender. < posco,3.

potestas, ātis, f., o poder. < possum. [1.8.7.]

pŏtens, ēntis, que pode, capaz.*im-. [1.8.4.]

potĭus, *adv.,* de preferência. < potĭor,4.

prae-cēdo, ĕre, cēssi, cēssum, preceder.

prae-ceptum, i, n., preceito. < capĭo.

prae-cipŭus, a, um, que se pega primeiro, principal, precípuo. < capĭo.

prae-clārus, a, um, (pre)claro, famoso.

praeda, ae, f. presa, saque, despojos. *de-praedor,1d., *depredar.*

prae-dīco, 1, pregar, anunciar, dizer algo de.

prae-fĕro, fērre, tŭli, lātum, levar à frente, preferir. [1.8.7.]

prae-gnans, āntis, prenhe. *(g)nascor,3.

prae-iudĭco, 1, prejudicar; prejulgar.

praemĭum, i, n., prêmio, recompensa.

prae-positĭo, ōnis, f., preposição. [1.10.]

prae-s-entĭa, ae, f., presença. < ens.*ab. [1.8.7.]

prae-stabĭlis, e, vantajoso, prestável.

prae-sto, āre, stĭti, stĭtum, 1, estar na frente., prestar.

prae-sŭm, ēsse, fŭi, – , estar à frente; presidir. [1.8.7,.]

prae-sūmo, ĕre, sumpsi, sumptum, presumir, fazer presunção.

praeter, *adv.,* além de, exceto; *prep.* diante de. [1.10.1.] < prae, inter.

praetĕr-ĕo, īre, ī(v)i ītum, preterir, ultrapassar.

praetor, ōris, m., pretor, magistrado, comandante. *prae, itor (ĕo,4).

prae-vidĕo, ēre, vīdi, visum, prever. *previsão.

pratum, i, n., prado, relva.

prĕcor, 1d, pedir, suplicar, implorar.*de/ im-; prex, precis > *prece.*

pre-hendo, ĕre, prehendi, prehensum, prender.*ad/com/de/re-

prĕmo, ĕre, pressi, pressum, fazer pressão; oprimir. *ex/com/de/im/op/re/su--prĭmo,3.

prĭor, prĭus, anterior. *prae, primus. [1.5.4..]

prim-ordĭum, i, n., 1ª origem, primórdio. < primus, ordĭor, 4.

primum, *conj.,* logo que; **primum** ou **primo,** *adv.,* em 1º lugar; pela 1ª vez.

prin-ceps, cĭpis, primeiro, principal; príncipe. *primus, capĭo, *pegar.*

prin-cipalis, e, primitivo, principal.

prin-cipĭum, i, n., princípio, começo, origem. *primus, capĭo.

priscus, a, um, primevo.*pri-mus.

prius, *adv.,* antes (no tempo e no espaço). [1.9.2.]

privatus, a, um, privado (não público).

privi-legĭum, i, n., privilégio, direito privado. *privus, lex.

probatĭo, ōnis, f., ato/efeito de (a)provar.

prŏbo, 1, (a)provar, examinar, verificar, demonstrar. *ap/com/ex/im/re/ex-.

prŏbus, a, um, bom, honesto, probo. *im-.

pro-cēdo, ēre, cēssi, cēssum, avançar, processar.

pro-cella, ae, f., procela. < cello,3.

pro-creatĭo, ōnis, f., procriação.

procul, *adv.,* longe, distante de.

pro-cūmbo, ēre, cubŭi, cubĭtum, inclinar-se, prostrar-se. *ac/con/de/dis/in/oc/pro/re/suc-.

pro-dĭtor, ōris, m., traidor.< pro, do.

prō-do, ēre, dĭdi, dĭtum, gerar, produzir, dar.

pro-dūctus, a, um, produzido. < dūco,3.

pro-fānus, a, um, não sacro, fora do *fanum,* "templo".

pro-fĕro, fērre, tŭli, lātum, proferir, apresentar, exibir. [1.8.7.]

pro-ficiscor, ficisci, fectus sum, partir, avançar, progredir, aproveitar.

pro-fitĕor, fitēri, fēssus sum, professar, reconhecer. < fatĕor.

pro-fŭgĭo, ēre, fūgi, fugĭtum, 3c, fugir, escapar.

pro-fŭgus, i, m., afugentado.< fugĭo.

progenĭes, ēi, f., descendência.< pro, gigno.

pro-gredĭor, grĕdi, grēssus sum, avançar, progredir. < gradĭor,3d.

pro-hĭbĕo, ēre, hibŭi, hibĭtum, repelir, proibir, vedar. < habĕo, 2.

proles, is, f., prole, filho. < pro, ales (< alo,3).

promo, ēre, prompsi, promptum, fazer sair; manifestar. <pro, emo, 3.

pro-mŏvĕo, ēre, mōvi, mōtum, promover.

pro-nuntĭo, 1, anunciar, pronunciar.

pro-pāgo, 1, propagar, produzir. < pango, 3, *fixar, pregar.*

prope, *prep., ac.,* perto de; *adv.,* quase, como que.

propheta, ae, m., *gr.,* profeta, pregador.

pro-pōno, ēre, posŭi, posĭtum, propor.

propriĕtas, ātis, f., propriedade.

proprĭus, a, um, próprio, exclusivo.

propter, *prep., ac.,* por causa de. *prae, praeter. [1.10.]

pro-spĭcĭo, ēre, spēxi, spēctum, olhar, vis-lumbrar. < specĭo,3.*specĭes,-ēi.

pro-sum, pro-d-esse, pro-fŭi, ser útil. [1.8.7.]

provincia, ae, f., província, departamento.

proxĭmus, a, um, o mais perto, próximo. [1.5.4.]

prudens, ēntis, cauteloso, prudente.

prudentia, ae, f. prudência, cautela.

publĭcus, a, um, público, não privado.

pudet, dēre, pudŭit, ter pudor, pejo, vergonha. [1.8.7]

puer, puĕri, m., menino.*puēlla<puer-ŭla, *menina.*

pugna, ae, f., luta (com punho), combate.

pugno, 1 empunhar, lutar. *ex/im/op/pro/re-.

pulcher, chra, chrum, belo, formoso.[1.5.1.]

pulso, 1, bater, agitar. < pello,3. *ex/im/pro/re-.

pulvis, ĕris, m., pó, poeira, pólvora.

pumex, ĭcis, m., pedra-pomes, rochedo.

pungo, ĕre, pupūgi, punctum, picar, puncionar.

punctum, i, n., ponto, picada. *pungo,3.

punĭo, 4, punir, castigar.

pŭto, 1, computar; pensar, imaginar. *am/com/ de/dis/im/re-.

Quaero, ēre, quaesĭvi, quaesĭtum, (re)querer, procurar, pesquisar. *ac/con/ex/in/per/re-quĭro,3.

quaeso, quaesĕre, ī**vi -,** rogar, suplicar. < quaero.

quaestĭo, ōnis, f., pergunta, questão.

qualĭtas, ātis, f., qualidade, natureza, modo de ser.

quam-quam, *conj.* conquanto, embora.[1.11.2.]

quandō-que, *adv.,* algum dia, por vezes.

qua-tĕnus, *adv.* até que ponto, até onde.

quid-quid, *pron.,* o que quer que.[1.7.7.]

quiēsco, ĕre, quiēvi, quiētum, repousar, aquiescer. *ac/com/re-; quiētus,a,um.

qui-lĭbet... qualquer um. [1.7.5.]

quin, *conj.,* que não (= ut non). [1.11.2.]

qui, quae, quod, *pron.,* que, o qual.[1.7.5.]

quis, *pron.,* quem. [1.7.4.]

quo, *adv.,conj.,* para onde, aonde, para que fim? [1.9.1.]

quo-cūmque, *adv.,* em qualquer lugar. [1.9.2.]

quon-ĭam, *conj.* porque. < cum,iam. [1.11.2.]

quo-que, *adv.,* também, do mesmo modo.

quotĭe(n)s, *adv.,* todas as vezes.[1.6.]

Radix, radĭcis, f., raiz, fonte, origem.

rana, ae, f., rã. *ranarĭo.

rǎpĭo, -is, -ĕre, raptum, subtrair, roubar.* ar/cor/di/e/sur/sub-rĭpĭo,3.

ratĭo, ōnis, f., motivo; método, regra. *reor,2.

recens, ēntis, recente, recém.

rĕgo, ĕre, rēxi, rēctum, reger.*cor/di/e-rĭgo.

re-cĭpĭo, ĕre, cēpi, cēptum, receber. < re, capĭo.

re-cĭto, 1, ler em voz alta, (re)citar.

red-do, ĕre, dĭdi, dĭtum, restituir.< re-d-do.

red-ĕo, īre, **ī(v)i, ĭtum,** regressar.*red-ĭtŭs,us.[1.8.7.]

red-hĭbĕo, ēre, bŭi, bĭtum, reaver. < red, habĕo.

re-fĕro, fērre, tŭli, lātum, levar, trazer; relatar. [1.8.7.]

re-formatĭo, ōnis, f., reforma(ção).

regina, ae, f., rainha. *rex, regis.

regĭo, ōnis, f., região, limite, país. < rego.

rĕgo, ĕre, rexi, rectum, dirigir, reger.

regnum, i, n., reino, realeza, poder.

re-gredĭor, grĕdi, gressus sum, ir para trás, regressar. < re, gradĭor,1.*re-gressio,-ōnis.

regŭla, ae, f., regra, lei, norma, medida.

religĭo, ōnis, f., religião; escrúpulo. < re, lĭgo,1.

re-linquo, ĕre, līqui, līctum, deixar, restar. *reliquĭae,-ārum, *relíquias.*

re-lĭquus, a, um, restante, que sobrou. < relinquo,3.

remedĭum, i, n., remédio. < re, medĕor,2.

re-missĭo, ōnis, f, perdão, remissão.

reor, reri, ratus sum, pensar, julgar, opinar.

re-pĕrĭo, īre, **pĕri, pērtum,** (re)encontrar, descobrir, fazer repertório.

re-pĕto, ĕre, petīvi, petītum, retomar, resgatar.

re-pōno, ĕre, posŭi, posĭtum, repor (em cena), reapresentar.

re-prehendo, ĕre, di, sum, retomar; repreender.

re-pudĭo, 1, recusar, rejeitar.*repudĭum,-i.

re-quiēsco, ĕre, quiēvi, –, descansar, aquietar-se.

re-quiro, ĕre, quisīvi, quisītum, procurar, (re)querer, < re, quaero,3.

re-sōlvo, ĕre, solvi, solūtum, desligar; resolver; pagar.

re-spĭcĭo, ĕre, spēxi, spēctum, olhar para trás, (re)considerar. < specĭo / spicio.

re-spondĕo, ēre, spondi, sponsum, comprometer-se, responder.

364

re-sponsĭo, ōnis, f., resposta. < spondĕo.

re-sponsum, i, n., resposta, responso. < spondĕo,2.

res, rěi, f., objeto, coisa (pública), matéria; *res gestae,* façanhas bélicas, gestas.

re-stitutĭo, ōnis, f., restituição, devolução.

re-stringo, ěre, strīnxi, strīctum, apertar, reprimir, restringir, estreitar.

re-surgo, ěre, surrēxi, surrēctum, ressurgir.

re-surrectĭo, ōnis, f., ressurreição. < surgo.

re-tĭnĕo, ēre, tinŭi, entum, reter. < tenĕo.

reus, i, m., réu, o acusado; *actor, -ōris, *autor.*

re-vertor, i, versus sum, voltar, fazer (re)versão.

re-volvo, ěre, volvi, volūtum, revolver; folhear.

rex, regis, m., rei. *rego, rector,-ris.

ridĕo, ēre, rīsi, rīsum, rir-se de; zombar. *ar/de/ir.

robustus, a, um, robusto.*robur,-ŏris, *robustez;* cum-roborare, *corroborar.*

rŏgo, 1, pedir, propor lei.*ab/ar/de/e/ir/ inter/ob /pro-.

Roma, ae, f., capital do Império; papado.

romanus, a, um, romano, relativo a Roma.

Romŭlus, i, m., Rômulo (fundou Roma).

rudis, e, inculto, grosseiro, não polido.

rumpo, ěre, rūpi, ruptum, romper, quebrar. *ab/co/di/e/inter/ir/per/pro-.

rŭo, ruěre, rŭi, rūtum, derrubar, (fazer) ruir; desabar. *co/ir/ob-.

rursum, *adv.,* outra vez. < re-versus.

rustĭcus, i, m., camponês. *rus, ruris.

Sabbătum, i, n., *hebr.,* sábado, repouso.

sacer, sacra, sacrum, sagrado; maldito.

sacēr-dos, ōtis, m., sacerdote.< sacer, do.

sacri-ficium, i, n., sacrifício.*sacer, facĭo.

saecularis, e, secular, relativo a *saecŭlum.*

saecŭlum, i, n., século, época; mundo.

saepe, *adv.,* muitas vezes. *saepĭus.[1.9.2.]

saevus, a, um, seviciador, cruel, violento.

sagĭtta, ae, f., seta; flecha.,*sagittarĭus.

sal, salis, m., sal.*in-sulsus >*insulso > insosso.*

sălĭo, īre, salŭi, saltum, saltar, sair.

sallo, ěre, salsum; sallĭo, īre, īvi, sallitum, salgar. *in-sulsus,a,um > insosso.

saltŭs, ūs, m., pulo; despenhadeiro.

salus, ūtis, f., saúde, salvação. *saluti-fěr.

salutatĭo, ōnis, f., saudação.

salūto, 1, saudar, cumprimentar. *con/re-.

salvātor, ōris, m., salvador. < salvo,1

salve! salvēte! bom-dia! *ave, avete!*[1.8.7.]

sanabĭlis, e, sanável, curável.

sancti-fĭco, 1, santificar < sanctus, facĭo.

sanctus, a, um, sacro, santo.*sancĭo.

sanguis, īnis, m., sangue, parentesco.

sanus, a, um, adj. são, sadio. *in-

sapĭens, ēntis, sabedor, sábio, sensato.

sapientia, ae, f., bom senso, sabedoria.

sapĭo, ěre, sapŭi, – , saber; ter sabor (inteligência, gosto, senso).

satis-făcĭo, fēci, factum, satisfazer.

scaena / scena, ae, f., *gr.,* cenário, teatro.

scando, ěre, scandi, scansum, subir, escalar. *as-cendo; ascensĭo,-ōnis.

scelus, ěris, n., crime, delito. *scelěro,1.

scĭo, īre, scīvi, scītum, saber, conhecer. *ne/prae-.

scientia, ae, f. ciência, saber. *con-

sci-lĭcet, adv., a saber. < sci(re), licet.

scindo, ěre, scīdi, scissum, rasgar, rescindir. *ab/re-.

scrībo, ěre, scripsi, scriptum, escrever. *ad/circum/con/de/in/per/pro/ prae/re/trans-.

365

scriptum, i, n., escrito. *post scriptum.

scriptūra, ae, f, redação, escritura.

se-cerno, ĕre, crēvi, crētum, distinguir, discernir.

sĕco, āre, secŭi, sectum, seccionar, fazer se-ções, cortar. *de/dis/pro/re; sectĭo,-ōnis.

secundus, a, um, que segue, segundo, seguinte, favorável. < sequŏr,3, *seguir.* *adervsus,a,um.

sĕdĕo, ēre, sēdi, sessum, estar (ficar) sentado (em sessão). *circum/ob-; sessĭo,-ōnis.

sedes, is, f., assento, sé < sedĕo,2.

sedŭlus, a, um, cuidadoso, aplicado. < sine, dŏlus,-i, *sem dolo.*

seges, ĕtis, f., campo, seara, semeadura.

se-grĕgo, 1, segregar. < se, grex, *grei.*

sella, ae, f., cadeira, sela. < sedŭla, ae.[1.14..3.e.]

semel, *num.,* uma vez.[1.6] *singularis,e.

semen, ĭnis, n., semente; filho. < sero,3.

semēntis, is, f. semeadura, sementeira.

senarĭus, a, um, de 6 pés; senário.< seni.

senātor, ōris, m., senador, conselheiro.

senatŭs, ūs, m., (sessão do) senado.

senectus, ūtis, f., velhice, senectude.

senex, senis, *adj.*, idoso; anciã(o), velha/o.

senĭor, ōris, m., mais idoso, senhor.*iunĭor,-ōris.

sensŭs, ūs, m., senso, pensamento.

sententĭa, ae, f., opinião, parecer; sentença.

sentĭo, īre, sensi, sensum, sentir, perceber, pensar. *as/con/dis/per/prae-.

sepĕlĭo, īre, īvi, sepultum, sepultar.

sĕquor, sĕqui, secūtus sum, (per)seguir, acompanhar. *as/con/ex/in/ob/per/pro/sub-.[1.8.6.]

serēnus, a, um, sereno, calmo, sem nuvens.

sermo, ōnis, f., conversa(ção), discurso, diálogo; idioma; sátira.

sero, *adv.,* tardio, [1.9.1.] *serotĭnus,a,um > serôdio.

sĕro, ĕre, sēvi, sātum, semear, espalhar, plantar. *semen,-ĭnis, *semente.*

sĕro, ĕre, serŭi, sertum, enlaçar, consertar. *as/con/de/dis/ex/in/ob/re-.

serpens, entis, m./f., serpente. *serpo,3.

serus, a, um, tardio, serôdio.

serva, ae, f., serva, empregada.*ancĭlla.

servĭo, 4, servir, sujeitar-se a.

servĭtus, ūtis, f., servidão, escravidão.

servo, 1, salvar. *as/con/ob/prae/re-.

servus, i, m. escravo, servo, empregado.

sisto, ĕre, stĭti, (stĕti), stātum, sustar, cessar. *as/circum/con/de/ex/in/ob/re/sub-.

sic, *adv.* sim, assim *(< ad, sic),* deste modo.

sic-ut, *conj./adv.,* assim como, conforme.

sidus, ĕris, n, constelação estelar; astro(s), céu.

signif-icatĭo, ōnis, f., significação.

signi-fĭco, 1, sinalizar, dar a entender.< facĭo.

signum, i, n., sinal, marca, senha. *signo,1; in-sĭgnis, e.

silĕo, silēre, silŭi, –, calar-se, ficar silente.

silvēster, tris, tre, selvagem. *silva,-ae.

simĭlis, e, semelhante, similar. *dis-.

similitūdo, ĭnis, f., semelhança, analogia.

simul, *adv.* simultaneamente; *conj.,* logo que.[1.11.2]

simulacrum, i, n., imagem, representação.

simulatĭo, ōnis, f., simulação. *dis-simŭlo,1.

sin, *conj.* se, ao contrário; se porém. *si, n(e).[1.11.2.]

singularis, e, só, único, singular; não plural.

singŭlus, a, um, um a um, cada um, solteiro. *semel; simplex,-ĭcis.[1.6.]

siñister, tra, trum, esquerdo, sinistro.

situŭs, ūs, m., situação, lugar, sítio.

sitis, is, f., sede.[1.4.6.] *sedes, -is.

sobrĭus, a, um, sóbrio, moderado.

socius, a, um, sócio, companheiro.

sociĕtas, ātis, f., sociedade, associação.

sodālis, is, m., companheiro, colega.

solacĭum, / solatĭum, i, consolação, socorro. < solor,1.

solamen, ĭnis, n., consolo. *consŏlo(r),1.

solĕo, ēre, solĭtus sum, estar habituado, soer. *in-; ob-soletus,a,um.

solĭdus, a, um, sólido, solidário, maciço.

solum, i, n. solo, chão, base.

solus, a, um, sozinho, único, isolado.

solutĭo, ōnis, f., (dis)solução, pagamento.

solvo, ĕre, solvi, solūtum, (dis)solver, desligar; pagar. *ab/dis/ex/in/per/re-.

somnĭum, i, n., sonho. *in-

somnus, i, m., sono.

sonus, i, m. som, tom, pronúncia.

sopor, ōris, m., sonolência; *sopori-fĕr,a,um.

sordes, is, f., sujeira, sordidez.

sorŏr, ōris, f., irmã. *sorori-, fratri-cidĭum.

sors, sortis, f., sorte, destino. *con-sortium,-i.

spatĭum, i, n., espaço, extensão.

specĭes, ēi, f., aspecto, figura, aparência. < specĭo / -spicĭo,3.

spĕcio, ĕre, spēxi, spēctum, olhar, enxergar. *ad/con/de/in/per/pro/re-spicĭo.

spectacŭlum, i, n. aspecto, espetáculo.

specto, 1, olhar, contemplar. < specĭo. *spectator,-ōris; cf. ex-specto,1 > expectativa.

spĕro, 1, esperar. *de/pro-.

spirĭtŭs, ūs, m., espírito, alma; sopro.

spīro, 1, respirar. *ex/con/in/pro/re/su-.

spolĭo, 1, espoliar, despojar, pilhar. *ex/de-.

spondĕo, ēre, spopōndi, spōnsum, prometer, obrigar-se, desposar; *re-.

spontanĕus, a, um, espontâneo.

statŭo, ĕre, statŭi, statūtum, estabelecer, estatuir.

status, us, m. estado de coisas, situação; regime de governo; estatuto. *statŭo.

stella, ae, f., estrela, astro (< *astrum,-i*).

sterno, ĕre, stravi, stratum, estender; formar estrato (estrada). *com/pro-; cf. ex-trăho.

stipendiārius, a, um, que paga *stipendĭum,-i*, estipendiário, tributário.

sto, āre, stĕti, stātum, estar (ficar) de pé. * ad/ circum/con/di/ex/in/ob/per/prae/pro/ re/super- sto, stĭti,statum, stare.

strictus, a, um, estreito, estrito.< stringo,3.

strŭo, ĕre, struxi, structum, construir. *ad/con/ de/ex/in/ob/sub-.

studĕo, ēre, studŭi, –, aspirar a, aplicar-se a., estudar.

studĭum, i, n., aplicação, dedicação, esforço, estúdio.

stultus, a, um, estulto, tolo; inepto.

stupĕo, ēre, stupŭi, ficar estupefato, aturdido. *stupĭdus,a,um.

sublātus, a, um, suprimido, (re)tirado; < tollo,3.

sub-lĕvo, 4, tornar leve; erguer, relevar.

subfilis, e, delgado, subtil. < sub, tela.

suc-cessĭo, ōnis, f., sucessão.< sub, cĕdo.

successus, us, m., chegada, sucesso.

sŭm, ēsse, fŭi, –, (futūrus), ser, estar; haver, existir; pertencer. [1.8.7.] *ab/ad/de /um/inter /ob /prae/pro/sub/super-.

summa, ae, f., soma, suma, resumo.

summus, a, um, sumo, supremo.[1.5.4.]

sūmo, ĕre, sumpsi, sumptum, pegar, colher, assumir. *ab/as/com/in/prae/re-.

super-iectĭo, ōnis, f., exagero < iacĭo.

supĕro, 1, superar, vencer, dominar.

supĕrus, a, um, superior; *supĕri,*deuses.

367

supērnus, a, um, colocado em cima, superior. *Ant.*: infernus,a,um, Orcus,-i.

super-stitĭo, ōnis, f., superstição; crença infundada; temor. < super, sto,1.

sup-plicĭum, i, n., pedido, súplica; punição, castigo. < sub, plecto,3, *enlaçar.*

sup-pōno, ĕre, posŭi, posĭtum, supor, fazer suposição, substituir. < sub, pono.

supremus, a, um, supremo. *supĕrus x infĕrus a, um. [1.5.4.]

surgo, ĕre, surrexi, surrectum, erguer-se, (res)suscitar. <sub, rego,3. *as/com/ex/in/re-; ressurrectĭo,-ōnis.

sur-sum, *adv.,* de baixo para cima.*sub, versum. *sus-; sus!; *fr. sursis.*

sus-cĭpĭo, ĕre, cēpi, cēptum, suportar, receber; empreender. *subs, specĭo, *ver, olhar.*

sus-tĭnĕo, ēre, -tinŭi, -tentum, sustentar < tĕnĕo.

suus, sua, suum, *pron.,* seu, dele. [1.7.1.]

syl-lăba, ae, f., *gr.,* composição, sílaba. [3.2.5.]

syn-agōga, ae, f., *gr.,* assembléia, sinagoga.

Tăcĕo, ēre, tacŭi, tacĭtum, calar-se, ficar tácito. *con/re-tĭcĕo,2.*reticentĭa,-ae.

talis ... qualis, *pron.* tal... qual. [1.5.3.]

tamen, *conj.,* contudo, todavia. [1.11.1]

tandem, *adv.,* então, enfim. *tam, -dem.

tango, ĕre, tetĭgi, tactum, tanger. *confingo.

tantus...quantus, a, um, tão grande... quão grande. [1.5.3.]

tĕgo, ĕre, tēxi, tectum, cobrir, abrigar. *de/pro-.

teg(ŭ)men, ĭnis, n., proteção, cobertura.

tellus, ūris, f., terra, globo. *telúrio.

tempĕro, 1, combinar; misturar.*ad/ob-.

templum, i, n., templo, santuário.

tempto, 1, tatear, experimentar.*at/re-.

tempus, ŏris, n., tempo, época; têmporas.

tenax, ācis, que segura, tenaz. < tenĕo,2.

tendo, ĕre, tetēndi, tensum (tentum), (es) tender, esforçar-se. *at/con/dis/ex/in /ob/os/per/por/prae/pro-.*tensĭo,-ōnis > tensão / tentĭo, *onis* > (in)tenção.

tenĕbrae, ārum, f. pl. > trevas; sombras.

tĕnĕo, ēre, tenŭi, tentum, segurar, (re)ter. *abs/at/con/de/ob/per/re/sus-tĭ nĕo,2.

tentatĭo / temptatĭo, ōnis, f., tentação.

tento / tempto, 1, tentar, ensaiar; seduzir.

tenŭis, e, fino, delicado, tênue. *tendo,3.

tergum, i, n. costas. *tergi-vērsor,1d.

terminatĭo, ōnis, f., término; desinência. [3.2.5.]

termĭnus, i, m., fronteira; termo, término.

terra, ae, f. terra, país, região.

terrester, tris, tre, terrestre.

testis, is, m./f., testemunha, espectador.

textŭs, ūs, m., enlaçamento, tecido, texto, (con)-textura. < texo,3, *tecer.*

timĕo, ēre, timŭi, temer, recear.

timor, ōris, m., receio, medo, temor.

toga, ae, f., toga; poder civil. < tĕgo,3.

tollo, ĕre, sus-tŭli, sub-lātum, tirar, tolher, suprimir. *abs/ex-; ablativus.

tŏrus, i, m., colchão, almofada, leito, toro.

tot... quot, tantos... quantos. [1.5.3.]

tot-ĭdem, *pron.,* outros tantos. [1.7.5.]

tōtus, a, um, *pron,* todo, inteiro. [1.7.6.]

tracto, 1, arrastar, abrir sulcos. < traho,3.

tradĭtĭo, ōnis, f., transmissão, tradição.

trado, ĕre, tradĭdi, tradĭtum, transmitir, entregar. < trans, do.

trăho, ĕre, trāxi, tractum, puxar, atrair. *abs/at/con/de/dis/ex/pro/re/sub-.

trans-ĕo, ĭre, īvi (>ĭi), ĭtum, transitar, atravessar, omitir. [1.8.7.]

trans-fĕro, fērre, -tŭli, -lātum, transferir, trans-portar, tra(n)sladar. [1.8.7.]

trans-ĭtŭs, ūs, m., transição. < trans, ĕo.

trans-latĭo, ōnis, f., transferência.< fero.

tremo, ĕre, tremŭi, –, 3c, tremer,

tribŭo, ĕre, tribŭi, tribūtum, atribuir, imputar, dar. *at/con/dis/re-.

tribŭs, ūs, f., tribo; divisão do povo.

tri-parfitus / tripertitus, a, um, dividido em três partes. *bi-

triumphus, i, m., triunfo. *triumpho,1.

trōpus, i, m. *ret.,* figura (desvio de sentido) de palavra (frase); tropo. [3.3.2.]

trux, trucis, ameaçador. *truculentus.

tŭĕor, ēri, tuĭtus (tutātus) sum, observar; proteger, ser tutor. < tutor,ōris.

tunc, *adv.,* então (< en tunc), outrora. *nunc.

turbo, 1, (per)turbar, agitar; turvar. *con/dis/per-.

turpis, e, vil, imoral, desonesto, torpe.

turris, is, f., torre. [1.4.6.]

tussĭo, 4, tossir. *tussis,-is, f.

tutus, a, um, protegido. < tŭĕor,2; tutor.

Ubi, *adv.,* onde; *conj.,* quando, logo que; depois (desde) que. [1.11.2.]

ubi-cūmque, *adv.,* = ubíque.

ubĭ-que, *adv.,* em toda parte ou lugar.

ultĭmo, 1, acabar, terminar (tempo).

umquam, *adv.,* alguma vez ou dia.

unguis, is, f., unha, casco; esmero.

ungŭla, ae, f., > unha, casco.

ung(ŭ)o, ĕre, unxi, unctum, ungir.

uni-genĭtus, a, um, único nascido, unigênito. < unus, gigno,3.

uni-versus, a, um, inteiro, universal.

unus, a, um, *num.,* um (só). [1.6.]

unus-quĭsque, una-quaeque, unum-quōdque, cada qual. [1.7.6.]

urbanus, a, um, citadino; urbano. *sub-.

urbs, urbis, f., cidade; capital; Roma.

usque ad, *loc. prep.,* até a, até perto de.

usŭs, usūs, m., uso, emprego, costume.

ut, *adv.,* como, à maneira de; [1.9.2.] *conj:* quando, logo que; conforme; para que; ainda que; *ut melius,* quanto é melhor. [1.11.2.]

ŭter, ŭtra, ŭtrum, ambos. ne- [1.7.7.]

utēr-que, utră-que, utrūm-que, ambos.

utĕrus, i, m.,ventre, útero; feto.

utĭlis, e, útil, proveitoso. *utor. *in-.

utilĭtas, ātis, f., utilidade, proveito.

utī-nam, *adv.* oxalá que. *ut, nam.

ūtor, ūti, ūsus sum, usar. *ab-.

uxor, ōris, m., esposa, mulher casada.

Vādo, ĕre –, caminhar, partir, ir; *vou...

valĕo, ēre, valŭi, –, ter valor (saúde).*pre-.

valĭdus, a, um, válido, valente, sadio. *valĕo,2; val(ĭ)de.

valor, ōris, m., valor, mérito.

vates, is, m., adivinho, profeta, vate, poeta.

vehicŭlum, i, veículo; carro...*vĕho,3.

velum, i, n., vela, véu, cortina. *re-vēlo,1.

vel-ŭt(i), *adv.,* (assim) como. [1.11.2.]

vena, ae, f., veia (poética), inspiração.

vendo, ĕre, vendĭdi, vendĭtum, vender.

venĕror, āri, venerātus sum, venerar, honrar.

venĭa, ae, f., favor, licença, permissão.

vĕnĭo, īre, vēni, ventum, vir, chegar. *ad/ante/circum/con/de/e/in/inter/ob/per/prae/pro/re/sub-*ventūrus... [1.8.4.]

venter, ventris, m., barriga, ventre, bojo.

ventus, i, m., vento, tempestade.

ver, veris, n., primavera.

verax, verācis, veraz, verídico, sincero.

verbalis, e, verbal. *de-verbalis, e.

verbum, i, n., palavra, verbo. [3.2.5.]

369

verecundĭa, ae, f., vergonha.

Vergilĭus, i / Virgilĭus, i m., *P. –Maro.*

verĭtas, ātis, f., verdade, veracidade.

verso, 1, virar, folhear. < verto.

versŭs, ūs, m, verso; *adv.* na direção de.

vertex, ĭcis, m., sorvedouro, vértice.

verto, ĕre, verti, versum, verter, virar, fazer conversão. *a/animad/con/e-. divortĭum,-i.

vērus, a, um, verdadeiro, verídico. *vero/ verum, *em verdade.*

vesper, ĕris / vespĕrus, i, m., estrela vespertina, Vênus.

vestis, is, f., roupa, veste, traje.

veto, ăre, vetŭi, vetĭtum, vedar, proibir.

vetus, vetĕris, idoso, velho (< vetŭlus).

via, ae, f. via, caminho. *via, ductus.

vicĭnus, a, um, vizinho, próximo.

victor, ōris, m., vencedor. < vinco,3.

victoria, ae, f., vitória, conquista. < vīnco,3.

victŭs, ūs, m., alimento.

vĭđeo, ēre, vīdi, vīsum, ver, olhar. *in/ pro/prae/re-.

vigĭlo, 1, vigiar.*per-vilgilĭum,-i.

vilis, e, vil, barato, de pouco valor.

vinco, ĕre, vīci, vīctum, vencer, triunfar. *con/de/e/per/re-.

vindex, ĭcis, m., f., protetor; vingador.

vinĕa, ae, f., vinha, videira.

vinum, i, n., vinho. *vinum acre > *vinagre.*

virĕo, ēre, virŭi, estar verde. *virĭdis,e.

virgo, ĭnis, f., donzela, moça, virgem.

virtus, ūtis, f., força, virtude, poder.

vir, viri, m., homem, varão.*virilĭa,-ium.

vis, vis, f., força, vigor; poder; violência; *ac.,* vim; *abl.,* vi. *vir; virtus.

visibilis, e, visível. < vidĕo,2.

visŭs, ūs, m., olhar, vista, visão.

vitis, is, f., vide, videira, vinha. *vinum,-i.

vitĭum, i, n., defeito, falha, erro, vício.

vīto, 1, evitar, fugir, escapar de. *de/e/in-.

vitrum, i, n., vidro, cristal.

vīvo, ĕre, vixi, victum, viver; morar. *con/ re-.*vivarĭum,-i. > *viveiro;* vita,-ae.

vivus, a, um, vivo, animado, natural.

vix, vicis, f., vez, alternância. *vice-versa.

vŏco, 1, chamar; citar. *a/ad/con/de/e/in/re-.

vocālis, e, sonoro; (fonema) vocálico; vogal, suplente. *Ant.:* consŏnans, -āntis.

volĭto, 1, esvoaçar, voar. < vŏlo. [1.14.3.]

vŏlo, 1, voar.*a/ad/circum/de/e/in/per/praeter/ pro/re/trans-. *volatĭlis,e.

vŏlo, velle, volŭi, querer.*nolo, malo.[1.8.7.]

volŭcer, cris, cre, que voa, alado, volátil.

voluntas, ātis, vontade, propósito, esforço.

volūptas, ātis, f., prazer, voluptuosidade.

vorax, ācis, voraz, devorador.*(de)vŏro,1.

vox, vocis, f., voz, pronúncia; tônica.[3.2.5.]

vulgaris, e, vulgar, popular.

vulgus, i, n., vulgo, plebe, multidão.

vulnus, ĕris, n., ferida. < vulnĕro,1.

vulpes, is, f., raposa.*vulpe-cŭla,-ae.[1.14:3.]

vultŭs, ūs, m., aparência. < vidĕo,2.

Bibliografia

AGOSTINHO, Santo. *De magistro.* Trad. Ângelo Ricci. Porto Alegre: URGS, Instituto de Filosofia, 1956. 135 p.

AGUIAR E SILVA, Vitor Manuel de. *Teoria da literatura.* 3. ed. Coimbra: Almedina, 1973. 769 p.

ALLEN, JR., Joseph H.D. Portuguese word formation with suffixes. *Supplement to Language,* v. 17, n. 2, Baltimore, 1941. 109 p.

ALENCAR, José Arraes de. *Vocabulário latino por famílias etimológicas.* A a J). 2. ed. Rio de Janeiro: Borsoi, 1961. 429 p.

ALMEIDA, A. Nunes de. *Gramática latina essencial.* Coimbra: Atlântica, s.d. 185 p.

ÁLVAREZ, Rosário *et alii. Gramática galega.* 2. ed. Vigo: Galáxia, 1989. 586 p.

ASCENSÃO, Álvaro e PINHEIRO, José. *Selecta latina.* v. l, 3. ed. Porto: Apostolado da Imprensa, 1956. 411 p.

AUGÉ, Claude; AUGÉ, Paul (dir.). *Nouveau petit Larousse illustré.* Paris: Larousse, 1951. 1767 p.

AZEVEDO, Fernando de e AZZI, Francisco. *Páginas latinas:* pequena história de literatura romana pelos textos. São Paulo: Melhoramentos, s.d. 572 p.

BARROS, João de. *Gramática da língua portuguesa.* Introdução, leitura e notas de Maria L.C. Buescu. Lisboa: Universidade de Lisboa, 1971. 375 p. + LXXXV.

BAYER *et alii. Cursus Latinus:* System-Grammatik. Bamberg: Buchners Verlag 1981. 264 p.

BAYET, Jean. *Literatura latina.* 3 ed . Barcelona: Ariel, 1996. 535 p.

BERGE, Damião *et alii,* Franciscanos. *Ars Latina:* gramática. V. 4.. 4.ed. Petrópolis: Vozes, 1963. 375 p.

BILAC, Olavo. *Poesias.* Rio de Janeiiro: Francisco Alves, 1964.

BOEKHORST, Gerd e REIF, Arno. *Ars Latina:* Uebungsbuch I, Paderborn, Ferdinand Schoeningh, 1983. 207 p.

BORN, A. van den (Redator) *Dicionário enciclopédico da Bíblia.* 4. ed. Petrópolis: Vozes, 1987. 1589 p.

BRASIL. Ministério da Educação e Cultura. *Nomenclatura Gramatical Brasileira.* São Paulo: Melhoramentos, 1959. XI p.

—. Ministério da Educação e Cultura. Comissão Nacional para o aperfeiçoamento do Ensino/Aprendizagem da Língua Materna. *Diretrizes para o aperfeiçoamento do ensino/aprendizagem da língua portuguesa.* Brasília: 1986. 31 p.

BUESCU, Leonor. História da língua portuguesa. www.malhatlantica.pt/jorgefborges/, lido em 04-12-2004.

BUSARELLO, Raulino. *Dicionário básico latino-português.* 5.ed. Florianópolis: Editora da UFSC, 2002. 289 p.

—. *Máximas latinas para o seu dia-a-dia.* Florianópolis, 1998. 400 p.

CAMARA JR., J. Mattoso. *História e estrutura da língua portuguesa.* 2. ed. Rio de Janeiro: Padrão, 1976. 262 p.

CAMÕES, Luís de. *Os Lusíadas.* Comentados por Francisco da Silveira Bueno. São Paulo: Tecnoprint. [1980]. 794 p. Ed. de Ouro.

CART, A. *et alii. Gramática latina.* Trad. de Maria Evangelina V. Nova Soeiro. São Paulo: Queiroz/EDUSP, 1986. 191 p.

CARVALHO, Nelly. *Empréstimos lingüísticos.* São Paulo: Ática, 1989. 84 p.

CIDADE, Hernani. *Luís de Camões:* o épico. 2. ed. rev. Lisboa: Bertrand, 1953. 231 p.

COELHO, Nelly Novaes. *Literatura e linguagem:* a obra literária e a expressão lingüística. Rio de Janeiro: J. Olympio, 1974. 389 p.

CORREA DA SILVA, Carlos Eugênio. *Ensaio sobre os latinismos dos Lusíadas. Coimbra:* s.ed. 1931. 221 p.

COUSTEIX, Jean *et alii. Salvete!* 4.ed. Paris: Scodel, 1983. 239 p.

COUTINHO, Ismael de Lima. *Pontos de gramática histórica.* 6 ed. Rio de Janeiro: Acadêmica, 1974. 357 p.

CRAVINO, Luigi. *Versioni latine.* Torino: Marietti, 1974. 288 p.

CRYSTAL, David. *Dicionário de Lingüística e Fonética.* Trad. de Maria C.P. Dias. Rio de Janeiro: Zahar, 1988. 275 p.

CUNHA, Antônio Geraldo da. *Dicionário etimológico Nova Fronteira.* Rio de Janeiro: Nova Fronteira, 1982a. 839 p.

CUNHA, Celso Ferreira da. *Gramática da língua portuguesa.* 8. ed. Rio de Janeiro: FENAME, 1982. 655 p.

CURTIUS, Erns Robert. *Literatura européia da Idade Média Latina.* 2. ed. Brasília: INL, 1979. 667 p.

DELÉANI, Simone; VERMANDER, Jean-Marie. *Initiation a la langue latine et a son système.* V. 1. Dir. Jean Beaujeu. Paris: Sedes, 1975. 368 p.

DERESSARD, C. *Le latin sans peine.* 5. ed. Ligrigé: Chennevières s/Marne, 1986. 550 p.

DÍAZ, Manuel C. Díaz y. *Antologia del latín vulgar.* 2 ed. Madrid: Gredos, 1962. 239 p.

DUBOIS, Jean *et alii. Dicionário de Lingüística.* São Paulo: Cultrix, 1978. 653 p.

ECO, Umberto. *Obra aberta:* forma e indeterminação nas poéticas contemporâneas. 2. ed. São Paulo: Perspectiva, 1971. 386 p.

EGGER, Carolus (moderator) *et alii. Lexicon recentis latinitatis.* V. 1. In Urbe Vaticana: Libraria Editoria Vaticana. 1992 e 1997. 454 p.

EIKENBOOM, Rogier. *Rationales Lateinlernen.* Goettingen: Vandenhoeck & Ruprecht, 1970. 158 p.

ENCICLOPÉDIA MIRADOR INTERNACIONAL. São Paulo – Rio de Janeiro: Encyclopaedia Britannica do Brasil, 1994. Verbetes: gramática, latim, lingüística, literatura, Roma, versificação...

ETÉRIA, *Peregrinação de Etéria:* liturgia e catequese em Jerusalém no século IV. Trad. Maria da Glória Novak; com. Alberto Beckhäeuser, O.F.M. Petrópolis: Vozes, 1971. 127 p.

FARIA, Ernesto. *Gramática superior da língua latina.* Rio de Janeiro: Acadêmica, 1958. 524 p.

—. *Introdução à didática do latim.* Rio de Janeiro: Acadêmica, 1959. 374 p.

FERREIRA, António Gomes. *Dicionário de latim-português.* Porto: Porto Editora [1970?]. 1229 p.

FERREIRA, Aurélio Buarque de Holanda. *Novo Aurélio Século XXI:* o dicionário da língua portuguesa. 3. ed. Rio de Janeiro: Nova Fronteira, 1999. 2128 p.

FIGUEIREDO, José Nunes de. *Latini auctores.* Coimbra: Liv. Arnaldo, 1973. 310 p.

FIGUEIREDO, José Nunes de; ALMENDRA, Maria Ana. *Initia latina.* Coimbra: Porto Ed. [1970], 175 p.

FIRMINO, Nicolau. *A Eneida de Virgílio*; versão portuguesa. 15. ed. Porto: Simões Lopes, 1955. 579 p.

FLACCUS, Quintus Horatius. *Horace: épitres.* Texte établi et traduit par François Villeneuve. Paris: Les Belles Lettres, 1955. 257 p.

FONSECA, Fernando Venâncio Peixoto da. *O português entre as línguas do mundo:* situação, história, variedades. Coimbra: Almedina, 1985. 349 p.

FREIRE, António, S.J. *Selecta grega.* 5. ed. Porto: Apostolado da Imprensa, 1961. 343 p.

FREIRE, António. *Gramática latina.* 3. ed. Braga: Faculdade de Filosofia, 1983. 422 p.

FRYE, Northrop. *Anatomia da crítica.* Trad. Péricles E. da Silva Ramos. São Paulo: Cultrix, 1973. 362 p.

FURLAN, Oswaldo Antônio. *Das letras latinas às luso-brasileiras.* Florianópolis, 1984, 224 p.

—. *Gramática básica do latim,* 3. ed. Florianópolis, 1997. Col. Raulino Busarello. 119 p.

—. Horácio: Epístola aos Pisões ou Arte Poética: introdução, tradução e comentários. *Revista de Cultura Vozes,* Petrópolis, vol. 69, n. 7, p. 547-588, set. 1975.

—. Missa: congruência originária entre significante e significado. *Revista de Cultura Vozes,* Petrópolis, vol. 73, n. 4, p. 333-336, maio 1979.

—. Atlas lingüístico da Região Sul do Brasil permite corrigir açorianismos nos dicionários. *Insulana,* Ponta Delgada, Açores, Portugal, v. 50, n° 2, p. 431-441, 1995.

GAFFIOT, Felix. *Dictionaire illustré latin-français.* Paris: Hachette, 1934. 1720 p.

GAILLARD, J. e COUSTEIX, J. *Grammaire essentielle du latin.* Paris: Scodel, 1976. 239 p.

GIVE, M. de. *Grammaire latine.* 2. éd. Liège: H. Dessain, 1983. 304 p.

GRANT, Michael. *O mundo de Roma.* Trad. Jorge Sampaio. Rio de Janeiro: Arcádia, 1967. 382 p.

HILLEN, Hans-Jurgen. *Lateinische Grammatik.* Franckfurt: A.M. Diesterweg, 1971, 288 p.

HOLTERMANN, Horst. *Ianua nova:* Lehrgang fuer Latein als 2 oder 3 Fremdsprache. 4 Aufl. Goettingen, 1979. 219 p.

HORACE. *Épitres.* Texte établi et traduit par François Villeneuve. 3. ed. Paris: Les Belles Lettres, 1955. 257 p.

HORÁCIO. *Odes,* Texto latino, trad. e notas do Pe. João Ravizza. Nitheroy: Escolas Profissionais Salesianas, 1932. 305 p.

HUBER, Joseph. *Gramática do português antigo.* Trad. de Maria M. Gouveia Delille. Coimbra: Calouste Gulbenkian. 417 p.

HUMBERT, Jules. *Histoire illustrée de la littérature latine.* Paris: Didier, 1948. 396 p.

JABOUILLE, Victor. *Curso elementar de latim:* antologia. Lisboa, 1983. 124 p. Reprografia.

KEILIUS, Henricus (Recensor). *Grammatici Latini:* Prisciani Institutionum Grammaticarum libri, v. 2. Lipsiae: B.G. Teubneri, 1855; Probi Donati Servii De arte grammatica, v. 4. Lipsiae: B.G. Teubneri, 1864.

KOEHLER, H., Pe. SJ. *Dicionário escolar latino-português.* 6 ed. Porto Alegre: Globo, s/d. 975 p.

KOOGAN/HOUAISS. *Enciclopédia e dicionário ilustrado.* Rio de Janeiro: Delta, 1996. 1648 p.

LHOMOND, C.F. *Epitome historiae sacrae.* Paris: Garnier, 1926. 195 p.

LIMA, Rocha. *Gramática normativa da língua portuguesa.* 4. ed. Rio de Janeiro: Briguiet, 1959. 597 p.

LUFT, Celso Pedro. *Dicionário gramatical da língua portuguesa.* 2. ed. Porto Alegre: Globo, 1971. 234 p.

—. *Grande manual de ortografia Globo.* 2. ed. Porto Alegre: Globo, 1987. 275 p.

—. *Moderna gramática brasileira.* Porto Alegre: Globo, 2002. 265 p.

LYONS, John. *Introdução à lingüística teórica.* Trad. de Rosa V.M. e Silva e H. Pimentel. São Paulo: Nacional, 1979. 545 p.

MADWIG, Johan Nicolai. *Gramática latina.* Trad. de A. Epifânio da Silva Dias. Lisboa: A.D. Felipa, 1942. 272 p.

MAGNE, Augusto. Pe. *Curso colegial de latim.* Três séries dos Colégios Clássicos. São Paulo: Anchieta, 1946. 313 p.

—. *Antologia latina.* São Paulo: Anchieta, 1944. 196 p.

MAIA, Clarinda de Azevedo. *História do galego-português:* estudo lingüístico da Galiza e do Nordeste de Portugal desde o século XIII ao século XVI, com referência à situação do galego moderno. Coimbra: Instituto Nacional de Investigação Científica. 1007 p.

MEIER, Harri. *Ensaios de Filologia Românica.* Rio de Janeiro: Grifo, 1974.

MORAIS-BARBOSA, Jorge. *A língua portuguesa no mundo.* 2. ed. Lisboa: Agência-Geral do Ultramar, 1969. 169 p.

MOISÉS, Massaud. *Dicionário de termos literários.* São Paulo: Cultrix, 1974. 520 p.

MORISSET, R. e THÉVENOT, G. *Les lettres latines*: histoire littéraire, principales oeuvres, morceaux choisis. Paris: Magnard, 1964. 1296 p.

MOUNIN, Georges. *Historia de la Linguistica desde los origines al siglo XX*. Madrid: Gredos, 1968.

MÜLLER, Germano. *O latim para todos*. Rio de Janeiro: J. Ozon, 1963. 135 p.

NASCENTES, Antenor. *Dicionário etimológico da língua portuguesa*. Rio de Janeiro, 1955. 534 p.

NEVES, Roberto de Souza. *Dicionário de expressões latinas usuais*. Rio de Janeiro: Civilização Brasileira, 1996. 612 p.

NIEDERMANN, Max. *Précis de phonétique historique du latin*. Avant-propos de Antoine Meillet. Paris: Klincksieck, 1940. 279 p.

NUNES, José Joaquim Nunes. *Chrestomatia arcaica:* excertos da literatura portuguesa. Lisboa: Liv. Clássica, 1906. 620 p.

PARATORE, Ettore. *História da literatura latina*. 13 reimpr. Trad. de Manuel Losa, S.J. Lisboa: Gulbenkian, 1983. 1035 p.

PERINI, Mário A. *Gramática descritiva do português*. 2. ed. São Paulo: Ática, 1996. 380 p.

—. *Para uma nova gramática do português*. São Paulo: Ática, 1985.

PFISTER, Raimund. *Instrumentum:* Lateinische Grammatik. 7 Aufl., München: Büchners Verlag, 1976. 211 p.

PHAEDRUS. *Phaedri Fabulae...* Dominicus Bassi. Turim: Bapt. Paraviae et Sociorum. 1929. 122 p.

PINO, Dino del. *Introdução ao estudo da literatura*. 5. ed. Porto Alegre: Movimento, 1972, 175 p.

PORTUGAL. Instituto de Cultura e Língua Portuguesa. Colóquio sobre o Ensino do Latim, Lisboa, 7-9 maio, 1987.

—. *Actas*. Lisboa: Divisão de Publicações, 1987.

PRISCIANUS, Grammaticus Caesariensis. *Institutionum grammaticarum libri XVII. In:* KEILII, Henrici. *Grammati Latini*, v. 2. Lipsiae, in aedibus B. G. Teubneri, 1855.

PROBUS, Donatus Servius. *De arte grammatica libri,* ex recensione Henrici Keilii. Lipsiae, in aedibus B.G. Teubneri, 1864.

PROENÇA FILHO, Domício. *Estilos de época na literatura*. 3. ed. Rio de Janeiro: Liceu, 1972. 355 p.

REZENDE E SILVA, Arthur. *Phrases e curiosidades latinas.* 4. ed. Rio de Janeiro, 1952. 935 p.

RIBEIRO, Ernesto Carneiro. *Serões grammaticaes ou nova grammatica portugueza*. 4. ed. Salvador: Liv. Progresso, s.d. [1. ed. 1890]. 613 p.

RICHARDS, John F.C. *Essentials of latin:* an introductory course using selections from latin literature. New York: Oxford University Press, 1958. 322 p.

RÓNAI, Paulo. Dicionário gramatical latino. *In:* GLOBO EDITORA, *Dicionário gramatical*. 3. ed. Porto Alegre, 1962. p. 665-744.

—. *Não perca seu latim*. 2. ed. Rio de Janeiro: Nova Fronteira, 1980. 263 p.

SARAIVA, F.R. Santos. *Novissimo diccionario latino-portuguez*. Rio de Janeiro: Garnier, s.d. 1297 p.

SCHMEKEN, Heinrich. *Orbis Romanus*: Elementargrammatik. Paderborn: F. Schöningh, 1975. 120 p.

SERBAT, Guy. *Les structures du latin:* le système de la langue classique; son évolution jusqu'aux langues romanes. Paris: Picard, 1975.

SIEWERT, Walter *et alii*. *Ostia:* lateinisches Unterrichtswerk, Band I. Stuttgart: E. Klett, 1985. 304 p.

SILVA, Arthur Vieira de Rezende e. *Phrases e curiosidades latinas*. 4 ed. Rio de Janeiro: s/ed., 1952. 935 p.

SILVA, Carlos Eugênio Correa da (Paço d'Arcos). *Ensaio sobre os latinismos dos Lusíadas*. Coimbra: Universidade de Coimbra, 1931. 221 p.

SILVA NETO, Serafim da Silva. *História da língua portuguesa*. 2 ed. Rio de Janeiro: Livros de Portugal, 1970. 651 p.

—. *Introdução ao estudo da Filologia portuguesa*. 2. ed. Rio de Janeiro: Grifo, 1976.

—. *Fontes do latim vulgar*. 3. ed. Rio de Janeiro, 1956.

SILVEIRA, Sousa da. *Lições de Português*. Rio de Janeiro: Presença, 1983. 312 p.

SPALDING, Tassilo Orpheu. *Pequeno dicionário de literatura latina*. São Paulo: Cultrix, 1968. 270 p.

STOCK, Leo. *Lateinische Grammatik*. 5 Aufl. München: Mentor-Verlag, 1979.

—. *Langenscheidts Kurzgrammatik*: Latein. Berlin: Langenscheidt, 1988. 80 p.

TARALLO, Fernando. *Tempos lingüísticos:* itinerário histórico da língua portuguesa. São Pasulo: Ática, 1990. 206 p.

TEYSSIER, Paul. *História da língua portuguesa*. Lisboa: Sá da Costa, 1984.

TOSI, Renzo. *Dicionário de sentenças latinas e gregas*. Trad. Ivone C. Benedetti. São Paulo: Martins Fontes, 1996. 904 p.

TOURATIER, Christian *et alii*. Linguistique et latin. *Langages*. Paris: Didier-Larousse, v. 50, juin 1978, p. 1-116.

VARRO, Marcus Terentius. *De língua Latina libri V*. Texte établi, traduit et annoté par Jean Collart. Paris, Les Belles Lettres, 1954. 121 p.

VASCONCELLOS, José Leite de. *Textos Arcaicos*. 4. ed. Lisboa: Clássica, 1922. 221 p.

—. *Lições de Filologia Portuguesa*. 2. ed. Lisboa: Biblioteca Nacional, 1926. 502 p.

WHEELOCK, Frederic M. *Latin:* an introductory course. 3. ed. New York: Barnes, s/d. 457 p.

WIMSATT JR., William K. e BROOKS, Cleant. *Crítica literária:* breve história. Lisboa: Calouste Gulbenkian, 1971. 928 p.

YARZA, Florencio I. Sebastián (Dir.). *Diccionario griego-español*. Barcelona: Ramón Sopena, 1945. 1643 p.

Lista das Ilustrações

1. Mapa do Império Romano no apogeu, sob Trajano 98-117 dC, 19

2. Mapa da Itália e da Sicília no tempo de Augusto, 14 dC, 20

3. Mapa da Grécia, pioneira das artes e mestra dos romanos, 29

4. Mapa das línguas neolatinas na Europa, 35

5. Mapa do berço dos literatos latinos, 39

6. Rota das peripécias de Enéias, de Tróia ao Lácio, 42

7. Rota das peripécias dos Lusíadas, de Lisboa às Índias, 45

8. Península Ibérica: romanização e reconquista aos mouros, 48

9. Roma em 27 aC, fundada entre sete colinas em 753 aC, 52

10. Romanização de Portugal: ruínas de um templo em Évora, 63

11. Ruínas atuais do *Fórum Romanum*, com a coluna de Trajano, 82

12. Fragmento da *Gramática* de Aelius Donatus (séc. IV) de 1475, 84

13. Busto de Cícero, príncipe da prosa latina, 103

14. Soldados de César, conquistador da Gália, 126

15. Mitologia: Júpiter, pai dos deuses e dos homens, 146

16 Guerras Púnicas: Aníbal, de Sagunto a Roma, 154

17. Augusto, príncipe dos imperadores e mecenas das artes, 158

18. Aula de Literatura e Gramática, 162

19. Aula de Retórica, 176

20. Casa romana, planta baixa, 179

21. Casa romana, planta alta, 180

22. Romanos trajados de toga, 193

23. Mitologia: Mercúrio, Eurídice e Orfeu, 194

24. Mitologia: Marte, deus da guerra, 198

25. Enéias, protagonista da *Eneida*, fugindo de Tróia, 202

26. Virgílio, príncipe da épica, bucólica e geórgica, 206

27. Galiza e Lusitânia, berço do galego-português, 214

28. Mitologia: nove musas das artes e ciências, 237

29. Horácio, príncipe da lírica e teoria poética, 244

30. Mitologia: Apolo, deus da luz, poesia e musas, 252

31. Cena cômica da *palliata*, 256

32. Virgílio lendo a *Eneida* a Augusto, 263

33. Mitologia: fertilidade da Mãe Terra, 274

34. Enéias com a Sibila de Cumas, no portal dos Infernos, 276

35. Rota de Enéias na mansão dos mortos e futuros heróis, 279

36. Manuscrito bíblico com glosas, de 700 dC, 287

37. Mapa do Cristianismo no fim do séc. III, 299

38. Aula de alfabetização, 339

39. Mapa do universo bíblico, 340

Índice

Sumário, 7

Convenções e abreviaturas, 9

Apresentação, 11

Prefácio, 15

0 CULTURA LATINA, 21
0.1 Conceitos operacionais, 21
0.2 Latim e línguas neolatinas, 28
0.3 Literatura latina e sua influência, 37
    0.3.1 Características principais da literatura latina, 37
    0.3.2 Períodos e estilos de época, 39
    0.3.3 Literatura latina medieval e renascentista, 42
    0.3.4 Versificação: métrica latina, 46

1 GRAMÁTICA DO LATIM, 49
1.1 Sistema fônico e sistema ortográfico, 52
    1.1.1 Língua: unidades distintivas mínimas ou fonemas, 52
    1.1.2 Ortografia, 55
    1.1.3 Vogais e sílabas: duração prosódica e tonicidade, 56
    1.1.4 Pronúncias: a clássica reconstituída e as nacionalizadas, 57
1.2 As palavras na frase, 59
    1.2.1 Classes das palavras, 59
    1.2.2 Categorias gramaticais, 60
    1.2.3 Categorias de gênero e número, 61
    1.2.4 Radicais e desinências dos nomes e verbos, 62
1.3 Flexão dos nomes substantivos e adjetivos, 64
    1.3.1 Sistema flexional dos nomes por casos gramaticais, 64
    1.3.2 Classificação dos nomes em cinco declinações, 66
    1.3.3 Funções sintáticas dos nomes e seus casos correspondentes, 67
    1.3.4 Concordância dos adjuntos, predicativos e aposto, 69
    1.3.5 Análise e interpretação de textos, 70

1.4 Flexões de caso dos nomes das cinco declinações, 72
    1.4.1 Sistema flexional em seu conjunto, 72
    1.4.2 Desinências de caso dos nomes das cinco declinações:
    correlações, 74
    1.4.3 Amostra lexical de nomes das cinco declinações, 75
    1.4.4 Gênero gramatical dos substantivos, 76
    1.4.5 Primeira e segunda declinação: genitivo **-ae** (1^a), **-i** (2^a), 77
    1.4.6 Terceira declinação: genitivo **-is**, 78
    1.4.7 Quarta e quinta declinação: genitivo **-ūs** (4^a), **-ei** (5^a), 81
1.5 Adjetivos: classes, concordância, graus e substantivação, 81
    1.5.1 Adjetivos da 1ª classe: genitivo -ae (1ª decl.), **-i** (2^a), 82
    1.5.2 Adjetivos da 2ª classe, os da 3ª declinação: genitivo **-is**, 83
    1.5.3 Concordância e substantivação, 86
    1.5.4 Graus de significação dos adjetivos, 88
1.6 Numerais: classes, declinação e concordância, 91
1.7 Pronomes, pessoas do discurso, 94
    1.7.1 Pronomes pessoais e possessivos, 94
    1.7.2 Pronomes demonstrativos, 95
    1.7.3 Pronome relativo – Orações subordinadas adjetivas, 98
    1.7.4 Pronomes interrogativos, 99
    1.7.5 Pronomes indefinidos, 101
1.8 Verbos, palavras conjugáveis, núcleos da frase, 102
    1.8.1 Categorias, classes e conjugações, 102
    1.8.2 Derivação das formas verbais, 106
    1.8.3 Sufixos, desinências e vogais de ligação, 108
    1.8.4 Formas nominais do verbo ou verbo-nominais, 109
    1.8.5 Conjugação dos verbos regulares: voz ativa e passiva, 114
    1.8.6 Verbos depoentes e semidepoentes, 118
    1.8.7 Verbos irregulares e defectivos, 119
1.9 Advérbios, adjuntos modificativos, 124
    1.9.1 Classes, formação e partículas interrogativas, 124
    1.9.2 Graus de significação dos advérbios, 127
1.10 Preposições, conectivos entre termos frasais, 128
    1.10.1 Preposições que regem o acusativo, 128
    1.10.2 Preposições que regem o ablativo, 130
    1.10.3 Preposições que regem o acusativo ou o ablativo, 131
1.11 Conjunções – Período composto, 132
    1.11.1 Conjunções coordenativas – Orações coordenadas, 133
    1.11.2 Conjunções subordinativas – Orações subordinadas
    adverbiais, 134

1.11.3 Subordinadas substantivas no acusativo com o infinitivo, 136
1.11.4 Adverbiais reduzidas de particípio no ablativo absoluto, 138
1.11.5 Subordinadas substantivas a grupos especiais de verbos, 139
1.12 Modos e tempos verbais na frase, 140
1.13 Funções sintáticas dos casos, 142
    1.13.1 Nominativo e vocativo, casos retos, 143
    1.13.2 Genitivo, 143
    1.13.3 Acusativo, 145
    1.13.4 Dativo, 147
    1.13.5 Ablativo, 148
1.14 Lexicologia: composição e derivação de palavras, 150

2 LÍNGUA LATINA, 155
    2.1 Verbos: radicais, derivação dos tempos, desinências, conjugação, 158
    2.1.1 Verbo *sum*: irregular, de ligação, intransitivo, 158
    2.1.2 Primeira conjugação: *am-ā-re*, 160
    2.1.3 Segunda conjugação: *mon-ē-re*, 162
    2.1.4 Terceira conjugação (consonantal): *reg-ĕ-re*, 163
    2.1.5 Quarta conjugação: *audī-re*, 164
    2.1.6 Conjugação mista: a) em *i* ($3^a + 4^a$): *cap-ĕ-re / cap-ĭ-o*; b) em *u*: *distingŭ-o*, 165
    2.1.7 Verbos depoentes, 166
    2.1.8 Verbos irregulares: *sum, eo, fero, volo, fio*, 167
    2.2 Substantivos e adjetivos da 1ª declinação: genitivo -ae, 169
    2.3 Substantivos e adjetivos da 2ª declinação: genitivo -i, 171
    2.3.1 Nominativo em *-us*: masculinos ou femininos, 171
    2.3.2 Nominativo em *-er* e *-ir* (subst.) e *-er* (adj.): masculinos, 172
    2.3.3 Nominativo em *-um*: neutros, 172
    2.3.4 Adjetivos da 1ª classe: genitivo *-ae* (1ª decl.), *-i* (2ª decl.), 173
    2.4 Substantivos e adjetivos da 3ª declinação: genitivo -is, 174
    2.4.1 Substantivos de tema em consonante: masculinos, femininos, 174
    2.4.2 Substantivos de tema em consonante: neutros, 175
    2.4.3 Substantivos de tema em **i**: masculinos, femininos, neutros, 176
    2.5 Substantivos da 4ª e 5ª declinação, 177
    2.5.1 Quarta declinação: genitivo **-ūs**, 177
    2.5.2 Quinta declinação: genitivo -ĕi / ēi, 178

**2.6 Adjetivos da 3ª declinação (2ª classe): genitivo -is –
Concordância**, 179
2.6.1 Adjetivos triformes, 179
2.6.2 Adjetivos biformes, 180
2.6.3 Adjetivos uniformes, 181
2.6.4 Adjetivos da 1ª e 2ª classe em conjunto, 182
2.6.5 Substantivação de adjetivos, 182
2.6.6 Graus dos adjetivos e advérbios, 183
2.7 Pronomes, pessoas do discurso, 185
2.7.1 Pronomes pessoais e possessivos, 185
2.7.2 Pronomes demonstrativos, 186
2.7.3 Pronomes relativos – Orações subordinadas adjetivas, 187
2.7.4 Pronomes interrogativos, 188
2.7.5 Pronomes indefinidos, 188
2.8 Formas nominais do verbo – Concordância, 189
2.9 Períodos compostos: orações subordinadas, 192
2.9.1 Subordinadas substantivas no acusativo com infinitivo –
a.c.i., 193
2.9.2 Adverbiais reduzidas de particípio, no ablativo absoluto, 194
2.9.3 Substantivas objetivas diretas de certas classes de verbos, 195
2.9.4 Adverbiais desenvolvidas – conjunções subordinativas, 196

3 LITERATURA E ESTUDOS LINGÜÍSTICO-LITERÁRIOS, 199
3.1 Historiografia do império e das artes, 201
3.1.1 Império: dos primórdios ao apogeu (Eutrópio e outros), 201
3.1.2 Roma, senhora dos povos, mestra das artes e das leis, 205
3.1.3 Assimilação das artes gregas por Roma (Virgílio e Horácio), 207
3.1.4 O berço do galego-português (Plínio, Floro, Orósio), 210
3.2 Lingüística: gramática, etimologia e semântica, 214
3.2.1 Contribuição e influência dos gregos, 215
3.2.2 Contribuição e influência dos romanos, 221
3.2.3 Língua: sistema de signos e sua tradução (Agostinho,
Jerônimo), 227
3.2.4 Etimologia e semântica (Varrão), 229
3.2.5 Gramática: a de Donato e a de Prisciano, 231
3.2.6 Etimologia dos nomes do calendário (Isidoro de Sevilha), 235
3.3 Literatura: teoria, crítica, retórica e mito, 237
3.3.1 Teoria e crítica literária (Cícero e Horácio), 237
3.3.2 Linguagem: poder, figuras e vícios (Cícero, Donato), 243

3.3.3 Imitação dos modelos clássicos (Quintiliano), 249

3.3.4 Mito e arte na teoria literária (Ovídio), 250

3.4 Literatura como criação artística, 252

3.4.1 Conceito e contribuição dos gregos e latinos, 252

3.4.2 Poesia satírica: epigrama (Marcial), 255

3.4.3 Poesia dramática: **comédia (Plauto) e tragédia (Sêneca)**, 255

3.4.4 Poesia lírica, 259

    3.4.4.1 Ode (Catulo e Horácio), 259

    3.4.4.2 Bucólica (Virgílio), 264

    3.4.4.3 Elegia (Ovídio), 265

3.4.5 Poesia épica (Virgílio), 266

    3.4.5.1 Contribuição dos gregos e romanos, 267

    3.4.5.2 Eneida (Virgílio), 269

3.4.6 Poesia didática, 270

    3.4.6.1 Fábula (Fedro), 270

    3.4.6.2 Geórgica (Virgílio), 273

    3.4.6.3 Mitologia: Metamorfoses (Ovídio), 275

    3.4.6.4 Visão epicurista da natureza (Lucrécio), 278

3.4.7 Prosa de ficção na latinidade argêntea (Petrônio e Apuleio), 280

    3.4.7.1 Romance de costumes: Satíricon (Petrônio), 280

    3.4.7.2 Relato de aventuras: O Asno de Ouro (Apuleio), 282

3.5 Literatura latina cristã, 283

3.5.1 Importância e influência da literatura cristã, 283

3.5.2 Cristo e os cristãos em relatos de pagãos (Plínio e Tácito), 285

3.5.3 Simbolismo, arte e mito, 286

3.5.4 Expectativa do Messias (Bíblia Vulgata, trad. S. Jerônimo), 288

3.5.5 (Revel)ações do Messias (Quatro Evangelistas), 291

3.5.6 Apocalipse e juízo final (S. João Evangelista), 292

3.5.7 Hinos de louvor e esperança (textos bíblicos e patrísticos), 293

4 DO LATIM AO PORTUGUÊS E VICE-VERSA, 295

4.1 Do latim vulgar ao galego-português, 297

4.1.1 Do latim hispânico ao galego-português e ao espanhol, 298

4.1.2 Do latim hispânico ao romanço galego-português até o
ano 500), 305

4.1.3 Afloramento do português em textos latinos (870 a 1214), 308

4.1.4 Primeiros documentos escritos em português (início do século
XIII), 311

4.1.5 Diferenciação entre português e espanhol (até cerca de 1200), 314

4.2 Sistema fônico: **sinopse**, 317
    4.2.1 Vogais e ditongos, 318
    4.2.2 Consoantes simples e grupos consonantais, 319
4.3 Sistema nominal: **morfologia e sintaxe**, 321
    4.3.1 Casos e declinações: de língua sintética a analítica, 321
    4.3.2 Gêneros: resíduos do neutro, 323
4.4 Sistema verbal: **preservação com alterações**, 324
    4.4.1 Conjugações: de quatro a três, 324
    4.4.2 Vozes, tempos, modos: deslocamentos, perdas e criações, 325
    4.4.3 Formas nominais do verbo: perdas e subsistências, 326
4.5 Outras classes gramaticais, 327
4.6 Elementos latinos no léxico português, 329
4.7 Ortografia: **da latina à portuguesa atual**, 333
    4.7.1 Três fases e padrões ortográficos, 333
    4.7.2 Elucidação de grafias complexas, 335

5 GLOSSÁRIO LEXICOLÓGICO, 339

Bibliografia, 371

Lista das ilustrações, 377